HIPPOLYTE PARIGOT

LE DRAME
D'ALEXANDRE DUMAS

ÉTUDE DRAMATIQUE, SOCIALE ET LITTÉRAIRE

PARIS
CALMANN LÉVY, ÉDITEUR
3, RUE AUBER, 3

1898

8° Yf
1023

LE
DRAME D'ALEXANDRE DUMAS

OUVRAGES DU MÊME AUTEUR

ÉMILE AUGIER, *l'homme et l'œuvre*. . . . . 1 vol.

DIDEROT, *Étude et lectures choisies*. . . . . 1 vol.

LE THÉATRE D'HIER, *Études dramatiques, sociales et littéraires*. (Émile Augier. — Alexandre Dumas fils. — Édouard Pailleron. — Labiche. — Meilhac et Halévy. — Victorien Sardou. — Henry Becque). . . . . 1 vol.

Ouvrage couronné par l'Académie française.

GÉNIE ET MÉTIER, *Études dramatiques* (Corneille. — Racine. — Molière. — Regnard. — Beaumarchais et Scribe. — Les manuscrits originaux de *Diane de Lys* et du *Demi-Monde*. — Naturalistes). . . . . 1 vol.

ALEXANDRE DUMAS, *Étude et pages choisies*. . . . . . . 1 vol.

Coulommiers. — Imp. PAUL BRODARD. — 448-98.

LE DRAME
D'ALEXANDRE DUMAS

ÉTUDE DRAMATIQUE, SOCIALE ET LITTÉRAIRE

PAR

HIPPOLYTE PARIGOT

« La faculté d'admirer la véritable grandeur à
travers les fautes de goût en littérature comme à
travers les inconséquences dans la vie, cette faculté
est la seule qui honore celui qui juge. »
(Mme DE STAËL, *De l'Allemagne*, t. II, ch. XV.)

PARIS
CALMANN LÉVY, ÉDITEUR
3, RUE AUBER, 3
—
1899

Droits de reproduction et de traduction réservés.

A LA MÉMOIRE

D'ALEXANDRE DUMAS FILS

ET

A M. GUSTAVE LARROUMET
SECRÉTAIRE PERPÉTUEL DE L'ACADÉMIE DES BEAUX-ARTS
PROFESSEUR A LA SORBONNE

En souvenir d'une commune affection

H. P.

LE DRAME
D'ALEXANDRE DUMAS

PREMIÈRE PARTIE

L'AUTEUR D'*HENRI III ET SA COUR*

CHAPITRE PREMIER

L'ÉPOQUE. — L'HOMME. — PREMIERS ESSAIS

I

L'HOMME ET SON ÉPOQUE.

Les enfants nés en France entre 1800 et 1815 n'ont pas eu froid en venant au monde. Conçus entre deux batailles, nés d'un sang tumultueux, trop jeunes pour comprendre les misères de tant de gloire, ils grandissaient sous « les soleils d'Austerlitz [1] », le cerveau chauffé par un ciel ardent.

Nous ne respirons plus le même air. Le premier chapitre du siècle nous semble aussi déclamatoire que

---

[1]. A. de Musset, *la Confession d'un enfant du siècle*, ch. II, p. 3 (édit. Charpentier).

le début de la *Confession* d'Alfred de Musset. La critique historique poursuit son œuvre. A chaque fois qu'elle attaque la légende et qu'elle en entame le granit, une étincelle jaillit et s'éteint, une poussière lumineuse vole et disparaît : c'est une parcelle de l'imagination d'autrefois qui s'en va, comme les vieilles lunes du poète. Mais les vieilles lunes ne peuplent plus d'étoiles notre ciel désenchanté. Depuis un temps, les Mémoires s'ajoutent aux Mémoires ; une exposition de la Révolution et de l'Empire s'est ouverte, où nous avons scruté les livres de comptes domestiques de Napoléon, examiné ses chapeaux et ses sabres, et cherché, avec plus de curiosité que d'enthousiasme, le *fait*, non le *merveilleux*. Car nous ne concevons plus sans peine, même ceux d'entre nous qui s'efforcent à comprendre, l'état de l'âme française vers 1820.

Ces jeunes gens avaient entendu les récits de tant d'événements si rapides et si extraordinaires. Et d'abord, c'était le branle-bas de cette Révolution, que le XVIIIe siècle avait préparée, sans y être prêt lui-même, qui avait fait explosion, bouleversé la société, les mœurs, les idées, pour s'évanouir enfin dans les exodes de l'épopée napoléonienne. Et c'est l'éblouissement de la « servitude militaire [1] », quinze années de radieuse et sanglante fantasmagorie, de gloire et de deuil semés sur les routes d'Europe, de marches et de chevauchées à pas de géants vers les capitales. Pendant quinze ans, les enfants n'ont songé que haies d'acier, costumes chamarrés d'or, colonnes armées qui serpentent sur les nappes d'argent ou le sable fauve, dômes, mosquées, minarets et kremlins ; « ils ont rêvé

---

1. A. de Vigny, *Grandeur et Servitude militaires*, chap. I. On comprend l'enthousiaste admiration de J.-J. Weiss, ancien enfant de troupe, pour Dumas. Préface de *le Théâtre et les Mœurs*, pp. XXII, sqq.

des neiges de Moscou et du soleil des Pyramides ¹ ». Les images étaient si grandioses, et l'impression en fut si profonde, que cette génération s'enrichit de couleurs et de métaphores pour toute sa vie. Oui, ce fut une rude secousse pour l'imagination française. Pendant un demi-siècle, au moins, elle applaudira aux héroïques aventures et aux phrases superbes; elle retrouvera en de moindres choses le frisson des beaux mouvements, des situations désespérées et des émotions souveraines. Une autre fantaisie que celle des Baour-Lormian et des Brifaut sera nécessaire pour repaître la sensibilité d'un « Français qui fut de la retraite de Moscou ² ».

Les Bourbons pacifiques ne l'occupaient pas assez. Elle s'exalta dans ce calme. Bonaparte avait fait l'histoire; les survivants de Waterloo firent la légende. Du fond du peuple monta la gloire impérissable. Ceux qui ont parcouru l'Europe avec Lui tournent obstinément leurs regards vers le golfe de Juan; ils ne peuvent croire qu'il soit mort; et enfin, quand il est avéré qu'il ne reviendra plus, qu'il a cédé sur son rocher à l'humaine destinée, sa figure grandit encore aux yeux de ceux qui furent de ses exploits; elle apparaît comme le symbole du sentiment national; le petit chapeau, la redingote grise où se dissimulait la main qui gagnait les batailles et signait les traités, ils revivent déjà d'une vie fabuleuse dans la tradition orale. Byron est le premier poète qui s'en avise. Hugo n'écrira plus Buonaparte; il va découvrir en Lui matière et source de poésie. Béranger se fera l'écho des humbles dévotions ³.

> Il s'est assis là, grand'mère,
> Il s'est assis là?

---

1. A. de Musset, *la Confession d'un enfant du siècle*, ch. II, p. 5.
2. Stendhal, *Racine et Shakespeare*, première partie, ch. III, p. 58.
3. Béranger, *Œuvres* éditées chez Garnier frères, édit. 1876,

En cette figure disparue, et dont l'auréole va grandissant, se réfugient l'orgueil national et je ne sais quel fatalisme médiocre, qui est comme le ferment des enthousiasmes populaires. C'est l'époque des anecdotes héroïques et des estampes qui propagent dans toutes les chaumières de France le Petit Caporal, à la veille d'une victoire, montant la garde avec le fusil de la sentinelle endormie. Cette philosophie des petites causes et des grands effets est l'âme des légendes parce qu'elle est la foi des masses [1]. Et ainsi l'imagination des adolescents de 1820 semble un palais de Monte-Cristo, riche en souvenirs de tous pays, décoré d'images flam-

---

t. II, p. 181. Cf. J.-J. Weiss, *A propos de théâtre*, ch. xx. *Hugo*, pp. 338-339. « En dehors de la politique bonapartiste militante, le *napoléonisme* est un état de l'imagination, un état d'esprit national et un état moral... *Le napoléonisme a bouleversé et perverti l'âme individuelle, il a ébloui l'âme nationale...* »

1. Avant Scribe, Byron écrit dans la préface de *Marino Faliero* : « Il est inconcevable qu'un *observateur des hommes, aussi profond que l'auteur de « Zeluco »*, soit surpris de ce fait historique. Il savait qu'un bassin d'eau répandu sur la robe de mistress Mersham priva le duc de Marlborough de son commandement, et amena la paix d'Utrecht; que Louis XIV fut entraîné dans les guerres les plus terribles parce que son ministre fut piqué de le voir critiquer une fenêtre, et voulut lui donner d'autres occupations... », etc. Dans *le Verre d'eau* (I, iv), Scribe n'a fait que reprendre quelques exemples de Byron. Le vaudeville et le drame sont issus de cet état de l'imagination populaire. Cf. Byron, *Don Juan*, ch. xiv. C. « Mais de grandes choses naissent des petites... Vous ne devineriez jamais, je vous parie des millions, des milliards, — qu'une pareille passion naquit d'une innocente partie au billard. » Cf. Byron, *Marino Faliero*, IV, sc. ii, p. 404 : « Qui l'aurait cru? Ah! un moment plus tôt! Ce moment eût changé la face des siècles; celui-ci nous livre à l'Éternité. » Cf. Prosper Mérimée, *les Espagnols*, journée II, I. « C'est pourtant un poulet rôti qui m'a fait découvrir la cachette du général Pichegru... » Cf. Alfred de Musset, *la Confession d'un enfant du siècle*, ch. i, p. 85. « Ce que décident ici-bas les plus petites choses, ce que les objets et les circonstances en apparence les moins importants amènent de changements dans notre fortune, il n'y a pas, à mon sens, de plus profond abîme pour la pensée. »

boyantes et grandioses, où l'Orient se mêle à l'Occident, les immenses tableaux de batailles aux aventures fantastiques, tout cela frémissant de mouvement et de vie, illuminé de la gloire de ce capitaine qui n'est plus, et que l'humaine superstition a soumis, en le consacrant, au merveilleux et à la fatalité des immortelles épopées. En sorte que Madame de Staël, qui écrivait, dès l'année 1810 : « La tendance naturelle du siècle, c'est la tragédie historique [1] », ne formulait qu'une demi-vérité, la tragédie étant un art trop sévère pour assouvir ces imaginations impatientes, et l'histoire une science trop inflexible et précise pour cette poussée de passions de tête qui débordaient. Elle notait aussi, et avec plus de justesse : « Nos plus belles tragédies en France n'intéressent pas le peuple [2] ».

Car c'est à lui qu'il faut plaire désormais. Il est en passe de devenir tout. On le lui dit d'abord ; et il le pense. Essayez de le prendre, après qu'il a passé par tant d'événements, et qu'il en a conté ou rêvé tant d'autres, au leurre admirable de la tragédie psychologique. Il y reviendra, plus tard, quand il sera la bourgeoisie, la flamme de son imagination une fois éteinte, et lorsqu'il aura senti (au delà du nécessaire) l'inanité des rêves épiques et la vanité du génie d'aventures. Mais, à cette heure, il est épris de ses souvenirs et de ses songes ; il veut voir sur le théâtre mouvement, situations, passions, du rire, des larmes, en liberté, de la gloire, des deuils, tout mêlé, tout grandiose, comme lorsque fermant les yeux il songe ou se souvient. La couleur historique lui plaît, comme un décor, et pour la joie de l'imagination, toujours. L'exotisme sera bienvenu ; il rappellera l'Europe traversée au galop. Pour les coups

---

1. Madame de Staël, *De l'Allemagne*, t. II, ch. xv, p. 15 (édit. Nicolle, 1818).
2. *Ibid.*, p. 14.

d'épée, qu'il y en ait, et beaucoup. Si ce drame, qui est attendu par la jeunesse de 1820, n'est ni historique autant qu'on l'a cru, ni national au point où plusieurs l'ont écrit, populaire il est et sera, par définition et de nécessité première.

Il sera aussi quelque autre chose, dans une société toute neuve, où, les classes n'étant plus imperméables, les mœurs vont acquérir une importance prépondérante au regard de l'observateur, où l'individu, après avoir renversé les barrières, s'est définitivement affranchi et s'évertue. Il semble que la vie morale et sociale en doive être singulièrement modifiée. Sans doute il y a une façon de sentir qui est universelle; mais l'expression n'en saurait demeurer identique chez un peuple en plein travail de régénération. Il est temps de montrer sur le théâtre ce qu'un monde nouveau a fait des passions qui agitent les hommes, et si quelques-unes n'y ont pas pris une autre face ou ne s'y comportent pas différemment. Depuis sa liaison avec Manon Lescaut, des Grieux a passé une dernière nuit mémorable, qui fut celle du 4 Août; ses fils ont campé sous l'œil énigmatique du Sphinx et incendié le Kremlin. Il se pourrait que le souvenir de ces années glorieuses pour la nation s'accompagnât de quelque mélancolique désillusion chez les individus. Et donc, si le drame historique se vidait de l'intérêt qui s'attache au passé, il trouverait encore une ample matière dans la peinture des mœurs et des passions rajeunies par la Révolution et élevées au ton de la poésie par l'épopée de l'Empire. Et comme en ces temps héroïques il semble que ni l'âme française n'ait contenu rien de médiocre ni la vigueur de la race exécuté rien de mesquin, l'imagination populaire attend aussi ce drame moral et social comme la pâture de ses intellectuelles et sentimentales convoitises...

Le cinquième jour du mois de thermidor, l'an X de la République (24 juillet 1802), naquit à Villers-Cotterets Alexandre Dumas-Davy de la Pailleterie. Il était fils du général Alexandre Dumas, né à Jérémie, côte et île de Saint-Domingue, et d'Elisabeth Labouret, son épouse. Le lendemain, l'*Horatius Cocles* du Tyrol annonce avec joie à son camarade Brune que sa femme est accouchée « d'un gros garçon qui pèse neuf livres, et qui a dix-huit pouces de long[1] ». Et le registre de l'état civil assure que « le sexe de l'enfant a été reconnu être masculin[2] ».

Masculin il était, ayant de qui tenir. Son père paraît avoir été une manière de géant bronzé, aux cheveux crépus, un Hercule des tropiques, chez qui le courage et la vigueur suppléaient aux grands desseins. Il avait du génie militaire à bras tendu. Dumas ne tarit pas dans ses *Mémoires* sur les coups de force du « diable noir[3] ». Un souvenir surtout le transporte et le ravit : celui du pont de Clausen défendu par le général tout seul contre un régiment d'Autrichiens[4]. Lui aussi, il a l'encolure et la taille d'un bon géant. Demi-nègre, de complexion athlétique, avec les poignets et les chevilles finement attachés et la main déliée (cette fierté des attaches, il l'avait léguée à son fils), lâché à travers les champs et les bois, il s'établit d'abord dans la gloire de ses muscles. J'y insiste. La vigueur du bras et de l'avant-bras et l'élégance de ce qui est au bout, sont

---

1. *Alexandre Dumas et son œuvre*, notes biogr. et bibliogr., par Charles Glinel. Reims, librairie F. Michaud, 1885, 1re partie, p. 19.
2. *Ibid.*, p. 11. M. Glinel reproduit la copie exacte de l'acte de naissance, transcrit d'une façon un peu fantaisiste dans *Mes mémoires*, t. I, ch. 1, p. 4.
3. *Mes mémoires*, t. I, ch. II à xx, pp. 13 à 224 — « Les Autrichiens n'appelaient le général que *Schwarz Teufel* », p. 111.
4. *Mes mémoires*, t. I, ch. IX, pp. 108 sqq.

chez lui comme un double trait du caractère : Porthos et Aramis. Mais Porthos l'emporte. Il est le type de ses enthousiasmes et de sa vanité, de ses heureuses audaces et de ses plus énormes fanfaronnades. Pendant onze volumes d'exploits et de feuilletons quotidiens, Porthos le ravit et l'étonne, à pied, à cheval, debout, assis, dans le silence, dans le sommeil. — « ... A ses muscles tendus et sculptés en saillie sur sa face, à ses cheveux collés de sueur, aux énergiques soulèvements de son menton et de ses épaules on ne pouvait refuser une certaine admiration : *la force poussée à ce point, c'est presque de la divinité*[1]. » Lorsque Kean retroussera ses manches, il aura vraiment du génie. On conte[2] que Dumas avait les larmes aux yeux, quand il dut enfin tuer Porthos, et qu'il ne pouvait prendre son parti d'anéantir sous le rocher insensible tant de vigueur unie à tant d'héroïsme serein.

Étant Porthos, il ne saurait être Octave. Sur cet enfant du sexe masculin le mal du siècle n'avait pas la même prise que sur Alfred de Musset. La force incline à l'action, et non à l'analyse. Les héros d'Homère ne sont point subtils; ils se dégourdissent l'âme et secouent la mélancolie à grands coups de javelot. Dumas aussi possède en bien propre un fonds de santé, qui aura ses exigences, et gênera singulièrement le goût qu'il croit se sentir en 1830 pour la littérature saxonne, pour la tristesse des Werther et des Manfred. Il est foncièrement gai, d'une gaîté épanouie et pas du tout satanique[3]. La désolation lui sera d'abord un

---

1. *Le Vicomte de Bragelonne*, t. II, ch. XXVI, p. 104.
2. Blaze de Bury, *Alexandre Dumas, sa vie, son temps, son œuvre*, ch. XXI, p. 283.
3. « On est gai, parce que l'on se porte bien, parce qu'on a un bon estomac, parce qu'on n'a pas de motifs de chagrin. Cela,

exercice difficile. Il est beaucoup plus proche de Gargantua ou de Pantagruel : au travers de son masque on voit à plein le gaillard. Il a des coups de désespoir très vigoureux qui ressemblent fort à de virils appétits. Antony est un Werther — qui abat cent à la tête du Turc et casse les vitres sans métaphore. Il se console du malheur de vivre par une certaine robuste joie d'aimer.

Même l'histoire de ces consolations est à peu près toute l'histoire de la vie de Dumas. Elle est variée, remplie d'anecdotes, mais sans rapport direct à ses œuvres dramatiques. Il est seulement véritable que de ses sens le moins développé était le sens moral. Une seule fois, on pourrait croire qu'il eût éprouvé une passion vraie pour *une* femme, ou du moins autre chose que le goût très vif qu'il avait pour *les* femmes. Et peut-être cette croyance serait-elle une méprise [1]. Qu'il nous suffise d'indiquer cette naturelle pente de son génie créateur, qui ne l'éloigne pas trop de l'esprit populaire, toujours enclin chez nous à saluer les prouesses et la légendaire liste de Don Juan.

Joignez que pendant quinze ans il grandit en liberté, sauvageon plein de sève, dans les taillis des grandes forêts ducales, parmi des hommes frustes, dont les récits militaires, autant que le spectacle de la nature, échauffent son imagination. Dès 1806, sa mère est veuve, dans la gêne, malgré de pressantes démarches faites auprès de Napoléon [2]. De cette mère, qui fut excellente, et de

---

c'est la gaîté de tout le monde. Mais moi, j'ai la gaîté persistante.... » Et plus loin : « Alors la seule gaîté permise était la gaîté satanique, la gaîté de Méphistophélès ou de Manfred... J'avais, comme les autres, mis un masque sur mon visage. » (*Mes mémoires*, t. IX, ch. CCXXXI, pp. 131 et 133.)

1. Voir ci-dessous, pp. 287 sqq.
2. *Mes mémoires*, t. I, ch. XX, pp. 233, 234, et *ibid.*, ch. XXV, p. 276.

ces années difficiles le souvenir lui restera présent. Il en gardera je ne sais quelle tendresse toujours prête à s'émouvoir et une inépuisable indulgence pour les faibles femmes, qu'il verra toujours épouses ou veuves de ces colosses de l'Empire, abandonnées aux hasards de la vie. Muscles, imagination, sensibilité se développent à l'unisson. Tout cela se tient en lui. Il faut sans cesse faire état des indications physiologiques dans l'étude de son caractère et pour noter la formation de son esprit. Cependant il devient avec insouciance une « force de la nature », selon le mot de Michelet [1].

Toute contrainte le gêne. Il lui faut l'espace, le grand air. Aucune entreprise ne l'effraie. Tout jeune, il fait douze lieues à pied pour paraître dans un quadrille; plus tard, il commencera un drame historique sans connaître les éléments de l'histoire. Il est confiant [2], entreprenant, comme il est marcheur, chasseur, hâbleur, exagéreur, amoureux et sensible — à pleins poumons. Il a une intrépidité de qualités et de défauts qui fait sourire et ne fâche point. Se fâche-t-on contre le chêne orgueilleux de la fable, que le vent a semé et qui croît en pleine campagne? Il y a en lui un Diderot moins cultivé, mais plus robuste, et souvent plus proche de la nature et de la foule [3]. A ses heures de joie, il embrasse tout le monde, hommes et femmes, les femmes surtout. Et il imagine comme il sent, de tout son tempérament, de toute sa force vive, et parfois de toute son incroyable vanité.

1. Lettre de Michelet citée dans *Mes mémoires*, t. VI, ch. cxxxviii, p. 29. « Monsieur, je vous aime et je vous admire, parce que vous êtes une des forces de la nature. »
2. « Il m'a fallu bien des succès pour me guérir de mon amour-propre. » (*Mes mémoires*, t. V, ch. cxxxiii, p. 292.)
3. « Composé du double élément aristocratique par mon père, populaire par ma mère. » (*Histoire de mes bêtes*, ch. xxxvii, p. 239.)

Sa vie entière, il l'a livrée en proie à son imagination. Ses pires erreurs, fanfaronnades, escapades, gasconnades et pareillement ses audaces les plus originales et ses œuvres les plus hardies ne s'expliquent pas autrement. Écolier aux mains de l'abbé Grégoire ou de l'abbé Fortier, dernier clerc chez M° Mennesson, expéditionnaire dans les bureaux du duc d'Orléans, il étouffe sous la discipline scolaire ou la hiérarchie administrative. L'impossible le tente; le magnétisme le trouble[1]; les gageures l'attirent. Il ne doute de rien, ni surtout de lui-même. Pendant la Révolution de 1830, il s'échappe dans la rue, parade devant sa batterie, se pavane en face des pièces ennemies[2]; il lui faut un coup de canon pour lui tout seul. Cela est mieux ainsi dans sa fantaisie. Il croit que c'est arrivé, il se réjouit de le croire. Il raconte la prise de la poudrière de Soissons enlevée par Dumas fils de Dumas[3]. C'est son pont de Clausen. Ne vous avisez pas de mettre en doute cet exploit; il a des pièces à l'appui de sa foi, qui est réelle. Il n'aime point Bonaparte; mais tout de même Napoléon se dresse dans son imagination et agit fortement sur elle. Dumas n'a pas conquis l'Europe, non; mais il l'a parcourue, dévorée, contée, inventée. Au Caucase il s'est arrêté[4]; il était temps: l'Asie, pour un peu plus,

---

1. *Lettre inédite à Mélanie W.* (Voir plus bas, pp. 287 sqq.) Cachet postal 18 septembre 1827. « ... J'ai ta confiance, j'ai tes aveux; et toi aussi, tu es un être à part qui ne peut changer.. et puis, n'ai-je pas le magnétisme pour te ramener à moi? »

2. *Mes mémoires*, t. VI, ch. CL, p. 151.

3. *Mes mémoires*, t. VI, ch. CLIV-VII, pp. 203-248. Cf. *Lettres inédites à Mélanie W.* « Je n'accepterai, mon ange, aucune mission militaire, mais un mouvement comme celui-ci ne pouvait se faire sans que j'y mêlasse mon nom. Dieu merci, c'est fait... » Voir ci-dessous, *Lettres à Mélanie*, pp. 287 sqq.

4. Voir Gabriel Ferry, *Les dernières années d'Alexandre Dumas, 1864-1870*, ch. I, pp. 3-7.

y passait toute. Les voyages qu'il n'a pas accomplis, il en fait le récit avec d'autant plus d'entrain; et les héros de ses drames seront des pèlerins effrénés. Il est bien de son époque, où maints Picrocholes pensèrent sauver la Grèce ou délivrer Jérusalem. La gloire de Byron le hante autant que l'éblouit la trace lumineuse de Lamartine; plus tard il armera la *Belle Emma*, et, parti pour l'Orient, il débarquera en Sicile et fournira de fusils et de munitions Garibaldi. Chasseur, voyageur, explorateur, artilleur, magnétiseur, que n'est-il point? Il n'a pas tenu à lui qu'il ne jouât le rôle d'un politique [1]. Ce n'est pas au moins qu'il s'en soit jugé incapable : il avait la vocation de la cuisine [2]. A la vérité, son existence s'est, pour une bonne part, déroulée dans un monde peuplé de ses fictions, de ses rêves, de ses désirs et de ses illusions. Après le succès de *Monte-Cristo*, il se prend pour son héros ou son héros pour lui. Il mène le train de Dantès; il bâtit un palais féerique, dont la splendeur achève sa ruine. Il a réussi dans le drame historique; il mettra volontiers en drames toute l'histoire dès qu'il aura un théâtre à lui, un Théâtre-Historique pour lui et son génie, un théâtre national dont le peuple en foule inondera les portiques, où il l'instruira, le tiendra en sa main, et déchaînera selon son caprice sur cette mer humaine la tempête du rire ou des larmes : tel Neptune, divin régisseur des flots. Cerveau ardent, fantaisie débridée, dont toutes les visions prennent

---

1. C'est une ambition fréquente chez les hommes de lettres à cette époque. Voir l'amusant récit de sa candidature dans l'Yonne. *Histoire de mes bêtes*, ch. XXXVII, pp. 231-241. Cf. Blaze de Bury, *op. cit.*, ch. XIX, pp. 234-240, où le même récit est fait par un témoin oculaire. Ces velléités de politique le reprirent en 1847. Voir Ch. Glinel, *op. cit.*, ch. VI, pp. 413-414.

2. Voir *Propos d'art et de cuisine* et *Impressions de voyage*, passim.

aussitôt consistance, pour s'évanouir l'instant d'après sans laisser derrière elles ni regret, ni tristesse; tempérament extraordinaire, toujours en haleine, en santé, en mouvement, comme les héros et les petits enfants, et toujours prêt, ainsi que Porthos, à porter les tours de Notre-Dame [1].

Il est vrai que du penseur il n'a rien; il atteint malaisément aux idées générales, qu'il traite trop volontiers de Turc à More. Il n'est ni compliqué ni subtil; mais il possède la délicatesse, même poétique, quand il lui plaît : souvenez-vous des attaches fines et de la main déliée. Cette main, qui frappe d'instinct les coups de violence, a des caresses presque féminines. Ce lutteur ne manque point de grâce, alors qu'il raccourcit le geste pour effleurer ce qu'il touche. Ces gentillesses lui sont naturelles, pour peu qu'il s'attendrisse. Et j'ai dit qu'il est tendre volontiers et souvent. Le peuple se plaît aux larmes des athlètes sensibles.

Il est vraiment peuple et « enfant de la nature »; tout ce qui l'amuse est bon, et mauvais tout ce qui l'ennuie [2]. Il a une religiosité vague [3], avec la superstition des obscures fatalités [4]; d'ailleurs inconsistant, endurant,

---

1. *Le Vicomte de Bragelonne*, t. IV, ch. x, p. 86.
2. *Mes mémoires*, t. II, ch. LV, p. 249.
3. *Mes Mémoires*, t. I, ch. XXIV. Paragraphe important : « ... A tout cela j'ai dû un grand respect pour les choses saintes, une grande foi dans la Providence, un grand amour en Dieu. Jamais, dans le cours d'une vie déjà assez longue, je n'ai eu, aux heures les plus douloureuses de cette vie, ni une minute de doute, ni un instant de désespoir (cf. *Antony*); je n'oserais pas dire que je suis sûr de l'immortalité de mon âme, mais je dirai que je l'espère. Seulement, je crois que la mort, c'est l'oubli du passé sans être la renonciation de l'avenir... » Cf. Préface du *Comte Hermann* : « ... Celui qui écrit ces lignes, appuyé sur les deux croyances qui ne l'ont jamais quitté — sa foi en Dieu et sa foi dans l'art... » (*Théâtre*, t. XVI, p. 197.)
4. *Mes mémoires*, t. III, ch. LXX, p. 101. Prédiction de la somnambule.

et très laborieux, au jour le jour. Son désordre a imposé à son génie de rudes labeurs et de pitoyables corvées, qu'il accomplissait le sourire sur les lèvres. Il a été la plupart du temps un terrible improvisateur, avec jovialité, toujours dispos. Il s'est plu aux pires besognes ; il s'est beaucoup amusé en de meilleures. Cette allégresse continue de la production, qui est peut-être la seule unité qu'il ait mise dans sa vie, en eût fait déjà un favori de la foule. Joignez-y d'incessantes et retentissantes frasques : c'était de quoi former une légende autour de son nom. Dumas a eu sa légende, sa légende à lui, à lui tout seul, comme son théâtre, son château de Monte-Cristo, sa poudrière de Soissons : et sa copieuse jactance, et sa truculente imagination en ont exulté. Il voyageait pour la propager ; il eût fait le coup de poing pour la rétablir. Le moyen qu'un pareil homme ne fût pas populaire ?

Il n'entra pas à l'Académie ; cette consécration lui manqua, si elle est nécessaire ; il ne l'eut point, si elle n'était pas indispensable à sa renommée. Non, certes, qu'il s'y soit aisément résigné. Il ne dit pas tout à fait ce qu'il pense, quand il l'affirme [1]. Il brûla plus d'une fois d'un vif désir d'en être. Enfin, il n'en fut point. Mais il fut de tous les théâtres de drame, qu'il fournit de matière pendant quarante ans. Quarante années

---

1. Voir *Histoire de mes bêtes*, ch. i, p. 3. Cf. Ch. Glinel, *op. cit.*, ch. v, pp. 363, 372, 389. M. Glinel a soigneusement noté les différentes tentatives de candidature : après *Mademoiselle de Belle-Isle*, lettre à Buloz : « Parlez donc de moi dans la *Revue*, pour l'Académie et demandez-vous à vous-même comment il se fait que je ne sois pas sur les rangs, quand A... (Ancelot?) se présente » ; lettre à Ch. Nodier, janvier 1841, et au baron Taylor en 1842 — ces deux dernières inédites sont entre les mains de M. Glinel ; — et enfin en 1843, lettre au *Siècle*, après la mort de Casimir Delavigne. Cf. Début du Discours académique d'Alexandre Dumas fils.

durant, il surmena cette colossale musculature, cette imagination ardente, cette sensibilité à la fois exubérante et tendre. Il usa dans le roman, le feuilleton, le journal, la causerie, cette popularité même qui semblait bâtie à chaux et à sable ainsi que l'homme. Après tant d'actes égrenés sur tant de scènes, il fallut attraper le dénoûment. La faveur publique se refroidit; les forces manquèrent; la flamme de l'invention s'éteignit; le sentiment s'hébéta; et cette vie de travail et de hasards, de triomphes et de puffisme, de passions, de fictions, de visions s'acheva dans l'inconscience. « Un jour, écrivait son fils, la plume lui est tombée des mains, et il s'est mis à dormir [1]. »

Il mourut le 6 décembre 1870, vers la fin de cette année terrible, qui portait, pour un temps, un coup funeste à l'imagination française, déjà fort apaisée depuis le milieu du siècle. La France nouvelle n'était plus aux héros de cape et d'épée, ni au génie d'aventures — chevaleresques, s'entend.

II

L'ÉDUCATION DE SON ESPRIT.

Il sut de bonne heure prendre les oiseaux à la pipée ou à la marette. Il sut aussi tirer un lièvre proprement. Les éléments de la musique, l'escrime et la danse : c'est tout ou presque tout ce qu'il apprit sous le premier Empire, avec très peu d'orthographe et de l'arithmétique moins encore. Ses lectures furent dirigées par le hasard. Après la passée des ragots, ce qu'il lit

---

1. Extrait d'une lettre d'Alexandre Dumas fils à M. Alfred Asseline, citée par M. Ch. Glinel, ch. VII, p. 494.

d'abord le plus volontiers, c'est Buffon, *Robinson Crusoé*, la *Bible*, la *Mythologie* (il la connaissait à fond; il y paraît dans ses romans), et les *Mille et une Nuits* [1]. Le mélange n'est pas trop disparate : Buffon et *Robinson*, la science et le roman de la nature; les *Mille et une Nuits*, la fête de la fantaisie; la *Mythologie* et la *Bible*, l'histoire du merveilleux païen et le poème de l'humanité. Jusqu'ici le hasard n'a pas mal fait les choses. Puis *Télémaque*, adaptation française de l'*Odyssée*, où poésie, merveilleux, nature, mœurs, se retrouvent en raccourci, avec une pointe d'imagination chimérique. Cependant il traduit Virgile et Tacite sous l'abbé Grégoire : mais son professeur lisant le latin en des éditions enrichies d'une traduction, il subtilisait la traduction et pratiquait peu le texte. L'abbé Fortier, qui fut son premier pédagogue pendant une courte scolarité, semble avoir été aussi solide [2].

Une épigramme d'un compatriote, Auguste Lafarge, lui tombe alors entre les mains. Il prie bravement son maître de lui apprendre à faire des vers français [3]. Villers-Cotterets s'enorgueillissait d'avoir nourri deux poètes : l'un, Demoustiers, son mort illustre, l'autre, qui est tout justement notre abbé, rimeur officiel de toutes les fêtes patronales ou autres. Dumas s'exerça sur des bouts-rimés : après huit jours, il « en avait assez [4] ». Quoiqu'il ait écrit, en dehors du théâtre, beaucoup plus de poésies qu'on ne croit communément [5], il en aura assez pendant toute sa vie. Il sentira et déplo-

---

1. *Mes mémoires*, t. I, ch. XXI, p. 236, ch. XXII, p. 248, ch. XXIII, p. 250, et *ibid.*, p. 252.
2. *Ibid.*, t. II, ch. XXXII, p. 37, et t. I, ch. XXVII. Cf. *Ange Pitou*, t. I, pp. 5 à 12.
3. *Mes mémoires*, t. II, ch. XXXII, p. 36.
4. *Ibid.*
5. Voir Ch. Glinel, *op. cit.*, passim.

rera son insuffisance. Il l'exagérera même [1]. Car, sans méconnaître les bons vers qu'il a écrits, il a surtout gardé rancune au vers dramatique de la peine qu'il lui coûtait, et de l'échec relatif de *Charles VII*, qui ne fit point d'argent. Nous verrons si c'est vraiment la langue poétique qui a trahi le drame, comme on l'a trop répété d'après l'auteur.

Pendant que Dumas étudie chez l'abbé Grégoire, le hasard malicieux lui glisse entre les mains les *Aventures du Chevalier de Faublas*, dont l'immoralité ne le séduit point. (Notez le fait : ce n'est pas chez lui la fantaisie qui est immorale ; il a seulement plus de tempérament que de scrupules.) Mais ce livre lui plaît à cause que c'est « un roman plein d'invention, offrant des types variés, un peu exagérés sans doute, mais qui avaient leurs modèles dans la société de Louis XV [2] ». Sa tête s'échauffe ; il rêve d'être un nouveau Faublas ; il s'en reconnaît la complexion et la vocation. Et il échoue d'abord auprès d'une Mademoiselle Laurence [3], qu'il aime fougueusement, à en mourir, comme il les aimera toutes. A cette heure, il a quinze ans, et ne veut pas mourir encore.

En somme, les deux bons curés, qui ont nourri son enfance, l'ont peu dirigée. Deux autres hommes exercèrent plus d'influence sur sa tête paysanne. L'un, Adolphe de Leuven, lui apporte l'air de Paris et les échos du théâtre ; l'autre, Amédée de la Ponce, officier de hussards, qui vient de s'établir à Villers-Cotterets, lui inspire le goût du travail. Dumas apprend l'italien,

---

1. *Mes mémoires*, t. V, ch. cxxi, p. 259. « ... Je n'avais jamais entendu rien de pareil à ces vers de *Marion de Lorme* : j'étais écrasé sous la magnificence de ce style, moi à qui le style manquait surtout. »
2. *Mes Mémoires*, t. II, ch. xlviii, p. 175.
3. *Ibid.*, pp. 176-189.

lit le roman d'*Ugo Foscolo*, imitation de *Werther*, qu'
traduira plus tard et publiera sous ce titre : *Dernières
lettres de Jacopo Ortis*. « Ce livre me donna une idée,
un aperçu, une intuition de la littérature romanesque,
qui m'était tout à fait inconnue[1]. » L'étude de l'allemand le décourage; Schiller, à qui il doit beaucoup,
il le lira traduit. Pour Shakespeare, il lui fut révélé
d'abord par une troupe d'élèves du Conservatoire
venus à Soissons pour représenter l'*Hamlet* de Ducis.
Il ne connaissait alors ni Ducis ni Hamlet. Même Corneille et Racine, que sa mère lui avait mis entre les
mains, l'avaient « prodigieusement ennuyé[2] ». Mais
cette soirée de théâtre lui produisit un effet « prodigieux[3] ». Il y a toujours du prodige dans ses premières impressions : s'il est ignorant, il ne sent pas à
demi.

Puis, il parcourt le *Louis IX* d'Ancelot et *les Vêpres
Siciliennes* de Casimir Delavigne, les œuvres dramatiques du jour, que lui envoie de Leuven. Il n'en est
point illuminé. Cela n'appartenait pas « à cet ordre de
littérature dont il devait être appelé un jour à sentir, à
comprendre et à essayer de reproduire les beautés[4] ».
De Leuven était destiné à mieux réussir par ses confidences que par ses envois. Cependant de la Ponce lui
ayant lu, d'aventure, la ballade de Bürger intitulée
Lénor[5], avait mis le feu aux poudres. Cette poésie exotique et rêveuse différait sensiblement des concetti de
Demoustiers, des rimes amoureuses de Parny, et des
élégies du chevalier Bertin. Sur l'heure même, il avait
essayé vainement de la traduire en vers. L'Allemagne

---

1. *Mes mémoires*, t. II, ch. LIII et LIV et notamment p. 241.
2. *Mes mémoires*, t. II, ch. LV, p. 250.
3. *Mes Mémoires*, t. II, ch. LV, pp. 249-250.
4. *Mes Mémoires*, t. II, ch. LVIII, pp. 290-292.
5. *Mes mémoires*, t. II, ch. LIX, pp. 300-301.

qui l'inspira d'abord l'alimentera de sujets de pièces jusqu'à la fin, encore qu'il n'ait jamais su

> .... le patois
> Que le savetier Sachs mit en gloire autrefois [1].

Tel est l'état de son esprit, au moment où de Leuven fait à Villers-Cotterets un voyage décisif pour l'avenir de Dumas. Adolphe traîne après lui un peu de l'atmosphère des coulisses. Il connaît Arnault, Scribe, Soulié, Talma, Mademoiselle Duchesnois, toutes ces dames. On imagine l'effet produit par ses propos incendiaires sur notre sauvageon. Adolphe a ses entrées dans les théâtres et dans les cabinets directoriaux. Il propose à son ami de faire en société un vaudeville en un acte, *le Major de Strasbourg*. Au sortir d'une éducation buissonnière, Dumas entrait de plain-pied dans le genre bouffon. « C'est tout bonnement à faire frémir [2] », dit J.-J. Weiss. Je n'en frémis point. La vérité est qu'en 1820, à la veille de partir pour Paris, au moment où il écrivait dans *le Major de Strasbourg* le couplet de facture :

> ... Tu vois, enfant, je ne me trompais pas,
> Son cœur revole aux champs de l'Allemagne [3]...

Dumas ne savait rien, de son propre aveu. Du moins n'avait-il presque rien lu qui pût contrarier ses dons naissants. Et dans les lectures qu'il avait faites, l'imagination avait trouvé sa substance. Qu'il ne fût pas bachelier, c'était une force. Je le dis sérieusement. Ses éducateurs de rencontre ne lui furent point nuisibles. Il n'avait pas ânonné les maîtres de la scène. Tout était neuf et verdissant en lui. Il manquait de goût; il n'en aura jamais. Ses audaces ne seront ni théoriques ni

---

1. A. de Musset, *Nouvelles poésies. Dupont et Durand.*
2. J.-J. Weiss, *le Théâtre et les Mœurs*, p. 36.
3. *Mes Mémoires*, t. II. Voir tout le chapitre LXI et notamment p. 312.

littéraires. Il est ainsi plus près de la nature et du peuple. La fortune, après tout, n'était pas si mauvaise, à peine échappé du plein air et des forêts, de prendre contact avec l'âme de la foule, fût-ce au théâtre de l'*Ambigu*.

Enfin il vient à Paris. D'abord il voit Talma. Je ne parle pas de cette visite qu'il fit à l'artiste dans sa loge, ni de ce singulier baptême que lui conféra le tragédien ironique, au nom de Shakespeare, de Gœthe et de Schiller, de la Trinité Sainte [1]. Il voit Talma en scène; il est étonné de ce jeu vrai et de cette diction admirable. Nous ne savons plus assez l'action qu'exerça cet artiste sur les hommes de son époque, auxquels il apparaissait, même en des rôles médiocres, comme une esthétique vivante, un commentaire original et fécond. Il modernisait son art par un souci de réalisme très étudié. « Lorsqu'il était sur le point de créer un rôle, aucune recherche, soit historique, soit archéologique, ne lui coûtait [2]. » Il passa son existence à jouer des tragédies, et il paraît bien qu'il avait le goût du drame. Il ne négligeait rien de ce qui pouvait rajeunir les œuvres fanées ou les situations vieillottes, qu'il était condamné à défendre. Il allait loin en ce sens. Séchan nous conte, et Dumas le confirme, que dans *Sylla* il s'était fait le visage de Napoléon [3]. Et Madame de Staël conclut à propos de ce talent chercheur et novateur : « Cet artiste donne, autant qu'il est possible, à la tragédie française ce qu'à tort ou à raison les Allemands lui reprochent de n'avoir pas, l'originalité et le

---

1. *Mes mémoires*, t. III, ch. LXV, pp. 61-62.
2. *Mes mémoires*, t. IV, ch. XCIII, p. 75. A lire tout le chapitre, pp. 66-76.
3. Ch. Séchan, *Souvenirs d'un homme de théâtre* (1831-1855), recueillis par Adolphe Badin, ch. III, pp. 59-61. Cf. *Mes mémoires*, t. III, ch. LXVI, p. 56.

naturel. Il sait caractériser les mœurs étrangères dans les diverses pièces qu'il représente, et nul acteur ne hasarde davantage de grands effets par des moyens plus simples. Il y a dans sa manière Shakespeare et Racine artistement combinés. Pourquoi les écrivains dramatiques n'essaieraient-ils pas de réunir dans leurs compositions ce que l'acteur a su si bien amalgamer par son jeu[1]? »

A le voir, Dumas sentit frémir en lui, non pas l'âme d'Oreste ni de Macbeth, mais celle d'Antony et de Buridan. Les comédiens anglais, qui donnèrent des représentations à Paris en février 1827, lui imprimèrent une nouvelle secousse. Ce spectacle fut pour lui une révélation. Lorsqu'il écrit ses *Mémoires*, il en a gardé un tel frisson, que pour louer Shakespeare, il cite la Bible[2]. Sans doute il avait lu les principales pièces du dramatiste anglais; il déclare même qu'il les savait « par cœur[3] », ce qui est une façon à lui de dire qu'il les avait lues. Et non pas toutes, mais les plus connues en France, les drames d'amour ou de passion : *Hamlet*, *Roméo*, *Macbeth*, *Othello*, *Shylock*, et probablement aussi *Richard III*, *Jules César* et sans doute enfin *la Tempête*. Et je crois bien que c'est tout. Il connaît Falstaff, peut-être de réputation. S'il a parcouru la série des *Henri*, elle a dû bien l'ennuyer. On n'en trouve pas trace dans son théâtre. Kemble et miss Smithson, puis Macready, Kean et Young lui ont été de vivantes intuitions de Shakespeare, ou plutôt des œuvres que j'ai dites, des tragédies passionnées plutôt que des drames historiques. *Hamlet* surtout l'a bouleversé. Il le traduira plus tard avec M. Paul Meurice : aucune de ses impressions vives

---

1. *De l'Allemagne*, t. II, ch. XXVII, p. 286.
2. *Mes mémoires*, t. IV, ch. CIX, pp. 279-280. Cf. J. Janin, *Histoire de la littérature dramatique*, t. VI, § XII, pp. 341-342. (Édit. Michel Lévy.)
3. *Mes mémoires*, t. IV, ch. CIX, pp. 279-280.

n'a été vaine dans sa carrière. Elles se sont prolongées sous forme d'adaptation ou de traduction. Il avait vu surtout dans *Hamlet* des situations et des scènes : la plate-forme, l'éventail, les deux portraits, la folie, le cimetière... [1]. De la représentation de cette pièce se dégage une manière de pathétique ambigu et douloureux (dont la brutalité est très inférieure, je pense, à la conception profonde de l'œuvre), sans compter l'abus d'une terreur presque physiologique, qu'on trouve déjà dans les *Choéphores*, et dont Dumas dut être remué en effet. Ce don d'ébranler les nerfs et de prendre le public à la gorge, qui est la barbarie de Shakespeare, sera toujours aux yeux de Dumas la plus forte marque de ce génie. Même il n'est pas assuré qu'il y ait vu bien d'autres choses. Il suffoque, il étouffe d'admiration. Il avait aussi, pour le confirmer dans ces émotions vives, Frédérick Lemaître et Dorval, qui parurent ensemble dans *Trente ans ou la vie d'un joueur* de Ducange et Goubaux, avec un grand succès. C'était un mélodrame violent, fort bien conduit d'ailleurs, et dont le dénoûment était emprunté de *le Vingt-quatre février*, de Werner. En souvenir des rudes impressions qu'il en rapporta, Dumas traduira un jour Werner, ne pouvant traduire Ducange ni Goubaux. Il parlera de cette soirée dans ses *Mémoires* sur le mode lyrique : « Le drame populaire avait son Talma ; la tragédie du boulevard avait sa mademoiselle Mars [2] ». Il lui manquait son Corneille ou son Beaumarchais. La place était bonne à prendre.

Ici encore, le hasard ne sert pas mal Dumas. Les amitiés de rencontre lui ont été profitables. Il apprend la physique, la chimie, un peu de physiologie et d'anatomie, sur le conseil d'un médecin nommé Thi-

---

1. *Mes mémoires*, t. IV, ch. CIX, p. 280
2. *Ibid.*, pp. 278-279.

baut[1]. Son voisin de bureau, Lassagne, qui est renseigné sur le mouvement littéraire et théâtral, lui indique avec beaucoup de sens les œuvres propres à mettre quelque suite dans les connaissances de cet esprit enthousiaste et mal débrouillé. Dumas dévore Eschyle, Sophocle, Corneille, Racine, Molière, Gœthe, Schiller, Calderon (celui-ci, avec moins de profit, quoiqu'il le nomme), Schiller surtout et Byron et Walter Scott[2], qu'il cite à chaque pas, et Beaumarchais assurément, dont il ne parle guère. Il faut, certes, consulter ses *Mémoires* avec précaution. Mais on ne saurait douter qu'il ait fait d'abondantes lectures, la plume à la main, pendant les six années qu'il vécut expéditionnaire. Et, si ce travail aboutit encore à l'éclosion de deux vaudevilles, *la Chasse et l'Amour* et *la Noce et l'Enterrement*, celui-ci en collaboration avec Lassagne, hélas! le même Lassagne qui le nourrissait de la « moelle des lions », comme Hector faisait le petit Astyanax, — j'ai dit qu'il ne s'en faut pas émouvoir, et que Dumas avait la chance de tâter, sans davantage attendre, le vrai public sur un vrai théâtre. De l'éducation dramatique il avait demandé le secret, pendant six années, durant des nuits entières, aux maîtres de la scène, dont il poussait l'étude comme le futur praticien celle du squelette ou de l'écorché. S'il n'alla pas, comme il le pense, « jusqu'au cœur chercher les sources de la vie et le secret de la circulation du sang[3] », longuement il apprit son métier avant d'exercer son génie. C'est une erreur chère à la jeunesse de notre temps que la croyance en la génération spontanée des ouvrages dramatiques, qui font date.

---

1. *Mes mémoires*, t. IV, ch. xciv, p. 78.
2. *Mes mémoires*, t. III, ch. lxxix, pp. 215-220, et t. IV, ch. xciii, pp. 79-80. Il nomme ici Cooper, dont l'influence se borne au roman.
3. *Mes mémoires*, t. V, ch. cxiii, p. 17.

Avant d'écrire *Christine* ou *Henri III et sa Cour*, Dumas avait étudié de près, « le scalpel à la main », le meilleur du répertoire français et étranger. On s'en avisa après *la Tour de Nesle*; on l'a trop oublié aujourd'hui.

Aux hasards heureux, dès 1823, il suppléa énergiquement, sans autre règle que son instinct, mal défendu contre les erreurs de jugement ou d'enthousiasme par une instruction dépareillée, mais soutenu par une opiniâtre volonté. Il s'était fait la main ailleurs que dans le vaudeville. L'employé de bureau avait traduit en vers et moulé de sa belle écriture un drame en cinq actes de Schiller. Cette adaptation est « une chose importante dans son histoire littéraire [1] », étant un des tout premiers essais de son talent dramatique.

III

MANUSCRIT INÉDIT DE « FIESQUE DE LAVAGNA[2] ».

Il croyait l'avoir brûlé. Un écrivain ne brûle rien; surtout Dumas. Il l'a signé, paraphé, soigneusement copié, avec un titre écrit de sa diligente main d'expéditionnaire : « *Fiesque de Lavagna*, drame

---

1. Sur la première page est collée la lettre suivante : « Mon cher Lévy, M. Allart a retrouvé un manuscrit que j'ai toujours cherché, mon drame de *Fiesque* qui manque à mon théâtre. Rachète-le-lui 250 fr., tu donneras 250 fr. à Charpillon (voir *Propos d'art et de cuisine*, p. 7) et tu auras *une chose importante dans mon histoire littéraire*. A toi. A. DUMAS. »

2. Ce manuscrit appartient à MM. Calmann Lévy, qui ont bien voulu me le communiquer et m'autoriser à en faire quelques citations. Je ne saurais les en remercier trop vivement. Il est tout entier écrit de la main de Dumas. Il se compose de cinq cahiers de papier à écolier, le premier seulement de grand format, le tout réuni sous reliure.

historique en cinq actes et en vers ». On notera que, pour son coup d'essai, il oublie déjà d'indiquer ses sources [1].

L'œuvre de Schiller était pour lui plaire. Un esprit de révolution inspire cette tragédie républicaine. Le futur artilleur de 1830 s'en réjouit. La passion y est violente, farouche et poussée aux conséquences extrêmes. La haute philosophie y alterne parfois avec la brutalité. Tout cela échauffe la tête de notre apprenti dramaturge [2]. Des caractères d'acier, comme le républicain

---

1. *La Conjuration de Fiesque à Gênes, tragédie républicaine*, qui fait partie de la trilogie de jeunesse de Schiller, a été souvent traduite ou imitée en France de 1820 à 1835. Dumas cite un *Fiesque* d'Ancelot (*Mes mémoires*, t. IV, ch. XCVII, p. 118), qui fut représenté, non sans succès, à l'Odéon. Alfred de Musset mit plus tard (1834) *Fiesque* à contribution, quand il écrivit *Lorenzaccio*. L'esprit de conjuration est un lieu commun de Victor Hugo dramatiste (*Cromwell, Hernani, Marion Delorme, Ruy Blas*) et c'est *Fiesque*, à côté de *Cinna*, qui enseigne aux jeunes premiers de ce théâtre cet art de conspirer, que Scribe plaisante dans *Bertrand et Raton* et dont l'opérette du second Empire s'est amusée sans merci. *Fiesque* était une œuvre en vue. Dumas la traduit d'abord. En 1842, il donnera au Théâtre-Français *Lorenzino*, qui est l'intrigue de *Fiesque* poussée au noir, avec une conspiration « bien tortueuse, bien sombre, bien Romaine », un duel en masques, à minuit, et des coups de poignard, et du poison, et des réminiscences des *Brigands*, et le dénoûment d'*Egmont*, et encore, par-dessus le marché, une scène de premier ordre (V, IV) dans la prison de Bargello, en souvenir de *la Tour de Nesle*. En 1860, il écrira *l'Envers d'une conspiration*, où maint morceau de *Fiesque* se retrouve. Il n'a rien brûlé de ce qu'il avait adoré ou traduit. (Voir *Mes mémoires*, t. IV, ch. CVIII, p. 268. Cf. *Théâtre complet*, t. I, p. 23.)

2. Stendhal avait prévu le cas. *Op. cit.*, p. 253. « A peine s'il connaît (le public) de nom les *Richard III*, les *Othello*, les *Hamlet*, les *Walstein*, les CONJURATION DE FIESQUE... » Et *ibid.* : « ... En étudiant profondément le moyen âge, qui a tant d'influence sur nous, et dont nous ne sommes qu'une continuation, et *en exploitant le moyen âge à la façon de Shakespeare et de Schiller* ».

Verrina; un bon tyran, vieux, philosophe, et désabusé, André Doria, qui leur pourrait dire à tous :

Vous êtes aujourd'hui ce qu'autrefois je fus [1];

Gianettino, son neveu, orgueilleux, débauché, cruel, incarnant en soi tous les vices que le mélodrame flétrit ; des rôles de femmes aussi, qui ne sont pas enveloppés de demi-teintes : chastes ou débauchées, violentes ou violées, anges ou courtisanes, toutes vibrantes des passions du XVI° siècle italien, la fille de Verrina, irréparablement outragée par le neveu du doge, la nièce du doge, cynique et bafouée par Fiesque, tout cela fait un beau remue-ménage. Et puis, il y a le nègre, ce Maure patibulaire, noir comme Othello, demi-frère de Dumas par la couleur du visage, et agile traître de drame, qui passe à travers les crimes d'une telle allure que « la plante des pieds lui brûle [2] ». Croiriez-vous qu'Ancelot, dans sa pièce, avait supprimé le nègre, n'osant, comme Ducis, le blanchir? Dumas en appelle aux justes lois, encore indigné lorsqu'il écrit ses *Mémoires* [3]. Ce n'est pas lui qui supprime le nègre. Le nègre sera souche de coquins dans son théâtre, qu'ils soient blancs ou de couleur. — Et enfin, il y a Fiesque, grand, noble, fort, conspirateur, qui joue le personnage d'un efféminé pour se réveiller lion. Schiller s'est souvenu d'Hamlet ; et l'on sait à quel point Hamlet a remué Dumas. Cette demi-obscurité qui enveloppe le personnage de Shakespeare et que Schiller a encore épaissie, nous la retrouverons dans l'indécision d'Henri III, l'énigme d'Antony et chez d'autres qui traversent la scène, marqués au front par la cruelle énigme ou le

---

1. *Le Cid*, I, IV.
2. *La Conjuration de Fiesque à Gênes*, II, Sc. IX, p. 252.
3. *Mes mémoires*, t. IV, ch. XCVII, p. 118.

secret fatal. C'est le régal de l'imagination populaire. Le nom de Fiesque agit comme un talisman sur le peuple de Gênes. Fiesque est ambitieux; il a le courage, la volonté, le génie et l'auréole. Dumas, qui est peuple, y trouve des applications à une autre légende beaucoup plus proche de lui. Et quel dénoûment! A l'heure de l'apothéose et de l'ambition satisfaite, au moment où le soleil resplendit sur le maître de Gênes, sur le défenseur des libertés proclamé doge à son tour, le vieux Verrina le pousse par l'épaule : le doge se noie, le doge est mort! Fatalité des ambitieux et des doges, qui domptent les foules, et qu'un faux pas anéantit. Dumas est tout à son affaire.

La pièce de Schiller, telle qu'on l'imprima en 1783, n'est pas sans défaut, n'étant ni historique ni dramatique. Au regard de la scène, elle semble lourde, péniblement composée, coupée par de continuels changements de lieu; et elle se traîne en des actes interminables pour aboutir à des monologues lyriques. Seuls, le troisième acte s'achève sur un mot de théâtre et qui fait attendre quelque chose, et le quatrième sur une situation touchante. Schiller suit au moins trois intrigues, qui traversent les actes sans se raccorder; et il en ajoute une quatrième, et encore une autre, sans y prendre garde. Je vois bien que l'intérêt repose sur l'ambition énigmatique de Fiesque; mais l'austérité républicaine de Verrina et le désir de venger sa fille me distraient; et je songe que la dynastie des Doria fait encore une diversion, à moins que je ne m'attache à suivre les amours de la veuve Imperiali, qui veut empoisonner la femme de Fiesque, ou encore l'amour de celle-ci pour son mari, ou même les fiançailles de la pauvre Bertha, fille de Verrina, ou peut-être la passion de Calcagno pour Léonore, ou plutôt la jalousie de Fiesque-Macbeth, qui dans les loisirs que lui laisse son double rôle de conspirateur et de débauché, fait aussi le personnage de Fiesque-Othello. « Dieu, ma tête ! ma tête [1] ! » dit Verrina, homme simple.

Le caractère de Fiesque est composé comme la pièce, et pareillement obscur. L'équivoque, pour être voulue, n'en est pas plus dramatique. Quand Shakespeare nous montre la volonté indécise d'Hamlet, et le mystère de cet esprit, et cette folie feinte, toute proche de la véritable, il descend en cette âme trouble avec une lanterne allumée : il projette des mots lumineux sur les détours du dédale. Et si quelques ténèbres voilent encore cette figure aux yeux de plusieurs, dont je suis, c'est que sans doute n'était-il point possible d'objectiver en plein jour ce tréfonds de l'âme humaine, à ce point vaine et inconsistante, et voisine de la démence. Fiesque joue ce jeu difficile en dedans. Il exerce son courage par les plaisirs ; il trempe sa volonté dans la débauche. C'est un rôle, qu'il soutient le plus longtemps qu'il peut. Tout le monde est dupe, le doge, le neveu du doge, la nièce du doge, sa propre femme, les conjurés, le peuple, dont il recueille avec joie les méchants propos. Ici, je ne comprends plus. Pourquoi Gênes s'obstine-t-elle à voir en lui un messie ? Qu'a-t-il fait pour un pareil crédit ? Il n'est ni Othello, ni Egmont. Passe encore pour cet engouement populaire, qui ne raisonne point. Mais pourquoi les conjurés ? Pourquoi Verrina ? Pourquoi l'austère républicain se tourne-t-il désespérément vers Fiesque débauché, quand il brûle de venger l'outrage commis par la débauche ; vers Fiesque railleur, inerte, amolli, pour sauver la liberté de sa patrie par un coup de main ? Ne serait-ce

---

1. *La Conjuration de Fiesque à Gênes*, I, sc. x, p. 227. Théâtre de Schiller. Traduction nouvelle de Ad. Regnier, Paris, Hachette, 1881, t. I.

pas qu'en réalité Schiller atteint à l'effet non pas tant par le conflit des caractères, que par les situations fortes et les sentiments forcés? Or, comme il n'a pas encore l'art de les graduer pour le théâtre, à tout coup il manque l'émotion visée, et se fourvoie. Il pousse au delà de la vraisemblance et du tact, l'une souveraine sur la scène, l'autre impérieux dans le monde. Madame de Staël l'a observé avant nous [1].

Si Fiesque donne une fête, et s'il faut qu'il y simule un amour qu'il n'éprouve point, il veut que « le nectar de Chypre ruisselle », que « mille flambeaux brillants fassent fuir de dépit le soleil du matin », que « la danse effrénée fasse crouler en débris, sous son fracas, l'empire des morts [2]! » Il joue son rôle avec frénésie. Gianettino entre chez sa sœur Julie, qui est en négligé. Il la tient pour « un bon *morceau de chair féminine* enveloppé dans de grandes lettres de noblesse [3] ». Le mot est proprement une délicatesse. Une des scènes capitales de l'œuvre est de ce goût. Fiesque, pour endormir la confiance du doge, a feint une passion pour cette Julie, qui est de la race des Borgia, et qui, jalouse de la femme de Fiesque, a tenté de la supprimer par le poison. Cela est mal assurément, encore qu'assez commun à cette époque. Mais n'oublions pas que ce Fiesque n'est que feinte et comédie, que la belle et sensuelle Italienne s'y est laissé prendre, qu'elle l'aime de tout son être, et qu'il a déchaîné en elle ce ravage. Or il veut la confondre et venger son épouse. Préalablement, il a su l'attirer dans « un endroit

---

1. *De l'Allemagne*, t. II, ch. xv, p. 17. « Les défauts du théâtre allemand sont faciles à remarquer : tout ce qui tient au manque d'usage dans le monde, dans les arts comme dans la société, frappe d'abord les esprits les plus superficiels. »
2. *La Conjuration de Fiesque à Gênes*, I, sc. iv, p. 212.
3. *Ibid.*, III, sc. viii, p. 288.

obscur ». A cette femme frémissante, et « dont le sang bouillonne »[1], il a murmuré des paroles embrasées; il lui a coulé des baisers qui brûlent; il lui a mis le feu aux veines. Elle demande grâce; elle demande au moins de la lumière. « Si la nuit n'était si épaisse, tu verrais mes joues enflammées, et tu aurais pitié de moi. » Et il presse l'attaque; et elle s'avoue vaincue, trop faible pour lui résister; et il fait mine de s'éloigner : « Fiesque!... Oh! je perce le cœur de tout mon sexe... Tout mon sexe te haïra éternellement. Je t'adore, Fiesque! » Éperdue, haletante, suppliante, elle se prosterne à ses pieds. Alors la lumière se fait. Fiesque n'est point à demi vengeur de sa femme. Il recule de trois pas, laisse la comtesse à genoux, tire la sonnette, soulève la portière, fait entrer la compagnie, tombe dans les bras de Léonore, et en présence des invités, des conjurés, et de toutes les dames, exécute la veuve Imperiali, la traite de folle, avec l'emphase d'un héros qui serait un peu goujat : « Non, messieurs, non, mesdames, je n'ai pas accoutumé de prendre feu puérilement à la première occasion[2] ». Puis, il la fait conduire en prison, au bras d'un laquais. Ne voilà-t-il pas une situation forte et d'un tact délicat?

Il est véritable que l'auteur de *Fiesque* s'entend mieux à exploiter la violence d'une scène qu'à la préparer. La longueur de sa pièce tient, pour beaucoup, aux situations qu'il prolonge, ou même qu'il dédouble pour en forcer l'effet. Bertha, fille de Verrina, a subi les derniers outrages du neveu du doge. C'est déjà une singulière angoisse que l'aveu de la malheureuse à son vieux père. On ne s'en contente point. Verrina songe d'abord à tuer son enfant, dans un transport d'héroïsme

---

1. *La Conjuration de Fiesque à Gênes*, IV, sc. xii, p. 310.
2. *Ibid.*, IV, sc. xiii, p. 313.

tout romain et assez commode. Il se ravise. Bourgognino, fiancé de Bertha, entre, et devant lui, Verrina redouble le pathétique de la scène, interroge point par point, comme un juge, humilie, tourmente et maudit la malheureuse. Et le style est digne de la situation : « Quoi ?... Quoi ?... Quoi ?... Qui ?... Qui ?... La taille comme la mienne, ou plus petite ? » — « Plus grande. » — « Les cheveux noirs ? Crépus ? » — « Noirs comme du charbon et crépus... ..... La voix ? » — « Rude, une voix de basse[1]. » Je vous dis que *la Tour de Nesle* est une œuvre fade. Même il arrive que, pour concentrer l'émotion, Schiller incline vers un symbolisme assez ingénu. André Doria, ce tyran philosophe, contre qui Gênes se révolte, on ne sait trop par quelle fatalité, remet à Lomellino l'holocauste qu'il offre à son ingrate patrie, une boucle de cheveux blancs, la plus précieuse, la seule. « ... C'était, leur diras-tu, la dernière qui restât sur ma tête, et elle s'en est détachée la troisième nuit de janvier, quand Gênes s'est détachée de mon cœur; et elle avait tenu quatre-vingts ans; et c'est à quatre-vingts ans qu'elle a quitté ma tête chauve[2]. » On ne saurait nier que cette suprême mèche et cette tête dénudée fassent ici une plaisante beauté.

Lorsqu'en 1784, Schiller voulut donner sa pièce à la troupe de Manheim, il fallut retoucher ces délicatesses. Le nouveau texte, entièrement remanié pour la scène, fut versé aux archives du théâtre de la ville. Boas l'imprima intégralement dans le troisième volume de ses *Suppléments aux œuvres de Schiller*[3]. On reconnaît dans ces remaniements les conseils d'un homme du

---

1. *La Conjuration de Fiesque à Gênes*, I, sc. x, p. 227.
2. *Ibid.*, V, sc. xiv, p. 342.
3. *Nachträge zu Schillers sämmtlichen Werken*, von Eduard Boas, dritter Band, Stuttgart, 1828, Seit. 47-227. *Die Verschwörung des Fiesko*, Bühnenbearbeitung.

métier, qui fut probablement Dalberg, directeur du théâtre local. Fiesque n'est plus ambitieux; il ne veut plus régner sur Gênes; il n'est plus jaloux de sa femme; la scène du mouchoir, que Dumas utilisera dans *Henri III*, a disparu. Les conjurés sont tous des héros; Sacco n'a plus de dettes; Bertha ne subit plus les derniers outrages, à peine les premiers; Julie est humiliée seulement devant la comtesse de Lavagna, qu'elle a voulu empoisonner : et cela est bien ainsi. Fiesque ne meurt plus, ni Léonore[1], pas même le nègre, qui va se faire pendre ailleurs. Personne ne meurt plus, sauf Gianettino, pour l'exemple. Mais, dites-vous, que fait-on de l'histoire? Que devient le drame? On trouvera dans l'*Appendice* quelques lignes où Schiller tranche net sur le premier point. « Je ne suis pas, dit-il, l'historien de Fiesque. » Pour le drame, il fallait sans doute qu'il fût jouable pour être joué.

Dumas n'a pas connu le remaniement de Manheim. Il a travaillé sur une traduction du texte de 1783. Voyons donc l'auteur de *la Noce et l'Enterrement* aux prises avec cette œuvre, dont les défauts le passionnent au moins autant que les qualités.

D'instinct il fait entrer de l'air en cette énorme machine. Il diminue le nombre des personnages; il leur choisit des noms moins rares : Horatio, Lorenzo, ou plus à la mode : Manfredi. De Bertha il fait Berthe, à la française. Il émonde, supprime, allège, évite la plupart des changements de lieu, et imprime à son drame le mouvement dramatique. Il réunit les fils de l'intrigue; il resserre en une seule les scènes dispersées; il concentre l'intérêt sur le personnage prin-

---

1. Schiller a supprimé cette mascarade de la fin, où Léonore, habillée en homme, ramassait le manteau écarlate de Gianettino et se faisait tuer par Fiesque, sous ce déguisement. (V, sc. XI, p. 335.)

cipal. Dans le premier acte interminable de Schiller
il taille, coupe, rogne, met Fiesque au premier plan;
il fait la lumière sur ce rôle double, aussitôt après la
première entrevue avec Verrina (I, x) :

> . . . . Républicain austère,
> Rien ne peut donc fléchir ton âpre caractère ?
> Tu ne saurais plier sous mes efforts constans ;
> Tu pars,... trompé comme eux... tu pars, il était tems !...
> Va... tu t'es su choisir le moins pénible rôle ;
> Il est bien fatigant d'être toujours frivole 1.

Fiesque insiste sur l'énergie qu'il lui faut dépenser
en cette patriotique tromperie, et sur la vertu nécessaire pour jouer ce personnage :

> A subir le mépris contraindre son courage,
> De son luxe tenir tout un peuple occupé,
> S'exposer à mourir sans l'avoir détrompé 2...

Pour nous édifier entièrement sur l'apparente équivoque du caractère, Dumas coupe le premier acte après
la scène IX de Schiller, celle où le nègre tente d'assassiner Fiesque au profit du Gianettino (devenu
Horatio), neveu de Doria. Il rejette tout le reste, le
viol de Bertha, la colère de Verrina à l'acte II; ainsi,
Fiesque occupe le centre de la scène; la perspective
s'établit sur le théâtre, et le protagoniste nous est
d'abord révélé en sa sympathique duplicité. Et pour
finir cet acte I, selon la formule romantique (cf. *Henri III*;
Hernani), l'ambitieux déclame, sans plus attendre, en
une sorte d'extase ou d'élévation, le monologue que
Schiller avait placé beaucoup plus loin (III, II.) J'en
cite quelques vers d'un large mouvement et d'une libre
imitation :

---

1. Manuscrit inédit de *Fiesque de Lavagna*, I, sc. x.
2. Manuscrit inédit, I, sc. x.

Mais déjà le soleil, qui point à l'horizon,
Colore nos remparts de son premier rayon;
Pâle et faible d'abord, il se lève sur Gêne,
Puis bientôt entouré d'une flamme soudaine,
Il va, sur la cité s'avançant radieux,
Monter en conquérant sur le trône des cieux.
　　　(Avec enthousiasme.)
Comme lui dissipant l'obscurité profonde
Je vais donc à mon tour me lever sur le monde.
Gêne!... Ton horizon va s'étendre sous moi;
Demain, astre nouveau, je brillerai sur toi.
Respirons un instant, mon âme est oppressée
Par le poids éternel d'une seule pensée :
Obéir ou régner!... C'est être ou ne pas être!...
Mais régner, dans son vol c'est atteindre soudain
Ces sublimes hauteurs, d'où l'œil avec dédain
Peut voir au loin, bien loin, s'agiter dans la boue
Cette foule stupide où le hasard se joue [1]...

Dumas remonte à la source dès son premier essai. Dans tous ces monologues romantiques, à prétentions philosophiques, et qui sont, selon le mot impayable de Théophile Gautier, « des vues prises de haut sur les idées [2] », c'est toujours Hamlet qui parle. Il a le mérite ici de parler clairement. Mérite indispensable au théâtre : Dumas s'en doutait déjà.

Il serait oiseux de le suivre dans toutes les modifications qu'il a fait subir à l'original. Je ne veux citer que l'essentiel, où son instinct dramatique apparaît. Le quatrième acte est tout bouleversé. C'est celui où Fiesque se révèle aux conjurés et confond la nièce du doge, pour laquelle il avait feint une « passion d'arle-

---

1. Manuscrit inédit, I, sc. xii.
2. *Histoire du Romantisme*, p. 122. A propos du monologue de don Carlos (*Hernani*, IV, sc. ii) : « Le poète excelle dans ces vues prises de haut sur les idées inédites. » Il semble « monter par un escalier dont chaque marche est un vers au sommet d'une flèche de cathédrale ». On voudra bien songer que Gautier fut un des « rois du Lundi », comme disait Dumas. Voir ci-dessous, p. 85.

quin ». Schiller a commencé par écrire les dix scènes, où les conjurés arrivent au palais de Fiesque, y trouvent des sentinelles postées, entrent, délibèrent; et le lion enfin rugit; puis, arrivée du nègre qui a trahi la conjuration, désordre chez les conspirateurs. A la seconde partie de l'acte, nous passons dans la salle du concert; Léonore, femme de Fiesque, est cachée derrière une tapisserie; Julie tombe dans le guet-apens; on sait le reste. Au surplus, Schiller était arrivé à une conclusion d'acte fort touchante. Après le départ de Julie, Léonore reste seule avec Fiesque, le dissuade de son ambition, lui fait luire aux yeux un bonheur plus intime et plus sûr... « Vivons tout entiers à l'*amour dans une campagne romantique* [1]! » Soudain le canon tonne, qui est le signal des conjurés. Fiesque se reprend, s'échappe. « Léonore! Sauvez-la! Pour l'amour de Dieu, sauvez-la!... Elle ouvre les yeux... Maintenant venez les fermer à Doria [2]! » Et cette fin était belle.

Dumas la sacrifie pour remettre l'acte d'aplomb et resserrer la crise. Après une scène de rupture entre Fiesque et le Maure, qu'il tire du troisième acte de Schiller (ce nègre va trahir les conjurés et on le ramènera garrotté tout à l'heure), il s'était engagé à la suite de son modèle. La scène II était un monologue de Fiesque; à la troisième paraissait Léonore avec les conjurés. Il donnait ses ordres; et cela se terminait par ces mots :

Partez donc... Le mot d'ordre est Fiesque et Liberté!

C'est le vers qui terminera son acte. Il a donc raturé tout cela. Il s'est avisé que la confusion de Julie est un événement secondaire, que le meilleur de l'intérêt dramatique, au moment de la crise, doit être rapporté

---

1. *La Conjuration de Fiesque à Gênes*, IV, sc. XIV, p. 318.
2. *Ibid.*, IV, sc. XV, p. 319.

à la conjuration; que l'exécution de la veuve Imperiali n'a d'autre objet que de révéler à Léonore, à Verrina et aux autres le véritable Fiesque, mais que l'acte IV ne saurait finir sur une explication de famille; et que, plus on approche du dénoûment, plus il faut agir. Il a lu Corneille. Il procède donc immédiatement à l'humiliation de Julie, et revient aussitôt aux conjurés, c'est-à-dire au drame même, après que Fiesque s'est dévoilé à sa femme, et qu'il l'a gagnée à ses idées, au lieu de faiblir devant elle. On voit le progrès et le pathétique de cet acte ainsi conduit. Rupture avec le Maure, danger immédiat pour Fiesque; il repousse et emprisonne la nièce du doge : c'est le commencement de l'action; il est lui-même enfin; il se découvre d'abord à Léonore, il l'échauffe de son enthousiasme. La scène est inspirée de Schiller, mais elle entame la crise.

> . . . . Mais s'il faut que mon époux succombe,
> Que me restera-t-il ? — Sa mémoire et sa tombe !
> — Eh bien, je te demande, enchaînée à ton sort,
> Une part dans ta vie, une part dans ta mort;
> Ta confiance en moi n'aura point été vaine,
> Et femme de César, je dois être Romaine [1] !

[1]. Manuscrit inédit, IV, sc. XII.
Il ne faut pas se préoccuper du numérotage des scènes dans cet acte. Comme j'ai dit, Dumas avait d'abord suivi Schiller; puis il s'est ravisé. En voici l'ordre dans le manuscrit avec les numéros : Scène I. Fiesque et le Maure; II. Monologue de Fiesque, biffé sauf quatre vers; III. Fiesque et Léonor, biffé entièrement. Puis on passe à la scène X. Fiesque, un domestique; XI. Fiesque, Julie, Léonore cachée (exécution de Julie); XII. Fiesque, Léonore. Puis on revient à la scène IV. Factionnaires et conjurés; V. Les conjurés, Fiesque (la scène du lion); VI. Les précédents, *Manfredi* (qui annonce la trahison du Maure); VII. Les mêmes, un officier amène le nègre garrotté; VIII. Les mêmes, moins l'officier. Fiesque remet le Maure en liberté; IX. Fiesque donne ses ordres pour la révolution.
Dumas écrit Léonor, au lieu de Léonore, qui est l'orthographe de Schiller. Je n'ai pas cru devoir conserver ces différences dans le cours du chapitre.

L'esprit cornélien a inspiré cette scène; il emporte en un beau mouvement la fin de cet acte IV. A présent, Fiesque a laissé pénétrer les conjurés. La péripétie, longtemps attendue, approche. Schiller avait disséminé en quatre endroits, et à des actes différents, le « sommeil du lion » et son brusque réveil (le tableau d'Appius, II, xvii, 265. — « Pensiez-vous que le lion dormait? » II, xviii, 268, et III, v, 285; — la liste des condamnés à mort, III, v, 285, et IV, vi, 301). De ces motifs épars Dumas tire une situation, qu'il rejette à la fin de l'acte IV, selon la formule chère à l'auteur d'*Horace* et de *Cinna*. Et la scène est ramassée, graduée, complète et dramatique. Il est né dramatiste et français. Il est de la race de Corneille, encore qu'il y ait « des degrés », selon le mot d'un président facétieux [1].

FIESQUE.

Arrête!
Arrête et viens ici, toi qui dans tes tableaux
Affranchis les états à grands coups de pinceaux,
Esclave, qui n'as pu briser ta propre chaîne
Et frappes les tyrans sur une toile vaine!...
Je fais à ton talent la part qu'il mérita;
Mais ce que tu peignis, Fiesque l'exécuta.

TOUS.

Que dis-tu?

FIESQUE.

Vous pensez que le lion sommeille
Parce que sans rugir sa prudence qui veille
Attend l'heureux moment où bravant son courroux
Son ennemi viendra se livrer à ses coups?
Avez-vous cru que seuls sensibles à l'injure
Vos bras des fers honteux sentaient la meurtrissure?

---

1. Dumas avait un procès à Rouen. Après l'avoir interrogé sur ses nom et prénoms : « Votre profession? » lui demande le président. — « Je dirais : auteur dramatique, si je n'étais dans la patrie de Corneille. » — « Il y a des degrés », repartit le président.

Vous discutiez encor vos plans irrésolus
Que déjà par ma main vos fers étaient rompus.
Là, les soldats de Rome, ici l'or de Florence,
Les galères de Parme et l'appui de la France...
Que manque-t-il encor pour surprendre endormi
L'oppresseur qui se croit sur le trône affermi?...
Quel soin minutieux oublia ma prudence?
Fiesque avait tout prévu, tout disposé d'avance.
Les tyrans à vos cris ne daignaient pas penser;
Vous savez les maudire, et moi les renverser.

VERRINA.

Fiesque, ton ascendant aujourd'hui me domine;
Mon génie étonné devant le tien s'incline.

FIESQUE.

Trop faibles pour me suivre en mes mille détours,
Génois, vous condamniez mes volages amours,
Vous blâmiez les plaisirs de mon âme amollie.
Le génie empruntait un masque à la folie.
Avant que par son bras Tarquin ne fût chassé,
Brutus aussi, Brutus contrefit l'insensé.

LORENZO, avec dépit.

Ne suis-je donc plus rien?

FIESQUE.

        Maintenant plus de trêve,
Que l'œuvre commencée au même instant s'achève;
Le temps est précieux; agissons sans délais.
Des soldats sont cachés au sein de ce palais [1]...

Et voici qu'on ramène le nègre garrotté, qui a trahi
Fiesque auprès de Doria. Les conjurés se troublent.
Le vieux Verrina lui-même est ébranlé :

Je crains peu des tourmens que je saurais souffrir,
Mais sur un échafaud je ne veux pas mourir [2].

Mais ce tyran, que tout le monde déteste, est un cœur
d'élite et un prud'homme, qui ne veut pas croire à une

1. Manuscrit inédit, IV, sc. v.
2. Ibid., IV, sc. vi.

félonie de Fiesque et lui envoie, avec le délateur, une lettre où il lui dit :

> Quel que soit ce complot que ton grand cœur hasarde,
> Cette nuit, Lavagna, je dormirai sans garde [1].

D'abord Fiesque est désarmé par tant de grandeur d'âme ; puis il songe qu'il peut sauver à la fois la liberté de Gênes et la vie du doge, et l'acte se termine sur la scène raturée plus haut. Tout est prêt pour le bon combat.

Ainsi, ce révolutionnaire (c'est Dumas que je veux dire), qui va se ruer sur la tradition, est imbu de tragédie. *La Conjuration de Fiesque* le séduit par ses violences passionnées. Le barbare s'en délecte. Et les mêmes scènes, dont se repaissent ses appétits sensuels et intellectuels, il les traduit avec une sagesse qui étonne, et comme s'il avait du goût. Il bouleverse la composition ; il adoucit l'expression. Le sens du théâtre le guide. Dans ses pires brutalités, il sera toujours un audacieux avisé. Il ne dit point à Julia « qu'elle est un bon morceau de chair féminine » ; il l'appelle déjà une faible femme

> . . . . à qui le ciel fit don
> De quelques agrémens, de trop d'étourderie [2].

Si Fiesque la surprend dans un appareil un peu simple, il ne pousse pas ainsi le marivaudage : « La femme n'est jamais aussi belle qu'en toilette de nuit. C'est le vêtement de son rôle [3]. » Il s'inspire de Racine, rajeuni par l'abbé Delille, et traduit gracieusement :

> Le négligé pour vous, c'est l'habit de conquête.
> Que ne puis-je vous voir, au moment du réveil,
> Lorsqu'un léger désordre accuse le sommeil,

---

1. Manuscrit inédit, IV, sc. VIII.
2. *Ibid.*, III, sc. IV.
3. *La Conjuration de Fiesque à Gênes*, III, sc. X, p. 201.

Et qu'une habile main de votre chevelure
N'a point encor bâti l'élégante structure [1] !

Il fait appel à ses souvenirs; et il lui arrive d'être plus circonspect en ses lyriques efforts que Casimir Delavigne.

Esclaves, que des fleurs en festons enchaînées
Remplacent à l'instant ces guirlandes fanées;
Que vos actives mains dans le cristal brillant
Fassent mousser les flots d'un nectar pétillant;
Ou si d'autres plaisirs vous touchent davantage,
Cavaliers... la beauté réclame votre hommage!
Et le jeu, vous offrant ses hasards inconstans,
Avec rapidité verra fuir vos instans [2].

Où est la musique de Schiller « qui éclate à réveiller la sombre nuit de son sommeil de plomb » et « les mille flambeaux » et le reste?

Le reste n'y est pas davantage. On a vu que dans cette pièce Schiller est obsédé par la violence et le réalisme brutal qu'affecte parfois Shakespeare. Dumas en est ravi; mais il corrige ou adoucit. Il se garde d'humilier une femme prise au piège de l'amour devant

1. Manuscrit inédit, III, sc. v.
2. *La Conjuration de Fiesque à Gênes*, I, sc. IV, p. 212 : « Que le nectar de Chypre abreuve le sol de mes salons! (Der Boden meiner Zimmer *trinke* zyprischen Nektar!) Que la musique éclate à réveiller la sombre nuit de son sommeil de plomb, que mille flambeaux brillants fassent fuir de dépit le soleil du matin!.. Que l'allégresse soit générale! Que la danse bachique fasse crouler l'empire des morts! (Der *bacchantische* Tanz *erschrecke* die Todten!) » La traduction de Regnier ne rend pas tout à fait la violence du texte; je la modifie légèrement. Cf. Casimir Delavigne, *Marino Faliero*, II, sc. I, pp. 31-32 (édit. Didier et Cⁱᵉ, Librairie académique, 1863) :

Partout des fleurs!
Que les feux suspendus et l'éclat des couleurs,
Que le parfum léger des roses de Byzance,
Les sons qui de la joie annoncent la présence,
Que cent plaisirs divers d'eux-mêmes renaissants
Amollissent les cœurs et charment tous les sens!

les invités, les conjurés, et tout le monde enfin[1]. Il n'a voulu montrer cette femme ni prosternée, ni humiliée en public, ni frissonnante, le corps en feu, les sens embrasés. Il a traduit autant qu'il a osé; davantage il ne pouvait. Il n'est homme à n'avoir peur ni du mot ni de la chose; et tout de même, sans se voiler la face, il se réfugie dans ses souvenirs de *Phèdre*. Il appelle à lui Racine pour exprimer Schiller.

. . . .
Ce langage du cœur tu ne veux pas l'entendre.
JULIE, troublée.
Je ne l'entends que trop.
FIESQUE avec passion.
Pourquoi le repousser?
JULIE se reculant avec effroi.
Dans tes replis de feu tu veux donc m'enlacer?
Fiesque, sois généreux, ma faiblesse t'implore;
Quand mon cœur t'appartient, que te faut-il encore?
. . . .
Mais c'était par toi seul que je devais connaître
Ce feu que j'ignorais même en le faisant naître,
Et qui, dans ce moment, de mes efforts vainqueur,
Comme un souffle brûlant s'échappe de mon cœur.
Oui, dût sur moi mon sexe attacher l'anathème,
Je ne me cache plus, oui, Fiesque, oui, je t'aime...
. . . .
Insensé! Qu'as-tu dit? Es-tu donc en délire?
Dans le fond de mon cœur quand je te laisse lire,
Quand forçant mes aveux une coupable ardeur
Enfreint toutes les lois de la sainte pudeur[2]...

---

1. Il confond Julie devant Léonore, qui le trouve encore trop cruel. Voir manuscrit inédit, IV, sc. xi :
Mon ami, trop de rigueur l'accable;
Elle est bien malheureuse!. . . . .

2. Manuscrit inédit, IV, sc. xi. Cf. *la Conjuration de Fiesque à Gênes*, IV, sc. xii, pp. 310-311. On trouvera la même scène filée (avec quelle dextérité) par A. Dumas fils, dans *l'Ami des*

Dumas s'enhardira, mais toujours avec précaution, avec le souci du parterre. Lisez sa traduction de *l'Intrigue et l'Amour*, et surtout la première scène, qui se passe dans un intérieur allemand entre le violoniste Miller et sa femme. Alors comme à présent, maître du théâtre ou novice qui s'essaye, il adoucit, transpose; il nous semble presque timoré, aujourd'hui qu'un certain théâtre a reculé les bornes du réalisme forcené ou cynique. Il se garde de nous montrer la femme Miller « qui court en hurlant à travers la chambre ». Son mari ne l'appelle pas « entremetteuse »; il ne la menace pas de « la pluie de soufre de Sodome... » ni d'autres aménités [1]. En 1847 Dumas connaît le public; dès maintenant, il le devine.

C'est encore l'instinct du théâtre qui l'avertit à point que Schiller, passant à côté d'une belle scène, a rencontré dans un geste poétique un effet presque ridicule. On se rappelle la boucle de cheveux que Doria remet à Lomellino. A Lomellino Dumas substitue

---

femmes, IV, ix, 172-174 (Th., IV). Cf. *Phèdre*, II, v :

Dans le fond de mon cœur vous ne pouviez pas lire.

Et plus loin :

. . . . Ah! cruel, tu m'as trop entendue! . . .

1. *L'Intrigue et l'Amour*, tragédie bourgeoise de Schiller, I, sc. 1, p. 384 et II, iv, p. 404 (Th., t. I). — On pourrait faire en détail la même étude de l'adaptation que Dumas exécuta plus tard. Il atténue la brutalité réaliste de Schiller. Il resserre ou supprime les scènes de mœurs ou de passions choquantes. On en verra un exemple dans la scène entre Miller et Ferdinand, l'amant de la fille de Miller : Schiller, V, sc. v, pp. 472 sqq. Cf. Dumas (Th., X), V, sc. iv, pp. 206 sqq. — On notera aussi, pour la curiosité de la rencontre et comme indication de la part héréditaire dans le talent de Dumas fils, que *l'Intrigue et l'Amour* n'est pas sans analogie avec *la Dame aux Camélias*. (Schiller, II, vi, 411. Cf. Dumas fils, scène de Duval et de Marguerite, III, iv, 124 sqq.)

Fiesque, dont le visage est caché par le casque de combat. Laissez-le faire; il tient sa situation. Les deux doges sont en présence : celui d'hier, vieillard philosophe et doux, déplore l'inconstance de ce peuple qu'il a jadis délivré de la tyrannie, lui aussi; et il gémit, non pas sur sa chute ni sur sa mort prochaine, mais sur la frivolité des hommes et la vanité des choses. Fiesque lit sa propre vie et l'avenir de ses ambitions sur le front dénudé d'André Doria, et c'est lui qui, recevant cette blanche boucle, y reconnaît le symbole du néant de toutes les grandeurs, et fond en larmes à son tour.

. . . .
>Ami, prends ce poignard et coupe ces cheveux,
>Montre-leur cette boucle à mon front arrachée
>Le jour où de mon cœur Gênes s'est détachée...
>Dis-leur qu'elle blanchit sous des travaux constans,
>Que le bandeau ducal lui pesa quarante ans;
>Dis que de mon front chauve elle était la dernière;
>Et si leur cœur encor repousse ma prière,
>Porte ces cheveux blancs à mon jeune rival;
>Ils serviront d'agrafe à son manteau ducal.
>   FIESQUE, s'éloignant de lui.
>Supplice de l'enfer!
>   LE DOGE.
>   Eh, qu'as-tu donc?
>   FIESQUE
>   Je pleure [1].

Et voilà une scène de drame, qui nous mène droit au dénoûment.

Noyer un doge était pour Dumas une aubaine; d'autant que l'histoire est ici presque complice. Fiesque tomba dans la mer, au moment où il touchait au but de ses rêves ambitieux. Dumas le noie donc, de cœur

---

1. Manuscrit inédit, V, sc. XIV. Cf. *la Conjuration de Fiesque à Gênes*, V, sc. XIV, p. 342.

léger. Mais il s'aperçoit que Schiller a gâté, dans son premier dénoûment, le caractère farouche de Verrina, et fait de ce vieux républicain un homme ordinaire et médiocre, pour le plaisir sans doute de finir sur un mot amer : « Où est Fiesque? — Il s'est noyé... Il est noyé, si ce tour vous agrée mieux... Je vais trouver André[1]. » Je ne crains pas de dire que Dumas a trouvé beaucoup mieux, sans trahir la philosophie de l'original. Il ajoute une scène, où il résume l'action et l'utopie du sujet. Le peuple, que Verrina a voulu affranchir, pour l'amour de qui il a fait mourir Fiesque qu'il chérissait, revient docilement au joug des Doria contre lesquels il s'est soulevé. Alors le farouche Verrina, prisonnier, reconquiert sa liberté d'un coup de poignard, bravant jusqu'au bout la tyrannie.

LOMELLINO.
Pour la mort du rebelle il est des échafauds.

VERRINA.
Je récuse mon juge et non pas mes bourreaux.
Commande.

LOMELLINO.
Tu le veux? Soldats, qu'on le saisisse,
Qu'on le conduise aux lieux où l'attend le supplice,
Qu'il trouve le trépas en de lentes douleurs.

VERRINA.
Je les brave.

LOMELLINO, avec un rire féroce.
Et pourtant tu pâlis.

VERRINA, montrant un poignard ensanglanté.
Non, je meurs[2].

Ne glissons pas dans le travers de découvrir tout un monde en un essai inédit. Le principal intérêt de cette traduction vient de l'époque où elle fut écrite, et

1. *La Conjuration de Fiesque à Gênes*, V, sc. XVII, p. 348.
2. Manuscrit inédit, V, sc. X.

aussi de l'état d'esprit qu'elle dénote. Un souffle de révolte anime l'œuvre de Schiller et transporte Dumas; les violentes passions, les situations fortes séduisent ce jeune athlète lâché à travers les littératures; son imagination surtout trouve un délice en cette figure énigmatique et noble de Fiesque et dans les accents de poésie grandiose ou réaliste qui s'en échappent. Mais il a l'instinct du théâtre, à un point qu'il lui tient lieu de goût; et il est français, malgré les assauts qu'il va donner à la tradition : il a le sens de la composition, du ramassé, de la progression dramatique; il adoucit les éclats shakespeariens de Schiller, il en tempère la brutalité; et sagement il se préoccupe du spectateur, qui porte les révolutions à la condition d'être porté par elles, et sans l'ardente complicité de qui les œuvres du meilleur poète meurent sur la scène et s'en vont prendre rang dans le musée de la littérature. Avec sa chaleur de tête, sa fougue, et sa vigueur, tranchons le mot, il semble déjà un révolutionnaire adroit. Et enfin, s'il n'a fait imprimer ni représenter « Fiesque de Lavagna », nous verrons bientôt qu'il n'a perdu ni son temps ni sa peine en le traduisant.

CHAPITRE II

INFLUENCES ANGLAISES.

I

SHAKESPEARE [1].

> « Le classique ne serait-il donc que l'imitation de la poésie grecque et le romantique que l'imitation des poésies allemande, anglaise et espagnole [2]? »
>
> (*Première lettre de Dupuis et Cotonet.*)

Quand Dumas cite, parmi les maîtres étrangers auxquels il est plus redevable, Shakespeare et Calderon, c'est au moins un de trop. Il y paraît dans son œuvre : car il ne lit pas à crédit. Des Espagnols il n'a guère retenu que les doubles portes, les escaliers secrets, les ressorts invisibles, et les machines déjà mises au point de la scène française par Corneille et Beaumarchais. « Milady, observe un de ses personnages, est-ce

---

1. Il n'entrait pas dans le dessein de ce livre de faire des études *complètes* des auteurs étrangers qui ont exercé une influence sur les drames de Dumas, mais de préciser seulement l'intelligence qu'il en a eue et le profit qu'il en a pu tirer.
2. A. de Musset, *Lettres de Dupuis et Cotonet*, p. 202. Cf. *Nouvelles poésies*, *Dupont et Durand* :

> J'adorais tour à tour l'Angleterre et l'Espagne,
> L'Italie, et surtout l'emphatique Allemagne.

que vous n'avez pas quelque part une porte dérobée? Très bien; permettez que je disparaisse. J'étais sûr qu'il y avait une porte dérobée [1]. » Ne nous laissons pas prendre au titre de *Don Juan de Marana*, dont les *Ames du purgatoire* de Mérimée ont fourni l'idée première, et un peu tout le monde la fantaisie surnaturelle et désordonnée. De l'Espagne il est petit débiteur : les passions de Lope et de Calderon, il les trouvait ailleurs et plus selon son goût.

C'est Shakespeare qui attisa en lui le feu sacré. Il est à l'origine de sa vocation ; il est sous sa plume en tous ses mémoires, souvenirs, confidences. Dumas ne raisonne pas son admiration ; il l'étale, il la brandit. C'est le mot d'ordre romantique ; c'est le sien.

Il a eu de ce génie la sensation beaucoup plus que l'intelligence. Dès la première initiation, son étonnement ne se peut peindre que par les plus vives métaphores : « Supposez un aveugle-né auquel on rend la vue »; ou encore : « Supposez Adam s'éveillant après la création ». Il y voit des êtres vivants, réels, nus, tout neufs [2]. Il est manifeste qu'il a d'abord ressenti toute la vitalité extérieure de ce drame, si je puis dire, et des émotions plutôt physiologiques, à la façon du public très mêlé qui applaudissait au théâtre de Burbadge. De toutes les manières de méconnaître Shakespeare, c'est la plus accessible. Il a subi le charme violent du barbare ivre de la Renaissance.

1. *La Jeunesse des Mousquetaires* (Th., XIV), I, tabl. III, sc. III, p. 51. Dumas multiplie, à la fin de sa carrière, ces remarques sur ses trucs de théâtre : cf. *le Verrou de la Reine* (Th., XXI), III, sc. VIII, p. 79; *l'Envers d'une conspiration* (Th., XXII), I, sc. IX, p. 167; *Ibid.*, III, sc. x, p. 212; *Madame de Chamblay* (Th., XXV), III, sc. III, p. 50. Il maintient, avec bonhomie, les droits de l'imagination.

2. *Théâtre*, t. I, pp. 14 et 15. Cf. *Mes mémoires*, t. IV, ch. CIX, p. 280; t. V, ch. CXIII, pp. 16-17.

Shakespeare est grand, il est incomparable, parce qu'il réunit en soi, poussées jusqu'à l'excellence, deux facultés qui s'associent rarement : l'imagination, la divine imagination, et la vue intérieure des hommes et des choses. Il faut que sa poésie soit prise sur le vif de la nature humaine, et sa fantaisie sans limites, pour que, même à travers les traductions, l'impression en soit si universelle et pénétrante. Il a marié le rêve à la réalité. Il a mêlé le rire aux larmes, sans forcer l'antithèse, tout simplement parce qu'il reflète la vie, presque sans recherche de littérature. Il a peint des types de femmes, et surtout de jeunes filles, les âmes les plus imprécises et insaisissables : Juliette, Ophélia, Cordélia; et il en a fait de vivantes et transparentes idéalités. Atalide, Iphigénie, Hermione sont aussi vraies, mais d'une vérité plus déterminée, plus scénique, plus limitée. Il semble que l'imagination et l'observation se rejoignent en lui et se confondent comme pour une véritable création.

Car Shakespeare crée des mondes à son gré. L'atmosphère dont il enveloppe chacun de ses drames est lumineuse, et justement la seule vitale, comme par une naturelle adaptation. De sa magique baguette il évoque tour à tour le rêve ou l'histoire, les lutins ou les héros, et à son appel les *milieux* (mot détestablement scientifique et propre à effaroucher de si rares impressions) se reconstituent à plaisir : l'île fantastique de *la Tempête*, ou l'île de Chypre hérissée de tours et de créneaux. L'imagination fait l'office d'un impeccable machiniste. Les « changements » s'accomplissent insensiblement; on passe de la féerie à la vie même sans que jamais le passage cause la moindre peine ou surprise. C'est la plus étroite complicité de la fiction et du vrai.

Il observe, comme il imagine, à fond, et dans l'espace. Il lui faut du champ. Le même regard aigu qui sonde le cœur d'Othello, embrasse l'humanité tout entière, y distingue les fibres les plus ténues et secrètes, qu'il analyse et recompose à son gré. Le clavier sur lequel il s'exerce est infiniment plus étendu que celui des autres. L'individu, le type, la vie, l'histoire, la nature, il domine tout, il plonge partout. Son esprit pénètre à tous les degrés : il gratte l'écorce, il entame le bois, il perce le cœur même et fouille au plus profond, au centre obscur de la sève et de la vie. Il est caricaturiste, psychologue et devin. Personne n'a créé plus de types, doués d'une existence propre, en dehors de la comédie ou du drame auquel ils appartiennent. Il a étudié la foule complexe et mouvante; il l'a dessinée à grands traits arrêtés, comme un modèle au repos. La question de savoir si les caractères doivent amener les événements, ou inversement, n'existe pas pour lui. On ne sent chez lui ni la logique ni le déterminisme toujours un peu factices, ni les combinaisons de la scène; mais on y devine la perception des mobiles les plus délicats et des causes les plus intérieures. Il lit à même le cœur et l'histoire. Et il les interprète pareillement, sans se soucier du détail, par un effort de synthèse philosophique. Il n'est pas d'écrivain qui donne à sentir et à penser davantage. C'est son génie, — au delà du théâtre.

Me sera-t-il permis de parler de Shakespeare en toute liberté? Soixante et quelques années se sont écoulées, depuis qu'Alfred de Vigny traduisit et adapta *Othello*. Le mouchoir ni le coussin ne nous scandalisent plus; nous n'en sommes plus au *bégueulisme* [1]; nous en avons vu bien d'autres. Que n'a-t-on pas vu?

---

1. Stendhal, *Racine et Shakespeare*, partie II, lettre III, p. 176, et partie I, ch. VI, p. 56.

Des jeunes filles passionnées qui se glorifiaient hautement de leur passion ; des femmes coupables et volontiers bavardes sur le chapitre de leurs fautes, sans ombre de remords ou de regret ou même de plaisir ; l'adultère avant, après, et pendant, ardent, froid, enthousiaste, impassible, criminel, officiel, régulier, et las, surtout las ; et combien de demoiselles, qui étaient des femmes, et même quelques femmes, qui étaient encore demoiselles. Mais nous attendons toujours un spectacle inédit dans un théâtre d'ordre : une pièce de Shakespeare qui ne soit pas adaptée.

Les novateurs qui vont, chez nous, invoquant ce dieu [1], ne songent pas que s'il avait eu à sa disposition une mise en scène moins rudimentaire, il eût été moins libre, mais aussi moins barbare. Quand il déshonorait « avec cinq ou six fleurets émoussés le glorieux nom d'Azincourt [2] », il profitait de moyens sommaires pour jeter sur la scène des épisodes qu'il en eût sans doute écartés cent ans après. L'admirable, c'est le génie qui supplée par son invention à cette liberté même, laquelle n'est que pauvreté de ressources techniques. De là ces continuels changements de lieu, dont le public s'accommodait comme de l'insuffisance du décor, mais qui sont tout de même insuffisance de composition et nuisent à la netteté de l'ensemble, à l'unité de l'impression définitive. L'usage de la machinerie moderne ne fait qu'accuser davantage cette impuissance, s'il ajoute à la diversité du spectacle.

Il fallait que Shakespeare se dépensât tout entier, pour ne pas succomber sous cette liberté négative. Ces

---

1. *Théâtre*, t. I, p. 15. « O Shakespeare, merci! O Kemble et Smithson, merci! *merci à mon dieu! merci à mes anges* de poésie! »

2. A. Mézières, *Shakespeare, ses œuvres et ses critiques*, ch. II, p. 55. Citation du chœur de l'acte I de *Henri V*.

continuels changements voulaient être rachetés par un mouvement dramatique très rapide, qu'on sent parfois forcé, et dont les substitutions de décor exagèrent l'excès même par les temps de repos. J.-J. Weiss a noté justement que, dans l'état actuel du théâtre, l'initiation du public à la formule dramatique de Shakespeare peut être aussi longue que l'intelligence des unités[1], qui ne sont, à les bien prendre, que des règles de composition et de clarté. Ce fut l'erreur des romantiques de se réclamer de cette indépendance shakespearienne, pour mettre en scène le musée catalogué de Walter Scott, quarante-cinq ans après Beaumarchais et les progrès techniques du *Barbier de Séville*.

L'énigme, qui plane souvent sur les ouvrages de Shakespeare, résulte de cette liberté rudimentaire. Il a méconnu ou violé les lois les plus élémentaires du théâtre, qui n'est pas un simple assemblage de tréteaux. A cette faculté créatrice, à cette admirable raison il n'a point imposé de bornes. Il pense beaucoup et veut tout dire. Ce n'est pas le fait du drame. Il abonde en caractères, en situations, en mots de génie. Et ce génie à tout coup s'échappe. C'est la nature, la vie, le lyrisme sublime, une philosophie supérieure, qui défient trop souvent la clarté, la rectitude, la progression nécessaires ici. C'est un défaut admirable, mais pénible, sur un théâtre français, à des têtes françaises. J'admire *Hamlet*, comme tout le monde, mais pas davantage. Je le comprends difficilement, surtout après avoir lu une part des commentaires dont il fut l'objet. Sa folie feinte ou réelle, son attitude et ses grossiers propos à l'égard d'Ophélia, la folie et la mort de cette pauvre jeune victime d'on ne sait quoi : autant de questions difficiles pour mon entendement. Il y en a d'autres. Tout cela

---

1. *Le Drame historique et le Drame passionnel*, ch. III, p. 311.

est un peu trouble, et ne s'enchaîne pas en l'esprit. Et je sais d'expérience qu'on y découvre de rares beautés et un problème moral qu'il fallait une admirable intelligence pour poser seulement — et qui peut-être ne se pouvait résoudre sur la scène. Car cette profondeur s'achète. Il m'a plusieurs fois semblé que de la représentation d'*Hamlet* se dégage surtout un pathétique douloureux pour les nerfs, une angoisse de la raison, qui est comme la rançon de cette curiosité sans bornes, de cette double vue plus qu'humaine.

Qu'il observe le tréfonds de l'âme ou qu'il imagine à sa fantaisie, on dirait que Shakespeare écrit pour son contentement, pour la joie de son génie, qui est admirable encore un coup, mais tout à fait insoucieux de nos courtes intelligences et du théâtre fait pour elles. Je ne tiens pas *la Tempête* pour une œuvre médiocre, comme fait Stendhal [1]. Ce n'est point que, cette fois, la philosophie tranche dans le vif de l'originalité. Que l'humanité ne soit pas parfaite, qu'il faille éclairer les bons et convertir les coupables, Shakespeare ne l'a pas inventé; et, après lui, Pixérécourt a pu nourrir de ces idées-là. Ce qu'on ne saurait trop louer, c'est l'imagination qui tire de ces choses des prestiges inconnus, qui enchante les yeux, les oreilles, l'esprit et le cœur des hommes; qui mêle à une poésie luxuriante des réalités très anglaises, et qui place en un décor digne, par sa fraîcheur, de la création du monde l'âme toute neuve de Miranda. Mais ce qu'il faut pourtant reconnaître, c'est la puérilité d'une partie de ce merveilleux philosophique, c'est l'obscurité des abstractions [2], c'est la

---

[1]. *Racine et Shakespeare*, partie II, lettre III, p. 175.

[2]. Il faut tenir compte, bien entendu, des différentes époques où Shakespeare a écrit ses pièces. Vers la fin, il inclinait volontiers aux abstractions. Cf. préface de *l'Étrangère* d'A. Dumas fils (t. VI, pp. 211-213). Mais réalisme ou métaphysique, l'excès

grossièreté du grotesque qui fait au symbolique et au merveilleux un pénible contrepoids. Le seul Caliban porte aujourd'hui sur ses épaules disgracieuses le fardeau de vingt et vingt volumes de commentaires, hideux gnome et personnification des instints populaires pour plusieurs, tandis que d'autres se croient fondés à soutenir qu'il est simplement un cannibale. Métaphysique et caricature, il y a de tout cela dans *la Tempête*. Que penser de *Cymbeline*, aux yeux de Gervinus un pur chef-d'œuvre, où Johnson ne découvrait qu'un tissu d'absurdités?

Mais Shakespeare n'était-il pas homme de théâtre, puisque théâtre il y a, à la fois auteur, directeur, acteur? — Précisément : et l'on s'en aperçoit. Pour objectiver dramatiquement ses rêves ou ses intuitions, il a dû, faute d'une technique plus souple et aussi plus sévère, recourir à des moyens souvent médiocres. Ni sa sensibilité ni son esprit n'ont la même qualité que son imagination ou sa psychologie. Il rachète par la brutalité de l'émotion et la grossièreté de la verve comique cette liberté d'un génie sans contrainte et sans règle; tant il est vrai que le théâtre, s'il n'est pas un simple guignol, est soumis à des lois générales et inéluctables. Il faut quelque relâche de terreur et de gaîté à ceux que fatiguerait un effort prolongé d'abstraction, de synthèse, ou d'invention. Je laisse de côté le romanesque des narcotiques, poisons, où Shakespeare ne semble atta-

---

est le même par rapport à la scène et provient de la même cause. Cf. *ibid.*, p. 211. « Il (l'auteur dramatique) comprend que ce n'est pas à la forme dont il s'est servi jusqu'à présent, que l'humanité demandera jamais la solution des grands problèmes... » Cf. Madame de Staël, *op. cit.*, ch. x, p. 13 : « Shakespeare réunit souvent des qualités et même des défauts contraires; il est quelquefois en deçà, quelquefois en delà de la sphère de l'art; mais il possède encore plus la connaissance du cœur humain que celle du théâtre... »

cher aucune importance. Mais personne n'a usé plus que lui de la douleur ou de l'horreur physique, non pas même Eschyle ni Sophocle. Personne surtout n'en a usé avec une violence plus concertée, ni plus vulgaire, personne, non pas même Dumas. C'est une nécessité d'équilibre compensateur dans cette œuvre, dont on nous dit qu'elle ne subit point de loi; comme si la première et plus fatale contrainte n'était pas d'avoir prise sur le public, qui n'a pas de génie, et chez qui le sentiment fait fascine à l'intelligence. Or, je tiens que Shakespeare abuse sciemment de son art et de nos nerfs, lorsque, en dépit de toutes les raisons morales et historiques qu'on en pourra alléguer, Cornouailles arrache les deux yeux de Gloucester, et les écrase sous le pied en disant : « A terre, vile marmelade [1] ». Cela passe le symbole ; et l'auteur peint autrement, quand il lui plaît, la cruauté de ces mœurs et de ces hommes. Ce n'est pas la souffrance corporelle qui me blesse, mais le jeu qu'on en fait. Mais il fallait bouleverser le parterre debout, flacons en main, et qu'on ne lassait pas impunément. Et pareillement, il fallait le dérider après les essors d'imagination ou les efforts de réflexion philosophique. Le cynisme ordurier et brutal, l'excitation des sens, les plus viles clowneries sont une autre servitude de ce théâtre en liberté. Il serait pourtant temps, comme dit la chanson, qu'on cessât de s'extasier sur la bedaine de Falstaff, cet épais bouffon, dont la légendaire panse sert de quintaine à toutes les grossièretés de l'ivrognerie, à toutes les huées populacières. Je ne crains pas d'affirmer que si Shakespeare avait disposé d'un *métier* dramatique moins rudimentaire, les nécessités techniques, dont il eût accepté la loi, n'eussent pas étranglé, mais élagué son œuvre. Le nombre de

---

1. *Le roi Lear*, III, sc. VII, p. 330.

ses pièces eût peut-être diminué, mais non pas la netteté ni la qualité. Cette imagination créatrice, cette pensée indépendante, a consenti au public de plus dures concessions qu'elle n'en eût fait à un art, même sévère. C'est, bien entendu, le contraire de cet art qui apparut à Dumas, c'est le chaos de la Bible, sur lequel « flottait l'esprit du Seigneur [1] », qui lui sembla le libre génie de cet homme unique.

Il n'a guère compris Shakespeare; seulement, il s'est découvert en lui. De cette intuition profonde et subtile, de cette vision des dessous de l'humanité, de l'histoire, de la vie il s'avise peu, comme Victor Hugo, ni plus ni moins. Il sent Shakespeare, il le voit à travers son tempérament. Imagination frénétique, ardeur des sens, violence innée de tous les appétits, fantaisie forcenée, don des idées-images, soif d'action que ni le paganisme ni la Renaissance n'ont étanchée : l'œuvre du dramaturge anglais est une fournaise où brûlent et s'agitent toutes ces fièvres; et Dumas les devine en soi, aussi agitées, aussi brûlantes, à la notion près du paganisme et de la Renaissance. S'il s'empêtre parfois dans le pathos de la liberté de l'art, c'est affaire de mode et pour fâcher les classicistes. Il se réjouit d'abord de l'énergie physique et du mouvement passionné qui animent tous ces personnages « en chair et en os [2] ». Peuple, il ne conçoit la vie que déchaînée. Le paroxysme le ravit. Il admire « l'âme », mais il ressent à fond tous les tourments de la « bête humaine [3] ». On trouve, écrira-t-il plus tard, « dans les drames de Shakespeare les *impressions extrêmes* qui agitaient alors la société : *folles joies* et *larmes amères*, Falstaff *le bouffon* et

---

1. *Mes mémoires*, t. IV, ch. CIX, p. 280
2. *Théâtre*, t. I, p. 15.
3. Préface de *Cromwell*, p. 31.

Hamlet *le penseur*¹ ». Si la société n'est pas agitée à ce point, il suffit que Dumas le croie. Et ainsi, il pense être shakespearien. Un évanouissement, un étranglement, l'assassinat et tout l'imprévu des frissons dont Shakespeare se joue, tout cela lui est un régal. Il dit d'un de ses personnages : « Nous lui ferons une mort à la Shakespeare² ». Entendez qu'il le tuera d'un coup de pistolet en criant : « Mort et damnation ! »

Il n'a point de théorie sur le contraste du sublime et du grotesque. Il est simple ; il est né pour le drame. Il est en proie à ces rudes passions, à leur variété, à leur diversité, à leur violence ; surtout le train effréné dont elles vont le ravit. Le mouchoir ! Othello veut le mouchoir ! Il s'enferme avec Desdémone ! Dumas est haletant. Pour la genèse de cette jalousie meurtrière, peut-être s'y intéresse-t-il moins, ou la voit-il moins clairement. Du comique grossier il se soucie peu. S'il n'a pas plus de goût que d'autres, il a davantage le sens du théâtre. Il vise l'effet, pas trop le scandale. Il a en lui l'étoffe pour s'en passer. Et puis, il redoute le *bégueulisme* : il est dans les bureaux.

Dans ses *Souvenirs dramatiques*, il se donnera l'air d'admirer fort les drames historiques de Shakespeare ; « là sont tellement rivées l'une à l'autre et fondues l'une dans l'autre la réalité et l'imagination, qu'il est impossible de les séparer³ ». Mais le drame passionnel a eu sur lui plus de prise. Avec la force, ce qu'il goûte et conçoit le mieux, c'est l'imagination drama-

---

1. *Souvenirs dramatiques*, t. I. William Shakespeare, p. 48.
2. *Mes mémoires*, t. VIII, ch. ccx, p. 235. Cf. *Richard Darlington*, III, tabl. VII, sc. II, p. 124. Cette mort à la Shakespeare est d'ailleurs à la Walter Scott. Cf. *le Château de Kenilworth*, ch. XLI, p. 463, où Varney tue Lambourn de la même façon et dans les mêmes conditions.
3. *Souvenirs dramatiques*, t. I, art. cit., p. 49.

tique de Shakespeare. Et d'abord, cette merveilleuse fécondité qui invente en tous les genres et ouvre toutes les voies. Et aussi, et surtout, c'est un don incroyable, qui vraiment étonne, de faire naître les situations de théâtre sous les pas, et tout justement celles dont le choc est le plus propre à dégager et éclairer la passion qui est en jeu. Telle œuvre de Shakespeare, *le Roi Lear* par exemple, en offre assez pour défrayer cinq ou six pièces, qui, au point de vue dramatique, seraient encore de premier ordre. Hugo y a glané l'acte V du *Roi s'amuse*; avant lui, Schiller y avait découvert et recueilli la scène première et fondamentale des *Brigands*[1]. Oh! que Dumas goûte cette faculté d'invention! Sans doute il n'est pas insensible aux séductions du lyrisme philosophique, ou visionnaire, ou fantasmagorique. Il a étudié le monologue d'Hamlet et les conseils aux comédiens; il distingue l'intérêt de ces parabases dans le théâtre moderne. Il s'abandonne aussi au prestige de cette poésie délicate et vraie, — lui, qui est tout feu, tout flamme, tout impétuosité, mais qui eut une mère excellente, — en présence de ces douces figures shakespeariennes, dont son œuvre a conservé comme un rayon. « Les types de Shakespeare, Jessica, Juliette, Desdémone, Ophélie, Miranda, sont restés les types de tout amour, de tout charme, de toute pureté [2]. » Il ternira cette pureté, il effeuillera cette chasteté; mais un reflet a éclairé d'une lumière tendre son imagination, à lui; et à son tour, il créera des figures de faibles femmes charmantes. Au surplus,

---

1. *Le roi Lear*, V, sc. III, p. 371. Cf. *Le roi s'amuse* (Th., II), V, sc. IV, pp. 505 sqq.
Le roi Lear, I, sc. I et II, pp. 265 sqq (scène de la lettre qui doit perdre l'un des deux frères dans l'esprit paternel). Cf. *les Brigands*, I, sc. I, pp. 9 sqq.
2. *Souvenirs dramatiques*, t. I, art. cit., p. 49

c'est la variété, le surnaturel, la vigueur de la fantaisie, la force des passions et aussi la violence qui les exprime, l'être humain dans sa vie et ses convulsions, dans ses rêves fous et mystérieux, qui le transportent. Le souffle de Shakespeare a passé sur son théâtre, et y a déposé la semence populaire. Mais il a passé vite.

« Nous avons, dit-il à propos de Ponsard, entre nous un abîme.... c'est le génie de Shakespeare [1]. » Il demeure entendu que cet abîme existe aussi bien entre Shakespeare et lui. Il ne le déclare point : on n'avoue pas ces choses-là entre 1830 et 1840. Mais il s'en avise dans la pratique. Il faut être Schiller ou Hugo pour refaire *Hamlet* (*Fiesque*) ou reprendre la fin du *Roi Lear* (*le Roi s'amuse*). Il faut être plus poète que dramatiste et faire fonds sur la forme. On n'est pas au théâtre d'après Shakespeare. On le traduit, on ne rivalise pas avec lui. A part quelques scènes de mouvements populaires, d'élections, quelques autres d'un comique greffé sur le vif du drame [2], plusieurs bonnes tueries remplies d'horreur, et des violences de style ou des caresses de la voix, dont les premières au moins ne lui réussissent pas toujours [3], — Dumas ne se joue pas directement au monstre lui-même. Il s'en inspire; il s'assimile ce qui convient à son talent. On sent partout l'influence; on la devine plutôt qu'on ne la constate, après analyse. Partout des traces, comme disent les chimistes, et peu d'imitations précises ou de fragments. Le narcotique de Juliette, le mouchoir d'Othello dans *Henri III*, et c'est tout.

---

1. *Souvenirs dramatiques*, t. II. L'Ulysse de Ponsard, p. 362.
2. Voir le rôle de Joyeuse dans *Henri III et sa Cour*; la scène du potiron dans *Paul Jones* (Th., VI), III, sc. v, p. 166; et celle de la pendule dans *Gabriel Lambert* (Th., XXIV) I, sc. VIII, pp. 216 sqq.
3. Voir ci-après, p. 416.

Il est prudent. En 1847, il traduit *Hamlet* pour son Théâtre-Historique. Il s'adjoint M. Paul Meurice ou M. Paul Meurice se joint à lui. Au reste, il reprend *Hamlet*, comme *les Choéphores* (dont le sujet et quelques situations sont analogues), pour les effets dramatiques, mais sans aucune intransigeance. Il supprime les changements de lieu, autant qu'il lui est possible; il ajoute ici quelques vers pour justifier un décor qui demeure, là une scène de préparation; il adoucit, amortit, raccourcit, éclaircit, sacrifie les obscénités, et quelquefois aussi les traits de vérité. Il trahit le texte à force de précautions : il ne saurait souffrir le fard que met Ophélia. Hamlet *s'antonise*, si je puis ainsi dire. Tout le dessous philosophique, tout ce fond d'observation énigmatique et mystérieuse est filtré, limpide, jusqu'à la banalité. Hamlet n'apparaît plus flottant, ni indécis, mais fatal, maudit, et pâle. Tour à tour fougueux ou lâche pour le balancement des scènes : voilà la note. Et il ne meurt pas[1]! Hamlet ne meurt pas, qui serait mort de sa seule tristesse, en dehors des tourments qui l'assaillent, prototype de tous les Werthers toujours mourants, et de toutes les dissolvantes rêveries!

Ce dénoûment à contresens suffit pour nous édifier. Faut-il ajouter qu'Ophélia est innocente jusqu'à la niaiserie, qu'elle conte gentiment ses petites affaires à son petit papa, et que Ducis lui-même ne fut guère plus cruellement timoré? Quand Dumas est aux prises avec le grand Will, il perd manifestement de son aplomb. La traduction d'*Hamlet* est une pièce médiocre, étant d'intelligence courte. Seulement *Richard Darlington* est un drame excellent, d'inspiration large et populaire, et qui fait paraître la vivifiante impression

---

1. A la reprise que fit la Comédie-Française en 1896, le dénoûment a été modifié et se rapproche de Shakespeare.

que Dumas a reçue. Shakespeare est le dieu; on ne se hausse pas jusqu'à lui; dans le travail dramatique, on s'adresse plus volontiers à ceux qui se sont partagé son royaume : Walter Scott, Byron, Gœthe, Schiller.

II

WALTER SCOTT.

« Quel est l'ouvrage littéraire qui a le plus réussi en France depuis dix ans? — Les romans de Walter Scott. — Qu'est-ce que les romans de Walter Scott? — De la tragédie romantique entremêlée de longues descriptions [1]. » Le mot est de Stendhal; sans être tout à fait exact, il rappelle une vérité trop oubliée : à savoir que Walter Scott, après les guerres du premier Empire, à l'heure où l'histoire de France venait de s'enrichir coup sur coup de nouveaux et rares chapitres, a fait les délices de l'imagination française et servi de pâture à des rêves de gloire bientôt évanouis.

Il est venu à son heure. Il a été « l'Homère » de cette génération [2]. Il a reculé l'idéal dans le moyen âge, et donné au peuple la conscience de son individualité et de ses quartiers de noblesse; et, du même coup, il contentait par ses descriptions de combats, de tournois, de castels, de manoirs, de donjons et de tourelles tout ce que le flot agité avait depuis 1789 déposé dans les âmes bourgeoises de velléités héroïques et de chevaleresques aspirations. Qui croirait présentement, après avoir lu *Quentin Durward*, que le barde écossais,

---

1. Stendhal, *Racine et Shakespeare*, partie I, ch. 1, p. 6.
2. Taine, *Histoire de la littérature anglaise*, t. IV, liv. IV, ch. 1, § IV, p. 309.

comme on disait alors, fut « presque égalé à Shakespeare, eut plus de popularité que Voltaire, fit pleurer les modistes et les duchesses, et gagna six millions ! » ? Qui penserait surtout qu'il éveilla des vocations historiques et fut pour Augustin Thierry une révélation ?

La critique, par un juste retour, lui a fait payer cher cette inimaginable popularité. Elle a mis à découvert la fragilité de ces reconstitutions, la frivolité de cette science archéologique, la piperie de ces peintures de mœurs féodales, et réduit ce génie, « favori du siècle² », à une adroite curiosité des parchemins, des dessins, des devis, du costume, du mobilier et du bibelot. Elle est impitoyable, la critique : elle a pensé entraîner, dans son travail de démolition, le drame historique même, qui avait enfin trouvé son cadre dans les romans de Walter Scott.

Au moment où Dumas arrive à Paris, ils sont dans toutes les mains. Adolphe de Leuven, Lassagne recommandent à leur ami la lecture d'*Ivanhoe* récemment traduit. Dans les théâtres Scott fait prime. Qui n'a pas en réserve un *Château de Kenilworth* pour la Porte-Saint-Martin³ ? ou un *Quentin Durward*, sans compter les *Amy Robsart* et les *Louis XI à Péronne* et tous les chevaliers noirs qui s'avancent à l'assaut de la scène française, lance en arrêt, visière baissée ? Avant même d'avoir traduit *la Conjuration de Fiesque*, Dumas avait entrepris avec Soulié un drame, *les Puritains*

---

1. Taine, *ibid.*, p. 297. Cf. Byron, *Don Juan*, chants XL, LIX, p. 730, col. 2. « ... Scott, le superlatif de mes comparatifs ; Scott, dont le pinceau retrace nos chevaliers chrétiens ou sarrasins, les serfs, les seigneurs, et l'HOMME, avec un talent qui serait sans égal, s'il n'y avait pas eu un Shakespeare et un Voltaire. De l'un des deux, ou de tous les deux, il semble l'héritier. » C'est beaucoup dire.

2. *Ibid.*, p. 297.

3. *Mes mémoires*, t. IV, ch. CVIII, p. 267.

d'Écosse, qui n'aboutit pas [1]. En 1827, Scribe fait dire à Poligni dans *le Mariage d'argent* : « Le Salon a ouvert cette semaine, et il paraît qu'Olivier a exposé un tableau magnifique, un sujet tiré d'*Ivanhoe*, la scène de Rébecca et du Templier, le moment où la belle juive va se précipiter du haut de la tour [2] ». Au Salon de 1828, Mademoiselle Fauveau expose deux bas-reliefs, dont l'un est une scène de *l'Abbé*, qui fournira bientôt deux situations importantes d'*Henri III et sa Cour*. Tout comme un autre, Dumas est assez fantaisiste et assez peu littéraire pour goûter pleinement cette populaire diminution de Shakespeare.

Il en admire le bric-à-brac, tout ce qui parle aux yeux. Cette admiration n'est pas très différente de celle qu'éprouvaient les voisins d'Abbotsford, lairds ou fermiers, que le romancier réunissait autour d'une table somptueuse, et qui dînaient, au retour des grandes chasses, très flattés et un peu ébaubis, au milieu des cathèdres, des hauts dressoirs et des bahuts sculptés, parmi les décorations des larges plaids, les grandes épées de highlanders, les hallebardes, les armures et les trophées [3]. Ils vénéraient le seigneur de ces biens et sentaient monter en eux une obscure conscience de leur race. Gœthe, dans *Gœtz de Berlichingen*, avait ainsi débuté par éveiller le sentiment germanique.

---

1. *Mes mémoires*, t. IV, ch. CVIII, p. 267.
2. *Théâtre* d'Eugène Scribe, Michel Lévy, édit. 1856, t. I. *Le Mariage d'argent*, I, sc. IV, p. 47. Cf. *Ivanhoe* (trad. Dumas), t. I, ch. XXIV, pp. 289-290. Cette popularité de Walter Scott n'était pas entièrement refroidie en 1868. La *Revue de Paris* (n° du 15 mars 1894) publiait naguère des lettres inédites d'Octave Feuillet, où il parle (p. 10) avec l'impératrice Eugénie de W. Scott, « qu'elle possède bien ». Et plus loin (p. 30) : « Je me suis couché au lieu de souper. J'ai lu Walter Scott, mon meilleur ami et ma seule famille... »
3. Voir Taine, *op. cit.*, liv. IV, ch. I, § IV, p. 300.

Encore le sens historique de Shakespeare y est-il moins matériellement traduit. Sir Walter Scott est un parvenu, si l'on veut bien dire; encore plus curieux de bibelot que d'érudition. Il est un collectionneur, qui pense faire œuvre d'historien. Il n'a point l'âme féodale; mais seulement la fantaisie. Il semble un fureteur infatigable. Il aime les parchemins pour l'écriture et la miniature, beaucoup plus que pour le sens de ce qu'ils contiennent. Son « regard d'aigle [1] » ne voit pas plus loin que le verre de sa loupe d'antiquaire; il guette les pièces rares et les bonnes occasions. Et il en sait tirer parti. Il dépasse de cent coudées l'amateur d'estampes de La Bruyère : il vend.

Dumas est au point de comprendre cet homme-là. Il ouvre de grands yeux devant ces vitrines d'histoire et d'art. Plus tard, il fera bâtir Monte-Cristo pour imiter son idole en tous points. A cette heure, il meuble, décore et tapisse son imagination; il éclaire son cerveau, et l'emplit de couleurs. Il voit des milieux reconstitués, des mœurs qui se traduisent immédiatement aux yeux par des assemblages d'objets mobiliers [2]. Les époques s'aménagent et s'encadrent dans son esprit : elles vivent d'une vie extérieure, qui à cette curiosité dévorante et neuve produit l'effet d'une résurrection. Il en retient des images autrement animées que les gravures qui déshonorent la traduction Defauconpret. Dispersée dans le roman, condensée sur

1. Blaze de Bury, *op. cit.*, II, p. 21. Citation d'Augustin Thierry : « Walter Scott venait de jeter son regard d'aigle... »

2. *Mes mémoires*, t. IV, ch. xciv, p. 80. « ... Mais lorsque l'auteur m'eut introduit dans la salle à manger romane du vieux Saxon; quand j'eus vu la lueur du foyer, alimenté par un chêne tout entier, se réfléter sur le capuchon et sur la robe du pèlerin inconnu; quand j'eus vu toute la famille du *thane* prendre place à la longue table de chêne..., etc. » Il *voit* les chapitres d'*Ivanhoe*.

le théâtre, la poussière d'antiquaille formera une atmosphère un peu épaisse, qui n'est pas celle de Shakespeare, mais qui plaît aux regards de la foule et fait un trompe-l'œil animé.

Les personnages du romancier écossais ne vivent guère ; mais il fait vivre les milieux. Il décrit longuement, et avec une recherche de précision. Le résultat est immanquable : il laisse l'impression du grand. Ses castels, donjons, tournois ont tout à fait grand air. Il donne de l'espace à la fantaisie de ses lecteurs, plus qu'il n'imagine lui-même. Je vous donne à penser si cet art plaît aux fils de ceux qui ont sillonné l'Europe, le sabre au poing. Le procédé a passé du roman sur le théâtre, non pas sous forme de description, mais d'énumération, d'accumulation, et de tirade quasiment érudite[1]. A l'époque où Victor Hugo en mésusait encore dans *Ruy Blas*, Dumas en faisait depuis longtemps un emploi plus habile. Il avait écrit le quatrième acte d'*Antony*. Car ces reconstitutions, que l'histoire désavoue, quand elles consistent dans la seule enluminure du passé, devaient devenir, grâce à lui, comme le support du drame moral, social et moderne. A y regarder de près (et nous y regarderons d'aussi près qu'il nous sera possible), le second acte du *Demi-Monde* procède du quatrième d'*Antony*, qui procède, en partie, de Walter Scott. Et ceci offre un autre intérêt que la préface documentée de *Ruy Blas*. Ce n'est pas que Dumas n'ait donné, avec son ordinaire impétuosité, dans le godant de la *couleur locale* ; tout *Henri III*

---

1. Voir monologues de don Carlos, *Hernani*, IV, sc. 11, pp. 107, sqq. ; de *Ruy Blas*, III, sc. 11, pp. 156 sqq. ; de Frédéric Barberousse, dans *les Burgraves*, partie II, sc. vi, pp. 327 sqq., pour ne citer que les morceaux les plus connus dans Victor Hugo. On notera que Dumas, plus dramatiste, n'en usera guère après *Henri III et sa Cour*, *Christine* et *Charles VII chez ses grands vassaux*.

en est illustré, et elle flamboie dans *la Tour de Nesle*. Je dis seulement qu'après s'en être adroitement servi comme d'une décoration peinte pour la joie du peuple, il l'a bientôt su appliquer à d'autres fins ; d'où *Antony* et *le Demi-Monde*.

Et il a vu de quelle ressource était le procédé pittoresque au théâtre, recommandé par Diderot, appliqué par Beaumarchais, élargi et fécondé par le roman de Scott. *Ivanhoe* est plein de scènes qui font tableau : la cabane de l'ermite, le chevalier noir, l'assaut et la défense du castel, et vingt autres qui s'animent par le dialogue et qui captivent l'imagination et les yeux. Je pense que rien n'est plus aisé que de dessiner un roman de Walter Scott. Peintres et sculpteurs, avant 1830, s'étaient mis à l'œuvre. Tous les arts communiaient et étaient frères en lui. Le seul Mérimée ne pouvait assujettir sa plume à ces exercices qui passaient pour ressusciter les temps [1]. Sur un théâtre destiné au peuple, cet art, s'il est un peu gros, ne manque point son coup : il amorce l'émotion, il éclaire les larmes. Joignez-y la recherche et la vérité du costume et les groupements de personnages : il y a là un élément d'intérêt, dont Dumas saura faire usage, toujours avec quelque indiscrétion, dès *Henri III et sa Cour*, jusqu'à ce qu'il tombe dans le drame-panorama du boulevard, qui ne tient plus à l'historique que par le titre et l'affiche.

Walter Scott n'est pas un prophète du passé, non plus que Dumas. Scott « s'arrête sur le seuil de l'âme et dans le vestibule de l'histoire [2] », et Dumas ne va pas beaucoup plus loin que la toile de fond de son théâtre. Peut-être l'un a-t-il encore enseigné à l'autre l'intérêt

---

1. *Chronique du règne de Charles IX*, pp. 134 et 135. Tout le chapitre.
2. Taine, *op. cit.*, t. IV, ch. 1, § IV, p. 303.

qui s'attache aux vieilles mœurs, aux menues conditions, aux laboureurs, chasseurs, lairds, — ou forestiers et braconniers : réalisme de clocher, qui venait en son temps. On a noté, avec raison, que *Quentin Durward*, à qui s'ouvrent les plus hautes destinées, est un jeune cadet d'Écosse, qui vient chercher fortune en France, et que les héroïnes sont dignes de ces chevaliers nés dans les fermes des environs d'Abbotsford. Ces guerriers qui s'escriment, au retour de la Palestine, sont fils de bourgeois écossais; ils ont des physionomies du terroir. Ils ne dédaignent point les auberges ni les gens de peu, que le romancier croque avec une malicieuse bonhomie. Dumas a pu encore puiser là cette inclination à mettre souvent en scène de bons types de son pays natal ou des compagnons de sa jeunesse. Burat, l'employé, les gardes [1], les saltimbanques, et jusqu'au souffleur de M. Kean, tout un personnel d'humble existence circule sur la scène, dessiné avec sympathie. C'est peut-être le vrai des romans de Scott. Et ce serait le modèle du *théâtre vrai*, que cherche souvent Dumas, n'était que Scott, peintre de chevaliers ou de porchers, d'Ivanhoe ou de Gurth, dessine sans flamme et ne touche point la passion. Pour cet appétit pantagruélique de Dumas il faut autre chose; pour ce tempérament dramatique il fait froid là dedans. Il est homme à y suppléer. « Admirable, dit-il, dans la peinture des mœurs, des costumes et des *caractères*, W. Scott est complètement inhabile à peindre des passions [2]. » A cela près qu'il semble confondre les costumes avec les caractères, il ne nous égare point. Walter Scott a éclairé son imagination, et l'a guidé vers les sujets historiques; il lui a servi à la fois de

---

1. *Le Chevalier d'Harmental; les Forestiers.*
2. *Mes mémoires*, t. X, ch. XCLIII, p. 137.

costumier, de décorateur, de magasinier et de metteur en scène; il a brossé les toiles de fond et réglé les tableaux, beaucoup de tableaux, et bientôt trop.

Les premières pièces de Dumas sont inspirées de cette source à un point qu'on a trop oublié. *Christine* doit davantage à Schiller. Mais le rôle de Paula, douce figure de chien fidèle, est chère au romancier écossais (et aussi à Byron); Monaldeschi rappelle Leicester placé entre Élisabeth et Amy Robsart (et aussi le Leicester de *Marie Stuart*). On sait que dans *Henri III et sa Cour* la scène du gantelet et celle de la porte sont empruntées d'un passage de *l'Abbé*, où lord Lindesay veut faire signer à Marie Stuart son abdication [1]. On sait moins que le personnage de Ruggieri est fils du Galeotti Martivalle de *Quentin Durward*. On trouvera aux pages 177 et 178 du roman la mise en scène détaillée du premier acte d'*Henri III*. Tout y est, jusqu'à la porte de communication avec la chambre de Ruggieri, d'où un ressort fera tout à l'heure avancer le sofa sur lequel repose la duchesse endormie. Louis XI appelle Galeotti « mon père » et Galeotti nomme le roi « mon frère ». Ruggieri dit à Catherine de Médicis « ma fille », et s'entend décerner par elle aussi le nom de père. Et il sait flatter les reines comme Martivalle les rois : « C'est donc un nouvel horoscope que vous voulez, ma fille? Si vous voulez monter avec moi à la tour, vos connaissances en astronomie sont assez grandes pour que vous puissiez suivre mes opérations et les com-

---

1. *Henri III et sa Cour*, III, sc. v, pp. 74-75, et V, sc. II, p. 196. Cf. *l'Abbé*, ch. XXII, pp. 250-251 « ... Et saisissant avec sa main couverte d'un gantelet de fer le bras de la reine, il le pressa, dans sa colère... etc. », et ch. XXXII, p. 361. « Il est vrai qu'il n'y a pas de barre de fer; mais les anneaux y sont, et j'y ai passé mon bras, comme le fit une de vos ancêtres, qui, plus loyale que les Douglas de nos jours, défendit aussi la chambre de sa souveraine contre des assassins... etc. »

prendre[1]. » Cette phrase ne lui a pas coûté d'effort d'invention. Côme Ruggieri aime les gros honoraires, pour en faire, il est vrai, un usage plus édifiant que Galeotti. Il n'offre point de corset à Toinette; il achète des horloges et des manuscrits précieux. Il a beau commencer sur le ton de *Faust* ou de *Manfred* : « Parviendrai-je à évoquer un de ces génies que l'homme, dit-on, peut contraindre à lui obéir [2]?... » A quoi bon, mon père? On vous reconnaît.

« ... Or, écoutez, messieurs; moi, Paul Estuert, seigneur de Caussade [3]... » Ces formules de défi ou de vœu sont traduites de Walter Scott, qui d'ailleurs imitait Shakespeare. Saint-Mégrin a lu *Ivanhoe*. Et je reconnais aussi la bonne madame de Cossé, dont la jeunesse date du fameux tournoi de Soissons; elle n'est autre que la dame féodale, Hameline de Croye, dont les souvenirs remontent à la passe d'armes d'Ho-

---

1. *Henri III et sa Cour*, I, sc. I, p. 120.
Cf. *Quentin Durward*, ch. XIII, p. 180. « ... D'après son horoscope, vos progrès dans notre art sublime vous ont permis d'en porter vous-même un jugement semblable. » Remarquer que Walter Scott emprunte de Schiller (voir ci-dessous, pp. 98 et 102 sqq.) avec la même désinvolture.

2. *Henri III et sa Cour*, I, sc. I, p. 119. Cf. *Faust*, première partie, p. 132. Cf. *Manfred*, I, sc. I, p. 334, col. 1, et pour la phrase du début : « Cette conjuration me paraît plus puissante et plus sûre. » Cf. *la Mort de Wallenstein*, I, sc. I, p. 246. « Oui, elle est maintenant dans son périgée, et elle agit sur la terre avec toute sa puissance. »

3. *Henri III et sa Cour*, II, sc. IV, p. 155. Cf. *le Roi Lear*, V, sc. III, pp. 365 et 366. — Le gant est jeté, et le défi porté au son des trompettes. Cf. *Ivanhoe* (trad. Dumas), t. I, ch. XXV, p. 297 et passim. Cf. surtout le *vœu* de Crèvecœur (*Quentin Durward*, ch. XXIV, p. 304), que Dumas semble avoir textuellement adopté ici : « ... Moi, moi, Philippe Crèvecœur des Cordes, je fais vœu à Dieu et à saint Lambert et aux trois rois de Cologne de ne songer à aucune autre affaire terrestre, jusqu'à ce que j'aie tiré pleine vengeance... dans la forêt ou sur le champ de bataille, en ville ou en campagne ou dans la plaine..., etc. »

flingem[1]. Toute la jolie scène entre madame de Cossé et le petit page est simplement traduite de Scott, qui l'avait esquissée avec esprit : « Elle parla ainsi du ton que prend une beauté moderne, dont les charmes commencent à être sur le retour, quand on l'entend se plaindre du peu de politesse du siècle[2] ». Dumas a trouvé là son bien et il l'a pris. Mais, comme il est moins moral que son modèle, madame de Cossé admire avec plus d'ardeur la beauté masculine; et si ses souvenirs lui disent que la jeunesse dégénère, je ne sais quels désirs le lui insinuent aussi. Faut-il répéter, après Dumas, qu'Yaqoub de *Charles VII* est le Maugrabin de *Quentin Durward* et indiquer les passages qu'il a lui-même cités dans ses *Mémoires*[3]? J'aime mieux noter que par delà Walter Scott, il remonte à la source même, c'est-à-dire à *la Conjuration de Fiesque*, que nous savons qu'il connaît bien.

Quand Scott est d'après Schiller, Dumas devient perplexe; et il prend le parti de les imiter tous les deux[4]. Ici même, il fond Hassan et Hayraddin en un

---

1. *Henri III et sa Cour*, III, sc. 1, p. 103. Cf. *Quentin Durward*, ch. xv, p. 203.
2. *Henri III et sa Cour* III, sc. 1, pp. 102-103. Cf. *Quentin Durward*, ch. xviii, p. 230.
3. *Mes mémoires*, t. VIII, ccvii, pp. 204-205.
4. On trouvera le portrait de Hayraddin Maugrabin dans *Quentin Durward*, ch. xvi, pp. 205 sqq., et sa mort, ch. xxxiv, pp. 421 sqq. Outre le passage cité par Dumas : « .... d'être rendu aux éléments... Ma croyance, mon désir, mon espoir, c'est que le composé mystérieux de mon corps se fondra dans la masse générale », on trouvera, *ibid.*, p. 208, le germe du rôle d'Yaqoub : « Misérable ! s'écria Quentin; osas-tu bien assassiner ton bienfaiteur? — Qu'avais-je besoin de ses bienfaits? Le jeune Zingaro n'était pas un chien domestique habitué à lécher la main de son maître et à ramper sous ses coups pour en obtenir un morceau de pain. C'était le jeune loup mis à la chaîne, qui la rompait à la première occasion, déchirait son maître, et retournait dans ses forêts. » On remarquera, en passant, que Blaze de Bury

seul type, qui est Yaqoub. Il emprunte au roman surtout le costume et la couleur du rôle; pour le reste, il utilise son travail inédit. Le Zingaro de Scott est un peu sorcier, dit la bonne aventure et lit dans les astres.

p. 61 du livre qu'il a consacré à Alexandre Dumas, s'étonne qu'Yaqoub prononce ces vers d'un athéisme irréductible :

> De rendre un corps aux éléments,
> Masse commune où l'homme, en expirant, rapporte....

« Qu'un lord Talbot s'exprime ainsi dans la *Jeanne d'Arc* de Schiller, dit-il, on le conçoit... » Blaze de Bury n'a pas même pris la peine de lire, je ne dis pas Walter Scott, mais Dumas lui-même, qui cite textuellement le passage dont il s'est inspiré (*Mém.*, t. VIII, ch. CVII, p. 205) et que nous avons indiqué plus haut. La vérité est que Scott avait lu Schiller de près, que nous verrons qu'il le rejoint parfois, et Dumas tous les deux.

D'autre part, voici la scène du Manuscrit inédit de *Fiesque de Lavagna*, dont on reconnaîtra aisément le parti que Dumas a tiré, en relisant *Charles VII*, I, sc. 1, p. 233; I, sc. IV, pp. 241 sqq.; II, sc. V, p. 259; III, sc. II, p. 274; et surtout V, sc. II, p. 304.

FIESQUE
Avoue..., ou l'échafaud est prêt.

LE MAURE.
Le Maure sait mourir et garder son secret.

FIESQUE.
A l'aspect du trépas nous verrons s'il le brave.

LE MAURE.
Le Maure en expirant cessera d'être esclave.
Même au sein du bonheur, ses frères d'Orient
Apprennent à leurs fils à mourir en riant.

FIESQUE.
Pour qui meurt seulement la mort n'est rien sans doute;
Mais le sang criminel s'épuise goutte à goutte,
Mais la main des bourreaux, lentement, jusqu'au cœur,
Sans porter le trépas, sait glisser la douleur.
Il est d'affreux tourmens et de lentes tortures,
Des fers rougis, qui font de brûlantes morsures,
Et des secours cruels, qui, lorsqu'il croit mourir,
Rendent au malheureux la force de souffrir.

LE MAURE.
Depuis que l'arrachant à son brûlant rivage,
Les Génois l'ont flétri du sceau de l'esclavage,
Le Maure a dans son cœur dévoré plus de maux
Que n'en inventera la rage des bourreaux.

Yaqoub, qui n'a pu mettre à profit ces menus talents, les cédera au bohémien Buridan[1]. Hassan, Hayraddin, le nègre, Yaqoub, Buridan, tout cela fait un assez plaisant ricochet d'imitations. Rien ne se perd, rien ne se crée. Et voilà au moins quatre romans, *l'Abbé* et

FIESQUE.

Et sans doute le Maure, aux lieux qui l'ont vu naître
Était riche et puissant ?

LE MAURE.

Non, *il était sans maître.*
Il pouvait à son gré s'égarer aux déserts
Ou fendre, en se jouant, le flot grondant des mers.
Il était libre alors, comme l'aigle intrépide
Que sa flèche arrêtait dans son essor rapide,
Libre comme le tigre auquel mon jeune bras
Disputait sa caverne et portait le trépas !
Oh ! que de fois le Maure, au sein de l'esclavage,
Dans un rêve trompeur retrouva son rivage,
Sentit le flot s'ouvrir devant ses bras nerveux
Et le vent du désert passer dans ses cheveux...

(Manuscrit inédit de Fiesque de Lavagna, I, sc. II.)

On distingue dans ces vers les différents motifs du rôle d'Yaqoub, — la chasse, souvenirs du désert, poésie du Zingaro. Dans le texte de Schiller, le *nègre* dit seulement : « On ne peut pas me pendre plus haut que la potence. — Non, console-toi ; on ne t'accrochera pas aux cornes de la lune, mais pourtant assez haut pour que de là le gibet ordinaire te paraisse un cure-dents. » (*La Conj. de Fiesque à Gênes*, I, sc. IX, p. 221.) En sorte qu'au moment où il traduit le *Fiesque* de Schiller, Dumas se rappelle Walter Scott. (Cf. *Quentin Durward*, ch. XVI, p. 206 : « Sous les lois de qui vivez-vous ? — Je n'obéis à personne qu'autant que c'est mon bon plaisir. — Mais qui est votre chef? Qui vous commande ? — Le père de notre tribu, si je veux bien lui obéir. Je ne reconnais pas de maître. — ... Que vous reste-t-il donc ?.... — La liberté. Je ne rampe pas aux pieds d'un autre. Je n'ai ni obéissance ni respect pour personne. Je vais où je veux, je vis comme je peux, et je meurs comme il le faut » ; et *passim* dans les ch. XVI et XXXIV.)

Si l'on songe que Scott a lu Schiller, que Dumas a lu l'un et l'autre, et qu'il avait d'ailleurs eu connaissance (voir ci-dessous, p. 203) d'une pièce entreprise sur le même sujet par Gérard de Nerval et Théophile Gautier, cela fait un agréable brouillamini.

1. *Quentin Durward*, ch. XVIII, p. 233, et XIX, p. 261. Cf. *la Tour de Nesle*, II, tabl. III, sc. III, pp. 32-33.

surtout *le Château de Kenilworth, Ivanhoe, Quentin Durward*, dont la lecture ne fut pas inutile. Dumas y revient volontiers : c'est son fonds de Scott, comme il a son fonds de Shakespeare, plus léger, et de Schiller, non moins exploitable.

On lui en fit lire un cinquième. Il nous a conté comment Beudin lui apporta un jour à Trouville une idée de pièce ou plutôt un prologue d'une pièce à faire[1]. Ce prologue était la mise à la scène du début d'une des *Chroniques de la Canongate*, qui a pour titre *la Fille du chirurgien*. Cela, Dumas l'avoue : il ne se donne même pas la peine de changer les noms du docteur Grey ni de Richard[2]. Il nous explique avec verve la genèse du drame. Mais il ne nous dit pas que le reste de la même chronique lui a beaucoup fourni[3]. Il est

---

1. *Mes mémoires*, t. VIII, ch. CCIX, pp. 215 sqq.
2. Dans les *Chroniques de la Canongate* (la Fille du chirurgien, pp. 257-429), le chirurgien s'appelle aussi Grey, et comme le village se nomme Middlemas, on donne à l'enfant le nom de Richard Middlemas (p. 282). Cf. *Richard Darlington*, prologue, sc. IV, p. 13; — p. 280. Le masque. « A-t-on jamais vu une honnête femme en masque? » dit mistress Guy. Cf. *Richard Darlington*, prologue de IV, p. 13; — pp. 287-293. La scène du père de l'accouchée et du constable (seulement, dans le roman, Robertson, le bourreau, n'est pas présent). Cf. *Richard Darlington*, prologue, sc. V, pp. 14 sqq.
3. Pp. 300-302. Les idées d'ambition ont été déposées en l'esprit de Richard par les récits de sa nourrice. « ... Le tableau du passé, tel que le peignait la nourrice, et la perspective qu'elle montrait dans l'avenir avaient trop d'attraits pour ne pas offrir des visions D'AMBITION à l'esprit d'un jeune homme, à peine sorti de l'enfance,... mais *qui éprouvait déjà un désir prononcé de s'élever dans le monde.* » — Lire attentivement toute la page 303, où le docteur Grey révèle à Richard sa naissance. Cf. *Richard Darlington*, I, sc. IX, pp. 47-49.
Pp. 311 sqq. C'est encore de Walter Scott qu'il emprunte l'amour de Menie Grey (Jenny dans le drame) pour Richard, quoiqu'il ait déclaré dans ses *Mémoires* (t. VIII, ch. CCIX, p. 218) : « Il n'y a pas de drame dans la suite du roman. » On trouvera même indiqué (p. 332) le caractère d'ambitieux cynique de

très fier d'avoir jeté Jenny par la fenêtre. Mais il se garde d'ajouter qu'il retourne alors à l'un de ses romans préférés; que Walter Scott avait trouvé ce dénoûment avant lui, et qu'Amy Robsart avait devancé Jenny dans le précipice [1]. Il n'en parle pas ici; il le confesse ailleurs, par une inadvertance [2]. Dirai-je, après cela, que le septième tableau, le jugement de Dieu, si dramatique dans *Catherine Howard*, est une adaptation d'*Ivanhoe* [3] ?...

« Mon travail sur Walter Scott, écrira plus tard Dumas d'un air détaché, ne m'avait pas été inutile, tout infructueux qu'il était resté [4]. » Il avait alors

Richard et celui de Menie Grey. « ... La fille est assez bien pour figurer dans un bal d'Écosse; mais a-t-elle de l'intelligence? Sait-elle ce que c'est que vivre? — C'est une fille très sensée, si ce n'est qu'elle m'aime; et cela, comme dit Benedict (personnage de Shakespeare), n'est ni une preuve de sagesse ni une démonstration de folie. — Mais a-t-elle de la vivacité, du feu, du brillant, quelque étincelle de diablerie? — Pas un grain, répondit l'amant; c'est de toutes les créatures humaines *la plus douce, la plus simple, la plus facile à conduire...* » Cf. *Richard Darlington*.

La fin du roman de Walter Scott s'égare aux Indes, où Menie Grey va retrouver Richard, qui a signé un pacte honteux avec Tippoo. Mais on voit que Dumas y a puisé beaucoup au delà du prologue, et qu'il y avait « un drame dans la suite », quoi qu'il en dise dans ses *Mémoires*.

1. *Mes mémoires*, t. VIII, ccx, p. 234 et pp. 240-241-242. Cf. *le Château de Kenilworth*, ch. xli, pp. 469-470.
2. *Mes Mémoires*, t. X, ch. ccliii, p. 137. « Le seul roman passionné de Walter Scott, c'est *le Château de Kenilworth* (cf. *Mes mémoires*, t. IV, ch. cvii, p. 267); aussi est-ce le seul qui ait fourni un drame à grand succès; et encore les trois quarts du succès étaient-ils dus *au dénoûment qui était mis en scène*, et qui jetait *brutalement aux yeux du public le spectacle terrible de la chute d'Amy Robsart dans le précipice.* »
3. *Catherine Howard*, IV, tabl. vii, sc. i, ii, iii, iv, pp. 291-299. Cf. *Ivanhoe* (trad. Dumas), t. II, ch. xxxvi, pp. 163-164, ch. xxxvii, pp. 164-181, ch. xxxviii, pp. 181-186.
4. *Mes mémoires*, t. X, ch. ccliii, p. 137.

oublié ses emprunts. Il ne fut jamais un débiteur intransigeant comme Figaro. La vérité me paraît être qu'ici encore il a circonscrit ses lectures, que son imagination les a d'instinct et sans timidité tournées au profit du théâtre, avant de les mettre en œuvre dans le roman, et que, tout compte fait, ce n'était pas déshonorer sir Walter Scott que de le préposer au décor et au magasin du drame populaire, après les acquisitions techniques de Beaumarchais. Et ainsi, Dumas n'a donc eu d'autre peine que de transporter du roman sur la scène ces beautés accessoires? — Il n'a eu que cette peine et ce talent, cependant que vingt autres, qui avaient deviné le goût et l'état d'imagination du public, s'y essayaient en vain, et que Victor Hugo faisait chuter une *Amy Robsart* à l'Odéon[1].

III

BYRON.

Il sied de prendre gaîment les choses gaies et de considérer l'influence de Byron sur Dumas comme une des contrariétés les plus plaisantes qui se puissent rencontrer dans l'histoire littéraire.

Éloignez-vous un peu, et encore un peu; placez-vous à gauche : c'est le point d'où il faut considérer ce portrait exécuté par Devéria en 1831. Comment, vous ne le reconnaissez pas? Et qui le reconnaîtrait sans

---

1. A. Royer, *Histoire universelle du théâtre*, t. V, ch. II, p. 90. Cf. *Mes mémoires*, t. VI, ch. CXLIV, p. 83. La pièce était écrite en collaboration avec Paul Fouché. Il faut dire, à l'honneur de Victor Hugo, que, son nom n'ayant point paru sur l'affiche de l'unique représentation qu'elle eut, il réclama publiquement, dès le lendemain, sa part de paternité.

être averti, avec ce front ténébreux, ces yeux perdus, et ce teint blême? Ce n'est ni Werther, ni René, ni Manfred, mais notre demi-nègre, Alexandre fils d'Alexandre, le vigoureux rejeton du Diable noir. Mais cet air désespéré qui assombrit cette bonne face sensuelle? Voilà justement le masque, le masque de Byron, démoniaque, titanesque, satanique. Rions-en, je vous prie, comme il s'en amusait lui-même, quelques années après : « Ce masque devait tomber peu à peu, et laisser mon visage à découvert dans les *Impressions de voyage*. Mais, je le répète, en 1832, je posais encore pour Manfred et Childe Harold [1]. » — A la pâleur près : mademoiselle Mars n'osait être pâle; Dumas ne pouvait. Il n'a jamais réussi à souffrir de la poitrine, bien qu'il s'y soit exercé. Sa fatale santé était exempte du moindre malaise [2]. Fâcheuse posture pour avoir l'âme désolée, perverse, ou d'un dandy. Au fond du dandysme, il y a souvent de la migraine ou pis. Le malheureux digère vaillamment; il est plein d'une vigueur désolante! Du corsaire il possède l'encolure : mais il est employé de bureau.

Et pourtant, Byron s'impose à la mode littéraire; il faut le goûter, et en avoir l'air. Byron exprime à sa façon et dans sa sphère l'esprit de révolte que souffla parfois Shakespeare et la misanthropie qu'exhala Rousseau. Byron est doué du génie d'aventures; il y a dans sa poésie et sa vie de l'énigme, de l'incompris, du merveilleux, de la légende. Il est à la fois « Prométhée et Napoléon [3] ». Le Giaour complète René et Werther. Que la popularité de Byron soit un signe de l'intelligence profonde que le public français d'alors en a pu avoir, je n'oserais l'affirmer. Il symbolise à ce moment,

---

1. *Mes mémoires*, t. IX, ch. ccxxxii, p. 133.
2. Voir ci-après, p. 300, note 1.
3. *Mes mémoires*, t. IV, ch. xciv, p. 82.

dans la république des lettres, par un singulier contresens, l'âme de la société moderne et des nouvelles couches. Or nul génie ne souffrit d'une fièvre plus aiguë d'aristocratie. Musset mis à part, qui a plus d'un trait commun avec lui, on s'étonne que les petits-fils de Figaro se reconnaissent en lui. Ou plutôt, ils croient s'y reconnaître : le portrait les flatte. Ils sont déjà dans le plein de leur morgue bourgeoise. Puis, Byron est un voyageur de génie ; et il a pensé délivrer la Grèce. Les enfants de la Révolution, des guerres de l'Empire ont rencontré leur poète. Dumas salue en lui un « apôtre », un « prophète », un « martyr [1] ». Il en prend le masque, comme on porte le deuil d'un riche collatéral ; il l'impose à ses personnages pendant un temps. Mais ne jugeons pas les gens sur l'apparence ; ce n'est là qu'une attitude, un jeu de physionomie. On a dit toute l'influence du Giaour sur Antony. On l'a dite, au point de l'exagérer. Elle ne va pas plus loin qu'un certain vocabulaire et quelques gestes. A en juger d'après ses drames et même sur ce qu'il a écrit de Byron, Dumas l'a senti médiocrement et peu compris. Le moyen qu'il n'en fût pas ainsi et que la poésie byronienne agît profondément sur cette populaire nature, nullement dilettante, toujours en belle humeur, en fermentation, dans la fougue d'agir et la joie de vivre ? Il conte que, dans son château de Monte-Cristo, il baptisa un de ses singes du nom de Potich, anagramme de Pichot, l'honnête Pichot qui traduisit Byron [2]. C'est l'épilogue de la crise satanique : et il est plutôt gai, le singe ne passant pas pour un animal désolé.

Il me paraît que Dumas a surtout vu dans cette poésie de belles têtes de drame, et dans le Giaour un

---

1. *Mes mémoires*, t. IV, ch. xciv, p. 82.
2. *Histoire de mes bêtes*, ch. ii, p. 11.

Bocage ou un Mélingue accompli. « Son front sombre et surnaturel est couvert d'un noir capuchon. L'éclair que lance parfois son regard farouche n'exprime que le souvenir d'un temps qui n'est plus; quelque changeant et vague que soit son regard, il effraye souvent celui qui ose l'observer. *On y reconnaît ce charme qui ne peut se définir et dont l'ascendant est irrésistible* [1]. » Voilà l'homme fatal : et c'est bien lui, son regard, et son attitude, à l'écart, dans un salon mondain, qui a bouleversé l'imagination et les sens d'Adèle. En voici un autre encore plus fatal, exotique, et moderne. Il est selon Devéria, ou Devéria selon lui. «... Conrad n'avait rien qu'on pût admirer dans ses traits, *quoique son sourcil noir protégeât un œil de feu*; robuste, *sa force n'était pas comparable à celle d'Hercule*, et il y avait loin de sa taille commune à la stature d'un géant; mais, sur le tout, celui qui le regardait plus attentivement *distinguait en lui ce quelque chose qui échappe aux regards de la foule, ce quelque chose qui fait regarder encore et excite la surprise sans qu'on puisse s'expliquer pourquoi*. Le soleil avait bruni ses joues; son front *large et pâle* était ombragé par les boucles nombreuses de ses cheveux noirs. Le mouvement de ses lèvres révélait des pensées d'orgueil qu'il avait peine à contenir... Le froncement de ses sourcils, les couleurs changeantes de son visage causaient un indéfinissable embarras à ceux qui l'approchaient, *comme si cette âme sombre renfermait quelque terreur et des sentiments inexplicables...* Il y avait dans son dédain le sourire *d'un démon qui suscitait à la fois des émotions de rage et de crainte; et là où s'adressait le geste farouche de sa colère, l'espérance s'évanouissait, et la pitié fuyait en*

---

[1]. *Le Giaour*, p. 63, col. 1. Traduction Pichot. Paris, Ed. Ledentu. 1838.

soupirant[1]. » Ce sourire amer, rebelle, athée, qui rappelle celui de Méphistophélès et nous rapproche du Franz des *Brigands*, ce sourire s'est imprimé dans l'imagination de Dumas, et peut-être pourrons-nous dire : des Dumas. Fatal ou ironique, démoniaque ou un peu hautain, c'est celui d'Antony, de d'Alvimar et de Buridan, comme aussi, modifié et transformé par le temps et les mœurs, le petit sourire supérieur, dédaigneux, avec une nuance d'incrédulité, qui arme les lèvres d'Olivier de Jalin, de l'ami des femmes et de M. Alphonse.

Tout de même la contrariété est piquante de ces héros de Dumas à la fois pâles et flamboyants, avec leur rictus satanique et leur sensibilité déchaînée, qui sont tout expansion et tout explosion, et qui affectent les regards, les postures, les gestes empreints d'une fatalité mystérieuse. Pourtant ils ne font mystère ni de leurs passions, ni de leurs désirs, ni de leurs appétits, oh! non. Mais ils ont jugé la vie, la société, ils en détestent les entraves, les contraintes, ils se redressent contre le *cant* français, dont il ne semble pas qu'ils aient trop à se plaindre. Ils « habitent dans leur désespoir », et surtout dans celui des autres, qu'ils trouvent plus confortable ; leur existence est « une convulsion[2] », mais naturelle et douce, et ils y prennent volontiers leur agrément. L'angoisse de Manfred est écrite sur leur visage ; ils sont des « lions », mais non pas « seuls comme le lion[3] » ; aux heures où la grimace et les paroles deviennent superflues, alors ils se reprennent à vivre furieusement, ils ne semblent plus du tout des « citoyens ennuyés du monde[4] ». Au fond, ils ont foi

---

1. *Le Corsaire*, chant I, ix, p. 90, col. 1.
2. *Manfred*, I, sc. 1, p. 358, col. 1. « C'est une convulsion, mais non pas une vie naturelle. »
3. *Manfred*, III, sc. 1, p. 345, col. 2.
4. *Le Pèlerinage de Childe Harold*, chant II, xxi, p. 160, col. 1.

en « la vie naturelle¹ », c'est-à-dire en leurs plaisirs, en leurs sensations, et même ils croient au bon Dieu, malgré leurs fanfaronnades d'athéisme². Lorsque Buridan, après une nuit d'orgie et de voluptés, se retrouve en présence de Marguerite et répond à cette question : « Vous n'êtes donc pas de Bohême? » par ces paroles d'un homme dont la croyance a déserté l'âme : « Non, par la grâce de Dieu; je suis chrétien, ou plutôt je l'étais; mais il y a longtemps déjà que je n'ai plus de foi, n'ayant plus d'espérance. Parlons d'autre chose³.... », il est manifeste que le capitaine veut nous en imposer, ou qu'il a mal dormi. Qui s'attendait à découvrir en cet aventurier quelque snobisme?

C'est le mot. Il y a plus de snobisme que d'intelligence de Byron dans l'admiration, et surtout dans les imitations de Dumas⁴. Le dandysme l'a étonné. A Venise, il a recueilli la tradition orale; il a vu une ancienne maîtresse du poète mort; il lui a parlé; il se sent plus poète lui-même⁵. Il sait qu'en Italie Byron attelait à quatre : il a naïvement noté toutes les excentricités de son idole. Il écrit dans la première scène de *Teresa* une longue tirade sur Venise et la fragilité des gloires humaines : « ... Oui, quelques Vénitiens se souviennent encore peut-être d'avoir vu passer par leurs rues un étranger hautain, au *front pâle*, qu'on appelait Byron; ils se souviennent de lui, non parce

---

1. Voir p. 78, note 2.
2. Voir ci-dessus, p. 13, note 3. Cf. préface des *Brigands*, p. 5. « C'est aussi le grand genre d'aujourd'hui de donner carrière à son esprit aux dépens de la religion, si bien qu'on ne passe plus guère pour un génie, si l'on ne laisse son satyre ivre et impie fouler aux pieds les plus saintes vérités qu'elle enseigne »...
3. *La Tour de Nesle*, II, tabl. IV, sc. II, p. 38.
4. Voir ci-dessous, p. 300.
5. *Mes mémoires*, t. IV, ch. xcv, pp. 88 sqq. et surtout xcvi, p. 104.

qu'il est l'auteur du *Corsaire* et de *Childe Harold*, non qu'il soit pour eux une espèce d'ange rebelle et déchu, sur le front duquel Dieu a écrit du doigt : *Génie et Malheur*; mais parce que, dans une ville où la race en est presque inconnue, il conduisait avec lui quelques superbes chevaux qui l'emportaient au galop sur les dalles humides de la place Saint-Marc[1]... » Il faut reconnaître que l'auteur de *Désordre et Génie* n'admire pas Byron d'une façon très différente. Il a pris l'empreinte de ce curieux visage, plutôt que la mesure de cet esprit. Après *Catherine Howard*, le masque tombe, l'homme reste, qui est une force, et pas du tout un ange, ni rebelle ni déchu. Il ne « suspend pas Manfred sur les abîmes[2] »; il l'accroche aux espagnolettes du quartier des femmes.

---

1. *Teresa* (Th., III), I, sc. 1, p. 136.
2. *La Confession d'un enfant du siècle*, ch. II, p. 14. Cité par Dumas dans *Les morts vont vite*, t. II, Alfred de Musset, p. 152.

CHAPITRE III

INFLUENCES ALLEMANDES.

I

GŒTHE.

Werther ne l'a pas davantage touché à fond. De Gœthe il a peu retenu. On s'y devait attendre.

Gœthe n'a pas le don du théâtre. Il ne l'a point. Qu'on ne nous dise pas que, Français du XIX⁰ siècle, nous l'entendons à notre manière, qui ne saurait être universelle. Il y a au théâtre un point d'optique d'où l'émotion et l'illusion jaillissent et se propagent; en deçà ou au delà elles s'évanouissent, comme une lumière s'éteint. C'est affaire d'exécution. On peut disserter à loisir et construire des théories esthétiques. Le public n'est pas esthète. Sans l'art d'illusionner et d'émouvoir, point de génie dramatique. Gœthe a toute sorte de génie, sauf celui-là. Il remanie telle de ses œuvres scéniques jusqu'à trois fois, et de fond en comble. C'est un mauvais signe. « Originairement, dit M. Mézières, *Iphigénie* avait été écrite en prose poétique et *jouée* sous cette forme. Elle subit depuis lors plusieurs remaniements, le premier en 1780, le deuxième en 1781, et le troisième en 1787, pendant le séjour de Gœthe en Italie, qui la fit passer de la langue de la prose à celle des vers [1]. » Et le même critique, après nous avoir avertis que la tragédie « abonde en situations pathétiques et effrayantes [2] », et que « dans la gradation savante de cette fable, nous retrouvons tous les ressorts dramatiques de la tragédie grecque [3] », est obligé de convenir, à la fin de son chapitre, que, si l'œuvre est un noble effort de poésie, il faut « qu'on se garde d'y chercher un drame, car la vie dramatique y manque absolument [4] ». Même il observe que le caractère tout lyrique de cette pièce en rend la représentation très difficile. « Gœthe lui-même avouait qu'il ne l'avait jamais vue bien jouée, et Schiller la trouvait peu propre au théâtre [5]. » Nous ne disons pas autre chose.

Deux exemples suffiront à montrer combien peu Dumas pouvait apprendre de ce théâtre, qu'il avait lu comme tous les apprentis dramaturges de son temps. *Gœtz de Berlichingen* est une œuvre originale, étant la première adaptation marquante du génie de Shakespeare à l'esprit allemand. On l'a dit et bien dit : « C'est de là que procède Walter Scott et le théâtre romantique français, qui procède de Shakespeare beaucoup moins que de Scott [6] ». Œuvre originale, et drame indigeste, quelque chose de gigantesque et d'inachevé, en deçà de l'organisation vitale. Jamais le mot ne fut mieux en sa place : ce sont les fragments épars d'un

---

1. W. Gœthe, *Les œuvres expliquées par la vie*, 1749-1795, ch. VI, p. 275.
2. *Ibid.*, p. 276.
3. *Ibid.*, p. 279.
4. *Ibid.*, p. 284.
5. *Ibid.*
6. *Ibid.*, ch. II, p. 96.

grand poète. Et non pas tant épars qu'entassés. L'imagination poétique semble parfois animer ces documents du règne de Maximilien. Chevauchées, sièges, assauts, scènes intimes et allemandes, mœurs du moyen âge, il paraît que le passé germanique revit sous l'impulsion de ce Gœtz épris de justice et de guerre, redresseur de torts et détrousseur de marchands. Il semble, il paraît; mais cela ne vit point. La poésie n'en est pas absente, mais l'illusion et les proportions scéniques, et la composition aussi. Tout y est sur le même plan; tout se développe parallèlement; on compterait jusqu'à trois ou quatre fils de l'action, et l'on cherche l'action même. Ce sont des scènes de la féodalité, et non pas un drame féodal; c'est de la chronique dramatisée, où le germe dramatique n'est pas venu à maturité. Quand Mérimée, qui imite Gœthe, et souvent de près, écrira *la Jaquerie*, ses prétentions ne dépasseront pas le livre.

Il y a dans *Gœtz de Berlichingen* deux figures de femme, qui eussent suffi à soutenir un drame : l'une ambitieuse et perfide, l'autre épouse soumise, Pénélope d'outre-Rhin, ou, pour emprunter le mot de madame de Staël : « telle qu'un ancien portrait de l'École flamande [1] ». Dans la première rédaction, Gœthe avait opposé l'une à l'autre, et mis au premier plan la première surtout, l'intrigante Adélaïde : il était sur la voie de l'intérêt scénique. Il s'est ravisé [2]. L'intérêt historique lui a paru le principal. Il s'est trompé au conflit des devoirs du dramatiste. Ce n'est pas Shakespeare qui lui en a donné l'exemple. Il a sacrifié à la curiosité qu'excite la reconstitution d'une époque l'émotion qui naît du spectacle de la vie même, dont l'histoire n'est

1. *De l'Allemagne*, t. II, ch. xxi, p. 127.
2. Mézières, *op. cit.*, ch. ii, p. 93.

au théâtre que le reflet ou le décor. L'Allemagne crut posséder un autre Shakespeare. Il s'en manquait. Dumas, qui n'est ni Shakespeare ni Gœthe, lit *Gœtz de Berlichingen*, et son instinct dramatique le mène droit aux scènes retouchées. On en trouvera le commentaire fait par un homme doué au tome VIII de *Mes mémoires*. Si quelque délicat observe avec dédain que de l'œuvre de Gœthe ce fragment est le plus banal, que commune est l'aventure de cette femme, qui emploie l'homme qu'elle n'aime point et dont elle est aimée à frapper celui qu'elle aime ou qui la rebute ou qui la gêne, j'en suis d'avis : rien n'est plus banal que le cœur humain, — « le cœur humain de qui, le cœur humain de quoi? » — celui de la Camargo, de Bérengère, celui d'Hermione, de Phèdre, le cœur humain qui est le fonds très banal et très commun du théâtre de Racine, et qui est le théâtre même. « Trois ou quatre scènes sont noyées dans ce drame gigantesque, dit Dumas, qui m'avaient paru suffire à un drame[1]. » Aussi bien, il saura leur prêter vie, parce que, poète mineur auprès de Gœthe, il est en revanche un dramatiste d'une autre encolure.

Il y avait aussi un drame historique dans *Egmont*. Deux hommes sont en présence, Egmont et le duc d'Albe. Que dis-je? Le duc paraît au quatrième acte et sa politique s'exhale en monologues interminables. C'est faire longtemps attendre à la fois l'histoire et le drame. Quant au comte, il faiblit avant le dénoûment. Pour faire une belle fin, il se parle à lui-même, sans conclusion. Il hésite et se trouble, aux approches de la mort : il ne lui faut rien moins, pour le décider, qu'une apparition de féerie ou d'opéra. Dirai-je que les narrations le disputent aux monologues, et juste au point le plus

1. *Mes mémoires*, t. VIII, ch. ccvii, p. 195.

vif de la crise? A tous les instants de la pièce les personnages sont sujets à l'exaltation poétique; ils font relâche pour philosopher. Leur logique n'a pas la qualité de leur lyrisme : la contradiction ne les effraie point. Egmont, le brave, l'unique Egmont, qui s'était posé comme homme de tête et de courage, s'échappe en rêveries. Je ne saurais affirmer qu'il eût peur de l'échafaud; à coup sûr, il est songeur; il est épris de liberté; mais enfin, il n'agit point. Y a-t-il même une action dans cette œuvre? Je distingue trois motifs dramatiques, qui se développent simultanément, et partagent les actes en trois parties presque égales : Egmont, le peuple, et la jeune fille. C'est toujours le procédé de *Gœtz de Berlichingen* : et c'est toute la liberté shakespearienne prise à rebours. On dirait d'un jeu de patience, où les morceaux de rapport s'ajustent pour former un acte, les actes pour faire une pièce. La pièce se fait et se termine comme elle peut.

Egmont, commencé en 1775, resta douze ans en portefeuille; Gœthe essaya de s'y remettre deux fois, la première dans les derniers mois de l'année 1778, la seconde au printemps de 1782. Il le termine à Rome, après l'avoir plusieurs fois remanié, le 5 septembre 1787. « En le commençant il s'inspirait encore de Shakespeare, en le finissant il s'inspire des Grecs [1]. » Je cherche l'instant précis où il s'inspire de l'intérêt et de la composition dramatiques.

Il en méconnaît les plus élémentaires exigences. Molière, pour faire passer une scène scabreuse, cache ostensiblement Orgon sous la table. Gœthe ne s'avise même pas de la difficulté. Je n'ai pas à m'expliquer sur la *moralité* ni la *volonté* de Gœthe [2]. Qu'il ait mis

---

1. Mézières, *op. cit.*, ch. VII, p. 346.
2. Voir la Préface de la traduction de *Faust* de M. Bacharach, par Alexandre Dumas fils. Imprimerie Claye, 1874.

les aventures de son cœur ou les aubaines de son égoïsme sur la scène, qu'importe, si la peinture plaît? Qu'il ait beaucoup aimé, ou qu'il se soit laissé beaucoup aimer, Faublas ou Racine, l'essentiel en cette affaire est qu'il a tracé dans *Egmont* le portrait d'une jeune ouvrière aussi vraie que poétique, à la fois observée et rêvée. Claire est douce, aimante, héroïque, adorable sans prétention et sans fadeur. Elle est femme, lorsqu'elle harangue le peuple pour sauver Egmont. Mais le peuple de Gœthe discourt et ne grouille point. Elle est belle devant cette foule bavarde et inerte. Mais si Gœthe avait eu le génie dramatique, eût-il fourvoyé cette créature admirable en des scènes impossibles? — Claire est chez sa mère, en compagnie d'un brave garçon soumis à tous ses caprices, et qui languit. De la rue monte un bruit de troupes [1]. Claire envoie Brackenbourg pour savoir ce qui se passe. Et la mère et la fille s'entretiennent ensemble... « Tu aurais été toujours heureuse avec lui. — Je serais pourvue et j'aurais une vie tranquille. — Et tout cela est perdu par ta faute... » Ainsi, la mère sait la faute de sa fille; elle en parle sans illusion; elle reçoit Egmont. Où sommes-nous? « Et quel sera l'avenir? — Ah! je demande seulement s'il m'aime; et, s'il m'aime, est-ce une question? — On n'a que du chagrin avec ses enfants... Cela ne finira pas bien. Tu as fait ton malheur. Tu as fait le mien. — Cependant, vous avez laissé faire au commencement [2]. » — Evidemment, nous y sommes... Cette jeunesse n'est plus une Agnès. Mais quelle mère est-ce là? J'entends bien qu'elle est trop bonne; mais j'entends aussi qu'elle appelle Claire « fille perdue », et que, nonobstant, elle tombe d'accord

---

1. *Théâtre de Gœthe*. Trad. Jacques Porchat. Hachette, 1882, t. II, *Egmont*, I, p. 287.
2. *Egmont*, I, p. 289.

qu'Egmont est « si franc, si ouvert », qu'on ne « peut s'empêcher de l'aimer [1] ». Et, comme il est attendu, elle engage sa fille à faire toilette. Le Brackenbourg vient rendre compte de sa mission; la bonne femme le reçoit, et puis, elle sort avec sa fille, sa fille perdue et retrouvée. Il y a mieux. Egmont paraît en manteau de chevalier, s'invite à souper, embrasse Claire; et la maman lui dit : « Ne voulez-vous pas vous asseoir, vous mettre à votre aise? Il faut que j'aille à la cuisine; Claire ne pense à rien, quand vous êtes là. Il faudra vous contenter ainsi. » A quoi Egmont répond avec un sourire : « Votre bonne volonté est le meilleur assaisonnement [2] ». Madame Cardinal en eût été atteinte dans sa dignité. La digne femme se retire; enfin seuls ! Egmont rejette son manteau et paraît... en un costume magnifique, avec le collier de la Toison d'Or [3]. Décidément, il veut étonner cette couturière. A quoi bon, puisqu'il va souper en famille, entre la maman cordon bleu et la fille, qui craint seulement qu'il ne « gâte ses habits [4] » ou sa Toison? On me dit que c'est Gœthe lui-même, qui est en scène, qui est aimé, à qui il ne déplaît point d'être vu à son avantage ni que l'admiration de Claire apparaisse au naturel. Tant pis pour l'esprit de Gœthe. Jamais Dumas, qui sait le théâtre et les limites des platitudes permises, n'eût mis sous nos yeux ce tableau d'un réalisme facile et grossier, où deux jeunes gens, le comte et l'ouvrière, s'aiment sans réticence jusqu'à l'irréparable — sous les yeux de la mère inquiète et attendrie. J'accorde qu'il y a d'autres scènes dans la pièce, notamment celle de la mort de Claire, qui est belle, mais qui vaut

---

1. *Egmont*, I, p. 290.
2. *Ibid.*, III, p. 324.
3. *Ibid.*
4. *Ibid.*

surtout par l'étude curieuse de cette complexion de femme du peuple. Au point de vue dramatique, c'est une autre affaire. La pièce est à chaque instant gâtée par une ignorance des nécessités, des conventions et des convenances scéniques, et surtout par un cinquième acte qui s'évapore par delà les frises. Cette ignorance ou ce mépris, mépris trop commode qui conduit à de singulières défaillances du tact, altère même le caractère d'Egmont, qui montre d'abord de l'énergie comme un homme de race, puis fait parade de ses galons comme un adjudant, pour se perdre enfin dans un optimisme candide et des rêves apothéotiques. Et ce sont vraiment deux pièces, avant et après l'arrivée du duc d'Albe; et ce sont bien trois intrigues qui nous intéressent à Egmont, à Claire et au peuple; sans compter le triple ou quadruple personnage d'Egmont, par-dessus le marché d'un dénoûment d'opéra.

Mais comme Goethe est né poète, il a trouvé quelques situations, dont Dumas fera son profit. Au moment d'arrêter Egmont, le duc d'Albe exprime avec passion ses craintes et ses espérances. C'est un moment d'angoisse essentiellement dramatique. Egmont donnera-t-il dans la souricière? Viendra-t-il au rendez-vous [1]? Avant que Charles-Quint reprît à son compte et emplît ce monologue de ses visions énormes [2], Sentinelli s'en emparait dans *Christine*, comme d'un instrument de torture très propre à travailler le spectateur. On le bissa deux fois à la lecture faite devant le comité de la Comédie-Française. Dumas le dit : et je le crois [3]. L'émotion en est poignante; car ce passage contient le germe d'une situation décisive, dont il prolonge l'attente et décuple l'effet.

1. *Egmont*, IV, p. 343.
2. *Hernani*, IV, sc. II, pp. 107 sqq.
3. *Mes mémoires*, t. V, ch. CXIV, pp. 30-31.

Oh! s'il ne revient pas, comment me vengerai-je ?
Malheur! mais non, lui-même a préparé le piège.
. . . .
C'est bien lui; son cheval de vitesse redouble;
Je le vois accourir d'écume blanchissant.
. . . .
Il va... C'est cela, bien... Tu fais ce que je veux;
Descends de ton cheval; flatte son cou nerveux.
. . . .
Il va toucher le seuil... Bien! Un pied dans la tombe...
Deux [1]...

C'est la traduction presque littérale de Gœthe. Dumas a reconnu là un moyen dramatique, dont il abusera bientôt comme d'un procédé mécanique.

La scène qui suit, où le duc d'Albe arrête Egmont, a servi de modèle à l'arrestation de Monaldeschi [2]. Et voyez le don du théâtre. La discussion politique chez Gœthe est d'une autre portée morale et sociale que chez Dumas. Egmont défend la cause du peuple en politique indulgent et philosophe. Albe soutient le droit divin. Mais cette métaphysique dialoguée fait long feu. Il faut arriver au mot final : « Le roi l'ordonne; tu es mon prisonnier », pour attraper l'émotion. C'est Shakespeare mystique, et sans flamme. La situation que Dumas en a tirée est une des plus vibrantes qu'il ait écrites. La suprême rencontre des deux courtisans ennemis, l'erreur de Monaldeschi qui, voyant Sentinelli entre deux soldats, le tient pour prisonnier, l'équivoque captieuse dont Sentinelli enveloppe ses griefs et son interrogatoire, pour ménager le coup de théâtre de la fin, voilà le drame et une scène de premier ordre :

---

1. Cf. *Egmont*, IV, p. 343, et *Christine*, IV, sc. VII, pp. 270-271. Dumas reprendra plusieurs fois ce monologue. Cf. *Antony*, III, sc. III, p. 197. Cf. *Angèle*, I, sc. VI, 113, et *passim*.
2. *Egmont*, IV, pp. 343-351.

. . . .
Cédant à la pitié, lorsque tu le verrais
Tomber à tes genoux... — Je l'y poignarderais!
— Au nom de notre reine indignement trompée,
Jean de Monaldeschi, rendez-moi votre épée ¹!

Au surplus, Dumas a peu imité Gœthe. Ajoutez quelques réminiscences éparses, indirectes et parfois mitoyennes entre Gœthe et Schiller : la scène des bijoux de *Faust*, dans *Don Juan de Marana* et *Catherine Howard* ², celle de Ruggieri-Faust ou Ruggieri-Seni ou Ruggieri-Galeotti ³, des tableaux de prison, dont le plus fameux est celui de *la Tour de Nesle*, et le plus analogue au dénoûment d'*Egmont* celui qui termine *Catherine Howard*, et ce dernier encore plus voisin de l'acte V de *Marie Stuart* ⁴; — vous aurez toute ou presque toute l'influence de Gœthe sur Dumas, qui ne pouvait être que superficielle. « La carrière dramatique de Gœthe, remarque madame de Staël, peut être considérée sous deux rapports différents. Dans les pièces qu'il a faites pour être représentées, il y a beaucoup de grâce et d'esprit; mais rien de plus. Dans ceux de ses ouvrages dramatiques, au contraire, qu'il

---

1. *Christine*, IV, sc. VIII, p. 274.
2. Scène des bijoux et du miroir de *Faust*, pp. 200 et 201, cf. *Don Juan de Marana*, II, tabl. II, sc. III, pp. 30 et 31; cf. *Catherine Howard*, I, tabl. II, sc. II, pp. 234-235.
3. *Faust*, 1ʳᵉ partie, pp. 131 sqq., cf. *Henri III et sa Cour*, I, sc. I, p. 119.
4. *Egmont*, V, pp. 356 sqq. Cf. *la Tour de Nesle*, III, tabl. VI, sc. I, pp. 54 sqq.; cf. *Catherine Howard*, V, tabl. VIII, sc. I, II, pp. 300 sqq. — Joignez quelques disputes d'auberge, en souvenir de *Gœtz de Berlichingen*, I, pp. 332 sqq., notamment celle qui ouvre le drame de *la Tour de Nesle*, et quelques scènes de place publique, où bourgeois et peuple interviennent, en mémoire d'*Egmont*, II, pp. 294 sqq., comme dans *l'Envers d'une Conspiration*, II, sc. I, pp. 167 sqq. Et ce doit être tout, sauf erreur.

est très difficile de jouer, on trouve un talent extraordinaire [1]. »

II

SCHILLER.

Schiller, non plus que Gœthe, ne fut un Shakespeare. Mais il a été celui de Dumas. Au théâtre, Hugo est plus Espagnol, Dumas plus imbu de germanisme. Il a relu très attentivement Shakespeare dans l'œuvre dramatique de Schiller. Et, naturellement, il y paraît.

Schiller écrit des « poèmes dramatiques ». Son imagination ne fléchit pas sans peine aux nécessités de la scène. Il sent vivement, il pense souvent avec force; il souffre de restreindre sa pensée ou de contraindre son sentiment; il est impatient des sacrifices imposés aux plus grands dramatistes par l'optique théâtrale. Il veut mettre trop de choses dans ses pièces; l'expression historique, philosophique, lyrique, passionnée, vraie, de son modèle anglais le désespère. Il n'y atteint point. Non qu'il soit incapable de sortir de sa tour d'ivoire, d'observer et de caractériser des personnages. Mais tandis que la philosophie de son maître fait corps avec les dessous de l'observation et tient ferme au tréfonds de l'histoire ou du cœur humain, chez lui, comme chez beaucoup d'Allemands, elle est esclave de l'imagination. Il semble qu'ils ne voient clairement que

1. *De l'Allemagne*, t. II, ch. XXI, p. 124. Et aussi p. 125 : « Comme il n'y a pas en Allemagne une capitale où l'on trouve réuni tout ce qu'il faut pour avoir un bon théâtre, les ouvrages dramatiques sont plus souvent *lus* que *joués*; et de là vient que les auteurs composent leurs ouvrages d'après le point de vue de la *lecture*, et non pas d'après celui de la *scène* ». Remarque juste et trop oubliée.

dans le rêve. La réalité ne leur apparaît qu'à travers un nuage poétique ou métaphysique; et juste à l'instant qu'ils vont prendre pied sur un terrain solide, ils s'échappent dans l'abstraction. Les figures de premier plan se fondent et s'évaporent, quelquefois en fumée. Pour racheter ces essors et se rattraper au vrai des choses, on ne rebute point les violences, on force le réalisme jusqu'à la brutalité. Schiller, qui est plus dramaturge, beaucoup plus que Gœthe, et qui a écrit *l'Intrigue et l'Amour* et les quatre premiers actes de *Guillaume Tell*, n'est pas exempt de ces graves défauts.

Il a le sens du théâtre; il n'en a pas le don. Il refait, lui aussi, ses pièces; elles ne sont jamais au point. Sous prétexte d'imiter la vérité et surtout la liberté de Shakespeare, il défie l'ordonnance dramatique. Il abonde en situations émouvantes, mais qui ne sont pas d'ensemble. Sa trilogie de jeunesse est pleine de beautés plus que shakespeariennes, aggravées de la misanthropie révoltée de Rousseau. Il va volontiers au delà du modèle, par la crainte de rester en deçà, et aussi faute d'être soutenu par le solide et continuel appui de l'observation et de la composition. Ses héros ne sont vivants que par intervalles; ils prennent des poses; ils recherchent la théorie. Ils sont des concepts qui de temps en temps s'animent. En revanche, quand ils s'animent, ils n'y vont pas de main morte. *Les Brigands* forment un mélodrame philosophique, compact, brutal, un peu lourd, avec un traître bien noir, une jeune fille qui est une aimable personne, et un brigand fort honnête homme, qui a versé dans le brigandage par humanité. Il paraît bien que là-dessous gronde une philosophie juvénile, révoltée, et qui s'arme d'une libre morale. Charles Moor a engendré chez nous nombre de bandits qui sont des apôtres, et que Pixérécourt déjà, se refusant à les déshonorer d'un vilain nom qu'ils ne méritent guère, appelait des « Indépendants »[1]. Hernani relèvera le gant et revendiquera son titre :

> Vous viendrez commander ma bande, comme on dit ;
> Car vous ne savez pas, moi, je suis un bandit[2] !

Quant à Franz Moor, il a fait souche à la Porte Saint-Martin et à l'Ambigu. Il va sans dire que Dumas l'admire, comme nous avons vu qu'il admire Fiesque, le nègre, et tout ce qui marque de la vigueur, de l'audace, de la force même brutale. Il traduira *l'Intrigue et l'Amour*, comme il a traduit *Fiesque*. Même dans *Don Carlos*, malgré l'encombrement de la tirade philosophique, l'invasion du lyrisme, et les déclamations utopistes du marquis de Posa, il découvrira avec ravissement des passions vives avec des situations dramatiques. Et c'est pourquoi j'ai dit que Schiller a le sens du théâtre, s'il n'en observe ni la perspective ni les nécessités. Imaginez la tête chaude du jeune Dumas faisant irruption dans ces lectures, et figurez-vous les émotions qui se succèdent en ce cerveau. Ces drames, aux sentiments forcenés, l'ont mis sens dessus dessous.

Il semble que le drame historique de Schiller l'ait moins remué. L'influence de Walter Scott demeure entière. Je crois en démêler les raisons. *Wallenstein* n'offre pas une suite de drames, mais des tableaux, des péripéties reliées d'un fil très lâche et qu'on ne sent pas. Il y a dans *le Camp de Wallenstein*, surtout là, un effort de reconstitution qui plaît, mais point de pièce. Les *Piccolomini*, *la Mort de Wallenstein* sont des suites de scènes, dont quelques-unes dramatiques. L'histoire s'en dégage malaisément ; la figure de Wallenstein est

---

1. Cf. Les outlaws de Walter Scott, mais postérieurs (1818).
2. *Hernani*, I, sc. II, p. 22 (Th., t. II, édit. Hachette).

perdue dans ce panopticum et manque de relief. Ce n'est que colossal; c'est trop peu pour Dumas. Au reste, comme il arrive toujours dans l'œuvre de Schiller, les situations pathétiques, singulières, rencontrées et propres au théâtre, ne sont pas rares, mais noyées dans un déluge. On n'y sent ni la logique ni l'intérêt d'une pièce. La scène de Max juge de son père relève grandement la fin de l'acte II [1]. Tout le III, ou peu s'en faut, serait d'un mouvement admirable, n'était qu'il s'espace en vingt-trois scènes, indéfiniment. Wallenstein et la délégation des cuirassiers, Max et Wallenstein font des morceaux pathétiques et des coups de théâtre qu'il faut louer comme inspirés de génie [2]. Mais tout est dans tout, et le reste dans cette *Mort de Wallenstein* : mouvement des masses, pittoresque, orgie, fantasmagorie, astrologie, toute la guerre de Trente Ans, les bandes, les chefs, quoi encore? Je ne parle pas de la vérité historique, qui reçoit quelques atteintes, dont Dumas ne s'étonnera bientôt plus. S'il ne la doit pas respecter davantage, il la veut du moins vivante, claire, décorative. Il y a trop de brouillamini là dedans, et trop de talent dépensé par delà les limites du théâtre. C'est un effort admirable et un grandiose fatras.

Néanmoins, un peu partout dispersées mais fortes, apparaissent aux yeux éblouis de Dumas des passions, des situations, des esquisses de scènes plutôt que des scènes faites. Il y découvre l'audace tour à tour poétique ou réaliste de l'expression, et jamais la noblesse ni la fadeur surannées. Et puis, amour, haine, courage, crainte, ambition s'y déchaînent, violents, convulsifs et presque physiologiques. Tous les nerfs,

---

[1]. *La Mort de Wallenstein* (Th., II), II, sc. VIII, pp. 464-467.
[2]. *Ibid.*, III sc. XV, pp. 491 sqq., et *ibid.*, sc. XVIII, pp. 498 sqq.

tous les muscles entrent en jeu. « Une galanterie? Et cet échange assidu de leurs regards? Cette anxiété à épier ses traces? *Ce long baiser sans fin sur son bras nu, qui gardait l'empreinte des dents dans une tache rouge comme le feu?* Ah! et cette stupeur immobile et profonde où je l'ai vu plongé, semblable sur sa chaise à l'extase personnifiée... Galanterie? » Voilà notre Dumas tout étonné de ne pouvoir traduire ces passages que par des centons de Racine :

> De leurs mille témoins trompant la vigilance,
> Je voyais en secret leurs regards se chercher,
> Leur sourire s'entendre et leurs mains s'approcher.
> A quels tourmens affreux mon âme fut en proie ¹...

Tourments affreux, âme en proie! Oh! qu'il sent bien qu'il y a autre chose dans l'original et que cette autre chose le ravit et l'échauffe! Et comme cela est plus près de lui, plus accessible à son impétueux talent, que la violence de Shakespeare dont les plus subtils et secrets mobiles préparent les éclats! C'est le drame shakespearien transcrit, à la portée de ses intellectuelles convoitises. Dumas eût pu dire de Schiller : « C'est mon auteur ».

Il lui emprunte d'abord cet infernal cliquetis de style, tout cet attirail d'exclamations d'une fatalité atroce, et qui nous égaye à présent. Shakespeare en usait beaucoup moins que Schiller; Dumas se tient entre les deux. Cela fait partie du vocabulaire galant. Enfer! Malédiction! Damnation! Ruse infâme! Blasphème! J'ai fait un serment terrible! Infernale machination! Casimir Delavigne lui-même essayera ces rugissements. « Moi, novice! Damnation! Mort et enfer ²! » Les admirateurs

---

1. *La Conjuration de Fiesque à Gênes*, I, sc. I, p. 204, et Manuscrit inédit de *Fiesque de Lavagna*, I, sc. II.
2. *Don Juan*, III, sc. VII, p. 504.

de Schiller feront sagement de n'être pas trop sévères à Dumas. Il entre beaucoup des formules de Franz Moor dans le délire sceptique de don Juan de Marana; tout de même dans l'exaltation d'Antony, dans la diplomatie d'Alfred d'Alvimar et la perfidie de Fritz Sturler. Reconnaissons encore une fois les rancunes de Rousseau, germanisées par Schiller, plus élégantes et guindées chez Byron. De Schiller procèdent les métaphores intenses, à terreur concentrée, les secrets terribles qui sont des poisons violents, venus en droite ligne de don Carlos[1], et que nous retrouverons dans *Henri III* et *la Tour de Nesle*. De Schiller est renouvelée une ironie féroce, je ne sais quelle gaîté macabre, que Dumas affecte volontiers, et qui est sensiblement différente de l'esprit français. On connaît le récit de Landry dans *la Tour de Nesle*; Schufterlé des *Brigands* l'avait fait avant lui, plus brutal et plus court.

SCHUFTERLÉ.	LANDRY.
En passant par hasard près d'une baraque, j'entends des cris lamentables qui en sortent : je regarde dedans, et, à la lueur de la flamme, que vois-je? Un enfant, encore sain et frais, couché sur le sol, sous la table; et la table allait tout justement prendre feu. « Pauvre petite	Oui, c'était en Allemagne; pauvre petit ange ! J'espère qu'il prie là-haut pour moi, celui-là. Imaginez-vous, capitaine, que nous donnions la chasse à des Bohémiens, qui sont, comme vous savez, païens, idolâtres et infidèles; nous traversions leur village qui était tout en feu.

---

1. *Don Carlos* (Th., II), IV, sc. IV, p. 44 : « Tu emportes un terrible secret, qui, semblable à ces poisons violents, brise le vase où il est gardé ». Cf. *la Tour de Nesle* (Th., IV), III, tabl. VI, sc. V, p. 59 : « Il y a des poisons si violents qu'ils brisent le vase qui les renferme ». Cf. *Henri III et sa Cour* (Th., I), IV, sc. I, p. 177 : « Oui,... mais un secret terrible, un de ces secrets qui tuent ». — On voit que Dumas ne laissait rien perdre, et qu'ayant utilisé seulement la moitié de la formule dans *Henri III et sa Cour* il rattrape l'autre moitié dans *la Tour de Nesle*.

créature, ai-je dit, mais tu gèles ici! » Et je l'ai jeté dans les flammes.

J'entends pleurer dans une maison qui brûlait, j'entre; il y avait un pauvre petit enfant de Bohême abandonné. Je cherche autour de moi, je trouve de l'eau dans un vase; en un tour de main je le baptise, le voilà chrétien; c'est bon. J'allais le mettre dans un endroit où le feu ne pût l'atteindre, quand je réfléchis que, le lendemain, les parents viendraient, et le baptême au diable! Alors je le couchai proprement dans son berceau et je rejoignis les camarades; derrière moi le toit s'abîma [1].

Et comme, parmi ce satanisme du style, la croix de ma mère (que nous retrouverons néanmoins pendante au cou de Lady Mylfort dans *l'Intrigue et l'Amour*) [2] est un moyen de reconnaissance un peu trop chrétien, Charles Moor porte à la main droite une cicatrice qui le fait reconnaître de son serviteur. Pareillement, Philippe et Gaultier d'Aulnay portent une croix au bras : il est vrai que c'est le gauche.

L'influence de Schiller sur Dumas ne se réduit pas à une forme d'ironie ni à des tours de langage. Walter Scott lui a fourni les tableaux et le décor; le poète allemand l'incite aux situations désespérées. Je laisse de côté la mise en scène du premier acte d'*Henri III*,

---

1. *Les Brigands* (Th., I), II, sc. III, p. 75. Cf. *la Tour de Nesle* (Th., IV), V, tabl. VIII, sc. V, p. 87.

2. *L'Intrigue et l'Amour* (Th., I), II, sc. III, p. 398... « Et cette croix de famille, que ma mère mourante avait mise dans mon sein, en me donnant sa dernière bénédiction ». Cf. *Intrigue et Amour* de Dumas (Th., X), II, tabl. III, sc. IV, p. 226. Cf. Milady de *la Jeunesse des Mousquetaires*, laquelle est marquée à l'épaule. Je ne serais pas étonné que Dumas se fût inspiré de la Milady de Schiller pour crayonner cette intrigante policière.

que Scott avait réglée dans *Quentin Durward*, et rencontrée dans *la Mort de Wallenstein*[1]. J'arrive aux scènes transportées du théâtre de Schiller dans *Henri III*.

1° La scène du mouchoir. C'est la dernière du premier acte. Schiller l'a reçue d'Othello; et Dumas la reçoit de Fiesque. On sait la fin du monologue de Guise. « Qu'est cela? Mille damnations! Ce mouchoir appartient à la duchesse de Guise! Voici les armes réunies de Clèves et de Lorraine!... Elle serait venue ici!... Saint-Paul!... Je vais... Saint-Paul! Qu'on me cherche les mêmes hommes qui ont assassiné Dugast! » On trouve dans la première rédaction de *la Conjuration de Fiesque* : « Qui est-ce qui vient de sortir? — Le marquis Calcagno. — Ce mouchoir était resté sur le sofa. Ma femme était ici [2]. » Il est superflu de dire que l'accessoire peut varier, et que c'est indifféremment un portrait dans *Don Carlos* ou une toque oubliée sur un fauteuil dans *Catherine Howard* [3].

2° La scène de Saint-Mégrin et du page est à peu près littéralement traduite de *Don Carlos*.

---

1. *La Mort de Wallenstein*, I, sc. I, p. 426. Voir la mise en scène : « Une chambre disposée pour des opérations d'astrologie, etc. »... Cf. *Quentin Durward* (trad. Defauconpret, Paris, Furne, Pagnerre, Perrotin, édit., 1857), ch. XIII, L'astrologue, pp. 177 sqq. et ch. XIX, pp. 368 sqq.

2. *Othello*, sc. IX, p. 125. Cf. *la Conjuration de Fiesque à Gênes*, II, sc. IV, p. 241. Cf. *Henri III et sa Cour*, I, sc. VII, p. 141, et V, sc. III, p. 198.

3. *Don Carlos*, IV, sc. IX, p. 125. Cf. *Catherine Howard* (Th., IV), IV, tabl. VI, sc. IV, p. 289. Cf. *Teresa* (Th., III), IV, sc. XII, p. 216. Dumas fils utilisera quelquefois ces moyens : les *lettres* de Suzanne dans *le Demi-Monde*; la *voilette* dans *l'Ami des femmes*; la *clef* dans *la Princesse de Bagdad*. Cf. *Catherine Howard* (la clef du tombeau), II, tabl. IV, sc. IV, p. 267, et III, tabl. V, sc. IV, pp. 273 et 275. Cf. Beaumarchais, *le Barbier de Séville*, III, sc. XI. Figaro : « Moi, en montant, j'ai accroché une clef ».

CARLOS.

Une lettre pour moi? Pourquoi donc cette clef?.. si c'était un mensonge, avoue-le-moi franchement, et ne te raille pas de moi... Laisse-moi d'abord revenir à moi... C'est un autre ciel, un autre soleil que ceux qui existaient avant... Elle m'aime?... Ce que tu as vu, tu m'entends?... sans le voir, restera caché, comme en un cercueil, au plus profond de ton sein. Maintenant, va! Je te trouverai, va! Il ne faut pas qu'on nous rencontre ici. Va... Non, pourtant. Arrête! Écoute!... Tu emportes un terrible secret, qui, semblable à ces poisons violents, brise le vase où il est gardé... Maîtrise bien ta physionomie. Que jamais ta tête n'apprenne ce que ton sein recèle. Sois comme le porte-voix inanimé, qui reçoit et rend le son, et lui-même ne l'entend pas! Tu es un enfant, sois-le toujours, et contrains ton rôle de libre gaîté... Qu'elle a bien su choisir son messager d'amour, la main avisée qui a écrit cette lettre. Ce n'est pas là que le roi cherche ses vipères.

LE PAGE.

Et moi, mon prince, je serai fier de me savoir possesseur d'un secret que le roi lui-même ignore.

CARLOS.

Folle vanité d'enfant! C'est là ce qui doit te faire trembler!... S'il arrive que nous nous rencontrions en public, tu t'approcheras de moi d'un air timide et soumis. Que jamais ta vanité

SAINT-MÉGRIN.

Cette lettre et cette clef sont pour moi, dis-tu?..... Jeune homme, ne cherche pas à m'abuser!... Je ne connais pas son écriture... Avoue-le-moi, tu as voulu me tromper.....

. . . .

Je suis aimé!... aimé!..... Oui, tu as raison, silence! Et à toi aussi, jeune homme, silence!.. Sois muet comme la tombe... Oublie ce que tu as fait, ce que tu as vu, ne te rappelle plus mon nom, ne te rappelle plus celui de ta maîtresse. Elle a montré de la prudence en te chargeant de ce message. Ce n'est point parmi les enfants qu'on doit craindre les délateurs.

ARTHUR.

Et moi, comte, je suis fier d'avoir un secret à nous deux.

SAINT-MÉGRIN.

Oui,... mais un secret terrible, un de ces secrets qui tuent. Ah! fais en sorte que ta physionomie ne te trahisse pas, que tes yeux ne le révèlent jamais... Tu es jeune : conserve la gaîté

ne te pousse à laisser voir combien l'infant te veut de bien... Ce que tu pourras avoir désormais à me transmettre, ne l'exprime jamais par des syllabes, ne le confie pas à tes lèvres, que ton message ne suive pas la voie frayée, la voie commune des pensées. Tu parleras par le mouvement des cils, du doigt ; je t'écouterai du regard. L'air, la lumière qui nous entourent sont les créatures de Philippe ; les murailles muettes sont à sa solde [1].

et l'insouciance de ton âge. S'il arrive que nous nous rencontrions, passe sans me connaître, sans m'apercevoir ; si tu avais encore dans l'avenir quelque chose à m'apprendre, ne l'exprime point par des paroles, ne le confie pas au papier ; un signe, un regard me dira tout... Je devinerai le moindre de tes gestes ; je comprendrai ta plus secrète pensée.

. . . .

Sors, sors maintenant, et garde que personne ne te voie.

Pour un plagiat, c'en est un. Quand Corneille écrivait le Cid et Racine Phèdre, ils ne serreraient pas l'original de plus près. On notera seulement qu'où Dumas ne traduit pas littéralement, il adoucit l'imprévu ou le forcé des images (« Tu parleras par le mouvement des cils... je t'écouterai du regard »); il ménage son public français ; et de plus, il compose, même en traduisant. Le mot du page : « Et moi, comte, je suis fier d'avoir un secret à nous deux », n'est plus seulement un trait de jeunesse. Désormais, Arthur est de moitié dans le dénoûment. Vous en trouverez la preuve dans le billet qui tombe avec un paquet de cordes [2]. Même plagiant, Dumas prévoit et prépare.

Dans *Christine* les souvenirs transparents ne manquent point [3]. Lorsque la reine Christine tombe à la mer, au premier acte, elle commence par où Fiesque a fini [4]. Doria renvoie garrotté à Fiesque le Maure qui

---

1. *Don Carlos*, II, sc. IV, pp. 42-45. *Henri III et sa Cour*, IV, I, pp. 176-178.

2. *Henri III et sa Cour*, V, sc. II, p. 196.

3. Sur ce point Blaze de Bury, *op. cit.*, est fort incomplet et léger dans ses affirmations, pp. 38 sqq.

4. *La Conjuration de Fiesque*, V, sc. XVI, p. 347. Cf. *Christine*, prologue, p. 207.

l'avait dénoncé; La Gardie renvoie à Christine la lettre par laquelle Monaldeschi l'a trahie [1]. La scène v du quatrième acte de *Christine* est traduite de *la Mort de Wallenstein*, où Déveroux et Macdonald acceptent de tuer le chef. Dumas en a accéléré le mouvement, et conservé les traits essentiels. Clauter et Landini ne déguisent pas leurs réminiscences :

Voyons, doit-il périr? — Sa mort est décidée.
— Rien ne peut le sauver? — Rien. — Nous changeons d'idée [2].

La fin du quatrième acte de *Don Carlos* a fourni à Dumas le principal ressort de sa tragédie : la lettre de Monaldeschi, qui trompe la confiance de Christine, a pu être inspirée de celle du marquis de Posa à Guillaume d'Orange [3]. Les adieux du même Monaldeschi aux champs paternels sont une réminiscence de *la Pucelle d'Orléans* [4]. Quant au baron de Steinberg, grand maître de l'étiquette, c'est le maréchal de Kalb de *l'Intrigue et l'Amour*, protocolier effaré : « Vous pardonnez, n'est-ce pas?.. Des affaires pressantes... Le menu du dîner... des cartes de visite... L'arrangement

---

1. *La Conjuration de Fiesque à Gênes*, IV, sc. IX, p. 307. Cf. *Christine*, IV, sc. III, p. 259.
2. *La Mort de Wallenstein*, V, sc. II, pp. 542-549. Schiller se souvient d'ailleurs de Shakespeare (*Le roi Richard III*, I, sc. IV, pp. 163 sqq.). Peut-être pourrait-on trouver l'idée de la scène suivante de *Christine*, IV, sc. VI, pp. 267-269, où les deux spadassins jouent aux dés le salaire, dans une pièce de Lope de Vega, *l'Hameçon de Phénice*, I, sc. II, p. 18 (édit. Charpentier, trad. Damas-Hinard), où Fabio, Bernardo et Dinardo jouent à pile ou face lequel sera le maître des deux autres.
3. *Christine*, III, sc. I, p. 241, et *Don Carlos*, IV, sc. XXII, pp. 153-154, et IV, sc. XIX, p. 143 sqq., où la princesse d'Eboli joue le rôle de jalousie de Paula dans *Christine*.
4. *La Pucelle d'Orléans* (Th., III), prologue, sc. IV, p. 143 : « Adieu, montagnes »... et *Christine*, V, sc. I (Th., III), p. 277 « Champs paternels... »

de divers groupes pour la partie de traîneaux d'aujourd'hui. Ah! Et puis, il fallait bien que je fusse au lever pour annoncer à Son Altesse le temps qu'il fait[1]. » Ici encore, c'est une convergence d'imitations : de Kalb, Steinberg, la Camerera mayor de *Ruy Blas*, laquelle est extraite toute vive d'une scène de *Don Carlos*[2] : plaisante lignée de l'infortuné Polonius malencontreusement tué par Hamlet. Joignez que le page Arthur ayant réussi dans *Henri III*, Dumas ajoute, après coup, à sa tragédie le rôle de Paula[3], le développe, fait de ce travesti une manière de caractère que Byron eût aimé, que Scott n'eût pas désavoué, et dont il faut chercher l'invention originale dans la scène de *Don Carlos* citée plus haut[4]. Les souvenirs se convient amicalement.

N'oublions pas que Dumas est encore tout frémissant de ses lectures. Le rôle de Paula une fois établi, Monaldeschi se trouve entre elle et Christine dans la même posture que Leicester entre Élisabeth et Marie Stuart[5]. Et il s'inspire du personnage de Leicester. — Mais la même idée a été reprise de Schiller par Walter Scott dans *le Château de Kenilworth*. — Mais n'avons-nous pas vu que c'est l'affaire de Richard Darlington de mettre en scène le dénoûment d'Amy

---

1. *L'Intrigue et l'Amour*, I, sc. VI, p. 380. Cf. *Christine*, I, 1, p. 207 sqq. Cf. *Hamlet*, II, sc. II, p. 226, la rhétorique courtisanesque de Polonius : « Votre noble fils est fou... etc. ».
2. *Don Carlos*. La duchesse d'Olivarez, I, sc. III, pp. 13-17. *Ruy Blas*, II, sc. I, pp. 121-131.
3. *Mes mémoires*, t. V, ch. CXIV, p. 30 : « *Christine* n'était point ce qu'elle est aujourd'hui... Elle ne renfermait pas le rôle de Paula »...
4. La scène de la clef. *Don Carlos*, II, sc. IV, pp. 42-45.
5. Voir *Marie Stuart* de Schiller. Monaldeschi est entre Christine et Paula, Richard Darlington entre Jenny et Miss Wilmor, Catilina entre Aurelia Orestilla et Marcia.

Robsart? Schiller étant venu le premier, c'est lui qui a les honneurs de *Christine*.

Ces ricochets d'imitations se compliquent dans *Charles VII*. Dumas confesse que cette œuvre est un « pastiche dramatique ». Il cite Corneille, Racine, Gœthe, Musset. « Voilà, s'écrie-t-il soulagé, grâce au ciel, ma confession finie[1]. » De Schiller il ne souffle mot, qui lui a prêté davantage. On se souvient de cette fine remarque de madame de Staël : « Gessler arrive, dit-elle, portant un faucon sur sa main : déjà cette circonstance fait tableau et transporte dans le moyen âge ». Cette femme comprenait le théâtre; Dumas aussi. A son entrée, « le roi remet à un fauconnier le faucon qu'il tenait sur le poing[2] ». Ce détail de mise en scène lui est revenu en mémoire, à Trouville, où il rimait la pièce, et juste au bon moment. Il se rappelle à point et met à contribution *la Pucelle d'Orléans*. Les rôles de Charles VII et d'Agnès en sont directement importés. Quelques renvois suffisent à établir les emprunts, quelques remarques à préciser la façon dont Dumas emprunte. La scène III de l'acte IV est faite de deux scènes de Schiller : l'arrivée du bâtard d'Orléans et l'appel de Charles à son argentier. Dumas resserre la situation dramatique; il en trouve le geste et le mot à effet, le coup de théâtre. Le roi détache un diamant de sa couronne et le jette dans le casque de Dunois, avec ce vers :

> Mon plus beau diamant pour mon meilleur soldat[3].

La scène suivante appartient encore à Schiller. Le

---

1. *Mes mémoires*, t. VIII, ch. CCVII, pp. 195-206.
2. *De l'Allemagne*, t. II, ch. XX, p. 115. Cf. *Guillaume Tell*, III, sc. III, p. 416, et *Charles VII*, II, sc. V, p. 258.
3. *Charles VII*, IV, sc. III, p. 288. Cf. *la Pucelle d'Orléans*, I, sc. II, p. 146, et I, sc. III, pp. 149-150.

poète allemand s'y montre poétique et ingénieux. Le roi raconte une prédiction à lui faite jadis. Une femme doit sauver son royaume : il croit que cette femme est Agnès. Dumas s'empare de la situation, met la prédiction dans la bouche d'Agnès et amorce la péripétie la plus dramatique de la pièce, le réveil de Charles VII :

> . . . .
> J'avais cru jusqu'ici que vous étiez le roi,
> Mais du titre et du rang Bedford vous dépossède;
> Et puisque sans combat Votre Altesse les cède,
> Bedford est le seul roi de France, et me voilà
> Prête à joindre Bedford [1].

Mais il s'est gardé de faire Jeanne d'Arc amoureuse; il s'est interdit de la mettre avec Agnès Sorel sur le pied d'intimité et de conversation [2]. Dumas manque de littérature et de goût; mais il n'a pas de ces inventions-là.

Si à ces souvenirs de *Guillaume Tell*, de *la Pucelle d'Orléans* on ajoute ceux qu'éveille le rôle d'Yaqoub; si l'on se rappelle la figure originale d'Hassan, le nègre de *la Conjuration de Fiesque*; et, si l'on s'avise aussi que cet esclave d'Orient, qui a nom Yaqoub, qui a conservé des traits du nègre, d'autres du Maugrabin, fils du nègre, emprunte du Zingaro, qui les a apprises de lord Talbot [3], certaines formules de scepticisme et

---

1. *Charles VII*, IV, sc. iv, p. 289. Cf. *la Pucelle d'Orléans*, I, sc. iv, p. 152.

2. *La Pucelle d'Orléans*, IV, sc. ii, p. 217. Agnès lui saute au cou.

3. *La Pucelle d'Orléans*, III, sc. vi, p. 205 : « Ce sera bientôt fini, et je rendrai à la terre, au soleil éternel, les atomes assemblés en moi pour la douleur et le plaisir »... Cf. *Quentin Durward*, ch. xxxiv, p. 427 : « Que peux-tu espérer, si tu meurs dans ces sentiments d'impénitence? — D'être rendu aux éléments... Ma croyance... c'est que le composé mystérieux de mon

d'athéisme, — oh! alors on commence à estimer que c'est beaucoup de souvenirs ainsi, que ces révolutionnaires ne sont aucunement oublieux du passé, et qu'ils prennent à toutes mains leur provende où ils la trouvent. Mais on découvre aussi l'action profonde de Schiller, qui s'exerce ou directement ou par l'intermédiaire de Scott, et qui dure.

Aussitôt qu'il a exécuté le prologue de *Richard Darlington*, Dumas rattrape plusieurs scènes de son *Fiesque* inédit, qu'il n'avait pas encore suffisamment utilisées. La physionomie de Richard conserve quelques traits de Lavagna. Le monologue de Fiesque, à l'heure où le soleil couchant embrase Gênes de ses rayons, a visiblement inspiré celui de Richard à la fin de l'acte II [1]. Tompson n'est pas sans analogie avec le nègre; s'il n'en a pas la couleur, il en a la décision et la scélératesse, pareillement agile [2] et semblablement dessiné. Pour la scène du divorce, violente et brutale, elle est prise de *Don Carlos* [3]. Mais ce n'est que justice d'ajouter qu'une main autrement experte y imprime sa marque. Dans *Teresa* la situation de Delaunay découvrant l'adultère : autre réminiscence de *Don Carlos* [4]; Paolo :

corps se fondra dans la masse générale »... Cf. *Charles VII*, II, sc. v, p. 262 :

> . . . . . De rendre un corps aux éléments,
> Masse commune où l'homme en expirant rapporte
> Tout ce qu'en le créant la nature en emporte.

1. *La Conjuration de Fiesque à Gênes*, III, sc. II, p. 263. Cf. *Richard Darlington*, II, tabl. v, sc. vi, pp. 101-102.
2. *La Conjuration de Fiesque à Gênes*, I, sc. ix, pp. 220-225, II, sc. xv, pp. 261-263, III, sc. iv, pp. 277-281. Quand Dumas changera *Richard Darlington* en *Catilina*, le nègre deviendra Storax.
3. *Don Carlos*, IV, sc. ix, p. 128. *Richard Darlington*, II, tabl. iv, sc. iii, p. 91. Cf. *Mes mémoires*, t. VIII, ch. ccx, pp. 236-237. Voir ci-dessous, pp. 348 sqq.
4. *Don Carlos*, IV, sc. ix, p. 125. *Teresa*, c'est *l'École des vieillards* avec des moyens plus violents.

le Franz des *Brigands*, habillé à l'italienne, — à moins qu'il ne soit la Paula de *Christine*, au sexe près : Paulo, Paula, Paolo, cela se décline. Les souvenirs se rejoignent par réverbération. Et arrivons à *la Tour de Nesle*.

A cette œuvre homérique tout le monde collabora : Gaillardet, J. Janin, Gœthe qu'on nomme, et celui dont on ne parle point et qu'on rançonne sans merci, Schiller, toujours Schiller. J'ai indiqué plus haut le récit macabre de Landry calqué sur celui du brigand Schufterlé et la croix rouge que les deux frères d'Aulnay portent au bras [1]. Il paraît bien que *la Tour de Nesle* est, avec *le Comte Hermann*, l'œuvre qui emprunte davantage la couleur générale du style des *Brigands*. Elle en retient encore quelques autres choses. La scène où Buridan révèle à Marguerite l'existence des tablettes sur lesquelles Philippe d'Aulnay a écrit de son sang : « Je meurs assassiné par Marguerite de Bourgogne » : voir *les Brigands* [2]. Le meurtre qui souilla les premières amours de Buridan et de Marguerite (« l'assassin l'a revu dans ses rêves »), je serais bien étonné qu'il n'y eût pas là quelque réminiscence encore des *Brigands* [3]. Et toute cette série de crimes qu'abrite *la Tour de Nesle* : *les Brigands*, *les Brigands*. Franz Moor enfermait son père dans un caveau et pensait tuer son frère. Parricide! Fratricide! Marguerite de Bourgogne, Buridan, *Lucrèce Borgia*, *les Burgraves*!... Pour la diablerie de ce parler héroïque : « Quoi! vieillard, as-tu fait un pacte avec le ciel ou avec l'enfer [4]? » — cela même n'est

---

1. Voir ci-dessus, p. 97
2. *Les Brigands*, II, sc. II, p. 57 : « Que vois-je?... Qu'y a-t-il là, sur l'épée?... Écrit avec du sang?... », etc.
3. *Les Brigands*, IV, sc. II, p. 111, et V, sc. I, pp. 139-144 et 149 : « L'un se nomme parricide, l'autre fratricide ». Cf. *les Burgraves*. « Caïn! » III, sc. I, p. 341.
4. *Les Brigands*, V, sc. I, p. 149.

pas de Dumas, comme on pourrait croire, mais de
Schiller et de ses *Brigands*. Ajoutez quelques traits
ramassés dans *la Conjuration de Fiesque* : « J'ai compté
les deux cent vingt marches qu'ils ont descendues, les
douze portes qu'ils ont ouvertes [1] ». Schiller s'était
contenté de « fermer au verrou huit chambres derrière
nous; le soupçon ne peut nous approcher à cent pas [2] ».
Au lieu de huit portes, Buridan en met douze; au lieu
de cent pas, deux cent vingt marches. Cela est mieux
ainsi pour un capitaine d'aventures, qui a couru les
cachots de l'Europe et qui fut de la Grande Armée. Rappellerai-je que Buridan est de Bohême, quand il lui
plaît, qu'il lit dans les astres, dans la main, prédit
l'avenir et s'acquitte agréablement de tout ce qui concerne son état, qu'il a appris de Ruggieri, lequel le tenait
de Galeotti, disciple de Seni [3] ? — Notons-le par surcroît et pour nous donner l'illusion de ne rien omettre.

Car Dumas n'oublie rien, lui. Il se sert de Schiller,
alors même qu'il semble se régler sur Shakespeare.
Seulement, à mesure qu'il s'éloigne de ses premières
lectures et de ses enthousiasmes de jeunesse, ses réminiscences sont mieux assimilées. Il en retient surtout
l'idée et le moyen scéniques. Il a un certain nombre
de scènes d'emprunt, qu'il a faites siennes et qu'il
reprend volontiers. *Catherine Howard*, c'est *Richard
Darlington*, Richard métamorphosé en femme : souvenirs de *Roméo et Juliette*, inspiration de *Macbeth*, et
encore, et surtout de *Fiesque de Lavagna* et de la veuve
Imperiali. Pour le cinquième acte, voyez le dénoûment
de *Marie Stuart* [4]. Mais, en même temps qu'il fourrage

---

1. *La Tour de Nesle* (Th., IV), III, tabl. vi, sc. 1, p. 54.
2. *La Conjuration de Fiesque à Gênes*, III, sc. v, p. 281.
3. *La Tour de Nesle*, II, tabl. iii, sc. iii, p. 32. Cf. ci-dessus, p. 67.
4. Confession *in extremis*, terreur de l'échafaud, etc... Cf.
l'Alchimiste, V, sc. ix, pp. 285 sqq. Voir plus bas, p. 214, note 3.

en pays étranger, il a le sens du drame français. Il emprunte, mais il refond. Il se garde de mettre sur les tréteaux la confession même et la communion de la victime. Ethelwood, l'amant enseveli et muré par Catherine, reparaît, s'improvise bourreau, et dans le sein de l'archevêque dépose d'une voix tonnante les crimes secrets de celle qu'il va exécuter. Cela fait une scène, non plus scabreuse ni presque sacrilège, mais, au contraire, d'un pathétique qui purge en nous la haine de la Bête malfaisante.

Il faut en prendre son parti. Dumas est plus allemand que shakespearien. Il se compare et se laisse comparer à Shakespeare[1]. Il s'appuie sur Schiller. Et c'est à lui qu'il s'adressera encore, quand, après 1840, il voudra se renouveler. En 1842 il donne au Théâtre-Français *Lorenzino*, une nouvelle mouture de *Fiesque*; en 1847 *Intrigue et Amour* pour son Théâtre-Historique; en 1849, sur la même scène, il fait représenter *le Comte Hermann*, où l'auteur des *Brigands* a collaboré pour le rôle de Fritz Sturler. *Les Brigands, Fiesque, l'Intrigue et l'Amour*, c'est à la trilogie de jeunesse qu'il se reprend pour se rajeunir. Il fait ailleurs des excursions. En 1850, il adapte *le Vingt-quatre Février* de Werner; en 1854, il dédie à Victor Hugo *la Conscience*, tirée d'une trilogie d'Iffland : *Crime par ambition*; en 1856, il dédie au Peuple une *Orestie*. Il met les trilogies d'Eschyle sur le même pied que les trilogies schillériennes. M. Ch. Glinel tient *l'Homme est satisfait*, de 1858, pour une adaptation d'une pièce d'outre-Rhin. Comme il ne fournit à l'appui de son assertion aucun

---

1. Voir Th., t. I, *Comment je devins auteur dramatique*, p. 16. Cf. Ch. Glinel, *op. cit.*, ch. v, p. 397 : « A l'occasion d'un festival dramatique donné en cette même année (1846) par Alexandre Dumas à ses amis et partisans, à Saint-Germain-en-Laye, on joua *Shakespeare et Dumas* ».

de texte, il est malaisé de la vérifier[1]. Mais il cite plus loin un document irréfutable, qui montre que, lorsque Dumas n'allait pas au théâtre allemand, c'est le théâtre allemand qui venait à lui. Sur la lettre d'un sieur Max de Goret, qui lui envoyait la traduction d'un premier acte de Kotzebue, Dumas écrit à plusieurs mois d'intervalle : « Aux conditions que j'ai dites à Thibaudeau, je ferai de ce manuscrit une pièce pour les débuts de Bocage, pourvu qu'on me prévienne quinze jours d'avance[2] ».

Tant de réminiscences et d'imitations, sans compter les souvenirs d'Anquetil, des chroniqueurs, mémorialistes, nouvellistes, à commencer par L'Estoile pour finir à Mérimée, ne pouvaient passer longtemps inaperçues. Le 1er novembre 1833, Granier de Cassagnac écrivait un article au *Journal des Débats*, où il dénonçait l'heureuse fécondité de Dumas. Il relevait, pour chacune des pièces jusqu'à *la Tour de Nesle*, le détail des plagiats dont elle s'était enrichie. Il s'intéressait beaucoup plus, et avec une ironie perfide, au nombre des scènes empruntées qu'aux auteurs de qui Dumas les prenait. Il avait fait le compte; *Christine* en contenait dix qui n'étaient point de Dumas. Il y ajoutait d'ailleurs, en adroit journaliste qui connaît la corde

---

1. Ch. Glinel, *op. cit.*, ch. VI, p. 445.
2. *Ibid.*, ch. VI, p. 485. Voici la lettre de Max de Goret : « Monsieur Dumas, voici le premier acte de la traduction de Kotzebue. Je n'ai pu en faire *d'avantage*. Demain matin je crois *j'aurais* fini l'ouvrage entier. — Si vous avez le temps *jettez* un coup d'œil sur la dernière scène — il me semble qu'on pourrait en faire une scène à grand effet.

« Toujours votre obligé pour la vie,

« MAX DE GORET. »

Mardi, 15 mars matin.

P.-S. — « Comme j'ai écrit très vite, pardonnez quelques fautes d'orthographe, je vous prie. » Dumas n'en était pas à cela près.

sensible, quelques vers inspirés de Victor Hugo. Et aussi, en polémiste expérimenté, il n'était ni complet, ni discret, ni équitable ni rebelle aux inductions, ni ennemi des imputations erronées [1].

Dumas voguait en plein succès; l'article était de mauvaise foi : il fit balle. Dumas y répondit par le morceau qui sert de préface à son Théâtre complet : *Comment je devins auteur dramatique*, et qui avait paru d'abord à la *Revue des Deux Mondes*. S'il se réclame surtout de Shakespeare, il avoue du moins qu'il a « fait connaître à notre public des beautés scéniques inconnues [2] ». Le nom de Schiller y paraît à peine, n'importe : l'essentiel y est, la réplique de l'homme de théâtre, à laquelle il n'y a quasiment rien à reprendre. « C'est ce qui faisait dire à Shakespeare, lorsqu'un critique *stupide* l'accusait d'avoir pris parfois une scène tout entière dans quelque auteur contemporain : « C'est une fille que j'ai tirée de « la mauvaise société pour la faire entrer dans la bonne ». Génie à part (Dumas lui-même s'exprime ainsi; il faut lui en savoir gré), c'est l'emprunteur, le plagiaire, qui est dans le

---

1. Granier de Cassagnac affirme dans son article du 1ᵉʳ novembre, que la scène de la prison dans *la Tour de Nesle* (III, tabl. VI, sc. V, p. 58 sqq.) est empruntée d'une pièce de Lope de Vega, *Amour et Honneur*, journée III, sc. V. — La comédie n'est pas de Lope de Vega; elle ne s'appelle pas *Amour et Honneur*; et ce n'est pas la scène V. *Amor, Honor y Poder*, comédie de Calderon (*Amour, Honneur et Pouvoir*), fait partie de la Biblioteca de autores Españoles, t. VII, — 1ᵉʳ des œuvres de Calderon, pp. 367-384. — Là se trouve, dans la journée III, une scène III, pp. 380-381, qui se passe, en effet, dans une prison, et qui n'a aucun rapport à celle de Dumas. L'Infante, déguisée en homme, vient offrir à Enrico, son sauveur, qui l'aime et qu'elle écouterait volontiers, de faciliter son évasion. Il refuse : il est prisonnier de son honneur. Cf. pour le peu de sûreté des allégations de Granier de Cassagnac, plus bas, p. 365, note 1.

2. *Th. complet*, t. I p. 16.

vrai. Il invoque Shakespeare, Molière, Corneille, Racine. Granier de Cassagnac lui répond[1] que le métier dramatique n'a rien à voir ici, et que si ceux-là imitaient, ils transformaient aussi. Ce folliculaire est narquois, caustique. Il le prend de haut. Il le prend tout de travers. Dumas aussi transforme, dans sa sphère et selon son tempérament. Il n'y a pas à équivoquer. Au théâtre, le plagiat n'existe que dans les mauvaises pièces. Ou plutôt, il n'y a point de plagiat, mais des œuvres viables et d'autres non, vivantes ou mort-nées. Celui qui infuse la vie est le véritable créateur; car, hors de cette condition, l'ouvrage dramatique, pour original qu'il soit, n'est point. Dumas nous fournira bientôt un exemple notable.

On eût réjoui Granier de Cassagnac et Loève-Veimars, qui vint à la rescousse après la représentation de *Don Juan de Marana*[2], si on leur eût montré l'usage économe, que fit ce prodigue, d'un manuscrit de *Fiesque* qu'il déclarait avoir brûlé. Ils auraient vu avec ravissement qu'il en avait écoulé peu à peu toutes les scènes et repris les principales figures et les meilleurs mouvements, depuis la baignade de Christine jusqu'à certain monologue de *Caligula*, sans oublier une situation importante de *Catilina*. En effet, jamais œuvre inédite ne fut davantage rééditée. Il y avait de quoi exercer l'académique ironie des deux rédacteurs du *Journal des Débats*. Mais j'imagine qu'on les eût, en revanche, fort étonnés en leur révélant que, depuis tantôt un demi-siècle, nos auteurs dramatiques tâchaient, avec plus ou moins d'audace, où Dumas réussit d'abord; qu'après Sébastien Mercier, Ducis, Lebrun, après Pixérécourt, Casimir Delavigne avait sondé ces sources

---

1. *Journal des Débats*, 30 juillet 1834.
2. Voir article cité par J. Janin, *Histoire de la Littérature dramatique*, t. VI, pp. 288-295.

exotiques, que son *Marino Faliero*[1], imité de Byron,

1. Voir ci-dessus, p. 40, n. 2.
Tout l'acte II, soirée chez Léoni, est visiblement imité du I de *la Conjuration de Fiesque*. (Cf. surtout II, sc. VI, pp. 42 sqq. Israël refait les scènes du nègre Hassan; — II, sc. x, pp. 51, sqq. Faliero jaloux et soupçonneux; — III, sc. V, p. 73. Il donne les ordres de l'attaque.) On remarquera, à propos de cette dernière scène, que Schiller est plus bref. Dumas et Casimir Delavigne, avec plus de sens du théâtre, précisent et développent. Cf. *Cinna*, I, sc. III et V, sc. I.

> Tu veux m'assassiner demain au Capitole...

Schiller dit : « Verrina ira d'avance au port, et donnera, par un coup de canon, le signal de l'attaque ». (*La Conjuration de Fiesque à Gênes*, IV, sc. V, p. 309.)
Casimir Delavigne :

> . . . . Au point du jour, pour quitter sa demeure,
> Que chacun soit debout dès la quatrième heure!
> Au portail de Saint-Marc, par différents chemins,
> Vous marcherez. . . . .
> . . . .
> Le beffroi sur la tour s'ébranle à ce signal;
> Les nobles convoqués par cet appel fatal
> Pour voler au conseil en foule se répandent.
> . . . .
> Toi, si quelqu'un d'entre eux échappait au carnage,
> Du pont de Rialto ferme-lui le passage;
> Toi, surprends l'arsenal; toi, veille sur le port;
> Israël à Saint-Marc . . . .
> 		(*Marino Faliero*, III, sc. V, pp. 73-74.)

Dumas :

> . . . .
> Verrina par surprise investira le port;
> De soldats aguerris une troupe fidèle
> Conduite par Sacco prendra la citadelle,
> Tandis que Lorenzo, maître de l'arsenal,
> Par un coup de canon donnera le signal.
> 		(Manuscrit inédit de *Fiesque de Lavagna*, IV, sc. IX.)

Enfin dans la scène des doges (V, sc. II, pp. 102-103, scène des portraits imitée du *Richard III* de Shakespeare; voir ci-après, p. 137, n. 3), Faliero s'inspire de la philosophie mélancolique du vieux Doria :

> Bords sacrés, ciel natal, palais que j'élevai...

Cf. *la Conjuration de Fiesque à Gênes*, V, sc. IV, p. 324 : « Laissez-moi contempler encore une fois les tours de Gênes et se souvient à l'occasion de *Fiesque*, que j'en ai cité plus haut une preuve et qu'on en pourrait alléguer d'autres; que Victor Hugo lui-même s'est souvent inspiré de Gœthe et de Schiller, et de celui-ci davantage, et de *Fiesque* et des *Brigands* non pas sensiblement moins que Pixérécourt, dès sa pièce espagnole, *Hernani*; qu'à toutes les époques de renouvellement théâtral, c'est la destinée de nos écrivains de faire fonds sur l'étranger; et qu'au surplus le *drame national*, autour duquel s'est mené tant de bruit avant, pendant et après *Henri III et sa Cour*, se pourrait définir d'une formule vraie à moitié, mais nullement paradoxale : une imitation de Shakespeare d'après Schiller et Walter Scott.

le ciel... » — La fin (V, sc. IV, p. 108), terreur de l'échafaud, etc... est aussi empruntée du V de *Marie Stuart*. — Il n'est d'ailleurs pas douteux que Byron avait fort bien lu *la Conjuration de Fiesque à Gênes* comme il avait lu *Faust*.

CHAPITRE IV

LE DRAME NATIONAL ET « HENRI III ».

I

AVANT « HENRI III ET SA COUR ».

> S'il est beau de louer des vertus étrangères,
> Il est doux de chanter la gloire de ses pères [1].

Ces vers servent d'épigraphe à un drame patriotique de Pixérécourt. Lorsque Dumas déclare dans *Un mot* qui précède *Henri III*, qu'il n'a rien fondé, il est modeste; quand il cite Victor Hugo, Mérimée, Vitet, Loève-Veimars, Cavé [2], il est prudent : c'est trop ou trop peu. Il oublie un nom qui importe, et que lui rappellera Granier de Cassagnac, sans la moindre intention de lui être agréable [3]. Car il est inutile de remonter jusqu'à Sébas-

---

1. *Théâtre* de René-Charles Guilbert de Pixérécourt, 10 vol., Paris, chez J.-N. Barba, libraire, Palais-Royal. Le tome I est revêtu d'une dédicace autographe au baron Taylor, à qui est dédié *Henri III et sa Cour*. — T. VI, *Charles le Téméraire ou le Siège de Nancy*, représenté pour la première fois à Paris, le 26 octobre 1814. La pièce est « dédiée à la ville de Nancy » (patrie de l'auteur), accompagnée d'un avant-propos « aux habitants de Nancy », et augmentée d'une « *Note historique et Préface* ».
2. *Théâtre*, t. I. *Un mot*, p. 115.
3. Voir art. du *Journal des Débats* du 30 juillet 1834.

tien Mercier; Pixérécourt fut le précurseur du drame national et historique, voire du drame de clocher. « Je suis fier, dit-il dans la Préface de *Charles le Téméraire ou le siège de Nancy*, d'avoir pu célébrer le lieu de ma naissance. Je l'avouerai, j'ai savouré toutes les jouissances de l'orgueil en retraçant le sublime dévoûment de mes pères [1]. » Et il exprime avec naïveté, noble homme de Lorraine, l'état d'esprit populaire, qui faisait du drame historique l'inévitable conséquence de la Révolution; dramatiste pour le peuple, il exalte cette superbe attendrie du peuple, qui s'avise que ses ancêtres firent les Croisades et qu'il est l'histoire, lui aussi. Raynouard, avec ses *Templiers* (1805), Lemercier avec son *Charlemagne*, arrêté par la censure de l'Empire, suivent un courant général, qui se perd dans la tragédie. Pixérécourt est franchement populaire.

Partant, il se pique d'érudition. Il cite ses auteurs; il se réfère à Dom Calmet. Il étale ses documents, avant les appendices de Walter Scott, avant les préfaces de Victor Hugo. Pour justifier l'audace qu'il a eue de mettre en scène la chronique du *Chien de Montargis*, il s'appuie sur une liste d'auteurs graves ou de textes rares, parmi lesquels je distingue Jules Scaliger (*De exercitatione*, f° 272, édit. de 1557), lequel a glorifié ce chien digne de Plutarque. On lit en note, au bas des pages : « Historique », ou bien : « Propres paroles du duc de Bourgogne extraites d'un manuscrit du temps [2]. » Victor Hugo n'eût pas manqué à nous désigner ce manuscrit précieux. Et déjà l'érudition produit son ordinaire effet sur le théâtre; Philippe de Commines est imperturbable en ses discours, presque autant que Ruy-Blas.

---

1. *Notice et Préface historique*, p. 8.
2. *Charles le Téméraire*, p. 38 et passim.

Et aussi, malgré l'innocente prolixité des propos du vertueux chroniqueur, *Charles le Téméraire* a les honneurs de la censure. Décidément, Pixérécourt est un précurseur.

Il le prouve par les effets scéniques qu'il tire de ses lectures, et l'importance qu'il donne aux tableaux dramatiques, tournant la théorie de Diderot et l'innovation de Beaumarchais au profit du décor historique ou simplement local. La plupart de ses mélodrames sont à grand spectacle. Même le spectacle y est souvent plus considérable que l'action. Dans *Christophe Colomb* la scène représente le plan coupé d'un vaisseau. C'est déjà *l'Oncle Sam*. Il peint « les mœurs de ce vaisseau [1] » à l'aide d'une page de commandements « techniques », qui rappelle le début de *la Tempête* [2]. S'il met des sauvages sur le théâtre, il s'efforce de conserver « les usages, costumes et signes caractéristiques [3] ». Oranko salue Karaka d'un « Cati louma [4] ». Dans *Robinson Crusoé*, Vendredi parle nègre, compte sur ses doigts, et n'a pour toute parure qu'un pantalon de matelot [5]. On se rapproche de la vérité géographique autant qu'on peut. Les paysages romantiques abon-

---

1. T. VI. Avant-propos de *Christophe Colomb. L'auteur au public*, p. v. Cf. Note historique et préface de *Charles le Téméraire*, p. ix : « J'ai tâché du moins que l'on y reconnût une teinte locale, le ton du sentiment, et les couleurs historiques ».

2. *Christophe Colomb, ou la découverte du nouveau monde*, I, sc. I, p. 9. Cf. *la Tempête* (Th., I, trad. Montégut), I, sc. I, p. 9.

3. Avant-propos de *Christophe Colomb. L'auteur au public*, p. v.

4. *Christophe Colomb*, III, sc. III, p. 67. Kérébek, Oranko, Karaka s'expriment en leur langage naturel. Tout est naturel dans cet acte, depuis les personnages jusqu'à la cascade double, qui jaillit du rocher de la toile de fond; une note nous prévient (p. 66) qu'elle est naturelle aussi. Voir tout le détail de la mise en scène de cet acte III, p. 66 — et le pittoresque répandu « avec profusion ».

5. *Robinson Crusoé* (Th., IV), I, sc. I, p. 3.

dent dans les indications de la brochure. Je recommande aux amants du pittoresque le décor du dernier acte de *Cœlina ou l'Enfant du mystère* : lieu sauvage (tout ce qui est sauvage a de la couleur), connu sous le nom de Nant-d'Arpennaz, rochers élevés, pont de bois, vieux moulin avec sa roue qui tourne, torrent, éclairs, tonnerre répercuté par l'écho de la montagne, qui « porte la terreur et l'épouvante dans l'âme ». Bel orage pour un monologue de Triboulet ou pour une orgie à la Tour!

Et il connaît les sources du drame national. Il les exploite, avant les hommes de 1830. Il a lu Shakespeare, Gœthe et Schiller; il lit Walter Scott. Il adapte des œuvres exotiques moins connues, ainsi que fera Dumas jusqu'à la fin. *La Rose rouge et la Rose blanche* est de 1809; il y a du Shakespeare là-dessous. Il écrit une *Marguerite d'Anjou*, pièce shakespearienne, un *Christophe Colomb*, après Lemercier; il y viole seulement deux unités, au lieu que son devancier avait violé les trois. Dans *la Fille de l'exilé ou huit mois en deux heures*, il reprend courage et inaugure le drame-feuilleton, où Dumas devait sombrer. Il imite Walter Scott dans *le Château de Loch-Leven* [1]. Il adapte Kotzebue, transpose *Guillaume Tell* (1828). Dès le début de sa carrière *Gœtz de Berlichingen*, *les Brigands*, *Fiesque* lui sont familiers. Gœtz lui a fourni nombre de scènes d'assauts ou de batailles. *Charles le Téméraire* est de 1814. On y trouve l'attaque de Nancy et les Bourguignons noyés par des *torrents d'eau qu'on voit arriver et bouillonner*. Gœthe n'avait pas rencontré cet effet-là. La même pièce emprunte de *la Pucelle d'Orléans* son dénoûment qui se complique d'un changement à vue, dont en une note l'auteur s'excuse. Il

---

1. Voir *l'Abbé*, ch. XXI sqq.

allègue l'exemple du *Déserteur* de Mercier; mais l'influence allemande est manifeste [1].

Dès le 22 prairial an VI (11 juin 1798), elle se marque dans *Victor ou l'Enfant de la forêt*. Château fort gothique, herses, pont-levis, remparts, murs de défense, fossés d'attaque; et Valentin, le vieil invalide attaché à la personne de Victor, tel Selbitz estropié d'une jambe : voir *Goetz de Berlichingen*. Ici Fritzierne joue le personnage de Goetz lui-même. Il est généreux; il a une fille charmante; il supporte le siège de son château pour la défense d'une pauvre femme : voir *Goetz de Berlichingen* [2]. Mais voir aussi *les Brigands* de Schiller [3]. Roger, le chef des Indépendants [4], n'est pas un philosophe de l'envergure de Charles Moor. Mais il a le cœur sensible. Il retrouve son fils et lui parle « vive-

---

[1]. *Charles le Téméraire*, III, sc. XII, p. 87. « Le théâtre change et représente l'étang Saint-Jean, etc.... » Voir la note : « J'ai constamment respecté les lois établies par les maîtres de l'art, mais dans cette circonstance je tenais à présenter toute la vérité ». La vérité, c'est que l'assaut est une réminiscence de *Goetz de Berlichingen* (acte III et passim), cf. *Ivanhoe*, et que le combat singulier, visière baissée, de Léontine et de Charles (III, sc. XV, pp. 90 et 91) est un souvenir de Schiller. — *La Pucelle d'Orléans*, II, sc. VIII, p. 185.

Ce n'est pas la liste complète des inspirations étrangères qu'a pu recevoir Pixérécourt. Mais c'est l'important. Pixérécourt, comme Dumas, a mis tout à la scène, *les Natchez*, *Robinson Crusoé*, et il a souvent adapté ou traduit. Voir *Histoire de la littérature française* de G. Lanson. Note de la p. 952.

[2]. *Goetz de Berlichingen*, surtout le III. Cf. *Victor ou l'Enfant de la forêt* (Th., I), tout le II.

[3]. Tous ces brigands portent des noms allemands; seuls, l'officier Forban et l'invalide Valentin nous rappellent que nous sommes à l'Ambigu. Victor dit à Roger (III, sc. VIII, p. 47) : « Eh! n'est-ce point avec les mêmes hommes que depuis vingt ans tu portes le deuil et la désolation *par toute l'Allemagne?* »

[4]. Voir *Robin Hood* et ses « outlaws », postérieurs (1818), mais pareillement imités des *Brigands*.

ment et avec âme¹ »; ainsi parle Moor revoyant son père. Et il est au-dessus des préjugés, lui aussi. « ... Va, tu préférerais bientôt les charmes d'une vie libre et indépendante *aux prétendus avantages que les préjugés semblent te promettre dans la société* ². » Je me souviens à peine qu'il a sur la conscience la mort de sa femme, Adèle, qu'il avait enlevée à ses parents. N'avait-elle pas prétendu soustraire leur enfant à la gloire de la profession paternelle? Un homme qui est parvenu à la situation de Roger dans la forêt de Kingratz, ne peut mourir sans héritier. La troupe des Indépendants est un État dans l'État. Ce sont d'honnêtes bandits, qui vivent heureux et doux sous l'œil du chef. Avec l'âge, ils feront de bons fonctionnaires d'Empire. « Brigands!... Et qui t'a dit que mes camarades méritassent de porter ce nom? Je ne te cacherai pas que plusieurs d'entre eux avaient eu une jeunesse fougueuse, et que, moi-même, poussé avec ardeur vers le vice, qui me semblait plus attrayant que la vertu, j'avais bien quelques torts à me reprocher. Quoi qu'il en soit, ces hommes ardents, audacieux, m'ont choisi pour leur chef, pour leur premier ami ³. » Aussi bien, c'est un phalanstère de Figaros sur le retour, plutôt que de bandits. Et voici les hautes vues moralisantes : « Dès ce moment, j'ai formé le projet de les rendre meilleurs, de les soumettre à des statuts, à des convenances sociales ⁴ ». Le Figaro bourgeois apparaît : quand deux Français sont réunis, ils se constituent en société avec un président et des statuts; à trois, commencent les convenances sociales.

Pixérécourt imite, mais il adoucit, tempère, il met la

---

1. *Victor*, III, sc. vi, p. 43.
2. *Ibid.*, p. 45.
3. *Ibid.*, p. 46.
4. *Ibid.*, p. 46.

morale en action. Si Roger est le chef des Indépendants, c'est pour défendre les faibles contre les riches insolents et oppresseurs. Je reconnais Gœtz, je retrouve Charles Moor. « Qui t'en a donné le droit? — Mon amour pour l'humanité [1]. » A l'exemple de Charles Moor, il confesse son erreur, mais avec plus de contrition. On se rappelle le dernier et fier couplet du Brigand : « Hélas! fou que j'étais, de m'imaginer que je perfectionnerais le monde par des crimes et que je maintiendrais les lois par l'anarchie [2]!.... » Roger, au moment de mourir, dit d'une âme chrétienne : « J'ai voulu te faire l'aveu des crimes que j'ai cherché vainement à déguiser sous les systèmes les plus faux et les plus dangereux [3] ». Pixérécourt en profite pour faire aux Indépendants enchaînés un sermon tout empreint du lyrisme de Charles Moor, mais assagi et commenté selon la formule édifiante et dulcifiante de *la Mère coupable* [4].

Ce mélodramatiste est un précurseur circonspect. On ne reconnaît pas tout son mérite en disant qu'il a préparé le public au jeu du décor et de la machine. Les sources mêmes du drame national, il les dérive avec précaution. Il embourgeoise Gœthe et Schiller. Il exalte l'individu avec modestie. Il a des révoltes paisibles. Une énigme transparente enveloppe ses personnages. Il viole les règles discrètement, et séduit les femmes avec des égards [5]. Son exaltation est vertueuse,

---

1. *Victor*, p. 47. Voir toute la scène d'explication entre le fils et le père, où l'un se fait juge de l'autre; situation souvent reprise au théâtre. Cf. *la Mort de Wallenstein*, II, VIII, pp. 464-467. Cf. *le Fils naturel*; *Maître Guérin*; *Pour la couronne*.
2. *Les Brigands*, V, sc. II, p. 163.
3. *Victor*, III, sc. XVI, p. 54.
4. *La Mère coupable*, V, sc. VIII. Cf. ci-après, p. 123, n. 2.
5. *Valentine ou la Séduction*, I, sc. I, p. 3.

mais il est lyrique à sa façon, à la suite des modèles, qui sont tout justement ceux de Dumas.

C'est un écho timide, et qui répercute tout de même. Il a du goût, non pas effréné, pour les bandits, les brigands rêveurs, les écumeurs utopistes, les forbans naïfs, pour tous les pitoyables héros en marge de la société. Victor et consorts, qui ont dans leur passé un secret originel, issus d'Hamlet, de Fiesque, de Faust, et aussi (disons-le dès maintenant sous réserve de le redire) de notre Figaro, sont les épreuves avant la lettre des Antony, des Richard, des Buridan, des Hernani, des Gennaro, et des Ruy-Blas. Cœlina, enfant du mystère, est aussi la fille d'une grande dame, d'une très grande dame et de Francisque, pauvre homme muet, que l'on reconnaît finalement pour un ancien peintre. Pixérécourt, en 1802, contemporain des Augereau, des Bernadotte, des Marceau, des Bonaparte, ne peut pas encore exploiter la légende. Avec un peu d'audace, il faisait de Cœlina la fille d'un prince ou d'un bourreau. Mais puisant où les romantiques ont puisé, il mêle déjà le rire aux larmes, et le quatuor des drames romantiques apparaît selon la fine remarque de M. Petit de Julleville [1] : une jeune fille douce comme les anges et fière, et tendre, et vaillante, et pure (telles Ophélia, Marguerite, Amalie); le jeune premier, l'âme pétrie de mystère et d'amour (Hamlet, Fiesque); le traître renforcé, descendant d'Iago et du nègre Hassan; enfin chez Hugo le gracioso Espagnol, chez Dumas, plus moderne et plus vrai, le mari, le père, le chef de la famille, centre de l'émotion dramatique. Joignez que Pixérécourt est capable, tout comme un autre, d'exécuter une tuerie à la fin d'un mélodrame ou de jeter une scène de séduction au début [2]. Que lui a-t-il donc manqué pour créer le drame national?

---

1. *Le Théâtre en France*, ch. XI, pp. 358-359.
2. *Valentine ou la Séduction*, I, sc. I et II, pp. 3-8.

Dumas le fit voir, qui avait connu ce théâtre. Quand il mettait en scène *le Gentilhomme de la montagne*, il reprenait *Hernani* selon la formule de *Victor*. Il s'en tenait au mélodrame sciemment et délibérément. Pixérécourt ne dépassa point ce genre, mais ce fut malgré lui. Il a compris le public de la Révolution et de l'Empire; il en a deviné l'état d'imagination et les convoitises. Il a fait effort d'invention, de mouvement, dans la mesure de son talent, qui était nul au regard de la littérature, mais non pas sur la scène. Il n'a aucune observation; et il n'a pas non plus la passion. Il s'est trompé de route. Il s'accroche au Beaumarchais de *la Mère coupable* et à Figaro grisonnant. Juste au moment que les tableaux de mœurs ou d'histoire vont prendre sur la scène une place prépondérante, il néglige *le Barbier* et *le Mariage*, qui ont préparé, compliqué et assoupli la technique. Ses drames ou mélodrames atteignent péniblement trois actes; parfois deux lui suffisent; encore donne-t-il trop souvent la sensation du mouvement dans le vide; à défaut de passion, il possède une certaine sensibilité larmoyante, dont Beaumarchais avait déversé le trop-plein à la fin de sa trilogie, et qui menaçait déjà de rompre les digues dans *le Mariage*. Pour lutter contre les Bégears, les Figaros de Pixérécourt sont pleins de bonnes intentions, qu'ils expriment dans une langue lamentable, mouillée de pleurs et semée d'aphorismes prudhommesques et consolants. Sa morale, au dénoûment, est un commentaire de ces mots du comte Almaviva vieilli : « O mes enfants! il vient un âge où les honnêtes gens se pardonnent leurs torts, leurs anciennes faiblesses, font succéder un doux attachement aux passions orageuses qui les avaient trop désunis [1] ». Dumas, qui connaissait les

---

1. *La Mère coupable*, V, sc. VIII.

ressources pathétiques du mélodrame et sut mettre à profit l'exemple et le public de Pixérécourt, a été plus clairvoyant dans le choix de la tradition française qu'il devait suivre. Il se rattache aussi à Beaumarchais, mais il tient *Eugénie* et *la Mère coupable* pour « la pire école de drame [1] ».

Il en crut trouver une meilleure dans l'œuvre de Mérimée. Ce fougueux touche-à-tout subit l'influence de ce gentleman froid. Ne l'eût-il pas expressément déclaré [2], *Don Juan de Marana* suffirait à nous renseigner. Je crains d'ailleurs que ce cousinage ne soit encore un plaisant quiproquo, tout à fait digne du théâtre. J'ai indiqué que dans la *Chronique du règne de Charles IX*, Mérimée, écrivant un roman historique, raille finement les romanciers à la mode de Walter Scott. Le *Théâtre de Clara Gazul* me fait tout l'effet d'une mystification, d'une raillerie continue, dont Dumas fut dupe; avec quel entrain, on s'en doute. C'est l'armature, l'écorché du drame national; ou n'en serait-ce pas plutôt la critique la plus pénétrante? Cette comédienne espagnole a tant d'esprit!

Pan, pan, pan! — Les trois coups. — Le rideau se lève. — Ris, souffre, pleure, tue! — Il est tué! — Elle est morte! — Fini. — Point de drame; mais la trame. N'est-ce donc pas plus difficile que cela? Ou ne serait-ce que la parodie? Possible. La théorie et le rudiment? Peut-être. La condamnation du drame historique? Il faut voir. Et l'on voit dans le prologue des *Espagnols en Danemark* une fine moquerie des trois unités [3]. Mais

---

1. *Mes mémoires*, t. IV, ch. xcvii, p. 115.
2. *Théâtre complet*, t. I, p. 115, voir plus haut, p. 114.
3. *Théâtre de Clara Gazul, comédienne espagnole*, Paris, H. Fournier, 1830. *Les Espagnols en Danemark*, prologue, p. 19. « Et les unités? » — « Ma foi, je ne sais pas ce qu'il en est. Je ne vais pas m'informer, pour juger d'une pièce, si l'événement se

tournez la page, et vous rencontrez ce couplet à l'adresse de la logique dramatique des petites causes et des grands effets, qui est celle de Figaro, de Pinto, d'Othello et de Fiesque, d'Henri III et de Ruy Blas, de la duchesse de Marlborough et de *Bertrand et Raton* : « Bagatelles ? Bagatelles ? Ah ! Elisa, dans les affaires rien n'est à dédaigner. C'est pourtant un poulet rôti qui m'a fait découvrir la cachette du général Pichegru[1]... » Voilà pour la valeur philosophique de ces événements de tréteaux. Quant à ces passions rudimentaires, que Mérimée simplifie encore, est-ce qu'en vérité le grotesque serait si proche du sublime ? Ainsi réduits, ces bouillons de l'âme nous effraient ; y faut-il voir la quintessence du drame, ou simplement le faux et le ridicule ? Une femme comparaît devant le tribunal inquisiteur. Il n'est pas temps de rire. Mariquita, dont la profession (« diable !... je ne sais trop que dire ») est de « chanter, danser, jouer des castagnettes, etc., etc.[2] », ôte son voile. Les trois juges sont amoureux. « Vive Dieu ! Quelle jolie fille ! » observent Rafaël et Domingo. Antonio, plus jeune, baisse les yeux, fait appeler le tortionnaire ; il est comme frappé de la foudre ; sa voix tremble ; il tombe évanoui[3], ni plus ni moins qu'Othello, tout à fait incapable de prier. A la seconde scène, il se voue à l'enfer. A la troisième, il crie : « Qu'est-ce que l'enfer, quand on est heureux comme moi ? » En une heure le saint homme est devenu fornicateur, parjure, assassin. « En voyant cette fin tragique, vous direz, je crois, conclut Mariquita, *qu'une femme est un diable*[4]. » Oui, mais

passe dans les vingt-quatre heures... comme cela se pratique de l'autre côté des Pyrénées. »

1. *Les Espagnols*, journée II, sc. I, p. 61.
2. *Une femme est un diable*, sc. I, p. 145.
3. *Ibid.*, sc. I, p. 151.
4. *Ibid.*, sc. III, p. 159.

que conclure des moyens dramatiques du vieux Lope, que la jeune France admire et à l'imitation duquel les aspirants dramaturges s'élancent? De ces rudes passions, de ces passions frénétiques, de ces passions expéditives du drame nouveau? Est-ce que souffrance, jalousie, tuerie vont consister seulement en un jeu des muscles? N'y a-t-il rien d'autre là-dessous? L'amour n'est-il que cris, coups, convulsions, mort? N'est-ce même qu'une terrible piperie de théâtre, et lui ferons-nous l'aumône d'un sourire à la façon de Fray Eugenio? « Ne m'en voulez pas trop, si j'ai causé la mort de ces deux aimables demoiselles[1]. » Faut-il enfin croire que tout cela n'est que mômerie, toute cette dramaturgie à la remorque, plus brutale que sincère? Inès meurt sur la scène. « L'auteur m'a dit de ressusciter, reprend-elle après un instant, pour solliciter votre indulgence[2]. » Et comment écarter le souvenir du mot de Dorval à la fin d'une représentation d'*Antony*, où le rideau s'était abaissé trop vite : « Je lui résistais, il m'a assassinée »?

De qui se moque-t-on ici? J'ai grand'peur que ce ne soit du drame même, et que nous n'ayons affaire à un cas de prescience critique assez rare. Tout le théâtre de Dumas, celui-là surtout, y est d'avance criblé. Fièvre, mouvement, viols, meurtre, suicides, scepticisme, satanisme[3], procédés nouveaux, conventions de demain, rien n'échappe aux pointes de cet ironiste. « Pour un enlèvement, il faut autre chose que de l'amour; il faut

---

1. *L'Occasion*, sc. xvi, p, 190).
2. *Inès Mendo*, journée III, sc. v, p. 295; et *Mes mémoires*, t. VIII, ch. cxix, p. 116.
3. Voir *le Carrosse du Saint-Sacrement*; *le Ciel et l'Enfer*; *Inès Mendo*; et *l'Occasion*, sc. iv, p. 349 : « Demain, je serai dans mon confessionnal depuis midi jusqu'à deux heures ; préparez-vous, dans l'intervalle, par des exercices de piété. Il faut que je vous quitte; Madame la supérieure m'attend pour prendre le chocolat. »

ce dont les romanciers ne parlent pas : de l'argent, et beaucoup d'argent [1]. » Cela tombe droit sur les héros voyageurs de Dumas, comme plus tard les malices de MM. Meilhac et Halévy. Qu'est-ce donc? La préface de *la Famille de Carvajal* accroît en nous cette perplexité. Après la tragédie condamnée par un marin, voici le drame défini par une jeune tête de quinze ans. «... Ne pourriez-vous pas, monsieu., vous qui faites des livres si jolis, me faire un *petit drame*... bien noir, bien terrible, avec beaucoup de crimes et de l'amour à la lord Byron?... — *P.-S.* Je voudrais bien que cela finît mal, surtout que l'héroïne mourût malheureusement. — Second *P.-S.* Si cela vous était égal, je voudrais que le héros se nommât Alphonse. C'est un nom si joli [2]. » Ce souhait ne devait se réaliser que plus tard, après les effusions des romantiques. Mais pour ce qui est de « finir mal », il semble que Dumas, si fertile en dénoûments lugubres, n'ait jamais rencontré mieux. « Ainsi finit cette comédie et la famille de Carvajal. Le père est poignardé, la fille sera mangée; excusez les fautes de l'auteur [3]. » Cet écrivain est-il sérieux ? Ou badin? Imitateur ou perfide dans l'imitation? Novateur ou pince-sans-rire? Peut-être tout cela ensemble. A coup sûr, jamais littérateur d'avant-garde ne fut plus sujet à caution; car jamais le convenu ni le forcené du drame de 1830 ne furent plus cruellement percés à jour. Restait à en mesurer la valeur historique et la qualité nationale. Mérimée fait paraître *la Jaquerie* (1828).

Les tableaux sont à la mode; le théâtre nouveau, duquel on sait que dépendent les destinées de la

---

1. *L'Occasion*, sc. VII, p. 374.
2. *La Famille de Carvajal*, préface, p. 432, édit. Charpentier, 1842.
3. *La Famille de Carvajal*. « Excusez les fautes de l'auteur » est une formule du théâtre espagnol.

nation, puise à même dans l'histoire. Cela prêche la popularité. Si nous écrivions *la Jaquerie*, scènes féodales. Le mot de Mascarille en sera l'épigraphe : « Je travaille à mettre en madrigaux toute l'histoire romaine ». Alors quoi?... Est-ce que d'aventure tout le secret de ce drame national serait un adroit découpage de scènes, de tableaux et de madrigaux? La préface commence par ces paroles : « Il n'existe presque aucun renseignement historique sur la Jaquerie ». Prétend-on insinuer que les événements n'en sont que plus commodes à dialoguer? Serait-ce là le fonds historique de cette inspiration populaire, qu'on détaille en scènes, en attendant qu'elle réussisse sur la scène? Et je vois défiler, après cette caution de la préface, cent quarante pages de tableaux atroces, hauts en couleur, soutenus de notes à la fin du volume, selon la méthode de Pixérécourt et de Scott, et de quelles notes, et de quelle érudition! Il en est de courtes, comme celle-ci : « Comme il faut que chaque métier ait un patron, les voleurs ont choisi saint Nicolas [1] ». D'autres sont plus étendues. Or, au moment que Mérimée apporte sa contribution au drame national, il imite, et de près, *Gœtz de Berlichingen*, *les Brigands*, *Guillaume Tell*, comme si, en vérité, la nationalité de ce drame était à ce prix. Posément, flegmatiquement, il nous conduit d'abord dans une salle gothique du château d'Apremont et se conforme au plan gigantesque de Gœthe. Voulue ou non, jamais ironie ne fut aussi féconde. Tant de passion ou d'histoire parlante éblouit Dumas. Et ce qui l'éblouit l'enflamme.

Pour être vrai, il faudrait clore ici la liste des précurseurs immédiats qui ont agi sur lui. Casimir Delavigne, qui réforma le code de l'amour avec *l'École des*

---

1. *La Jaquerie*, p. 402, n. 8.

vieillards, eut plus d'influence sur le poète de *Hernani*. Il alla de l'avant avec modération; il connut les sources et, dès *Marino Faliero*, les mit en œuvre. Il lui manqua le grain de folie. Homme de théâtre, mais homme de goût, avec beaucoup de talent mais sage et d'un humaniste, il était aux antipodes des visées de Dumas. Et comme on ne peut pas dire que ce *Marino Faliero* (de trois mois postérieur à *Henri III et sa Cour*), qui ne fut une œuvre inutile ni pour Victor Hugo ni pour Alfred de Vigny [1], soit un drame national, ou simplement historique, mais peut-être une tragédie nullement inférieure, et peut-être aussi une adaptation, un compromis exécuté d'une main adroite et prudente [2], — il faut bien en croire l'auteur d'*Antony* qui affirme son antipathie pour la manière de Casimir Delavigne [3]. Quant à de Vigny, il est un novateur, mais à la suite ou en dehors. La traduction du *More de Venise* ne devance pas *Henri III*; le reste ne le dépasse point. Il se pourrait qu'il n'eût écrit, à la rencontre, qu'un acte, un seul, vraiment original et neuf : et ce n'est pas le dénoûment de *Chatterton* que je veux dire, mais une piécette intitulée : *Quitte pour la peur*, dont on ne parle plus. On a tant parlé du théâtre de Victor Hugo.

II

VICTOR HUGO ET LE DRAME NATIONAL.

Il le faut, une fois de plus; succinctement, mais il le faut. C'est lui qui accola plus volontiers le mot « national » au mot « drame ». Lorsque, du fond de nos

---

1. Voir ci-après, pp. 140 et 354.
2. Voir plus haut, p. 112, n. 1.
3. *Mes mémoires*, t. IV, ch. xcii, pp. 49-64. Voir plus bas, p. 426, n. 1.

provinces, s'élève un cri d'alarme en faveur de la tragédie, c'est lui, le créateur, le maître, qu'on prend à partie pour démontrer que le drame repose sur quelques conventions. Il ne fut le premier ni dans le temps ni par le talent. Peu importe : il a écrit la préface de *Cromwell*. — Mais il a écrit *Cromwell* aussi. — Qu'importe? Qu'importe? C'est lui qui personnifie le drame. Et les badauds esthétiques en profitent pour sauver, une fois de plus, la tragédie de Corneille et de Racine, leur Capitole.

Victor Hugo n'a fondé ni le drame national, ni le drame sans épithète, par la raison qu'il n'est pas doué du génie dramatique. Il n'a ni la logique, ni l'exécution, ni l'esprit. Il est incapable de se détacher de lui et de ses visions. Car il voit, s'il n'observe pas; il voit grand, en dedans, il a l'imagination grandiose; il est un prodigieux créateur de tableaux, d'images et de métaphores; s'il est un penseur, comme le dit ingénument Dumas, c'est un penseur à grand spectacle [1]. Il n'a pas le génie dramatique, mais une immense fantaisie théâtrale, qui élargit le décor, la couleur, le couplet, et le geste — surtout dans ses préfaces.

Ceux qui croient encore à l'originalité des idées prophétiques du manifeste de *Cromwell* étudieront avec

1. Voir *op. cit.* de Séchan, décorateur de l'Opéra, ch. II, pp. 32-34. L'auteur raconte comment Victor Hugo refit lui-même, brosses en main, un de ses décors, celui du II de *Lucrèce Borgia*, avant la représentation. Et il cite ce mot du poète : « Ah! si je n'avais pas eu le goût des vers, quel architecte-décorateur j'eusse fait ! », p. 34. Cf. préface de *Hernani*, p. 8. « Peut-être ne trouvera-t-on pas mauvaise un jour la fantaisie qui lui a pris (à l'auteur) de mettre, comme l'architecte de Bourges, une porte presque moresque à sa cathédrale gothique. » Cf. préface de *Ruy Blas*, p. 83 : « Ainsi, il a voulu remplir *Hernani* du rayonnement d'une aurore et couvrir *Ruy Blas* des ténèbres d'un crépuscule. »

fruit les x ^{e}, xi ^{e}, xii ^{e} et xiv ^{e} leçons de W. Schlegel, le xv ^{e} chapitre *De l'Allemagne* de madame de Staël, et la préface de *Wallenstein* de Benjamin Constant. Ils pourront parcourir aussi quelques pages du *Racine et Shakespeare* de Stendhal, plusieurs chapitres de la *Dramaturgie* de Lessing [1], notamment ce qui concerne l'histoire au théâtre; et encore dans les lettres qui servent d'appendice au *Don Carlos* de Schiller, dans l'*Autobiographie* de Gœthe et un peu partout chez celui-ci ils retrouveront les germes de ce manifeste. S'ils tiennent à lire des choses analogues, ou à peu près, Mercier et Lemercier leur réservent quelques surprises. Je ne cite que le nécessaire [2]. Dirai-je que je trouve plus de sens dramatique et d'intelligence de l'avenir au deuxième volume de madame de Staël que dans toutes les préfaces de Victor Hugo superposées à celle de *Cromwell*? Ceux qui estimeraient le paradoxe un peu fort ne le tiendront pas du moins pour neuf, si à toutes ces lectures ils ajoutent celle de la première lettre de *Dupuis et Cotonet*, et particulièrement de la page 194, laquelle est pleine de suc [3].

Et donc Victor Hugo s'est avisé, après d'autres, que l'avenir est au drame « *national* par l'histoire, *populaire* par la vérité [4] ». Après la Révolution, l'individu veut sa place sur la scène comme dans la société : l'époque est passée des caractères généraux et trop abstraits, des règles fixes et des divisions rec-

1. N ^{os} XXXIII et XXXIV.
2. Voir le récent ouvrage très renseigné de M. Maurice Souriau *la Préface de Cromwell*, mais le lire avec infiniment de précautions, surtout en ce qui concerne les influences subies par Victor Hugo (pp. 1-43) et les idées de la *Préface* (pp. 113-168).
3. *Mélanges de littérature et de critique*. Biblioth. Charpentier, 1894.
4. Préface de *Marion de Lorme*, p. 182. Cf. Première lettre de Dupuis et Cotonet, p. 193, à propos de l'art *humanitaire*.

tilignes. Le drame sera historique et social, mais surtout populaire. Là-dessus l'inspiration de Victor Hugo s'échauffe. Et apparaît cette faculté proprement théâtrale d'agrandissement qu'il déploie en ses manifestes. Pour justifier le mélange du rire et des larmes, du comique et du tragique (disons mieux : du grotesque et du sublime), il édifie une théorie de l'histoire du monde, pas davantage. Alfred de Musset, l'un des premiers, en a finement relevé les contresens et les contradictions [1]. La théorie n'est qu'une vision énorme, et d'un instant. Qu'est donc le drame, le drame soutenu, dès avant sa naissance, de cette métaphysique? On en trouvera de copieuses et vastes définitions dans la préface de *Cromwell* [2] et plus tard dans celle d'*Angelo*. Là resplendit l'imagination féerique de Hugo. Les cadres de la pensée humaine craquent; les catégories de nos concepts éclatent. Le poète s'enivre de ses intuitions. Le drame qu'il *voit*, c'est l'histoire, la nature, la vérité des mœurs et des caractères, l'individu complet et triomphant, c'est déjà presque « tout regardé à la fois sous toutes les faces [3] ». — « Le théâtre est un point d'optique. Tout ce qui existe dans le monde, dans l'histoire, dans la vie, dans l'homme, tout doit et peut s'y réfléchir, mais sous la baguette magique de l'art [4]... » Couleur locale, lyrisme, élégie, épopée, le drame est tout et tout est dans le drame. S'il tient le vers pour nécessaire à la pièce nationale, sociale et humanitaire, qu'il entrevoit dans le tourbillon des mots, ce n'est pas tant pour échapper au *commun* ni au mélodrame que pour contenter de prime abord sur le

---

1. Première lettre de Dupuis et Cotonet, p. 105. Contresens à propos des *Euménides* et sqq.
2. Préface de *Cromwell*, pp. 8 sqq.
3. Préface de *Marie Tudor*, p. 131.
4. Préface de *Cromwell*, p. 47.

théâtre les appétits de son imagination[1]. A la vérité, son esthétique n'est que fantasmagorie. Toutes ses idées, ou du moins celles qu'il a faites siennes, se déforment et s'agrandissent démesurément dans le passage du cerveau où elles s'agitent sur le papier où elles se fixent. A mesure qu'il se rapprochera du mélodrame et que ses personnages seront plus inconsistants, la formule qui les définit ou plutôt qui les dilate dans la préface, s'élargira jusqu'au symbole. Que dis-je? C'est proprement une discorde entre la fantaisie et les nécessités réelles de la composition. Tout ouvrage qu'il a écrit pour le théâtre, resplendit à ses yeux d'une auréole, qui en cache les défaillances. Il est prodigieusement dupe de visions admirables. Et il écrit des avant-propos, qui pourraient être en vers, comme le monologue de don Carlos; le lyrisme y vaticine, les contradictions n'y sont point voilées. Au moment de mettre en couplets les descriptions de Walter Scott, il les dédaigne dans ses notes[2]; il proclame le vers indispensable, et il écrit trois mélodrames en prose. Pour prendre ses vues sur les idées, il escalade à tout coup les tours de Notre-Dame, et fait de là-haut ses salutations théâtrales.

Il parle au peuple. Aux grandes foules les grands mots; et aux grands mots les grands remèdes. Ces symboles ne font pas qu'il ait vu seulement ce qu'il y avait à faire. Le promoteur du drame national débute par *Cromwell*, du drame historique par *Hernani*, et pousse jusqu'au drame social avec *Angelo*. Je sais qu'*Angelo*[3], c'est « la femme.... toute la femme », à

---

1. Préface de *Cromwell*, p. 49.
2. Théâtre, t. I, p. 513, note 10. « Ce n'est pas non plus en accommodant des romans, fussent-ils de Walter Scott, pour la scène, qu'on fera faire à l'art de grands progrès. »
3. Préface d'*Angelo*, p. 267.

moins que ce ne soit plus simplement un mélodrame à couloirs, corridors et portes secrètes, et que cette œuvre sociale — en dépit de ses tirades déclamatoires, où ceux qui sermonnent la société sont les moins qualifiés sermonneurs et où il est enfin avéré que la seule créature aimante, héroïque et douloureuse est la fille de joie, la pauvre excellente fille de joie, ainsi nommée par une lamentable antiphrase — n'apparaisse, en fin de compte, comme une médiocre reprise de *Marion de Lorme* ou plutôt comme une imitation assez réjouissante de *Catherine Howard*, représentée un an plus tôt, qui n'affichait pas de telles prétentions, et se contentait d'être un drame « extra-historique » avec sérénité [1]. Par une singulière coïncidence, à l'instant que Victor Hugo incline à prendre son bien où il le trouve, chez Dumas et les auteurs voisins [2], sa dissertation préliminaire est plus ambitieuse, didactique, politique et symbolique. Décidément, il faut chercher ailleurs des idées précises sur le drame moderne. « Des mots, des mots... », dit Hamlet, père de ceux qui vont gonflant sur le théâtre leurs homélies lyriques et métaphysiques. Que Dumas ait lu la préface de *Cromwell*, je ne saurais l'affirmer, quoiqu'il en fasse une fois mention [3]; que, hormis la ruine des règles de la tragédie, il y ait entendu quelque chose et en ait tiré quelque fruit, on le peut nier en toute assurance.

On accordera qu'en *Cromwell* même il n'a pas dû rencontrer un ferme appui. Je passe. D'une théorie révolutionnaire sort un centon d'écolier, où Shakespeare, Corneille, Molière, Racine s'étonnent de se rejoindre;

---

1. Avertissement de *Catherine Howard*, Théâtre complet (t. IV), p. 207.
2. Voir ci-après pp. 139 sqq.
3. *Mes mémoires*, t. V, ch. cxxx, p. 245.

telles les victimes de Matalobos. C'est l'application d'un vers de la pièce :

> Avec la tragédie unir la mascarade [1].

Et c'est aussi le premier point à noter. Hugo ne manque pas de mémoire, non plus que Dumas. Seulement, il s'attache encore davantage aux aubaines de ses souvenirs. Il coupe les scènes empruntées, les quitte et y revient, et ne les lâche plus. Le monologue d'Auguste est repris à toute heure du jour et de la nuit [2]. Deux vers de Corneille s'espacent en deux longues pages [3]. C'est la seconde remarque à retenir. *Cromwell* n'est pas, comme on l'a dit, un accident de composition, mais le premier résultat de cette faculté d'agrandissement et d'accumulation que Victor Hugo apportait au théâtre, de son propre fonds, et sous l'influence de Walter Scott. La peinture de *l'individu* tournait d'abord à l'énorme. N'ayant point le génie dramatique, jamais il n'arrivera à se réduire aux justes proportions du drame. Dumas conte qu'après la première lecture de *Marion de Lorme* chez Devéria, se trouvant assis à côté du baron Taylor, qui lui demandait ce qu'il en pensait, il répondit que l'auteur avait fait sa meilleure pièce [4]. En effet, au point de vue scénique, aucun progrès ne se manifeste depuis *Marion de Lorme* jusqu'à *Ruy Blas*. La trame de *Lucrèce Borgia* semble plus serrée : nous verrons tout à l'heure par quel heureux hasard. Hugo est un voyant, dénué de logique et de mesure.

---

1. *Cromwell*, III, sc. XII, p. 308.
2. *Ibid.*, II, sc. XV, p. 207; cf. IV, sc. II, p. 346 et *passim*.
3. *Ibid.*, V, sc. IV, pp. 423-425. Développement des deux vers de *Cinna* : I, sc. III,

> L'occasion leur plaît, mais chacun veut pour soi
> L'honneur du premier coup, que j'ai choisi pour moi.

4. *Mes mémoires*, t. V, ch. CXXXI, p. 258.

Dumas, qui n'était pas lent à exécuter, s'étonne que *Hernani* et *Marion de Lorme* aient été composés l'un en huit jours et l'autre en onze. Et il ajoute : « Hâtons-nous de dire que d'avance les plans de ces deux pièces étaient faits dans la tête du poète [1] ». Le poète n'a pas dû fatiguer beaucoup à les composer. Il est, en ce point, très inférieur à Pixérécourt. Il conçoit une abstraction, qui devient une image, qui s'agrandit et se découpe en tableaux, qui se développe par un contraste, qui s'accompagne d'une mélodie. La plupart de ses péripéties décisives ne se justifient point. Il ne s'avise aucunement des progrès de la technique. Et l'on ne saurait dire qu'il la méprise. Il prend pour des préparations sans réplique la signature d'un billet ou la remise d'un gage, comme aux jeux innocents. Salluste a le billet, Ruy Gomez sonne du cor. Il a des quatrièmes actes qui ne tiennent à rien, et que justifie le seul plaisir de la surprise : on y entre par les balcons et les cheminées; il semble que les portes tapissées qui y sont le triomphe de la couleur locale, y soient d'ailleurs inutiles [2]. Au cours des autres, l'harmonie ne règne que dans le tissu délicieux et fragile des vers : au surplus, nulle proportion; presque toujours une scène démesurée, celle qui se chante, la scène lyrique, et qui emplit chacun des actes. Le reste s'ajuste au petit bonheur. Les personnages sont trop souvent où ils ne devraient pas être. Une analyse de *Hernani*, vu de ce biais, serait piquante; et de *Ruy Blas* aussi. Ils vont et ils viennent, se rencontrent, se quittent, et, quoi qu'ils en disent, sont rarement à leur affaire. Aucune logique en eux, point de projets à suivre. Ils ont des intrigues sinistres, qui avortent on ne sait

1. *Mes mémoires*, t. V, ch. cxxxi, p. 268.
2. Voir plus bas, p. 273, n. 1.

pourquoi. Ils veulent s'entr'égorger et oublient leur poignard ; quand ils l'ont retrouvé, ils sont redevenus des frères [1]. Du théâtre Hugo n'a que le mouvement, et encore prenez garde que ce mouvement se propage le plus souvent à la surface des strophes et des couplets lancés à toute volée. De caractères ou de passions nous parlerons à une occasion meilleure.

Il y a juste autant de logique en ces chanteurs que dans les événements où il leur faut s'engager, vocaliser et mourir. La voix est d'or, mais la verve souvent bizarre, parfois épaisse [2], la passion monotone sans progression et comme hypnotisée par la beauté des passages et du récitatif. Dépouillé de l'éclat de la forme, ce n'est que du bruit cadencé qui fuit.

> Vous êtes mon lion superbe et généreux [3]

fait un vers d'un élan farouche. Le « lion » est de Schiller et de Mérimée [4]. Mademoiselle Mars, finemouche, le domestiquait ainsi :

> Vous êtes mon seigneur superbe et généreux [5].

Plus de lion, plus rien, que la banalité de « superbe »

---

[1]. Cf. l'énergie de Buridan et du chevalier de Maison-Rouge.

[2]. L'acte IV de *Ruy Blas*, trop vanté, produit parfois l'effet d'une suite d'à peu près ou de coq-à-l'âne :

> Quel livre vaut cela ? Trouvez-moi quelque chose
> De plus spirituel !

Ou encore :

> Dans ce charmant logis on entre par en haut
> Juste comme le vin entre dans les bouteilles.
>   (*Ruy Blas*, IV, sc. II, pp. 185 et 186.)

[3]. *Hernani*, III, sc. IV, p. 78.

[4]. Voir *la Conjuration de Fiesque à Gênes*, II, sc. XVIII, p. 263 : « Pensiez-vous que le *lion* dormait ? » Cf. *Théâtre de Clara Gazul*. L'Amour africain, p. 172. Mojana après avoir ôté son voile : « *Que veut mon lion ?* »

[5]. *Mes mémoires*, t. V, ch. CXXXII, pp. 272-273.

et l'équivoque de « généreux ». M. Émile Faguet a remarqué que Victor Hugo n'est « pas du tout le poète des femmes [1] ». Certes, dans son théâtre, elles n'ont pas un langage très différent de celui des amoureux. Ce n'est pas le signe d'une rare sensibilité. Les femmes s'expriment à la façon des hommes, et les hommes agissent comme des femmes. Ils sont enivrés de poésie, de couplets et de rythmes. La théorie du drame moderne, les contrastes physiologiques, moraux, sociaux s'évaporent en des duos sans fin. Hommes et femmes sont romantiques, antithétiques, énigmatiques et symboliques en beaux vers. Ils ont lu, eux aussi, Calderon, Lope, Shakespeare, Scott, Byron, Gœthe, Schiller et Casimir Delavigne. Je vous quitte de ceux qui déclament la prose, et qui ont pratiqué Dumas. Les autres sont poètes, nés du cerveau d'un poète, de sensibilité moyenne, d'imagination magnifique, et nullement dramatique. Ils réjouissent nos yeux; ils charment nos oreilles. Ils versent les sons avec les couleurs.... « Sortons vite, disait Dumas à son fils après une représentation de *Hernani*; ça pourrait recommencer. »

Depuis *Marion de Lorme* jusqu'à *Ruy Blas*, Victor Hugo n'a fait que recommencer. Il est d'une incroyable pauvreté de moyens, malgré les emprunts qu'il fait aux autres et à lui-même. Je ne lui reproche pas ses imitations du théâtre étranger, qui ne sont guère moins nombreuses que celles de Dumas, mais le faible parti qu'il en tire, parfois à contresens. La conspiration de *Cromwell*, souvenir de *Cinna* et de *Fiesque*, est reprise dans *Hernani* [2]. La scène des *portraits* de Ruy Gomez est une adaptation de celle des *spectres* de *Richard III* [3] :

---

1. *XIX⁰ siècle*, Victor Hugo, § IV, p. 168.
2. *Hernani*, acte IV. Cf. *Cromwell*, III, sc. II, p. 255.
3. *Le roi Richard III*, V, sc. III, pp. 251-253. Cf. *Marino Faliero*, V, sc. II, p. 102; *Hernani*, III, sc. VI, pp. 84-88; Lu-

qu'on se rassure, je ne les rapprocherai point. Cela devient la scène des *affronts* dans *Lucrèce Borgia* et celle des *duels* de don Guritan dans *Ruy Blas*. L'inspiration de Shakespeare s'amoindrit toujours davantage. *Hernani* n'est pas moins imité qu'*Henri III*. Seulement, l'exécution diffère. Outre les obligations qu'il a à Corneille, au Romancero general, aux *Brigands* [1], — surtout les rôles d'Amalie, de Charles Moor et du vieux Moor, — j'indique pour mémoire le canon qui annonce l'élection de don Carlos [2], — le monologue du même [3], — les scènes du cor : « Le chef des outlaws détacha de son cou le cor de chasse et le baudrier qu'il avait récemment gagnés au tir d'Ashby : « Noble guerrier, dit-il au Chevalier noir, etc. [4] », — le couplet de Hernani :

. . . . . . Parmi nos rudes compagnons [5] !...

crèce Borgia, 1re partie, I, sc. vi, pp. 35-36 ; *Ruy Blas*, II, sc. iv, pp. 143-144. On trouve, à la scène citée de *Marino Faliero*, l'idée de la *salle des portraits* des doges. Peut-être les deux souvenirs se sont-ils combinés dans la mémoire de Victor Hugo.

1. M. Petit de Julleville a noté (*le Théâtre en France*, ch. xi, p. 158) les rapports de mouvement scénique entre *Hernani* et *Victor ou l'Enfant de la forêt*. Il y a plus. Victor Hugo et Pixérécourt imitent *les Brigands* de Schiller. Voir surtout, outre les rôles indiqués, *les Brigands*, II, sc. iii, pp. 81 sqq., et V, sc. ii, pp. 158 sqq.

2. Cf. *la Conjuration de Fiesque à Gênes*, IV, sc. xv, p. 318 ; *Hernani*, IV, sc. iii, p. 118.

3. *La Conjuration de Fiesque à Gênes*, III, sc. ii, p. 273 ; *Hernani*, IV, sc. ii, pp. 107 sqq. Tous ces monologues dérivent d'ailleurs d'*Hamlet*.

4. *Ivanhoe*, trad. Dumas, t. II, ch. xxxii, pp. 102 sqq. et ch. xl, pp. 216 sqq.

5. *Les Brigands*, II, sc. iii, p. 81. « Il y a ici soixante-dix-neuf hommes dont je suis le capitaine, etc. ». *Hernani*, I, sc. ii, p. 22. Cf. *Victor ou l'Enfant de la forêt*, III, sc. vi, pp. 43-46. Pixérécourt adoucit.

extrait de Schiller, — le cri :

> Qui veut gagner ici mille carolus d'or?

reproduit de Schiller [1], — le motif :

> Que sur ce velours noir ce collier d'or fait bien [2]!

réminiscence affaiblie d'*Egmont*. Encore un coup, je ne fais pas à Victor Hugo un grief d'imiter, mais de diminuer souvent ses originaux. Jusqu'à *Ruy Blas*, il imite, il se répète, sans s'améliorer. Et à la fin il lui arrive de tirer plus gauchement profit de ses souvenirs qu'à ses débuts. Ainsi, l'acte II de *Ruy Blas* est transposé de *Don Carlos* [3], dans une intention dont la logique échappe, s'il est vrai que pendant plusieurs scènes la camerera mayor nous persuade qu'en l'absence du roi, personne, sauf les ministres, n'est admis à voir la reine, tandis que dans les suivantes nous apparaît tout justement le contraire.

Même il advient que Victor Hugo choisit ses sources plus près de lui. Je ne parle pas de *Marion de Lorme*, composée après et d'après le roman de *Cinq-Mars*, et

---

1. *Les Brigands*, V, sc. 11, p. 164 : « On a promis mille louis d'or à celui qui livrerait en vie le grand brigand ».
2. *Hernani*, V, sc. III, p. 139. Cf. *Egmont*, III, p. 325. « Ah! le velours est trop magnifique..... »
3. *Ruy Blas*, II, sc. 1, pp. 125-131. Cf. *Don Carlos*, I, sc. III, p. 16. J. Janin avait déjà remarqué, malgré son évidente sympathie pour V. Hugo dramaturge, comment les scènes imitées sont diminuées et perdent de leur portée dramatique ou autre. Voir *Hist. de la litt. dramat.*, t. IV, ch. XVIII, p. 377. « Par exemple, cette représentation des futilités de la cour d'Espagne au second acte de *Ruy Blas*, pour être exacte et complète et pour amener de charmantes répliques, de fines reparties, n'est tout au plus qu'une délicate peinture posée dans un salon, et dont on admire la finesse, sans demander pourquoi ce tableau est placé là. Le grand poète Schiller avait retracé, avant M. Victor Hugo, un grand et sévère tableau historique avec le même sujet, etc. »

je me veux borner à *Hernani* et *Ruy Blas*, qui tiennent encore l'affiche.

Quand Ruy Gomez parut (25 février 1830), Casimir Delavigne avait donné *l'École des vieillards* depuis sept ans (6 décembre 1823), et *Marino Faliero* (30 mai 1829) depuis quelque neuf mois. On lit dans la première pièce :

. . . .
Quand on aime avec crainte on aime avec excès ;
Jeune, on sent qu'on doit plaire, on est sûr du succès [1], etc.

Et l'on trouve dans *Marino Faliero* d'autres couplets que je ne compare pas à ceux de Don Ruy ni de Doña Sol, mais qu'il faut pourtant rapprocher.

Tout s'est éteint, flambeaux et musique de fête,
Rien que la nuit et nous ! Félicité parfaite [2]...

Délicieuse, délicieuse mélodie, à laquelle préludait modestement le sage auteur de *Marino Faliero* :

J'ai vu les astres fuir et la nuit s'avancer,
Et des palais voisins les formes s'effacer,
Et leurs feux qui du ciel perçaient leur voile sombre,
Éteints jusqu'au dernier disparaître dans l'ombre [3]...

Si la scène des portraits est de Shakespeare, la situation du roi exigeant de Ruy Gomez qu'il livre son hôte, est de Mérimée, indubitablement. On la reconnaîtra dans *Inès Mendo ou le Triomphe du préjugé* [4]. « Je sens, dit le corrégidor à don Esteban, combien il vous est pénible de livrer votre hôte. Mais je sais aussi que vous ne voudriez pas donner asile à un ennemi du roi. » Ce que Hugo traduit :

---

1. Vers dont l'écho sonore se propage dans *Hernani*, III, sc. I, pp. 61 sqq.; *l'École des vieillards* (Th., I), III, sc. II, p. 316.
2. *Hernani*, V, sc. III, p. 189.
3. *Marino Faliero* (Th., II), IV, sc. I, p. 283.
4. *Inès Mendo ou le Triomphe du préjugé*, III, sc. II, p. 216.

> .... Mon cousin, je t'estime ;
> Ton scrupule, après tout, peut sembler légitime.
> Sois fidèle à ton hôte, infidèle à ton roi [1].

N'allez pas croire que ce soient péchés de jeunesse, ni que le dramaturge devienne avec le temps plus inventif ou discret. J'ai dit que le deuxième acte de *Ruy Blas* est imité de *Don Carlos*. Il convient d'ajouter que le conseil des ministres est emprunté d'une autre pièce du même Delavigne, représentée le 6 mars 1828, *la Princesse Aurélie*, et qu'il n'y a pas à s'y méprendre :

> .... Au conseil appuyez mon projet.
> — Vous y pouvez compter. — Moi, sur un autre objet
> J'y réclame à mon tour votre utile assistance [2]...

Dans le discours du conseiller Polla on notera de même quelques traits de celui de Ruy Blas :

> Votre empire opulent, qui craint pour son commerce,
> Est grevé d'un tribut de vingt mille ducats
> Payé par sa marine aux Turcs qui n'en ont pas [3], etc.

Il y a mieux. *Les Enfants d'Édouard* parurent en 1833, *Ruy Blas* vint en 1838. Victor Hugo a fait de Tyrrel don César de Bazan et don Salluste de Glocester. La scène II du premier acte entre don César et don Salluste est une adaptation directe de la scène III du II entre Glocester et Tyrrel :

---

1. *Hernani*, III, sc. vi, p. 91.
2. *La Princesse Aurélie* (Th., I), II, sc. vi, p. 421. Il faut lire toute la scène, pp. 417-422 et la comparer à *Ruy Blas*, III, sc. i, pp. 152-156. Ajoutons que la scène de Casimir Delavigne est d'une observation autrement générale et pénétrante que celle de Victor Hugo. C'est de la comédie très fine, du genre de *la Popularité* et même de *la Camaraderie*.
3. *La Princesse Aurélie*, IV, sc. i, p. 448. Cf. *Ruy Blas*, III, sc. ii, p. 156.

> . . . . Vous êtes
> Décrié pour vos mœurs, écrasé par vos dettes,
> Sans principes, sans frein... — Ajoutez : sans crédit,
> Et cela fait, mylord, vous n'aurez pas tout dit [1]...

Je ne cite que le nécessaire; mais il faut lire *toute* la scène. Encore une fois, je ne compare pas les vers de Casimir Delavigne, plus timide et circonspect en son essor [2]. Mais la situation dramatique et les types étaient créés depuis cinq ans et Victor Hugo s'en empare et les démarque, je dis : textuellement. Qu'on se rappelle les précautions de don Salluste :

> . . . . Ce matin,
> Quand vous êtes venu, je ne suis pas certain
> S'il faisait jour déjà. . . . .
> . . . . Personne en ce cas, au château,
> Ne vous a vu porter cette livrée encore
> Ni personne à Madrid?

Et plus loin :

> . . . . Est-ce que, sans reproche,
> Quand votre sort grandit, votre esprit s'amoindrit [3]?

Et lisez la fin de la scène des *Enfants d'Édouard* :

> . . . . . Peut-on encor te connaître à la cour?
> — J'y parus à vingt ans et n'y restai qu'un jour.
> — Pourquoi? — Je m'ennuyai, mylord, *de l'étiquette.*
> . . . . — C'est bien : levez les yeux.
> Sur votre front hautain portez tous vos aïeux.
> Allons, mon gentilhomme, une superbe audace!
> . . . .

---

1. *Les Enfants d'Édouard*, II, sc. III, p. 332. Cf. *Ruy Blas*, I, sc. II, pp. 91 sqq.
2. *Ibid.*, p. 333.
> Nous étions beaux à voir *autour d'un bol en feu*,
> Buvant sa flamme, en proie *aux bourrasques du jeu*,
> Quand il faisait rouler sous nos mains forcenées
> *Le flux et le reflux des piles de guinées.*

3. *Ruy Blas*, I, sc. III, pp. 111-112; et I, sc. V, p. 119.

Et nul n'ira chercher, s'il s'amuse à vos fêtes,
Qui vous étiez, sir James, en voyant qui vous êtes.
Tout vous convient-il ? — Tout. — C'est donc fait. — Je conclus.
— Moi, je paye : *à présent tu ne t'appartiens plus* [1].

Qui se serait douté que don César de Bazan, costumé à l'espagnole, avec

Sa cape en dents de scie et ses bas en spirale [2],

descendait de Shakespeare par Casimir Delavigne [3] ?
Le créateur du drame national, symbolique et social est manifestement à court de moyens scéniques. De sujets dramatiques il n'est pas très riche non plus. Je ne parle, cela s'entend, que de ses œuvres représentées. Les autres ne nous sauraient intéresser ici [4]. Au moment

---

1. *Les Enfants d'Édouard*, II, III, p. 337.
2. *Ruy Blas*, I, sc. II, p. 94.
3. *Le Roi Richard III*, IV, sc. II, p. 219. « Je connais un gentilhomme mécontent, dont les humbles moyens ne sont pas en rapport avec son orgueil : l'or vaudrait auprès de lui vingt orateurs, et le pousserait incontestablement à entreprendre quelque chose que ce fût. » Et *ibid.*, p. 220. Mais la scène de Shakespeare est rapide. Il semble que Casimir Delavigne y ait mêlé le souvenir de Falstaff. Hugo en fait un « bandit », un « gueux », un *picaro*.
Ajouterai-je qu'on retrouve dans *Ruy Blas* (IV, 1, 182) le page d'*Henri III et sa Cour* et de *Don Carlos* (voir plus haut, p. 90).

Cours, mon bon petit page, as-tu bien tout compris ?...

que la duègne (IV, sc. IV, pp. 197 sqq) est une doublure de celle de *la Tour de Nesle* (I, tabl. 1, sc. III, pp. 10 sqq), laquelle est extraite de la *Chronique du règne de Charles IX*, ch. XIV, p. 221, où Dumas, il faut le dire, a trouvé *exactement* la situation qu'il mettait en scène : deux frères et un rendez-vous de nuit... N'oublions pas le prototype : *Macette*.
4. Voir Ernest Dupuy, *Victor Hugo ; l'homme et le poète ; l'inspiration dramatique*, ch. I, II, III, pp. 135-175, surtout le chapitre III. C'est une étude excellente et d'un vrai poète qui aime, comprend, et sent le poète. L'auteur en vient d'ailleurs, avec

où il abandonne le vers pour serrer de plus près la réalité, il écrit *Lucrèce Borgia*, *Marie Tudor* et *Angelo*. Ne méprisons pas la chronologie : elle contient parfois de précieux enseignements. *Lucrèce Borgia* parut le 2 février 1833. Le 29 mai 1832, Dumas avait donné *la Tour de Nesle*. L'analogie des deux pièces ne nous saurait échapper : Marguerite et Lucrèce, l'inceste et la mère, la mère et l'inceste; festins, orgies à la Tour et chez la Negroni, les cadavres de la Seine et du Tibre; et le récit du début : « ... Cette nuit donc, un batelier du Tibre, qui s'était couché dans son bateau... C'était un peu au-dessous de l'église de Santo-Hieronimo. Il pouvait être cinq heures après minuit [1]... » Gennaro et Buridan, capitaines d'aventures, noms de guerre; Gubetta et Orsini, sinistres machinistes. Victor Hugo a repris le drame au point où Dumas l'avait laissé : « Malheureux! Malheureux! Je suis ta mère [2]! » Il a interverti les rôles et c'est le fils qui tue sa mère. Mais il n'a dédaigné ni les masques, ni les poignards, ni les poisons. Là, ces poisons « brisent les vases qui les renferment »; ils « transpirent » ici « à travers les murs » du palais ducal [3]. Hugo n'a rien épargné, sauf l'esprit. Si l'on veut voir à plein l'insuffisance de son talent dramatique, on peut comparer *Lucrèce Borgia* et *la Tour de Nesle*. A tout coup, la logique souffre, l'invraisemblance crie, depuis la scène où Lucrèce raconte à « Gubetta-poignard, à Gubetta-gibet » ses crimes et ses misères en

---

quelque ennui, à cette conclusion : « *Ce qui peut arriver à ces pièces de moins heureux, c'est qu'on les joue* ». L'inspiration dramatique (ch. III, p. 159).

1. *Lucrèce Borgia*, 1ʳᵉ partie, I, sc. I, p. 14.
2. *La Tour de Nesle*, V, tabl. IX, sc. IV, p. 97.
3. *La Tour de Nesle*, III, tabl. VI, sc. V, p. 59. — *Lucrèce Borgia*, 1ʳᵉ partie, II, sc. III, p. 45.

présence de Gennaro endormi [1], jusqu'à celle où de jeunes imprudents, qui savent que les murs ont des oreilles, s'en viennent deviser sous le balcon de doña Lucrezia [2], sans compter celle du dénoûment, qui n'est pas la moins choquante [3] Songez, je vous prie, à la fin de *la Tour de Nesle*!

Marie Tudor est du 6 novembre 1833 et *Christine* du 30 mars 1830. L'imitation est flagrante au point que les personnages se font vis-à-vis. Seulement, le poëte historien, le dramaturge aux documents, qui devait écrire la préface de *Ruy Blas*, avait fait de Marie Tudor hydropique et archicatholique une courtisane éhontée. Quant à *Angelo*, j'en ai dit la date, et qu'il suivait de près *Catherine Howard*. Après avoir transporté la Tour de Nesle en Italie, il était aisé à Victor Hugo de transplanter la Tour de Londres à Venise. Sans doute la préface d'*Angelo* a débordé jusqu'à trois fois à travers l'œuvre [4]; mais enlevez les sermons, qui sont pièces

---

1. *Lucrèce Borgia*, 1re partie, I, sc. III, pp. 19-28. Et comme le procédé est commode, il le reprend dans *Angelo*, I, journée I, sc. I-IV, pp. 275-291.

2. *Lucrèce Borgia*, 1re partie, II, sc. III, pp. 48 sqq.

3. *Lucrèce Borgia*, III, sc. III, p. 111. En vain l'auteur prend-il, juste au moment de commencer cette scène odieuse, une précaution tardive (V, sc. II, p. 110) : « Gubetta, quoi qu'il arrive, quoi qu'on puisse entendre du dehors de ce qui va se passer ici, que personne n'y entre », l'invraisemblance n'en est que plus forte. Comment! Gennaro entend la voix de son ami Maffio, qui meurt dans la chambre à côté, et Gubetta n'entend pas les cris de Lucrèce : « Grâce! Grâce! » Ou les entendant, il n'enfreint pas la consigne? Ah! non, non, Victor Hugo n'est pas le génie du drame.

4. La première fois (*Angelo*, journée II, sc. V, pp. 322 sqq.), quand la Tisbe, fille de théâtre, dit leur fait aux femmes du monde; la seconde (journée III, partie I, sc. VIII, p. 354 sqq.), alors que Catarina, condamnée à mourir, dit leur fait aux maris et à leurs « maîtresses publiques » et en conclut que tous les trois, Angelo, Tisbe et elle-même, ils sont « d'un bien exécrable pays ». Et enfin, la troisième fois (journée III, partie II, sc. III.

de rapport, restent le sujet et le dessin général de *Catherine Howard*, à défaut de l'exécution dramatique. Le manteau de Rodolpho trahit Catarina, comme la toque d'Ethelwood dénonce Catherine [1]; le roi Henri et le podestat sont deux sires de Barbe-Bleue; Homodéi joue une partie du rôle d'Ethelwood; et pour les narcotiques, nous savons que Roméo les a fournis. Victor Hugo ouvre et ferme sa pièce avec une « clef fatale »; Dumas, toujours prodigue, en a deux [2].

Qu'est-ce à dire? Que le théâtre de Victor Hugo n'existe que par les vers, et en dehors de la scène; que les plus beaux sont dans *les Burgraves* [3] et ne sont pas dans un drame, et qu'il y parut bien, au premier soir; et qu'enfin, même si *Henri III* fût venu après *Hernani*, il n'en eût guère profité. Dumas ne doit rien à son heureux rival, ou presque rien, hormis quelques traits d'Antony que Didier a pu inspirer, et qui ne sont pas essentiels, et peut-être aussi un médiocre soin de la morale courante, avec je ne sais quel plaisir de la violenter, — si cette joie et ce dédain n'étaient pas d'ailleurs fort congruents à sa complexion et à son éducation [4]. Il avait vu qu'après *Marion de*

---

pp. 371 sqq.), après qu'il est évident que tous ces événements naturels et ces théories sociales aboutissent à nous faire paraître le « pauvre cœur gonflé » de la courtisane édifiante et loquace.

1. *Angelo*, journée II, sc. v, p. 325. Cf. *Catherine Howard*, IV, tabl. vi, p. 289.
2. *Angelo*, journée I, sc. vii, pp. 299 sqq. Cf. *Catherine Howard*, III, tabl. v, sc. vi, p. 276. « Tu as oublié, Catherine, qu'il y avait deux clefs... »
3. On trouverait peut-être dans l'épilogue de *Christine* l'idée, ou plutôt le germe théâtral des *Burgraves*, l'antithèse de Christine et de Sentinelli, tous deux blanchis par l'âge, tels Job et Guanhumara, et tous deux chargés du remords de l'homicide.
4. Signalons toutefois une réminiscence de *Marion de Lorme*, II, sc. i, pp. 212-215. Cf. *Christine*, I, sc. i, pp. 212-213; sans

Lorme et après *Hernani*, la tragédie n'était pas morte, le drame n'était pas né. Il admirait ce qui nous charme tous, la maîtrise des mots et des images, l'harmonieuse complicité des rythmes et des voix, en un cadre grandiose des suites de mélodies, la romance et le duo en cinq actes, et non pas même l'opéra, qui est plus complexe, ni non plus la tragédie de Voltaire, dont les discours ont plus de suite ; mais des images, des sons, de a musique enchanteresse, souvent gâtée par ce théâtre, — guignol enfantin et sans logique :

> Ah ! qui n'oublierait tout à cette voix céleste ?
> Sa parole est un chant où rien d'humain ne reste [1]...

Dumas déclare qu'après la lecture de *Marion de Lorme*, oublier qu'en son *Saint-Genest*, Rotrou avait déjà mis en œuvre ce procédé de couleur locale.

Il est indéniable aussi que les vers de Victor Hugo firent une vive impression sur Dumas, et que quelques-uns ont retenti en sa mémoire. Il y a quelque rapport de ce genre entre le monologue de don Carlos et celui de Christine. Hugo écrit :

> Ah ! c'est un beau spectacle à ravir la pensée !
> (*Hernani*, IV, sc. II, p. 107.)

et Dumas :

> Oh ! que c'est un spectacle à faire envie au cœur !
> (*Christine*, II, sc. II, p. 225.)

« Observez, je vous prie, concluait Granier de Cassagnac (*art. cit.*, ci-dessus, p. 109), les différences : Charles-Quint va être empereur et Christine abdique ; Charles-Quint dit : ah ! et Christine dit : oh ! » Au fond, sans dire précisément les mêmes oh ! ni les mêmes ah ! ils paraphrasent tous deux, Hugo longuement et à perte de vue, Dumas avec une métaphysique plus matérielle et d'un bon enfant :

> Marcher sur du velours, mais, partout où nous sommes,
> Sentir que nous marchons sur la tête des hommes.

— tous deux ils paraphrasent le monologue de *Fiesque* (III, sc. II, pp. 273-274), lequel, comme tous ces monologues romantiques, tire son origine première du « To be or not to be » (*Hamlet*, III, sc. I, p. 245).

1. *Hernani*, V, sc. III, p. 140.

il eût donné dix ans de sa vie « pour atteindre à cette forme¹ ». Au prix de dix années ce n'est pas trop chèrement acheter les dons luxuriants de la divine poésie. Mais le dramaturge eût fait un mauvais marché. Stendhal avait une vue plus juste des exigences du drame : il y fallait la prose².

III

« HENRI III ET SA COUR. »

Le 11 février 1829 fut représenté, sur la scène du Théâtre-Français, *Henri III et sa Cour*, en cinq actes et en prose.

Je n'ignore pas ce qu'on peut alléguer contre ce drame, qui est une date et une œuvre, quoi qu'on dise. Cela ne ressemble pas à *Bérénice*, à qui je ne le comparerai pas. On n'y trouvera ni la mesure, ni le goût, ni la psychologie harmonieuse. Qu'on se rassure : je n'ai pas formé le dessein d'y découvrir ces délices. Le temps en était passé, pour ne plus revenir. Même il ne m'échappe point qu'une légère transposition suffit pour tourner cette pièce à panache en parodie³. C'est une besogne aisée, qui n'est pas neuve, et dont nos artistes de la Comédie-Française s'acquittent, à cette heure,

---

1. *Mes mémoires*, t. VIII, ch. CXXXI, p. 259.
2. *Racine et Shakespeare*, partie I, p. 127 : « Nous ne réclamons la prose que pour les tragédies nationales »; et partie II, lettre II, p. 166 : « Le vers alexandrin n'est souvent qu'un cache-sottises ».
3. Le drame *Henri III et sa Cour* suscita trois parodies : *la Cour du roi Pétaud*, à laquelle *Dumas* collabora (Alex. Dumas, Cavé, Laviglé et A. de Ribbing), représentée au Vaudeville, le 28 février 1829; — *le Brutal* — et *Cricri et ses Mitrons*. Voir Charles Glinel, *op. cit.*, ch. IV, p. 222, n. 1.

avec distinction. Les successeurs de mademoiselle Mars la vengent de ses démêlés avec Dumas. *Henri III et sa Cour* est une œuvre de début, où le cadre et le pittoresque débordent parfois le reste, où les imitations abondent, où des vestiges de tradition classique et tragique survivent tout de même par endroits, où la jeunesse triomphe avec frénésie, les poings ramassés au corps, et la tête en avant. Mais cette œuvre apportait à cette génération juste le genre d'émotion et de spectacle, dont elle était avide, que ni Pixérécourt, ni Mérimée, ni Delavigne, ni Hugo ne lui avaient encore donné, où Dumas, ignorant et peu timide, venait d'atteindre, par un hasard, à ce qu'il conte, après beaucoup de travail, comme nous avons dit (le hasard étant la providence des sots). Il n'a pas renversé la tragédie, ni lui ni aucun autre : cette forme d'art est supérieure. Mais il a communié avec l'imagination et l'âme du peuple. Et, lui premier, il apporta un drame, français par le choix du sujet, populaire par son fonds et ses points d'attache, et moderne par les germes féconds qu'il renfermait. C'est peu, si l'on se reporte aux préfaces de Victor Hugo, beaucoup, si l'on songe à ses pièces.

Henri III est en prose. Le théâtre populaire était à ce prix. Le vers agit sur la foule, mais repousse les personnages et les événements dans un lointain. Il fait l'impérissable beauté de la tragédie classique; la prose constituait provisoirement un avantage décisif pour le drame. Puis, le sujet est pris dans notre histoire. D'instinct, Dumas avait amené Christine à Fontainebleau. D'instinct, il va ensuite à cette époque agitée du xvie siècle, où l'indépendance des partis déchire la France, où les passions sont entières, où, vaincus par l'esprit guerrier, philosophes et humanistes sont impuissants : époque énigmatique et trouble, que viennent de réveiller Chroniques et Mémoires, et dont les superstitions autant que les croyances sont pour la fantaisie un ragoût. Accessoires, trucs de théâtre, miroirs de réflexion, cela n'est point méprisable alors. Dumas pense fermement que son père mourut de langueur, pour avoir avalé quelque drogue des Borgia dans une prison d'Italie [1]. Cet état d'esprit fait partie de la légende napoléonienne. C'est la légende aussi qui détermine le caractère scénique d'Henri III, cet étrange contraste de mômerie et de volonté, de débauche et d'autorité, de cruauté et d'intelligence. Et cela même est populaire et bien français.

La pièce l'est à d'autres titres. Dumas remonte à Corneille par-dessus Voltaire et Racine; c'est sa première attache. Dès longtemps, furent notés les emprunts faits à *Don Sanche*. Dans *Christine* il rend hommage au vieux dramatiste [2]. Dans *Charles VII* il se souviendra de *Polyeucte* [3], tout en imitant *Andromaque*, œuvre à demi cornélienne, au moins par le caractère d'Hermione. Corneille, père de la tragédie historique, imitateur de l'étranger, admirable dans la préparation des péripéties et par la logique, qui exalte les volontés et les caractères tout d'une pièce, fécond, toujours nouveau et enclin au mélodrame, était l'ancêtre désigné de Dumas [4]. Il en a un autre, aussi français, qui a plus influé sur lui et sur ce drame que Schiller et Scott même, c'est le maître ouvrier de notre scène moderne, le Beaumarchais du *Mariage de Figaro*. Il a le génie du théâtre; il va droit au « machiniste ». Il se garde de se régler sur *la Mère coupable*, laissant cette

---

1. *Mes mémoires*, t. I, ch. XIV, pp. 176 sqq.
2. *Christine*, I, sc. I, pp. 212-213. Et l'acte III intitulé *Corneille*.
3. *Charles VII chez ses grands vassaux*, IV, sc. IV, pp. 294-297.
4. Des Dumas. Voir ci-après, p. 390. Cf. notre *Théâtre d'hier*, Alexandre Dumas fils, § II. Le système dramatique, p. 126.

erreur à Pixérécourt. « J'ai fait cinquante drames depuis *Henri III*, écrira-t-il plus tard, aucun n'est plus savamment fait[1]. » Il exagère à peine.

Dans la nécessité de peindre les mœurs, le théâtre est contraint de faire aux yeux un appel plus direct. Car, si les caractères perdent leur relief et leur généralité depuis la Révolution, les milieux en revanche prennent une influence prépondérante. Diderot en avait eu comme un pressentiment et recommandait les tableaux; Beaumarchais, peintre de mœurs, s'était mis à les exécuter. *Le Barbier de Séville* et *le Mariage de Figaro* en sont tout remplis. Et, tout de suite, Pixérécourt en avait abusé grandement. Dumas en use d'abord; il en abusera plus tard. S'il s'en était tenu à son talent dramatique, et n'eût apporté ici aucune préoccupation d'école, il allégeait l'empâtement de quelques détails d'érudition hâtive et soulageait sa pièce d'un poids mort qui pèse surtout sur l'acte I et le début du II. Dès *Charles VII*, il sera plus habile et suivra son naturel. Cela dit, je ne saurais souscrire aux jugements dédaigneux de certains critiques. Copieuse enluminure, orgie de couleur locale sont les moindres termes de leur mépris. Ils s'indignent de ce que Dumas trouve son sujet dans Anquetil. Vouliez-vous qu'il inventât Henri III? Anquetil ou Surius, la belle affaire! — Il puisait encore dans le *Journal de l'Estoile*. — On oublie *la Confession de Sancy* et *l'Ile des Hermaphrodites*. On oublie surtout que le décor n'est pas la miniature, ni la délicatesse le fait du décorateur. Mais *Bajazet*? Nous y voilà. Moi aussi, je suis d'avis qu'il y a de la couleur assez pour mon goût et pour une tragédie psychologique dans *Bajazet* ou *Bérénice*, mais je tiens que ni l'une ni l'autre ne sont des œuvres populaires, et qu'il en fau-

---

1. *Mes mémoires*, t. V, ch. CXVII, p. 81.

drait à la fin convenir. Dumas vise la foule; et l'essentiel, en cette affaire, n'est pas que la couleur soit déliée, mais adroitement répandue à la surface. Il s'agit de représenter Henri III — et sa cour; c'est à savoir un drame de passion et de mœurs. Or j'estime que, malgré quelque affectation de science juvénile, l'acte II, celui de la cour, est exécuté de main de maître, que des touches successives achèvent peu à peu le tableau, que nos yeux, nos oreilles, notre esprit sont comme remplis de cette impression que voilà une époque singulière, avec ses qualités d'action et ses vices florentins, sa foi et ses superstitions, ses passions et ses débauches et ses simagrées. Et je dis que déjà paraissent les procédés du crayon qui dessinera *le Demi-Monde* ou le tableau de l'acte I du *Père prodigue*. Si l'on observe que ces procédés ne sont point ceux de la tragédie, oh! que l'on a raison, et avec quelle prudhommie! Autre temps, autres mœurs, autre public. Que ne nous dit-on encore : Ah! si vous aviez vu la Champmeslé?

Pour le mélange des genres, Dumas suit sa veine. Il innove en dramatiste. A la vérité, cela ne fait pas un problème pour lui. Il n'oppose point le sublime au grotesque. Il est en scène. Les mots plaisants jaillissent parmi les situations. La gaîté s'insinue dans le tissu du drame et fait corps avec lui. Joyeuse, le bien nommé, l'émaille de ses saillies, sans avoir pour unique emploi d'exciter le rire. Il n'est pas un gracioso. Il a une verve de santé, qui est du premier coup au point du théâtre, et qui passe la rampe. L'esprit de théâtre, c'est l'esprit de tout le monde, en projection. Dumas l'a justement de cette sorte, et le projette. Joyeuse n'est un *raffiné* que sur le terrain. Il ne coupe pas les actes en deux pour y faire à l'antithèse sa part. Il n'arrête point la pièce, ni le mouvement d'ensemble, pour se détirer à l'acte IV, dans le vif de la crise.

Des situations et des mots, et des mots de situation, plus rarement de caractère, n'est-ce point le drame? Est-ce que Beaumarchais n'avait pas beaucoup de cet esprit-là? N'avait-il pas donné l'exemple de mêler la sensibilité au comique, à la suite de son siècle, et perfectionné les moyens d'opérer ce mélange, pour le plaisir du nôtre?

Les progrès techniques accomplis par Beaumarchais, Dumas s'en empare et les tourne au profit du drame. L'action est simple, plus simple même que chez le modèle, dans les œuvres de tenue, mais aussi rapide, accélérée et souple. Nous ne sommes plus dans la tragédie : les événements se tiennent, se commandent de proche en proche comme les anneaux d'une chaîne sans fin. On notera que sous le pittoresque de l'époque historique l'intrigue se déroule, serrée, en un mouvement impitoyable. Aussitôt que Catherine, pour servir ses propres visées sur le roi, s'est mise à *agir* Saint-Mégrin et le duc de Guise, c'est une progression haletante et sans cesse indiquée. Cinq actes, les deux premiers plus longs; au milieu, un III consacré au ménage des Guise; un IV où Guise est joué par le roi et Saint-Mégrin appelé au rendez-vous fatal; un V passionné, effréné, étouffant et concis, comme tous les dénoûments de Dumas. Au I, Saint-Mégrin a manqué être surpris en tête à tête avec la duchesse; au V le tête-à-tête est un guet-apens; et tous les actes sont coupés d'un mot qui dose, suspend et avive l'émotion : « Qu'on me cherche les mêmes hommes qui ont assassiné Dugast[1]! » Et aussi le mot de la fin rappelle le début, scelle l'unité de l'ensemble. « Eh bien, serre-lui la gorge avec ce mouchoir[2]! » Tout est lié, animé, gradué, d'une logique fiévreuse. Et c'est bien le drame, cons-

---

1. I, sc. vii, p. 141.
2. V, sc. iii, p. 198.

titué dans sa forme presque définitive. En ce sens, Dumas a pu en résumer la formule : « En fait d'art dramatique, tout est dans la préparation [1] ». Seulement, la préparation est continue, jalonnée d'acte en acte, et de scène en scène, au lieu que toutes les « semences » de la pièce soient contenues dans l'exposition. L'armature de l'œuvre implexe est ainsi plus flexible et articulée. On comprend qu'elle soit nécessaire à un théâtre où les mœurs et les événements occupent une place prépondérante.[2]

Il s'agit d'amener Saint-Mégrin à la scène finale du rendez-vous, où il trouve la mort. Notez que, pour être historique ou à peu près, elle n'en est pas moins invraisemblable. Si c'était un mignon sans cervelle, passe ; mais Dumas en a dû faire l'adversaire de Guise, le vaillant conseiller du roi : un danger pour les projets ambitieux de Catherine, un modèle de jeune et fervente tendresse amoureuse. Eh quoi, Saint-Mégrin, qui se souvient de Dugast, qui peut s'attendre à toutes les embûches, s'en va, sur la foi d'un billet, comme un bon étourdi, à l'hôtel de Guise, de nuit, confondu parmi les Ligueurs? La difficulté est manifeste, mais la catastrophe et la suprême émotion sont à ce prix. Or voyez l'art et le travail du dramaturge, d'un vrai, celui-là. J'ai dit que Catherine manœuvre ces ambitions et ces passions. Et l'on accordera que cela n'est point mal vu.

> Il faut tout tenter et faire
> Pour son ennemi défaire [3].

---

1. *Histoire de mes bêtes*, ch. I, p. 3.
2. Beaumarchais avait utilisé le jeu des accessoires, qui sont comme les signes *matériels* de ces préparations dans le drame comme dans le vaudeville : clefs, lettres, toques, cicatrices, etc. Il va sans dire que Beaumarchais les avait empruntés de l'espagnol, et Corneille aussi.
3. I, sc. I, p. 123.

Désormais, tous les événements vont pousser Saint-Mégrin vers le guet-apens : l'entrevue et la prédiction de Ruggieri, la duchesse chez l'astronome, le duc qui trouve le mouchoir de la duchesse. Puis, Saint-Mégrin est triste et rêveur ; il défie son ennemi, qui est le mari. Puis, c'est la jalousie du duc, la scène du billet et du gantelet, le guet-apens préparé. L'homme qui meurtrit une main de femme n'est pas pour s'arrêter à mi-chemin de la vengeance. Saint-Mégrin reçoit la lettre et la clef, qui le convient au rendez-vous. On se souvient qu'ici Dumas imite Schiller. La scène est empruntée ; même les expressions les plus fortes s'y retrouvent. Comparez et appréciez ce qu'il en fait, comme il nous met en l'esprit cette conviction que Saint-Mégrin doit affronter le rendez-vous, et la défiance céder à l'amour. Ce sont tour à tour la crainte, la compassion, les questions pressées, la lettre lue à haute voix, dont nous avons entendu la dictée alors que nous voyions le bras de la duchesse broyé, et c'est le meurtre de Saint-Mégrin inévitable. Oui, tout se trouve dans Schiller ; il n'y manque que le mouvement, les préparations, l'ordonnance dramatique. Cependant le nom de Dugast retentit à nos oreilles, tel un glas, comme au deuxième, comme au premier acte. Et le quatrième se termine au bruit de l'orage et dans une appréhension vague de la mort. Le but est atteint ; la scène terrible et douloureuse, la scène invraisemblable, qui est le terme de l'émotion et de l'action, est devenue nécessaire. Nous l'attendons avec tremblement ; nous l'écoutons dans l'angoisse. Ne voilà-t-il pas le drame ?

De trouver et déterminer les situations, c'est beaucoup. Mais il faut faire les scènes. Le dramaturge se reconnaît à ce qu'il en exprime *tout* ce qu'elles contiennent, sans tout dire, dans une *progression* naturelle, où le dénoûment n'est en aucun cas perdu de vue. Il doit couler les *motifs de son développement* en des *mouvements de dialogue*, qui en objectivent sur la scène le sens et même les mots. Un écrivain, si puissant qu'il vous plaira l'imaginer, s'il n'a point ce don, n'a point celui du drame. Hernani et doña Sol font des passages, chacun pour son compte; ils font aussi parfois des duos, plus souvent leur partie d'un duo, la scène jamais, ou peu s'en faut. *Henri III* est, comme *Hernani*, une œuvre jeune. Mais les scènes sont sur pied; historiques ou passionnelles, l'auteur les aborde de front, et, si je puis dire, les vide de leur contenu. Tous les développements y sont, engagés en des *mouvements* appropriés. Relisez celle du *gantelet*[1]. Il s'agit de faire paraître la violente jalousie du duc de Guise, qui s'exerce sur l'épouse, en attendant qu'elle frappe l'amant : un gantelet de fer broyant la main d'une femme, voilà le moyen dramatique. Brutal, dit-on; c'est une autre affaire, et nous y viendrons. Ce gantelet est un symbole pour les yeux, le symbole de la passion frénétique et musclée. Pour être empruntée de Scott, la scène n'en était pas moins difficile à exécuter. Elle est poussée à fond. On y reconnaîtra sans peine six *mouvements* : 1° attaque brusque; 2° la dictée de la première moitié du billet; dialogue heurté; répliques hachées; 3° menaces; le couplet se développe, l'orage des mots gronde; 4° « mort et damnation! » Le duc verse le contenu d'un flacon dans une coupe; supplication; un temps pour la prière; l'allure se précipite; le duc arrache la coupe : « Vous l'aimiez bien, madame!... Elle a préféré!... Malédiction sur vous et sur lui,... sur lui surtout qui est tant aimé[2]! » Violent coup de barre, on s'oriente sur le dénoûment; 5° les nerfs sont tendus,

---

1. III, sc. v, pp. 169-175.
2. *Ibid.*, p. 173.

les cœurs serrés. Il s'agit d'arracher le reste du billet. Cris et répliques s'entre-croisent; la duchesse s'évanouit; le gantelet est impitoyable : « Eh non, madame! » La phrase de la lettre en suspens s'achève dans un cri de douleur et un sanglot; 6° reproches; on appelle le page; enfin la situation douloureuse prend fin dans une suprême angoisse : Saint-Mégrin est un homme mort. Toutes les phases de la jalousie physiologique et passionnelle ont été exprimées sous nos yeux, et vigoureusement imposées à notre émotion ensemble rebelle et complice.

Les interprètes d'*Henri III* ont-ils « ressuscité des hommes et rebâti un siècle¹? » C'est la question même du drame historique, que nous aborderons plus tard. Du moins, ils représentaient des hommes d'action et de passion, c'est-à-dire la vie telle que la rêva une génération condamnée à rêver, après les exploits et les grands coups de la précédente. Ces héros passent à travers les fortes situations de la pièce comme des lions à travers les flammes. Ils sont vraiment des lions superbes et généreux. Ils ont moins de logique que d'énergie instinctive et rectiligne, ou plutôt leur logique est dans la tension de leurs muscles et de leur volonté. Ils sont des ressorts peu compliqués, c'est-à-dire très populaires. Quand ils aiment ou haïssent, c'est de toutes leurs forces et de tous leurs appétits. Et les aventures ne leur font pas peur; ils en ont le génie : c'est leur fatalité. Par la vigueur de sentir et de vouloir qui s'agite en ce drame, Dumas est en contact avec l'âme de son temps et il la dépasse.

Dans le cadre de ces peintures historiques la passion vit et frémit, telle que le public, je ne dis pas celui des *Méditations*, mais le peuple, oui, vraiment, ce peuple

---

1. *Théâtre complet*, I, *Un mot*, p. 118.

né des lassitudes sensuelles et des excès de sensibilité du XVIIIᵉ siècle, pendant les exodes de l'Empire, après les secousses de 89, la pouvait concevoir, toute-puissante, sans frein, renversant toutes les barrières à la force du poignet, et de par les droits de l'imagination. Saint-Mégrin est le champion des rêves et des cœurs. Il incarne cette ardeur déchaînée, évocatrice, magique, fatale et peu platonique. Il en meurt, sans l'assouvir. Regardez-y de près : il meurt avec courage, mais à regret. Il préférerait que la mort vînt après [1]. Ainsi feront d'autres — qui disparaîtront après le plaisir, pour l'honneur. Il est surtout individualiste en amour, naïvement, mais avec une intrépidité de bonne opinion incomparable : « Ah ! madame, s'écrie-t-il, on n'aime pas comme j'aime pour ne pas être aimé [2] ». Il ne s'engourdit pas

A regarder entrer et sortir des duchesses [3],

il pousse droit au but, il affronte le martyre moderne. On n'y prend pas assez garde, parce que Saint-Mégrin est une ébauche, et que le décor historique fait illusion. De même, Catherine de Clèves, qui a lu Jean-Jacques et attend George Sand, est déjà rêveuse, sensible, soucieuse de sa réputation, non au point d'en être esclave — jusqu'au moment où, dans un élan superbe, elle se révolte contre l'opinion, les préjugés et les devoirs, et s'enivre des joies douloureuses de l'amour. Elle est l'esquisse, elle aussi, de la faible femme souveraine (le plus notable contresens de ce siècle), placée si haut par les romantiques, et qui trébucha si follement de ces hauteurs.

1. V, sc. II, p. 195. « Oh ! assez ! assez ! Tu ne veux donc pas que je puisse mourir ? Malédiction !... Là, toutes les félicités de la terre, et là, la mort, l'enfer, etc. »
2. I, sc. v, p. 134.
3. *Ruy Blas*, I, sc. III, p. 104.

Cette pièce plonge dans l'avenir du théâtre. Elle est grosse des drames de l'adultère, comme aussi des conséquences passionnelles, morales, légales, qui vont occuper la scène. L'épouse coupable, la sainte patronne de nos dramaturges, peut maintenant apparaître dans toute sa gloire, en attendant que le commissaire s'en mêle. Après la déroute de la noblesse, l'avènement improvisé de la femme moderne aboutit au renouvellement des mœurs, du code et du théâtre.

Henri III est le point de départ. Désormais la trinité dramatique est constituée : elle, consciente des droits que lui confèrent les biens qu'elle a « apportés comme duchesse de Porcian [1] », et qui bientôt s'appellera tout uniment Adèle ; lui, qui se croit encore le seigneur et le maître, et qui en use ; et l'autre, l'ami céleste, le parangon de la divine passion, aujourd'hui victime du mari, plus tard autre mari de sa victime. Tous les trois, sur la scène, pendant tout le siècle, ils évolueront avec les mœurs. Et ainsi, en dépit de quelques traces de tragédie persistante, malgré les emprunts, souvenirs et imitations, *Henri III et sa Cour* fonde définitivement le drame populaire et original, sinon national et historique, où il suffira de remplacer la cour par un salon pour mettre dans le plein du drame moderne. Du premier coup, Dumas ouvrait au genre sa double voie.

1. III, sc. v, p. 171.

DEUXIÈME PARTIE

DRAMES TRAGIQUES ET HISTORIQUES
LE DRAME POPULAIRE

CHAPITRE V

L'ŒUVRE DRAMATIQUE D'ALEXANDRE DUMAS.

I

L'HOMME DU DRAME.

Quand on a étudié *Henri III et sa Cour*, on connaît d'ensemble la formule de Dumas. Il écrira des pièces très diverses. Mais l'essentiel est dans la première : caractère populaire, couleur, mouvement, action, passion.

A proprement parler, il n'a point de système, mais un extraordinaire tempérament dramatique. Il n'est pas seulement un homme de théâtre, mais l'incarnation du théâtre. Il lui arrivera de grossoyer plus tard des romans, dont le principal mérite sera de s'adapter comme d'eux-mêmes aux scènes du boulevard. De ce don naturel il fera un prodigieux abus; les romans se mêleront aux drames et les drames aux romans, et les drames-romans brocheront sur le tout. Aux yeux des ignorants il passera uniquement pour le père de la terreur et de la pitié qui sévit, depuis nombre d'années, à l'Ambigu, appelé Comique par un regrettable excès de langage. Et il en est sans doute l'ancêtre, après Pixérécourt, étant le créateur du drame moderne sous toutes les formes, sans trop raisonner son affaire. Toutes ses facultés y inclinent, comme les fleuves s'écoulent vers l'océan. Il écrit, « non suivant un système, mais suivant sa conscience [1] »; entendez : sa complexion. « Les romantiques font tous des préfaces [2] », observe l'abonné du *Constitutionnel*. Dumas n'en fait guère, sinon pour louer le mérite des comédiens, ou donner de ses œuvres des classifications étranges. Mais il exécute des pièces, où il met toute son imagination, toute sa vitalité sensible et sensuelle : il y est dans sa fonction totale. L'homme qu'il est se marque en son drame, parce qu'il est l'homme même du drame. Voilà pourquoi il apparaît à peu près innocent de toute théorie, et fait montre d'un libéralisme pleinement admirable. « Le théâtre, déclare-t-il, est, avant tout, *chose de fantaisie*; je ne comprends pas qu'on l'emprisonne dans un système... Laissez chacun prendre son sujet à sa guise, le tailler à sa fantaisie; accordez liberté entière à tous, depuis les douze heures de Boileau jusqu'aux trente ans de Shakespeare, depuis les trilogies de Beaumarchais jusqu'aux proverbes de Théodore Leclercq : et alors chaque individu *flairera* ce qui convient le mieux à son organisation, amassera ses matériaux, bâtira son monde à part, *soufflera* dessus pour lui donner la vie, et viendra au jour dit, avec

1. Théâtre, I, *Un mot*, p. 115.
2. *Antony* (Th., II), IV, sc. vi, p. 210.

un résultat, sinon complet, du moins original ; sinon remarquable, du moins individuel [1]. » Quoique faiblement écrit cela s'entend : le théâtre est une question de flair, de souffle, de tempérament — et de métier.

Cette insuffisance de la théorie n'est pas pour nous étonner chez ce dramaturge. L'absence de l'esprit critique montre encore à quel point il a le don du théâtre. Il est à faire frémir. Il prononce des arrêts sans appel, des jugements d'imagination ou de passion, qui feraient de lui l'Hotspur du romantisme. Il n'y est parlé que « d'appréciation personnelle », de « sympathie littéraire », de « tempérament physique et moral [2] ». En dépit de ses lectures tardives et hâtives, les lacunes de son instruction apparaissent irrémédiables. Il est incapable de mordre aux idées; ou, s'il y mord, il dévore; les grandes synthèses ni les vastes conceptions ne l'effrayent point. Ses plus vastes symboles sont bientôt campés, en chair et en os, sur la scène. Quant aux faits, il les observe de fantaisie, si je puis dire, et les arrange à son gré. Il chevauche Eschyle, Sophocle, Euripide, Shakespeare et autres illustres maîtres : il vide les dictionnaires encyclopédiques [3]. Il y ajoute quelques erreurs, qui sont de son cru, pour avoir mal lu, ou trop vite ou depuis trop longtemps. Il pense que la *Lettre sur les occupations de l'Académie française* est de Bourdaloue [4], et attribue à Pradon l'honneur d'avoir fondé la critique de détail [5]. Il a ainsi quelques lapsus, qui sont des vétilles, et que nous retrouverons dans ses pièces. Nous verrons Corneille

---

1. Préface de *Charles VII chez ses grands vassaux*, p. 228.
2. *Souvenirs dramatiques*, t. II. *L'Ulysse de Ponsard*, p. 361 et passim.
3. *Ibid.*, t. I et II.
4. *Mes mémoires*, t. VIII, ch. cci, p. 126.
5. *Souvenirs dramatiques*, t. II. *L'Ulysse de Ponsard*, p. 355.

rendre visite à la reine Christine aux environs de 1658, et nous entendrons la reine demander une lecture de *Cinna*, qui avait quelque dix-huit ans d'âge [1]. La critique et le génie sont deux.

Mais, si vous lisez les pages que Dumas a écrites à propos d'*Henri III* ou d'*Antony*, au milieu de gasconnades de toute sorte, vous n'y rencontrerez pas une erreur sur l'effet de telle scène, l'optique du théâtre et les éléments constitutifs du drame. Il sait la gamme des émotions; il en a le génie dans les moelles. On voit qu'à tout coup l'idée jaillit de son cerveau sous forme d'un tableau ou d'une situation. Il défend *Antony* contre les attaques d'un M. Lesur; il s'échauffe, il ébauche, *le Fils naturel*, non pas celui de Diderot, mais l'autre [2]. Son imagination est en scène, et sa fantaisie en action. Il n'a point d'idées, sauf de théâtre; ou, si l'on veut, il a plus de génie que d'intelligence et plus de tempérament dramatique que de tout le reste. Le feuilleton d'*Antony* [3], si fécond pour le développement du drame moderne, n'est en son fond que la distinction technique de la « pièce à manteau », et de la « pièce en habit ». Pendant toute sa vie, il a été rebelle à la critique, aussi incapable de la supporter que d'y atteindre. Je ne le diminue pas pour autant. S'il avait eu plus de littérature, de goût, d'idées esthétiques ou philosophi-

---

1. Brunetière, *les Époques du théâtre français*, XIV° conférence, p. 338.
2. *Mes mémoires*, t. VIII, ch. cc, p. 124. « ... On l'a chicané sur son âge, sur son nom, sur son état social... Où cela? Parbleu! dans cette enceinte où l'on fait les lois, et où, par conséquent, l'on n'aurait pas dû oublier que la loi proclame l'égalité des Français en face les uns des autres. Eh bien, cet homme, avec la merveilleuse persistance qui le caractérise, arrivera à son but : il sera un jour ministre... »
3. *Antony*, IV, sc. vi, p. 211. *Mes mémoires*, t. VIII, ch. cxcix, p. 110.

ques [1], et moins de vigueur, d'invention et de sensibilité, il eût écrit plus de préfaces, mais il n'eût point créé le drame populaire. Plus de critique l'eût mis en garde contre les illusions des tréteaux et les mensonges de l'histoire ou de la vie qu'ils offrent aux yeux; plus de culture littéraire l'eût détourné de la foule pour laquelle il était fait. On n'eût vu en lui ni les mêmes audaces ni pareilles aspirations. Il se fût défié de ses muscles, de sa fantaisie, de son pathétique fanfaron et de ses magnifiques enfantillages. Il est le type du dramatiste-né, qu'il se fait pourtant temps d'étudier au point de vue du drame. Laissant à d'autres le soin de prouver que l'art de Racine est supérieur et que *Christine* ne vaut point *Bajazet*, ou d'étouffer en des formules scientifiques, philosophiques et d'acier cette œuvre d'imagination et de passion, tâchons de prendre ce praticien en son exacte mesure, et de fixer les démarches de cette force créatrice.

Il distingue à l'Exposition un bas-relief; l'impression qu'il en retient est si vivante qu'elle se change en une idée de pièce. Pour maintenir sa fantaisie en cet heureux frémissement, il se rend à Fontainebleau; la vue du décor vrai fera le reste et donnera le branle à la faculté inventive.

> . . . . J'allai droit à Fontainebleau
> Et me dis étranger, voulant voir le château.
> Mon guide froidement me raconta le crime,
> Le nom de l'assassin... celui de la victime;...
> Je vis la galerie aux Cerfs... le corridor,
> Et le parquet, de sang humide et rouge encor [2].

---

1. Dumas fils répétait volontiers, dans la conversation, que lui-même ne savait presque rien et avait fort peu lu, quand il débuta sur le théâtre. « J'allais de l'avant, disait-il, et fonçais sur les obstacles. »

2. *Christine*, épilogue, sc. VI, p. 300.

A la vue de ce sang, comme on dit dans les feuilletons, le drame se reconstitue dans cette tête dramatique, avec le cadre et les péripéties scéniques. Il a lu les étrangers, comme il a visité Fontainebleau, pour enrichir sa mémoire de spectacles et de situations; il invente, ajuste, emprunte, dans la fièvre, le mouvement, — mouvement, fièvre de tête et de théâtre, — et la pièce est faite : elle s'appellera *Christine à Fontainebleau*.

Il voyage en Italie, s'intéresse à l'archéologie, qui éveille en lui des impressions telles qu'il écrit *Caligula* [1]. Il lui faut voir pour s'émouvoir; et ce qu'il voit dans la nature et dans la réalité, se modifie à l'instant : *il le voit en scène*. Sa vie aussi, qui fut presque toute de fantaisie et de gageures, se transforme aisément en matière théâtrale. Il est partout dans son œuvre, il est la source même de quelques-unes de ses meilleures pièces, *non qu'il soit foncièrement lyrique ou romantique, mais à cause que l'imagination dramatique domine en lui* et sans effort le métamorphose et l'identifie à ses personnages [2]. Le château de Monte-Cristo est proprement un décor du Théâtre-Historique. Pendant un temps, Dumas joue les Monte-Cristo, ou Monte-Cristo les Dumas. Plus tard, il utilisera ses souvenirs de jeunesse dans *les Forestiers*, comme il avait mis ses rancunes de bureaucrate dans *le Chevalier d'Har-*

---

1. Préface de *Caligula* (Th., VI), pp. 2-3. Il nous dit bien qu'il partit pour l'Italie dans l'intention d'écrire *Caligula*. Mais, comme il nous conte ailleurs que la pièce était primitivement destinée au cirque *Franconi* (*Souv. dram.*, t. I, ch. xii, p. 252), il convenait de ne retenir de la Préface que l'impression qu'il conserve de son séjour en Italie, et comment cela devient matière de drame.

2. On remarquera combien c'est le propre des génies de théâtre. Molière, presque à tout coup, part de lui-même. Dumas fils, pareillement. Il trouvait Émile Augier plus littéraire que sincère, qui conformait peu sa vie à ses pièces.

mental[1]. Et nous verrons de reste qu'*Antony* fut répété et joué et « rugi » dans l'intimité, sans décor ni costumes, avant que mademoiselle Mars refusât le rôle et que madame Dorval en fît sa création. Vous trouverez vingt fois Dumas en scène dans les drames de Dumas : il étalera ses illusions artistiques et sa superbe musculature dans *Kean*, et, vieilli, en 1864, il fera encore le coup de poing avec allégresse dans un restaurant de nuit, sous les traits du poète Jean Robert[2]. Tout ce qui l'occupe, l'intéresse, lui plaît, ses croyances, superstitions, caprices ou manies prennent, un jour ou l'autre, leur place sur les planches. Dans *Madame de Chamblay*, on trouvera une scène culinaire et la confection d'un menu digne de l'auteur des *Propos d'art et de cuisine*[3]. Il a composé un drame du *magnétisme*[4], plusieurs tableaux d'astrologie (sans compter *l'Alchimiste*), et une scène de chiromancie dans *les Mohicans de Paris*[5]. Je m'empresse d'ajouter que de cette imagination il n'est pas toujours maître. Il est fougueux et

---

1. Dumas fut, pendant quelque temps, employé à la bibliothèque du duc d'Orléans. Cf. *Mes mémoires*, t. V, ch. CXXII, p. 134. Il a peint au vif, dans *le Chevalier d'Harmental*, l'administration d'une *Bibliothèque* (IV, tabl. VI, pp. 269 sqq.). Là se trouve une maxime qui mérite d'être recueillie : « Les garçons de bureau ne viennent qu'à onze heures... C'est bon pour les employés de venir à dix. »
2. *Kean* (Th., V), III, tabl. III, sc. IV, p. 140; *les Mohicans de Paris* (Th., XXIV), I, tabl. II, sc. IV, p. 38.
3. *Madame de Chamblay* (Th., XXV), V, sc. I, pp. 76-78. Cf. la salade japonaise de *Francillon*. Cf. les menus de M. Vatel et de M. Poirier, dans *le Gendre de M. Poirier*.
4. *Urbain Grandier*.
5. *Les Mohicans de Paris* (Th., XXIV), I, tabl. III, sc. V, pp. 64-65. Cf. *Mes mémoires*, t. V, ch. CXXIII, pp. 146-162 sur le magnétisme. Cf. *Joseph Balsamo*. Quoi qu'on en ait dit, Dumas fils croyait à la chiromancie. A plusieurs reprises, il m'a affirmé que Desbarolles lui avait prédit un triste événement de sa vie. Il avait d'ailleurs le culte de la main; il avait fait mouler celle de son père.

frénétique en tout, et aussi dans l'absurde. Il fait des orgies, comme Kean, mais des orgies fantasmagoriques. *Don Juan de Marana* en est la plus folle et, au surplus, la moins originale, celle qui lui a coûté le moins d'effort personnel. Byron, Calderon, Shakespeare, Molière, Gœthe, Hoffmann, Musset, Mérimée s'y coudoient comme en une féerie de la Salpêtrière. *Le Vampire* n'en est pas la moins trouble, *le Vampire* écrit en société avec Maquet (un professeur d'histoire, à qui Dieu pardonne!), *le Vampire,* pièce métaphysique et inquiétante, où, parmi les apparitions de fées, de lutins empruntés de Shakespeare et les rêveries de Faust, à côté des dialogues cornéliens du vampire et de la goule, et cependant que lord Ruthwen prend son vol du haut d'un rocher sourcilleux [1], — les hallucinations s'espacent par tirades philosophiques et la banalité se répand en réflexions sur le microscope [2]. Ce sont les fragments disparates d'un décor de haute fantaisie : c'est le désordre, sans le génie. Que ce dévergondage, qui est comme la rançon de cette singulière faculté de vision et d'invention dramatiques, Dumas ne l'ait pas tenu pour le meilleur de son talent et le noble de son ouvrage, je ne dis pas cela : il y défie Byron [3].

---

1. *Le Vampire* (Th., XVIII), II, tabl. III, scène unique, p. 200.
2. *Le Vampire,* I, tabl. II, sc. II, p. 178.
3. Cf. *Mes mémoires,* t. III, ch. LXXIV, pp. 148 sqq. On y verra comment Dumas assistait à une représentation d'un quelconque *Vampire*, à la *Porte-Saint-Martin*. Dorval était de la pièce, et Ch. Nodier du parterre : il les voyait l'un et l'autre pour la première fois. Cela se passait en 1825. Et il nous dit : « D'ailleurs, si informe que cela fût, c'était un essai de romantisme, c'est-à-dire quelque chose de fort inconnu à cette époque. Cette intervention d'êtres immatériels et supérieurs dans la destinée humaine avait un côté fantastique qui plaisait à mon imagination, et peut-être est-ce cette soirée qui déposa dans mon esprit le germe de *Don Juan de Marana,* éclos onze ans après seulement. » — Or, qu'était ce *Vampire*? Il suffit d'en lire (*Ibid.,* LXXV, pp. 161 sqq.)

Mais, à défaut de critique, de goût et de système, cette imagination est soutenue par un tel tempérament, que, hormis Shakespeare, et depuis Eschyle, je n'en vois aucun autre semblable. Situations, crises et dénoûments, il en a inventé de quoi nourrir le drame et le mélodrame et la partie dramatique de la pièce moderne pendant plus d'un demi-siècle. Sans doute il a des procédés — surtout au début — qui se répètent et dont il abuse, procédés de tragédie pour la plupart, et dont il se débarrassera dans la suite : monologues, confidents, Paula, Tompson, etc. Et il excelle aussi à pousser à bout les scènes et les sujets, et à reprendre sujets et scènes, quand il n'en a pas épuisé les effets. Encore une fois, ce prodigue est à l'occasion ménager.

Mais l'invention, en somme, lui coûte peu, parce qu'elle est aidée d'autres facultés essentielles au drame et essentiellement communicatives. Il possède l'énergie, qui, dans les situations pathétiques, impose l'émotion et étreint la foule; surtout il est doué d'une certaine logique alerte, nullement raisonneuse ni saillante, qui amène et amortit les chocs les plus violents; et de cette énergie jointe à cette logique naît le mou-

---

l'analyse, pour se rendre compte qu'il était une adaptation d'un conte de revenants, attribué à Byron, et qu'on trouvera à la fin des œuvres du poète (pp. 846-854). Les noms n'étaient même pas changés. En sorte que *Don Juan de Marana*, qui doit beaucoup à tous ceux que j'ai dits, est encore redevable de l'idée première de mettre en scène le surnaturel à ce *Vampire* oublié, fils du *Vampire* attribué à Byron. Enfin, comme Dumas n'exploite jamais une idée à demi, il reprendra, vingt-six ans après avoir vu *le Vampire* de la Porte Saint-Martin, la nouvelle du poète anglais, *le Vampire*, frère de ces *Vampires*; et ce sera un *Vampire* ajouté aux autres, un peu plus fantastique et absurde que tout le reste, le 20 décembre 1851, à une époque où le surnaturel va faire place au réalisme, et les goules aux Dames aux Camélias et aux Baronnes d'Ange. Si l'imagination de Dumas fut toujours un peu folle, elle le fut parfois à crédit.

vement, qui emporte en une gradation continue, à la fois impétueuse et habile, situations, péripéties, émotions, et aussi le spectateur entraîné dans le flot de toutes ces choses, et qui étouffe sans défense. Et il est homme d'action, à qui tableaux, images, métaphores ne sauraient suffire. Il en veut à la ligne droite ; il se réjouit des coups de main, des coups de surprise, des coups de force, des coups de théâtre. Enfin il a la passion à commandement, vigoureuse, tempêtueuse, sensuelle et sensible, qui est ensemble un instinct et une volonté déchaînés. Oh! qu'il est populaire sur ce point! Et qu'il est le drame même! Cette passion qu'il manie avec allégresse, à tour de bras, ne lui est pas tant un objet de connaissance ou d'analyse qu'un instrument scénique, un engin délicat et brutal, précis et explosible, et qui tue l'ouvrier timide ou maladroit. Il met à s'en servir toute sa force, qui est rare, et toute son habileté, laquelle est hors de pair. De là vient que pour Dumas comme pour son fils, le drame est tout entier dans la mise en œuvre. Prépondérante leur a toujours semblé la part de l'exécution et du métier.

Ce terrible improvisateur de romans ne commence à écrire ses pièces que lorsqu'elles sont entièrement composées et agencées en son esprit. Le travail d'incubation se fait en lui comme une création latente et spontanée. Il laisse mûrir l'idée. Et l'idée mûre se détache, organisée [1]. Quand il écrit, c'est une fièvre de quelques jours ou de quelques heures selon l'importance de la pièce. Le manuscrit original d'*Antony* est à peu près indemne de ratures, et *Romulus* fut écrit pendant une partie de chasse [2]. « Je ne fais pas de pièces,

---

1. C'était la méthode de Casimir Delavigne et d'Émile Augier. Voir notre *Émile Augier*, ch. II, p. 29.
2. *Souvenirs dramatiques*, t. I, p. 289.

dit-il, les pièces se font en moi. Comment? Je n'en sais rien. Demandez à un prunier comment il fait des prunes et à un pêcher comment il fait des pêches, vous verrez si l'un ou l'autre vous donne la solution du problème. » Cette solution n'est pas mystérieuse. De même que les idées lui apparaissent sous forme de situation dramatique et ne sont claires à ses yeux que sous cette forme, pareillement il ne voit la pièce que composée en ses parties constitutives, avec ses coupes, ses scènes capitales, son dénoûment et son mouvement d'ensemble.

Il met cinq ans à trouver la *scène du sequin* qui est le début de *Mademoiselle de Belle-Isle*, quatre ans à accrocher le dernier acte si dramatique de *Madame de Chamblay*, dont il écrivit le roman avant la pièce, et celle-ci seulement le jour, « un de ces jours bénis où Dieu semble nous envoyer pour nos créations humaines un rayon de sa propre lumière »[2], — le jour où il attrape son dénoûment. *Le Comte Hermann*, un de ses meilleurs drames et de ses plus solides succès, est simplement l'exécution d'une idée qu'un certain Lefebvre avait manquée dans une comédie reçue au Vaudeville : *Une vieille jeunesse*. « La pièce n'avait même pas été imprimée. Comme toujours, je laissai reposer le sujet, jusqu'à ce que le désir m'en prît. Un beau matin, *le Comte Hermann* se trouvait fait dans ma tête; huit jours après, il était couché sur le papier. Un mois après, il se relevait sur les planches du Théâtre-Historique[4]. » Il lui advint même de présenter au comité de la rue de Richelieu une œuvre, dont pas un mot n'était écrit. « Pour moi, disait-il, la pièce est faite,

---

1. *Souvenirs dramatiques*, t. I, p. 268.
2. *Ibid.*, p. 269.
3. *Théâtre*, XXV. *Un mot sur la pièce et les artistes*, p. 1.
4. *Histoire de mes bêtes*, ch. XLIII, pp. 290-291. Cf. A. Dumas fils. *Le Théâtre des autres*, t. I. Préface, p. x.

quand elle est composée[1]. » On ne s'attendait guère à rencontrer ici Dumas avec Racine. Il est vrai que, la pièce ainsi faite, Dumas « la couchait sur le papier » en huit jours, et que Racine commençait à faire difficilement ses vers faciles.

Ici nous touchons à un point de technique qu'on ne saurait omettre, quand il s'agit de définir l'œuvre et la complexion dramatiques de Dumas. Comme Regnard, il collabora avec les vivants et les morts. Ceux-ci sont discrets et ne réclament guère; les autres ne s'astreignent pas à la même réserve. On lira dans *Mes mémoires* et les *Souvenirs dramatiques*[2] de piquantes monographies du collaborateur; la préface du *Théâtre des autres* apportait naguère à la verve du père le renfort de l'esprit du fils[3]. A la vérité, les droits d'auteur sont un problème très différent en littérature et en jurisprudence.

Quand tous les tribunaux auraient statué, la liberté du critique demeure entière. Dumas a travaillé souvent en société, malgré « la terreur[4] » qu'il avait de la collaboration. Un de ses procès fut retentissant : l'œuvre en valait la peine. Les juges ont arrêté, décidé, ordonné que *la Tour de Nesle* appartenait à Gaillardet et Dumas. On trouvera les principales pièces de l'affaire dans *Mes mémoires*[5]. Elles m'intéressent peu. La question à discuter est une question de théâtre, en dehors des

---

1. *Souvenirs dramatiques*, t. I, p. 272.
2. *Mes mémoires*, t. IX, ch. ccxxii, pp. 52 et 53. — *Souvenirs dramat.*, t. II. *La Camaraderie*, pp. 126-130. « Si elle (la pièce) tombe, elle est de vous; si elle réussit, elle est de lui. »
3. *Théâtre des autres*, t. I, pp. vii sqq.
4. *Histoire de mes bêtes*, ch. xliii, p. 290. Cf. Ch. Glinel, *op. cit.*, ch. vi, pp. 483-487. On y trouvera une lettre de Maquet à son avocat, qui commence ainsi : « Hélas, cher ami, je suis menacé d'un nouveau procès avec *l'éternel coquin* qu'on appelle Dumas ».
5. *Mes mémoires*, t. IX, ch. ccxxxi-iv-v-vi, pp. 126 sqq.

subtilités de la chicane ou des finesses des intéressés. Faute de la résoudre, nous ne pourrions passer outre à cette étude.

Sans doute, il vaudrait mieux être le père unique des œuvres que l'on signe de son nom. Et je reconnais que l'accueil fait par Dumas aux idées d'autrui, lui a nui plus qu'il ne pensait, et de toutes manières. Il a parfois fabriqué le drame comme le roman (Maison Alex. Dumas et Cie, disait Mirecourt [1]), avec des compagnons qui travaillaient sous lui, avec boutique, atelier et enseigne ; il a fait le demi-gros et le gros dans son usine du Théâtre-Historique ; il a dirigé cette industrie comme M. Thomas Graindorge celle du porc salé. Cela ne touche en rien au point du litige.

En cas de collaboration, de qui est la pièce pour l'historien littéraire? A qui *la Tour de Nesle*? A celui qui apporta l'idée, ou à celui qui l'exécuta? Le différend est là, et non pas ailleurs.

Il suffit d'avoir lu quelques manuscrits dramatiques, ou suivi dix répétitions pour avoir une opinion ferme. La pièce est à celui qui l'a exécutée. — Mais, faute d'une idée, Dumas ne l'eût pas faite? — A la bonne heure, mais il en eût fait une autre. Or *la Tour de Nesle*, faite par Dumas, obtint un grand succès : Dumas y était donc nécessaire. — Mais Gaillardet avait remis un manuscrit, où l'idée avait déjà pris forme. — Nous y voici. Qu'est-ce qu'une idée de pièce? Une situation, un tableau, ou, pour mettre les choses au mieux, un cas dramatique ou comique, moral ou social, c'est-à-dire quelque chose de l'incertain devenir, et qui dépend *absolument* du tour de tête et du tour de main. Qu'est-ce qu'un manuscrit de théâtre? De l'écriture, d'où il s'agit d'extraire

---

1. *Fabrique de romans, maison Alexandre Dumas et Compagnie, Paris, chez tous les marchands de nouveautés, 1845.*

une œuvre qui soit au point de la scène et du public. Le dialogue, qui ne réunit pas ces conditions, est, au regard du théâtre, un papier neutre et anonyme. Sa destinée est au pouvoir de celui qui en tire la comédie ou le drame. On apporte à M. Victorien Sardou un mélodrame noir qui se passe sous le premier Empire : de qui est *Madame Sans-Gêne*? Encore un coup, il ne s'agit pas ici des droits d'auteur, mais du droit d'être l'auteur aux yeux de la critique et dans l'histoire de cet art. Pour un dramaturge, le cas n'est aucunement douteux [1]. Corneille a eu par devers lui de notables écrits, signés de Guilhem de Castro ou de Tite-Live. Il fit *le Cid* ou *Horace*, et fit bien.

Quelque temps avant de mourir, Dumas fils, reprenant la question, allait plus loin. « Supposez, dit-il, un jeune homme ayant eu l'idée d'*Antony*, ayant exécuté quatre actes trois quarts, tels qu'ils sont dans la pièce que vous connaissez; mais il n'a pas le dénoûment. Il apporte ces quatre actes trois quarts à Alexandre Dumas, et lui demande comment on peut terminer un pareil drame. Alexandre Dumas trouve : « Elle me résistait; je l'ai assassinée ». La pièce est de lui [2]. » Cela paraît dur à entendre. Il y faut pourtant souscrire, pour la raison que, malgré l'avis de certains critiques plus subtils que perspicaces, le dénoûment étant l'âme même et la raison dramatique et logique d'*Antony*, et tout le drame tendant à cette phrase décisive et cette foudroyante synthèse, le jeune homme qui n'eût pas trouvé la phrase, n'eût pas écrit les

---

1. Cf. Préface du *Théâtre des autres*, t. I, p. vii. « Quelques conseils que vous donniez à un homme à qui la fée des auteurs dramatiques a faussé compagnie, il lui sera impossible de les suivre; ils ne lui serviront qu'à obscurcir et alourdir son premier travail; ce qui n'empêche pas qu'il ait pu trouver une idée originale, une situation intéressante... »

2. *Le Gaulois* du 21 avril 1894.

quatre actes trois quarts, dont elle est condition première et partie intégrante. Il eût apporté l'idée de l'amant, assassin de sa maîtresse : idée banale ou pathétique, selon le tour qu'elle prendra sur le théâtre. Peut-être eût-il arrêté les chevaux emportés, et arraché l'appareil de la blessure; mais pour brusquer le troisième acte il y fallait déjà l'instinct du raccourci scénique; pour construire le second et le quatrième, oh! qu'il y fallait autre chose qu'assurément le jeune homme, faute de génie, n'avait point. Les idées courent les rues, et les jeunes hommes aussi. Et il leur arrive de se joindre. Mais dans l'art dramatique, il ne suffit pas de la rencontre d'un jeune homme et d'une idée pour faire œuvre viable. « Tout dépend de l'exécution [1] », — affirmait Dumas fils dans une conviction dernière.

Gaillardet descend de la diligence de Tonnerre avec un manuscrit de *la Tour de Nesle*, qu'il remet à Harel, directeur de l'Odéon. Il y a quelque chose là dedans, mais pas de pièce. Il y a l'idée, dites-vous? — Elle est aussi bien de Fourcade, qui l'avait déjà proposée à Dumas; elle est, tout au moins, commune à Gaillardet et à Roger de Beauvoir, qui publie, un mois avant *la Tour de Nesle*, *l'Écolier de Cluny*. Elle est banale et dans le champ public [2]. Harel confie le manuscrit à J. Janin pour qu'il mette la « chose » d'aplomb. J. Janin se prend à l'idée de Gaillardet, qui était aussi celle de Roger de Beauvoir, écrit une tirade à la façon de J. Janin, et renonce à mener l'œuvre à terme [3]. Il rend

---

1. Préface du *Théâtre des autres*, p. xi.
2. Voir plus bas pour l'indication des *pièces* de l'affaire, p. 253, n 2.
3. *Mes mémoires*, t. IX, ch. ccxxiv, p. 169. « Cependant une tirade entière, la plus brillante peut-être de tout le drame, appartenait à Janin : c'était celle des *grandes dames*. »

le manuscrit à Harel, qui le porte à Dumas. Dumas s'empare de l'idée de Roger de Beauvoir, de la tirade de J. Janin, et du manuscrit de Gaillardet. D'où *la Tour de Nesle*, dont huit cents représentations presque consécutives n'épuisent pas le succès. Paix aux mânes de Gaillardet, de Roger de Beauvoir, de J. Janin! En vain le tribunal ordonne-t-il que Gaillardet est père à demi. Que parlent-ils de demi-père? Dumas était bien le père tout entier.

Sur cette pièce il avait mis sa griffe, comme sur d'autres, et même davantage. Cet écrivain d'une imagination exubérante, sans jugement, sans goût et sans style, au dire de ses collaborateurs, a eu du moins une intuition, qui est le germe fécond de son génie. Il s'est avisé avant, pendant, et après *la Tour de Nesle*, d'une nouveauté qu'il raisonne médiocrement mais qu'il exploite d'enthousiasme. Il a vu que la Révolution a creusé un fossé dans les traditions de la scène et de la société françaises [1], et que, mieux que toutes les théories, plus que tous les manifestes, le sentiment général veut une autre forme de théâtre que la tragédie plus ou moins déguisée. 1789 a fait le peuple; l'Empire a refait l'histoire. D'un état d'âme nouveau est né un nouvel état social. La différence est irréductible du public « du temps de Louis XIV, qui était une élite [2] », et de celui du XIX⁰ siècle, qui sera de plus en plus le

---

1. *Souvenirs dramatiques*, t. I, pp. 56, 57; *ibid*., p. 69. Cf. *Mes mémoires*, t. VIII, ch. cc, p. 121. Cf. *le Demi-Monde*, II, sc. VIII, p. 102. Cf. notre *Théâtre d'hier*. Émile Augier, § IV, pp. 35-36.

2. *La Revue de Paris*, n° du 15 mars 1894. Octave Feuillet, *Lettres de Fontainebleau*, 26 août 1868. « Et puis (c'est Napoléon III qui parle) toujours des pièces violentes, où l'on ne nous montre que des vices... — Je lui ai dit que le théâtre semblait condamné, quant à présent, à une certaine infériorité, *par la qualité du public démocratique auquel il s'adresse. J'ai marqué la différence de celui-ci avec celui du temps de Louis XIV, qui était une élite.* »

peuple, c'est-à-dire une force morale et sociale. Pour l'instant, l'imagination populaire s'est haussée jusqu'à un certain individualisme orgueilleux et quelque peu chimérique, prête à saluer de ses applaudissements le drame historique ou de cape et d'épée, qui contente son goût d'aventures et je ne sais quel fatalisme superstitieux, — prête à couvrir de ses bravos redoublés l'homme moderne, tout frais issu des grands événements de la veille, impatient et avide en un siècle adolescent; tel le jeune Romain du poète

Sublimis cupidusque et amata relinquere pernix [1].

Tout cela est dans *la Tour de Nesle*; mais Gaillardet ne l'avait pas apporté de Tonnerre. Car c'est justement l'évolution fougueuse du drame d'Alexandre Dumas.

II

DÉVELOPPEMENT DE SON ŒUVRE DRAMATIQUE.

Quand on la considère d'ensemble, on dirait d'une Babel élevée au hasard des matériaux, et sans autre direction que le caprice ou le besoin de l'ouvrier.

---

[1]. Horace, *Art poétique*, vers 165.
Voici quelques lignes de Taine, *qui sont comme la clef du drame du XIX*[e] *siècle et surtout de Dumas* : « C'est en France, pays de l'égalité précoce et des révolutions complètes, qu'il faut observer ce nouveau personnage, *le plébéien occupé à parvenir* : Augereau, fils d'une fruitière; Marceau, fils d'un procureur; Murat, fils d'un aubergiste; Ney, fils d'un tonnelier; Hoche, ancien sergent, qui, le soir, dans sa tente, lit le *Traité des sensations* de Condillac; et surtout ce jeune homme maigre, aux cheveux plats, aux joues creuses, desséché d'ambition, *le cœur rempli d'imaginations romanesques et de grandes idées ébauchées...* » (*Histoire de la litt. angl.*, liv. IV, ch. 1, p. 238.)

D'abord Dumas paraît forcer toutes les portes à la fois : *Henri III, Christine, Napoléon Bonaparte, Antony, Charles VII*, quel homme ! Ou plutôt quelle confusion ! Il ne lui déplaît point de passer pour un prodige et d'étonner la critique. Il y a du banquiste en ce dramatiste.

> Cette diversité, dont on vous parle tant,
> Mon voisin léopard l'a sur soi seulement,
> Moi je l'ai dans l'esprit [1]...

D'un esprit peu cultivé, chez qui l'imagination domine, on ne saurait attendre une évolution systématique. Il procède par bonds et coups d'audace. Il est fait pour le drame : il écrit *Henri III*. Tout de même la vieille, la respectable tragédie lui en impose, à ce bouillant révolutionnaire. Il donne *Christine*; il arbore le sacré panache du vers. *Henri III* et *Christine*, *Antony* et *Charles VII*, et au milieu *Napoléon Bonaparte*, drame-feuilleton, panopticum pour l'exploitation, où l'industriel apparaît d'abord dans toute l'insolence de l'improvisation et dans le gâchis de son talent. Il affronte tous les genres à la fois, même le pire, celui où il laissera santé, réputation et le reste. Qu'est-ce à dire ?

Il est dramatiste. Là paraît l'unité de son existence vagabonde, l'explication des dix premières années de sa carrière théâtrale, et aussi le meilleur des autres. Là est le secret de cette fécondité des débuts, et la réhabilitation de Dumas longtemps après ces débuts. S'il appartient à la critique de démontrer que cette impétueuse variété qui suivit *Henri III* ne fut ni prodigue, ni aveugle, ni inexplicable, c'est un devoir de

---

[1]. La Fontaine, *Fables*, liv. IX, f. III. Cf. Avertissement de *Catherine Howard* : Sortie contre la critique et apologie de la fécondité de l'auteur, pp. 205-207.

réagir contre une erreur trop répandue, qui fait de Dumas, après 1840, un Pixérécourt énorme et copieux, un faiseur à la rencontre, faiseur de mélodrames et faiseur de romans, extrayant les uns comme une seconde mouture des autres. Il est dramatiste, plus que tout le reste. D'abord romantique effréné, c'est entendu ; mais cela par surcroît ou par mode. Ce qui prime tout en lui, c'est le sens du drame. Homme de théâtre par nature, il est l'homme du public. Qu'il ait fait aux affaires et à ses continuels embarras d'argent de fâcheuses concessions, et de son art métier et marchandise, et trop aisément, et trop souvent, d'accord. Mais le drame vit en lui : parmi toutes ses folies, c'est sa raison et sa raison d'être.

Or le public est devant lui, qu'il tâte, même après *Henri III*, même après *Antony*, même après *la Tour de Nesle*, et qui veut le drame et l'appelle de ses vœux unanimes mais confus. Dans les temps de révolution il est plus facile d'exalter ses goûts que de les définir. Le drame nouveau, qu'on acclame et qu'on aime d'abord, est sans doute celui qui peint les milieux, qui rapproche les époques et les distances, s'il est tiré de l'histoire, et qui dans les grands d'autrefois représente au vif l'homme d'aujourd'hui. Ç'a été l'originalité féconde d'*Henri III* de fixer ces aspirations. Mais le public de 1830, quoi qu'il en ait, est de race latine ; il porte en soi, malgré sa superbe toute neuve, des siècles d'humanisme et de tragédie innée. La Révolution s'est faite avec des citations de l'histoire romaine. Figaro lui-même, tout tribun et Espagnol qu'il affectât de paraître, en était entiché. J'ai fait voir les barrières brisées et la rupture avec le passé consommée dans *Henri III*. Il ne serait nullement impossible d'y relever la superstition contraire, l'admiration naïve des grandeurs de ce monde, l'ombre politique d'Auguste et l'âme ambitieuse d'Agrippine errantes parmi les scènes du drame. Dumas, homme des temps nouveaux, mais homme de la scène et du public, n'est pas indemne du ferment cornélien. Notez que les « jeune France » vont rompre des lances et arborer des pourpoints en faveur de *Hernani*, romance tragique en cinq actes et en vers.

De là les drames tragiques de Dumas, en vers et en cinq actes — et plusieurs tableaux, — qui n'ont de la tragédie que le préjugé, et qui inclinent toujours davantage vers le drame. Il les versifie pour la gloire, et, disons-le, par respect de la tradition. Il lui plaît de prouver à la foule et à lui-même qu'il est né poète et qu'il ne saurait déchoir qu'à bon escient. Hâtons-nous de reconnaître qu'il a réussi à propager cette illusion, puisque *Charles VII* figure au répertoire de la Comédie-Française à côté d'*Henri III*, — *la Tour de Nesle* et *Antony* étant réservés aux théâtres de la banlieue ou de la foire : tant il est vrai qu'un obscur instinct de tragédie se perpétue en nous. Un jour son illusion s'exaspéra jusqu'au délire : et ce fut *Don Juan de Marana* ; une autre fois, elle l'emporta vers l'archéologie : et de là vint *Caligula*. *L'Alchimiste* est un drame, avec quelques beaux vers. *Urbain Grandier* se résigne à la prose. C'en est fini des souvenirs de don Sanche et d'Hermione.

Je l'ai dit, Dumas n'a guère eu qu'une idée théorique : le « feuilleton » d'*Antony*. C'est son monologue de Figaro, à lui, de moindre portée que l'autre, mais qui, tout technique, soutint notre dramaturge plus longtemps. Là est la clef de voûte de son édifice, comme on disait alors. C'est le moment où il prend une claire conscience de son talent et de sa destinée. *Antony* est son drame le plus rempli (quoique le plus court), et par suite le plus fécond, s'il est vrai que

Dumas ne quitte point une veine qu'il ne l'ait épuisée. Pour repaître l'imagination de ses contemporains, il étale la passion, non pas celle qui s'analyse et se complaît en soi, et se suffit à soi-même, dont le jeu profond ou subtil est le régal des époques polies et des sociétés aristocratiques; mais l'autre, primesautière, indépendante, irresponsable, souveraine, la passion des adolescents et des forts, à qui rien ne résiste dans les effusions du rêve. De celle-ci le public de 1830 est avide. Lorsqu'Antony fait son entrée chez la vicomtesse sous les traits de Bocage, tendre et fatal, pâle et cravachant, c'est dans la salle un délire, des sanglots, des pleurs, des cris. Avec lui apparaît l'amour moderne, tel au moins que l'imaginent les cerveaux « incandescents » et la « jeunesse volcanique [1] ». C'est un incendie général des cœurs, ou mieux, de toutes les jeunes têtes. Les convoitises intellectuelles et autres avaient enfin trouvé leur substance dans cette passion brûlante, mais agissante. L'individualisme anonyme de ce public en frémit. Action, passion, double idéal d'une époque à qui le repos bourgeois pèse, en fantaisie du moins. Et comme cette fantaisie de 1830 est à la fois populaire, fataliste, et tout imbue de la légende, si elle rapetisse volontiers les grands hommes dans le drame historique, elle agrandit plus volontiers encore les petites causes des effets qu'elle tient pour considérables, dans le drame moderne [2]. Les atomes deviennent des mondes dans l'ordre sentimental. On aime à suivre sur le théâtre la puissance du Hasard qui mène les individus. Car désormais « le détail le

---

1. Voir Théophile Gautier. *Histoire du Romantisme. La reprise d'Antony*, pp. 167, 168.
2. Voir plus haut, p. 124. Cf. *Ruy Blas*, III, sc. III, p. 164.

> Mais où donc avez-vous appris toutes ces choses ?
> D'où vient que vous savez *les effets et les causes* ?

plus petit a son importance, parce que le plus petit prend sa part dans ce grand tout qu'on appelle la vie¹ ». Cela encore est le rêve d'une société neuve qui s'élance, en pensée, éperdument, à la conquête de l'avenir : philosophie démocratique du vaudeville ou du drame, selon le tour des événements². Action, passion, hasard, et par suite

> Aujourd'hui dans le trône et demain dans la boue³,

c'est la fable dramatique d'Antony et de Buridan.

Mise sur la scène, cette conception se concilie malaisément avec la science historique. Remarquez que Dumas ne recommencera jamais *Henri III et sa Cour*, et ne se risquera plus à serrer l'histoire d'aussi près. Il aboutit très vite au drame qu'il dénomme plaisamment « extra-historique⁴ », et qui n'emprunte du passé que la couleur et des noms. *Catherine Howard* est à l'histoire ce que *Monte-Cristo* est à la réalité. L'un et l'autre furent chers au peuple, étant inventés d'abondance pour lui. Tantôt, dans la fièvre de l'ouvrage, Dumas se contentera de multiplier les tableaux et de les relier par le fil ou la ficelle souterraine de l'intrigue, et il exécutera *la Jeunesse des Mousquetaires*, galerie panoramique et *drame-roman*. Tantôt il s'attachera davantage à l'intérêt passionnel, et il écrira *la Reine Margot* ou *la Dame de Montsoreau*, drames historiques par à peu près, mais populaires excellemment. Une fois, il lui arrive de si adroitement ajuster aux noms, costumes, mœurs, tableaux du passé l'âme de la foule, qu'il crée le type définitif du drame de cape

---

1. *Mes mémoires*, t. II, ch. LVIII, p. 294.
2. Voir notre *Théâtre d'hier. Introduction*, § II. *Scribe et le vaudeville*, p. xv.
3. *Polyeucte*, IV, sc. III.
4. Avertissement de *Catherine Howard*, p. 207.

et d'épée, consacrant par le génie aventurier de Buridan l'épopée napoléonienne.

Et voilà donc l'unité de cette dramaturgie féconde. Buridan n'est pas plus éloigné d'Antony, que Catilina de Richard Darlington. A l'imagination publique Dumas donne en pâture, sous les couleurs de l'histoire ou dans le cadre des mœurs modernes, la même passion instinctive, fougueuse, et cérébrale plutôt qu'idéale, mais en acte, et dans un déchaînement tout à fait conforme aux désirs d'une société jeune et encore grisée des quarante années qu'elle vient de franchir. Antony, c'est Buridan, et Buridan, c'est Antony. Le type se fond, et la permanence en est bien populaire. Le jour où Dumas les a jetés sur le théâtre dans le mouvement du drame, le public a frissonné : ces hommes étaient les abrégés vivants et vibrants de l'ivresse de sentir et de vivre.

Pendant dix années et davantage, l'auteur exprimera de ce type tout ce qu'il contient, les mobiles principaux de l'individualisme moderne : l'ambition politique (*Richard Darlington*) ; l'amour égoïste (*Teresa*) ; l'intrigant, le bel ami des femmes (*Angèle*) ; l'artiste dans la société bourgeoise (*Kean*), sans compter *Halifax*, un Figaro doublé de Cartouche, un scélérat plein d'esprit, enfermé dans une comédie de genre, figure intermédiaire entre Figaro et Vernouillet. En sorte que personnages historiques et modernes se touchent et se complètent, et sont véritablement frères. Cette fécondité de Dumas n'est plus tout à fait aussi miraculeuse, ni son œuvre aussi confuse en sa variété. Dirai-je que les Antonys et les d'Alvimar sont d'ailleurs infiniment plus variés que les Buridans ? L'invention y est plus directement soumise au contrôle de la réalité, de la vie et des mœurs contemporaines. Au contraire, dans ses drames historiques ou d'aventures, Dumas dessinera de plus en plus un héros uniforme et peu complexe, bien campé, l'œil vif, le verbe haut, la dague rapide, beau cavalier fidèle à sa dame, un composé de d'Artagnan et du brave Bussy. Paul Jones et d'autres sont sur ce modèle; et nous verrons ce qu'est devenu dans le drame le vrai chevalier de Maison-Rouge. Ces figures se cristallisent à mesure qu'elles deviennent plus populaires, au lieu que celles des pièces « en habit » se précisent et s'achèvent, toutes les fois que l'auteur fait effort et œuvre d'art. A partir de 1842, ces efforts sont plus rares, sans être négligeables.

Surtout le drame moderne de Dumas se transforme avec le public. L'état de l'âme française en 1849 n'est plus celui de 1830. Les temps approchent, où le souffle desséchant du positivisme va s'étendre sur notre bourgeoisie. Dumas n'est plus l'homme de ces temps; mais il est toujours l'homme du drame. Il a le sentiment que l'imagination est en train de céder à la logique, à la mathématique, à la loi. On trouvera cette préoccupation, enveloppée de quelque verbiage métaphysique, dans la préface qui annonce *le Comte Hermann*[1]. Et l'on y distinguera, à travers des velléités de prédication sociale, la ferme volonté de se renouveler dans le sens de la « foule[2] ». « ... Les passions ne seront plus les mêmes, dit-il, parce que l'âge où j'écris est différent... parce que j'ai passé à travers ces passions que j'ai décrites, parce que j'en ai mesuré le vide, parce que j'en ai sondé la folie, parce qu'à cette heure enfin je vois la vie de l'autre côté de l'horizon[3]. » La France aussi touche aux antipodes. Demain elle aura franchi la première moitié du siècle, dont l'aurore est déjà lointaine et la légende reléguée. La fantaisie se calme,

---

1. Préface de *le Comte Hermann* (Th., XVI), p. 199.
2. *Ibid.*, p. 198. « Il sait que cette foule..., etc. »
3. *Ibid.*, pp. 198, 199.

les rêves éteints. L'individualisme exaspéré commence à porter ses fruits. Il n'y aura bientôt plus d'égalité que dans le texte aride de la loi, terme logique, et non plus fatal, où échouent ces grandes passions hautaines et vaines d'il y a vingt ans. Alors, Dumas écrit *le Comte Hermann*, à la veille de ces changements; au lendemain d'un ébranlement plus décisif encore, son fils écrira *la Femme de Claude*, comme par une inspiration héréditaire. Jusqu'en 1869, — je ne parle ici que des œuvres où il dépose sa foi d'artiste, — le vieux Dumas se prend de plus en plus au drame moderne, se guide sur les idées ambiantes, toujours imaginatif, toujours populaire, mais non plus tout à fait comme autrefois. Il resserre vigoureusement l'intrigue dans *le Marbrier*; il adapte de l'allemand *la Conscience*, drame de famille et de mœurs bourgeoises; avec *Madame de Chamblay* il entre dans le vif des mœurs nouvelles, et il semble que l'on s'achemine vers le théâtre à la fois réaliste et fantaisiste de *l'Étrangère*.

Qu'il subisse, tout à la fin, l'influence de son fils, cela n'est pas douteux; qu'il exerce sur lui une action considérable, nous aurons à l'établir. Partir d'*Henri III et sa Cour* pour aboutir à *Madame de Chamblay*, quelle carrière pour un dramatiste, dont le drame fut toujours le génie, la popularité, et la véritable destinée! Ainsi s'explique sa déconcertante fécondité du début; ainsi l'on arrive à une appréciation plus juste de ses œuvres de l'âge mûr et de la vieillesse. Et l'unité de l'ensemble apparaît, éclatante, dans *Antony*.

CHAPITRE VI

DRAMES TRAGIQUES.

I

CHRISTINE OU STOCKHOLM, FONTAINEBLEAU ET ROME.

(Manuscrit original de l'acte V.)

« Qu'est-ce que cela? — Mais une carpe; c'est une façon que nous donnons au poisson pour le déguiser[1]. » On ne saurait mieux définir les drames tragiques de Dumas. Il convient d'ajouter seulement que ce n'est pas la tragédie qu'il déguise en ses drames, mais le drame en ses tragédies. C'est pourquoi il est au rebours de Voltaire, qu'il ne goûte point[2]. L'usage qui

---

1. *La Dame de Monsoreau* (Th., XXIII), III, tabl. v, sc. vii, p. 213.
2. *Mes mémoires*, t. V, ch. cxxxiii, p. 291. Cf. *Souvenirs dramatiques*, t. I. Mon odyssée à la Comédie-Française, § vi, p. 210. Cf. *Ibid.*, t. II. L'*Œdipe* de Voltaire et l'*Œdipe* de Sophocle, p. 1. « Je n'aime pas Voltaire, je l'avoue... » C'est d'ailleurs un mot d'ordre. Cf. les propos que Dumas prête à Victor Hugo, *ibid.* Les auteurs au Conseil d'État, pp. 193-194 : « Je range les tragédies de Voltaire parmi les œuvres les plus informes que l'esprit humain ait jamais produites ». Plus jeune, il est moins

est fait de l'œuvre de Shakespeare en ce théâtre est beaucoup trop mesuré pour lui plaire; et le discours, qui y tient tant de place, est en dehors de ses facultés et de ses moyens. Son maître tragique s'appelle Corneille, quand celui-ci, en quête de nouveauté, penche vers le mélodrame. Mais c'est un maître pour l'honneur. Dumas est plus moderne, en son fond de nature. Le drame tragique, tel qu'il l'a conçu, est un genre hybride et faux. Trilogie ou tragédie, *Christine* ou *Charles VII*, ou *Caligula*, le contresens inhérent à cette conception n'en saurait être éliminé. « On peut imprimer sur l'affiche, disait Alfred de Musset, que c'est une tragédie; mais pour le faire croire, c'est autre chose... [1] »

Au théâtre comme dans tous les arts, le choix de la forme entraîne tout le reste. Dumas, faisant une pièce en vers, se mettait nécessairement sous la tutelle de la tragédie. Quand il écrira *Charles VII*, après *Antony*, il semblera qu'il travaille sous les bustes de Corneille et de Racine encore à demi cornélien, tant il les imite de près ou s'efforce à les imiter. Cette *Christine* même, trilogie dramatique en cinq actes, avec prologue et épilogue, fut d'abord toute classique en sa composition première, « classique à la manière de Legouvé, de Chénier et de Luce de Lancival [2] ». Dumas au moins en fait foi. Les événements se déroulaient à Fontai-

---

intransigeant. Il fait dire à Napoléon (*Napoléon Bonaparte*, III, tabl. v, sc. ii, p. 54) : « Voyez-vous, tout le théâtre de Voltaire est un système, dont 93 est la dernière pièce ». Cf. Madame de Staël, *De l'Allemagne*, t. II, ch. xv, pp. 7, 10, 15, où l'éloge, malgré le retour actuel de sympathie pour le théâtre de Voltaire, nous paraît tout de même excessif.

1. A. de Musset, *Mélange de litt. et de crit.*, p. 321. (Bibl. Charpentier, 1894.)

2. *Souvenirs dramatiques*, t. I. Mon odyssée à la Comédie-Française, § ii, p. 189.

nebleau, selon les unités de temps, de lieu et d'action recommandées par Boileau. Le rôle de Paula n'y avait pas encore paru. Et sans doute il importerait peu de savoir ce qu'était cette œuvre primitive, qui ne fut jamais représentée, si les confidences de l'auteur ne faisaient voir à plein la contradiction fondamentale de ces drames tragiques, classiques par la force de la tradition et malaisément révolutionnaires. Ces romantiques, en vérité, étaient plus bruyants que clairvoyants. Dumas surtout, avec son instruction de hasard, est fasciné par la pièce en vers, parce qu'évidemment cela est plus distingué, comme dit l'autre. Il se flatte de voisiner avec les maîtres. Emporté dans le courant de l'esprit et de l'imagination populaires, il ne se rend pas compte qu'affrontant la tragédie il contrarie sa veine et son talent.

Il fait des vers, et dans sa joie laborieuse il ne s'avise point qu'empruntant la forme et le cadre de la tragédie il abâtardit le drame. L'une éloigne les personnages dans le temps et dans l'espace; et, dans ce recul propice aux généralisations, elle en fait des types universels et presque toujours plus grands que nature. L'autre est d'inspiration plus démocratique, il rapproche les hommes et les temps passés et les met à notre niveau [1]. Par suite, l'une peint des caractères et des passions, et ne se sert des événements que pour la clarté de ses peintures; et l'on pourrait dire, sans trop exagérer, que chaque pièce de Corneille est une théorie de la volonté, et de Racine un traité de l'amour. L'autre, né après les événements les plus considérables qui aient étonné le monde depuis nombre de siècles, œuvre de l'imagination d'un peuple qui brûle

---

1. Voir prologue de *Christine*, p. 203.
    Vous ne me trompez pas? C'est elle que voilà?
    — Qu'en dis-tu? — Je la crus plus grande que cela.

encore d'agir, et que hantent les grands desseins, est tout mouvement, tout péripéties, tout action et effort de l'*individu* déchaîné plus encore que libre; la passion même y est singulière, tyrannique, et toujours un peu frénétique, ou du moins affecte de l'être; elle s'impose, s'affranchit, s'évertue, trop impatiente, et de qualité intellectuelle trop médiocre pour se complaire aux délices ou aux profondeurs de l'analyse. Et Dumas, comme tous les romantiques d'ailleurs, mais lui surtout, qui est plus dramatiste, ne voit point le contresens de mêler ceci à cela. Il en sent du moins la difficulté dans l'exécution. Qu'importent unités, règles, conventions, vaines étiquettes à l'usage des révolutions de préfaces? C'est à l'œuvre qu'on voit l'erreur de l'ouvrier. On peut briser moules et barrières; on ne supprime pas l'essence même des choses; on ne confond pas impunément tragédie et drame.

Christine est une œuvre écolière, ainsi que *Cromwell*, avec des scènes qui promettent autre chose que *Cromwell* et *Christine*. Elle abonde en imitations, mais non pas sensiblement plus qu'*Henri III*. Le style poétique est inégal, et l'auteur en a reconnu l'insuffisance, peut-être avec excès [1]. Il trahit plus d'embarras que de faiblesse, pauvre par la syntaxe, mais non par la faculté d'expression. Ce n'est pas l'écrivain qui fait tort à *Christine*. Déjà il possède l'allure, le pittoresque, la sensibilité, et un certain don d'objectiver les sensations. Il n'est d'ailleurs plus à son coup d'essai, ayant publié nombre de vers en des recueils aujourd'hui oubliés [2], et traduit *Fiesque de Lavagna*. La phrase poétique est parfois incorrecte; elle sera toujours un peu raide et fruste entre ses mains. Il a plus

---

1. *Mes mémoires*, t. VI, ch. cxxxvi, p. 24.
2. Voir Charles Glinel, *op. cit.*, passim. Celui de ces recueils auquel il donna le plus de vers était *la Psyché*.

d'intention que de réussite, avec de beaux morceaux de couleur et de drame. Mais il manque de cette culture humaniste, sans laquelle il n'y a point de tragédie.

Il conte qu'après la première représentation de *Christine*, Hugo et de Vigny s'enfermèrent dans un cabinet pour modifier ou supprimer une centaine de vers « empoignés [1] ». La copie du souffleur, sur laquelle ils ont dû opérer, n'est ni aux archives de l'Odéon, ni à la Comédie-Française, ni nulle part que je sache ; mais j'ai pu lire le manuscrit original de l'acte V, que Dumas fils avait retrouvé [2].

J'y note des choses supprimées dans la brochure. Un vers a sauté, que les éditeurs devront rétablir, sous peine de laisser subsister une seule rime masculine, quand il en faudrait deux.

> La nuit, seul en ce lieu, sans défense surpris,
> Oh ! qui me secourrait ? Qui viendrait à mes cris [3] ?

Cette lacune n'est du fait ni de l'auteur ni de ses deux poètes correcteurs. Mais voici une voix du tombeau qui a été singulièrement étranglée. Elle disait :

---

1. *Mes mémoires*, t. VI, ch. cxxxvi, p. 24. Pour toutes les tribulations de l'auteur à propos de *Christine*, dont la première version échoua par mégarde dans un ruisseau, et fut recopiée de mémoire par Dumas, pour l'opinion de Picard, l'intervention de Taylor, etc., etc., cf. *ibid.*, t. IV, ch. cix, pp. 281 sqq. T. V, ch. cxiv, pp. 24 sqq. Ch. cxvii, pp. 76, 77. Ch. cxxxiii, p. 292. Pour la censure, voir *ibid.*, t. VI, ch. cxxxvi, p. 2 sqq., et pour la première représentation, ch. cxxxvi, pp. 23 sqq. Cf. *Souvenirs dramat.*, t. I, pp. 188 sqq.

2. C'est celui de la seconde version de *Christine*. Cf. *Mes mémoires*, t. V, ch. cxxxiii, p. 286, et t. VI, ch. cxxxvi, p. 25. Il se termine par ces mots : « Fin du 4ᵉ (pour cinquième) acte, 26 avril 1830. À mon ami Comte. Alex. Dumas. » C'est un cahier de papier à écolier, comme celui d'*Antony*.

3. Manuscrit original. Cf. *Christine*, V, sc. i, p. 276, vers 18. Cf. vers demeuré incomplet par suite d'une coupure fâcheuse dans *Caligula* (Th., VI), prologue, sc. vii, p. 24. « De l'or... »

> Et j'entends une voix qui me dit : « Tu mourras! »...
> C'est la voix du tombeau constante et douloureuse...
> Qu'au cœur du condamné cette voix est affreuse,
> Et, quand au moindre bruit, moi, je me sens frémir,
> Il est des condamnés que l'on a vus dormir!
> Dormir! Je vais déjà ! . . . .

Et elle dit seulement :

> Et j'entends une voix qui me dit : « Tu mourras! »
> Mourir? Je vais déjà. . . . .

L'adieu de Monaldeschi aux champs paternels, vague réminiscence de celui de *la Pucelle d'Orléans*, a été fort restreint. Il s'espaçait d'abord en vers de complainte :

> *Italie! Italie! En tes heureux climats*
> *Toujours le ciel est pur et le sol sans frimas,*
> . . . .
> *Tout est là; chaque objet me rend sa douce image,*
> *C'est un astre, une fleur, un buisson, un feuillage* ²...

Plus loin huit autres sont coupés, assez maladroitement : car la coupure obscurcit le texte. Monaldeschi, suppliant Christine, s'écriait longuement :

> . . . .
> *Eh bien, j'ai mérité la mort la plus affreuse...*
> *Mais votre âme pour moi toujours si généreuse*
> *Doit comprendre que l'homme en de certains moments*
> *Ne saurait résister à ses égarements.*
> *Il cède à son destin qui malgré lui l'entraîne.*
> *Il est coupable alors sans mériter de peine.*
> *Il peut fléchir encor le cœur qu'il a blessé.*
> *Oh! je l'avais bien dit, je suis un insensé!*
> *Je suis un malheureux* ³. . . . .

1. Manuscrit original. Cf. *Christine*, V, sc. I, p. 276, vers 3.
2. Manuscrit original. Cf. *Christine*, ibid., p. 277, vers 4 sqq. Ces quatre vers encadraient les cinq qui restent : « Champs paternels... » jusqu'à « Dieu!... Que faisiez-vous là? »
3. Manuscrit original. Cf. *Christine*, V, sc. VI, p. 285, vers 16. La coupure fait tort au sens. « Oh! je suis insensé... Je suis un malheureux, etc. »

Puis aux quatre vers qui s'adressent au père Lebel, Christine ajoutait :

> Avez-vous tout dit ?

Et Monaldeschi de répondre :

> Non, madame, pas encore [1].

Cet hémistiche malencontreux, qui trahissait le vide de cette scène déclamatoire, a été modifié tant bien que mal :

> Je n'ai pas tout dit ! Non, madame ! Oh ! pas encore !

Il y avait d'autres indices du bavardage de ce drame tragique. Lorsque Sentinelli vient se saisir de Monaldeschi pour le mener à la mort, celui-ci réclame un répit pour écrire à sa mère. Le mot : *mère* contient à peu près autant d'émotions et de larmes à l'époque romantique que le vocable : *nature* au temps de La Chaussée. Je cite le texte du manuscrit :

> C'est juste et d'un bon fils.
> — Quelle douleur amère,
> Alors qu'elle saura que, loin d'elle puni,
> Son fils sans la revoir est mort !
> — As-tu fini [2] ?

A la fin de la scène VI, un couplet a été amélioré, qui bravait le ridicule ; voici comment s'exprimait cette reine éperdue :

> Si je reviens m'asseoir reine au milieu des rois,
> J'ai bien peur de chercher parfois d'un ŒIL AVIDE
> La place où vous étiez, et la RETROUVANT VIDE
> DE SOUPIRER ; alors je vous rappellerai [3].

---

1. Manuscrit original. Cf. *Christine*, V, sc. VI, p. 285, vers 25.
2. Manuscrit original. Cf. *Christine*, V, sc. IV, p. 281, vers 19. Dans la brochure : « Est-ce fini ? »
3. Manuscrit original. Cf. *Christine*, V, sc. VI, p. 287, vers 18 sqq.

> Si je reviens m'asseoir reine au milieu des rois,
> Parmi ces courtisans empressés sur ma trace,
> Mon œil avidement cherchera votre place,
> Et la première alors je vous rappellerai.

Banalité d'expression : « l'œil avide »; embarras de syntaxe : « et la retrouvant vide de soupirer » : le pire Dumas était là, concentré. Il y était pareillement, quatre vers plus loin, avec son manque de tact et ses truculentes délicatesses, en ce fragment de dialogue introuvable dans la brochure :

> Et vous, que ferez-vous d'ici là?
> — J'attendrai.
> — *Mais fidèle à la foi que vous m'avez jurée,*
> *Sans qu'aucune autre femme...*
> — Oh! vous m'êtes sacrée!
> — *Qu'ainsi soit donc, marquis, et quand vous reviendrez,*
> *Peut-être de l'exil vous vous applaudirez* [1].
> *Mais je garde quelqu'un.........*

Il n'est pas impossible que de Vigny et Hugo aient rayé ce morceau, épargnant aux lèvres de Christine ces niaiseries échauffées. Ils auraient pu biffer d'un large trait de plume d'autres beautés de cet ordre. Il en reste dans ce cinquième acte, et dans les précédents [2]. Néanmoins toutes ces maladresses ou défaillances ne font pas que les vers aient tué la pièce.

La vérité est qu'en poésie Dumas a deux styles, l'un déclamatoire et vide, et souvent incorrect, qui est la plus plate imitation de la tragédie, et un autre vigoureux par la couleur, le relief, la sensibilité, et singulièrement expressif, lorsqu'il attrape la scène dra-

---

1. Manuscrit original. Cf. *Christine*, V, sc. VI, p. 287, vers 22.
2. L'entrée d'un médecin, Borri, à la fin de la scène VI, a été supprimée. Il disait :

> Madame, si mon art m'est aujourd'hui fidèle,
> J'en réponds... Ah! du bruit........

Ce bout de rôle, qui n'était pas d'un effet saisissant, était amené par ce vers de Christine :

> Qu'on appelle Borri; qu'il vienne à l'instant même.

Borri reparaît dans l'*Epilogue*, sc. I, pp. 292 sqq.

matique, quand il agit, au lieu de développer, dans le feu du drame. Tragique, analyste et appliqué, il écrit :

> . . . . . Oui, si j'avais vu dans l'*Andalousie*
> Tes yeux *noirs* à travers la *verte* jalousie [1],

ou encore :

> Je grandis vite, car avec son bras puissant
> La gloire paternelle était là me berçant;
> *Je grandis vite, dis-je* [2]. . . . .

Il coud ses développements et ses images : il raccorde, comme il peut, ses phrases; il est solennel, emphatique à la bourgeoise :

> A tous salut! Qui donc peut ici, s'il vous plaît,
> Me dire d'entre vous, messieurs, l'heure qu'il est [3]?

Sa mémoire est pleine de centons de Corneille et de Racine, qu'il accommode. Mais lisez les scènes dramatiques et notamment la deuxième du cinquième acte, où Paula apporte à Monaldeschi le poison libérateur : vous y trouverez encore quelques gaucheries, mais de belles tirades brûlantes, ramassées, pathétiques, et de quelle allure [4]!

Christine est médiocre, parce qu'elle est artificielle. Dumas avait d'abord écrit une tragédie, à laquelle il soude un drame. Ce sera toujours ainsi, même quand il ne s'y reprendra pas à deux fois. Le prologue et l'épilogue sont rapportés, l'un pour mettre en scène

---

1. *Christine*, II, sc. IV, p. 229.
2. *Christine*, II, sc. VI, p. 233.
3. *Christine*, III, sc. III, p. 244. On se rappelle le vers d'Émile Augier :
> Permettez à vos pieds, madame, qu'on se jette.
4. *Christine*, V, sc. II, pp. 277 sqq.

Descartes, qui meurt avant le premier acte; l'autre pour symboliser sur le théâtre le remords en cheveux blancs. D'une part, couleur locale sans consistance, et de l'autre, philosophie de Pixérécourt, qui avait fort exploité la canitie du repentir. Au cours des cinq actes, Dumas est un révolutionnaire plutôt lent. Dans les deux premiers ce ne sont que souvenirs classiques ajustés d'une main novice aux réminiscences de Shakespeare, de Scott, de Gœthe et de Schiller; Cinna, Saint-Genest, Racine, Massillon, tout se mêle. Je cueille ces trois vers :

> Allons supplier Dieu que ce jour soit prospère :
> Dans son temple venez prier à deux genoux,
> Car Dieu seul est puissant. Vous, messieurs, suivez-nous [1].

Mademoiselle Mars, qui savait de mémoire les originaux, regimbait contre cette servile insurrection. Sous la broderie des vers d'emprunt, on assemble des lieux communs. Prenez une tirade au hasard : le métier de roi, de courtisan, l'âme de la foule entraînent toutes les considérations y afférentes [2]. Et l'on tient ces juxtapositions décousues d'une rhétorique fanée pour la moderne peinture des individus. On ajuste au monologue d'Auguste celui d'Hamlet, de Fiesque et de don Carlos [3]. Et l'on croit avoir fait revivre en Christine la femme et la reine. On prend pour poésie tragique le flux des tirades, le remous des mots, les paquets de développement déclamatoire. La scène du couronnement affecte la solennité de la délibération politique d'Auguste [4]; elle est pleine de vide. Paula se guide sur Hermione et

---

1. *Christine*, I, sc. II, p. 215. Cf. « Allons sur son tombeau consulter... » « Dieu seul est grand, mes frères. »
2. *Christine*, I, sc. III, p. 217. « Je t'aimais, oui, Paula », etc.
3. *Christine*, II, sc. II, pp. 225 sqq.
4. *Christine*, II, sc. VI, pp. 231 sqq.

se souvient vaguement des imprécations de Camille [1]. Elle est seulement plus prolixe, au petit bonheur. Nous voyons clairement, dans ces premiers actes, la façon dont Dumas entend la tragédie modernisée : c'est à savoir de grandes scènes à couplets, où il verse consciencieusement tout ce qui lui vient à l'esprit; rapt, vingt vers; — abandon, vingt vers; — Richelieu, quelque peu davantage; — Corneille, une quarantaine pour plaire à Hugo. Quand le filon du lieu commun s'épuise, on broche quelques hémistiches sur le décor, on en roule d'autres autour du mirliton de l'actualité; couleur locale, toujours, mais infiniment plus artistique aux yeux de Dumas que celle du drame populaire : elle est versifiée. Et, comme l'exercice est facile, cela lui donne envie.

De là l'acte III de *Christine*, à tableaux démontables : Christine et sa cour à Fontainebleau; la carte du Tendre; Corneille en *visite*.

  Corneille! — Inclinez-vous devant le vieux Romain [2].

On voit la suite. Monologue de Christine après la lecture du monologue d'Auguste. Reine et femme, emphatique et loquace, cette majesté déchue « rugit » compendieusement. Il faut croire que tous les chemins mènent à Rome, où la tragédie doit aboutir.

---

1. *Christine*, II, sc. VII, p. 237. Cette scène est surtout la paraphrase des vers de Racine :
  Tu ne revois en moi qu'une amante offensée..., etc.

2. *Christine*, III, sc. IV, p. 249.

3. *Lettres inédites à Mélanie W.* (Voir plus bas, pp. 287 sqq.) « Quelques mots entre deux vers de *Christine*, cher amour. Elle vient d'avoir une scène terrible avec Monaldeschi, et elle se repose pour se remettre...... *Allons, j'entends Christine qui grogne; et ses grogneries, tu le sais, ont un faux air du rugissement d'un lion.* »

Enfin le drame lui succède, dans les deux derniers actes. Après une dernière discussion entre Monaldeschi-Gormas et Diègue-Sentinelli [1], le cadre éclate, l'œuvre se redresse, la crise se noue, et Dumas, en dépit de Melpomène, suit son instinct. Enfin ces personnages discoureurs agissent et tendent vers un but. Ils ne deviennent pas des caractères; cependant l'action les transfigure. C'est le drame, avec quelques scènes encore imitées de Gœthe et de Schiller, mais d'autres originales et vigoureuses où l'auteur d'*Henri III* se retrouve. Et se retrouve ce mouvement ramassé, haletant, qui étreint le spectateur à la gorge. A la fin du quatrième acte, adieu la tragédie : c'est la lutte à mort. Le cinquième est court et enlevé d'une main hardie. La lâcheté même de Monaldeschi, on ne saurait nier qu'elle produise un effet saisissant. Si l'on objecte que l'auteur abuse de nos nerfs, je réponds que les délicats sont malheureux, mais qu'il est, lui, dans sa veine et dans le beau de son génie populaire. Les sentiments du peuple naissent de sensations vives. Quant au mot de la fin :

> Eh bien, j'en ai pitié, mon père, qu'on l'achève [2]!

celui qui l'a trouvé, pour son coup d'essai, est un maître homme de drame : il ne sera jamais en peine de conclure. Songez-y : ce vers qui clôt deux actes d'émotion poignante est encore un vers d'action. Que dis-je? Il est l'action suprême; il ébauche le geste décisif et meurtrier, beaucoup plus qu'il n'exprime un sentiment. Est-ce un vers de tragédie? Est-ce même un vers?

---

1. *Christine*, IV, sc. I, pp. 255 sqq.
2. *Christine*, V, sc. VII, p. 292.

II

« CHARLES VII CHEZ SES GRANDS VASSAUX. »

Tragédie en cinq actes.

(Manuscrit original.)

« Tragédie » signifie donc que l'ouvrage est rimé, et qu'on y a pris peine. On s'est surveillé. En élevant son genre, Dumas soigne son style. Son talent d'improvisation se plie au labeur de l'écriture. Tel est le sens premier du mot « tragédie », accolé aux cinq actes de *Charles VII*.

Le manuscrit original en est la preuve [1]. Le total des vers y est soigneusement noté en marge, à la fin des actes : 466-470-326-336-244. On remarquera qu'après le second, les autres sont plus courts, le dernier de près de la moitié. Ce n'est pas que l'auteur s'essouffle, mais au contraire qu'il s'anime. Le drame envahit la tragédie, comme dans *Christine*; mais l'exécution est plus sûre et d'un dramatiste qui, entre l'une et l'autre pièce, a écrit *Antony*. Il n'a pas remanié son œuvre; elle est venue telle. Hormis un seul passage, les corrections constatées dans la brochure portent sur des détails et révèlent des scrupules de forme, le travail du style poétique, et, — oui, vraiment, — une recherche du style noble.

Il a écrit dans le manuscrit :

Oh ! malédiction — sa *figure* est livide.

---

[1]. Ce manuscrit original appartenait à A. Dumas fils. Il se compose de 80 pages, papier à écolier grand format, relié et cartonné, d'une belle écriture, comme celui de *Fiesque*. On lit à la dernière page : « Fini le 12 août 1831 à Trouville. A. Dumas. » Cf. *Mes mémoires*, t. VIII, ch. ccviii, pp. 210 sqq.

Figure manque de distinction. On lit dans le texte définitif :

> Oh! malédiction! son *front* devient livide [1].

Quoiqu'il ait laissé subsister quelques barbarismes ou solécismes :

> . . . . . J'avais donc cru, dis-je, qu'*auparavant*
> D'ensevelir mes jours dans un tombeau vivant

ou encore :

>   Si son courage
> *Faillissait* [3]. . . . .

Nombre de taches ont disparu. Il avait dit d'abord :

> Est *prête* d'invoquer Satan. . . . .

il a corrigé ainsi :

> Est *tout près* d'invoquer Satan [4]. . . . .

Il a des délicatesses d'oreille :

> Quand de Maho*met même* il eut reçu ce droit...

est devenu :

> De Mahomet *lui-même* eût-il reçu ce droit [5]...

Il avait fait *Yaqoub* de trois syllabes :

> Yacoub, fils d'Assban, appartient à Messire...

la brochure a rétabli :

> Yacoub le Sarrazin appartient à Messire [6].

---

1. Manuscrit original, p. 79, vers 15. *Charles VII* (Th., II), V, sc. v, p. 314, vers 1.
2. *Charles VII*, IV, sc. vi, p. 294, vers 7 et 8. Voir Ferdinand Brunot, *Grammaire hist. de la langue française*, p. 583.
3. *Charles VII*, V, sc. iv, p. 312, vers 8.
4. Manuscrit original, p. 20, vers 16. *Charles VII*, II, sc. i, p. 250, dernier vers.
5. Manuscrit original, p. 12, vers 31. *Charles VII*, I, sc. iv, p. 243, dernier vers.
6. Manuscrit original, p. 5, vers 9. *Charles VII*, I, sc. ii, p. 235, vers 13.

Un vers faux lui était échappé :

> Mon père, l'œil en feu, la poitri*ne* halet*ante*...

qu'il a changé comme il suit :

> Mon père, l'œil en feu, la *gorge* halet*ante* [1].

Pendant toute sa vie, il s'est servi d'une orthographe indépendante, qu'il discipline ici, quand elle fait tort à la prosodie. Il modifie sans peine le premier jet incorrect.

> Vois quelle trace elle a laiss*é* dans sa mémoire [2]

devient :

> Vois quelle trace elle a laissée en sa mémoire.

J'ajoute que ses corrections, pour méritoires qu'elles soient, ne sont pas toutes aussi heureuses. On lit dans le manuscrit :

> Comte, dans ton manoir je suis venu sans suite
> Pour fuir un ennemi mortel, dont la *poursuite*
> Est, surtout à la cour, achar*née à* ton roi...

Le texte imprimé porte :

> Comte, dans ton manoir je suis venu sans suite
> Pour fuir un ennemi mortel, dont la *poursuite*
> Est, surtout à la cour, achar*né sur* ton roi [3]...

Le même texte donne ailleurs, dans le récit des souvenirs du désert :

> Je vois se dérouler sur l'ardente savane,
> Comme un serpent marbré, la longue caravane...
> D'avance du *repas* les endroits sont choisis.

---

1. Manuscrit original, p. 3, vers 1. *Charles VII*, I, sc. I, p. 233, vers 4.
2. Manuscrit original, p. 46, vers 14. Cf. *Charles VII*, III, sc. III, p. 277, vers 21.
3. Manuscrit original, p. 45, vers 14. — *Charles VII*, II, sc. VI, p. 266, vers 7 sqq.

Dumas avait été plus poète (et peut-être le typographe a-t-il ici mal lu) :

<blockquote>D'avance du *repos* les endroits sont choisis [1].</blockquote>

Mais ce sont des vétilles. En dehors des corrections qui dénotent un soin de perfection rare chez Dumas, je ne relève d'après le manuscrit original qu'une seule modification importante. C'est à la première entrevue d'Yaqoub et de Bérengère. Au moment où l'Arabe exalté se liait par serment à la volonté de la comtesse, celle-ci confessait son amour pour le comte.

<blockquote>
YAQOUB.

. . . .
Et nulle fuite au fer ne soustrairait sa tête,
Montât-il Al-Borack, le cheval du Prophète.
M'entendez-vous ?

BÉRENGÈRE.

Oui, mais pour moi tu ne peux rien,
Pauvre Yaqoub, car cet homme est ton maître et le mien.

YAQOUB.

Charles de Savoisy ?

BÉRENGÈRE.

Dieu qui lit dans mon âme
Sait s'il existe un cœur dans le sein d'une femme
Brûlant d'un feu plus pur, d'un amour plus constant
Que celui qui pour lui me brûle en cet instant.

(*Yaqoub s'éloigne.*)

Dieu sait encor s'il fut jamais de sa famille
Homme absent adoré par sa mère ou sa fille,
Dont la mère ou la fille, à l'heure du retour,
Attendissent la vue avec autant d'amour ;
Et cependant...

YAQOUB, se rapprochant.

Eh bien ?
</blockquote>

---

1. Manuscrit original, p. 10, vers 23. — Charles VII, I, sc. IV, p. 241, vers 29.

BÉRENGÈRE.

Eh bien, si tout à l'heure,
Le comte franchissant le seuil de sa demeure
Disait à haute voix : « Bérengère, es-tu là ? »
Je n'oserais, je crois, répondre : « Me voilà ».

YAQOUB, avec tristesse.

Si ce que vous avez dit est vrai, [ô] pauvre femme,
Rassemblez donc alors les forces de votre âme
Pour résister au comte ou lui crier merci,
Car ce moment approche et le comte est ici.

BÉRENGÈRE.

Ici ? non... non... Quelqu'un serait venu me dire [1]...

Ni les vers n'étaient sans accent ni le jeu de scène d'Yaqoub sans effet. Mais ce couplet faisait double emploi avec la confession de Bérengère au chapelain, dont le mouvement et les mots de valeur sont les mêmes comme aussi quelques rimes [2]. Mais surtout il était contraire à la vraisemblance : le moyen qu'Yaqoub résigne sa volonté entre les mains de Bérengère, si elle lui dit d'abord son amour pour son mari? De ces variantes je n'ai cité que l'important, ce qui tendait à montrer combien *Charles VII* est une pièce soignée et travaillée. « C'est que *Charles VII* est surtout une étude, écrivait l'auteur, une étude laborieusement faite, et non pas une œuvre primesautière [3]. »

Est-ce une tragédie ? Est-ce un drame ? Je ne soulève pas une question de scolastique ; car il est bien évident

1. Manuscrit original, p. 13, vers 4 — *Charles VII*, I, sc. IV, p. 244, vers 8. Dumas a fait le raccord à l'aide de deux vers et demi de dialogue coupé :

Yaqoub, que dites-vous ? — J'oubliais... ah! pardon !..
Qu'un autre défenseur était là. — Lequel donc ?
— Le comte — Ici ? — Le comte. — Et nul ne vient me dire...

2. Cf. *Charles VII*, II, sc. II, p. 254, vers 15. « Et depuis que ma main... », etc.

3. *Mes mémoires*, t. VIII, ch. CCVII, p. 204.

que, le drame et la tragédie étant deux conceptions de théâtre philosophiquement contraires, l'auteur qui coule un drame dans le moule tragique, malgré tout le talent qu'il peut avoir, fait une œuvre neutre, d'impression confuse et de demi-succès. Ce n'est pas tout que d'élever son genre; il faut l'élever dans la sphère et le sens qui lui sont propres. «.... J'ai donc pris les formes classiques, qui, pour cette fois, m'allaient, et j'ai *verrouillé* mes trois unités dans les dix pieds carrés de la chambre basse du comte Charles de Savoisy[1]. » Ici apparaît la naïveté littéraire du bon Dumas, qui s'imagine qu'une fois maître des trois unités, il est maître de la tragédie, et que, les eût-il véritablement observées, ces règles sont l'essence du genre, et non pas des passavants de composition, des conventions provisoires, mais nullement essentielles. Les meilleurs drames de ce siècle les ont respectées, ou à peu près. Dira-t-on que *Monsieur Alphonse* soit une tragédie? Et encore *Monsieur Alphonse*, par le petit nombre d'événements qui s'y déroulent et les péripéties psychologiques d'où découle l'émotion, est-il plus voisin de la tragédie que *Charles VII*.

La façon même dont Dumas prend le sujet, — tiré de *la Dame de Carouge* de Gérard de Nerval, s'il en faut croire Théophile Gautier, — l'éloigne du classicisme, bien qu'il emploie les « formes classiques ». — «... C'était l'histoire d'un captif, est-il dit dans l'*Histoire du romantisme*, un émir arabe ou sarrazin, ramené de Palestine par un baron croisé, et devenant amoureux de la châtelaine. *Le contraste de l'Islam et du Christianisme, de la tente nomade et du donjon féodal, de la froideur du nord et des passions ardentes du désert, de la férocité sauvage et de la chevalerie,*

---

1. *Préface de Charles VII*, p. 228.

exprimé en vers qui ne devaient manquer ni d'énergie ni de beauté ou tout au moins de facture,..... *nous semblait devoir prêter à quelques situations dramatiques.* Ce parut être l'opinion d'Alexandre Dumas, qui, cinq ou six ans plus tard, fit sur cette donnée, que Gérard lui avait sans doute communiquée, *Charles VII chez ses grands vassaux.* Seulement, chez nous, Yaqoub s'appelait Hafiz [1]. » A Dieu ne plaise que je reproche à Dumas d'avoir donné la vie à une œuvre mort-née ! Mais je note que Gautier, qui avait collaboré avec Gérard de Nerval, définit avec beaucoup de précision le sujet même de *Charles VII*; et de cette définition il appert que le contraste entre la tente nomade et le donjon féodal n'est guère une idée de tragédie, étant de fantaisie pure et pour le plaisir des yeux. Gautier conclut que la pièce ainsi conçue pouvait « prêter à quelques situations dramatiques ». C'est une vue plus juste que celles de la préface de *Charles VII*, où l'auteur étale la prétention de « faire une œuvre de style plutôt qu'un drame d'action », et de « mettre en scène plutôt des types que des hommes [2] ». Ce symbolisme des personnages, qui représentent l'un l'esclavage de l'Orient, l'autre la servitude de l'Occident, etc., etc. nous le connaissons pour l'avoir étudié dans la préface d'*Angelo*. Dans le dessein sans doute de mettre en scène des types plutôt que des individus, notre Dumas commence par serrer de près Corneille, Racine, Gœthe, Schiller, Walter Scott, Alfred de Musset, par s'inspirer du *Cid*, d'*Andromaque*, de *Gœtz de Berlichingen*, de *Fiesque*, de *Quentin Durward*, de *la Pucelle d'Orléans*, de *Guillaume Tell*. Quoi encore? J'allais oublier Alain Chartier, qui avait

---

1. Théophile Gautier, *Histoire du romantisme*, pp. 78-79.
2. Préface de *Charles VII*, p. 229.

inspiré Gérard de Nerval. C'est beaucoup pour une seule tragédie. Il y manque au moins l'*unité* d'origine.

On y chercherait vainement la souveraine raison qui est l'âme et la règle supérieure de l'art tragique, et dont l'imagination émancipée se plaît à déranger les nobles conceptions. Car enfin, il faut bien, une fois, établir une comparaison, puisque Dumas lui-même nous y oblige, et ne fût-ce que pour définir le drame tragique : *Charles VII chez ses grands vassaux*. Comparons donc, non pour classer, mais pour éclaircir.

L'auteur n'a pas voulu faire un drame d'action. Et qu'a-t-il voulu ? Quand on réfléchit attentivement sur sa pièce et sur l'explication qu'il en donne : « ... Le comte c'était la féodalité, le roi, la monarchie. Une idée morale planait sur le tout [1]... » — on s'avise que son idée morale n'est pas tout à fait celle qu'il dit, mais beaucoup plus véritablement une conception générale de la féodalité monarchique qui plane, en effet, sur cette œuvre, et lui imprime quelque grandeur et une certaine unité d'ensemble. Je reconnais volontiers, contrairement à l'avis de la plupart des critiques, que cette conception domine la pièce; que, par suite, l'action n'est pas double : le roi représente le principe et le comte en applique les conséquences. La France en est le protagoniste idéal, et il semble que nous ayons bien affaire à un drame national et populaire. Quand Dumas obéit à son instinct, il ne s'égare pas. Mais je songe du même coup à une tragédie, dont Rome est l'unique objet, l'âme et la vie, le patriotisme y étant la cause supérieure de toute émotion.

> Rome, l'unique objet de mon ressentiment,
> Rome, à qui vient ton bras d'immoler mon amant [2]...

---

[1]. Préface de *Charles VII*, p. 229.
[2]. *Horace*, IV, sc. v.

Qui ne voit l'analogie entre les deux sujets? Mais qui ne voit la différence fondamentale?

Dumas n'écrit pas un drame d'action. Qu'écrit-il donc? Dans *Horace*, l'amour de la patrie illumine le théâtre; les personnages et toutes les grandes scènes en reçoivent leur lumière. Le reste est relégué dans la coulisse, c'est-à-dire le drame militaire, qui se déroule dans la campagne de Rome. Que de beaux coups d'épée avant l'armistice! Que d'événements à représenter et à conduire! Quels tableaux que celui du tirage au sort et celui du serment! Et le duel, ce duel à trois contre trois, autrement pathétique que celui du *Cid*, puisqu'il s'agit ici, non plus d'intérêts particuliers, mais de Rome même : quel tableau, quelle situation dramatique et d'un effet assuré! — Mais Corneille écrit une tragédie; de tous ces événements, situations, péripéties, il ne nous représente que les effets sur les âmes; il ne met en scène que la crise domestique et psychologique. Il tue Camille, mais à la cantonade, et termine une *peinture du cœur humain*, œuvre d'analyse, par un cinquième acte de dissertations analytiques sur la valeur morale des sentiments que pendant quatre actes nous avons vus paraître. Voilà la tragédie, voilà l'unité rationnelle, la raison maîtresse de l'imagination dont elle triomphe jusque dans le sobre décor du théâtre; et voilà des types généraux, sinon symboliques, qui représentent, non pas la *tente du désert* ni le *donjon féodal*, mais des caractères et des sentiments universels; dont le contraste n'évoque pas une image ni des couleurs à notre fantaisie, mais le fonds même de la vie et de la nature humaine dans le feu de l'action *intérieure*. Parce que Dumas a *verrouillé sa pièce dans les trois unités*, il pense avoir écrit une tragédie. « *Cur non?*[1].... »

---

1. Épigraphe de la préface de *Charles VII*.

Cur non? Parce que, dramatiste populaire, il met en œuvre tout ce que l'auteur tragique a écarté. Il suit Corneille à contrepied. Il parle premièrement aux yeux. Il recherche les tableaux : la chasse, le désert, la confession, le jugement, et le reste. Charles VII fait son entrée, avec un faucon sur le poing, et en compagnie d'Agnès Sorel [1]. Traduisez : voici un roi sans énergie, qui s'abîme dans les plaisirs, pendant que la France est en proie à l'Anglais. On nous développera plus tard l'idée dogmatiquement, comme dans les manuels, et en vers, pour forcer notre entendement, qui est court. Ce n'est plus la raison analytique qui domine la pièce, mais l'imagination qui la soutient. On relie entre eux tous les événements qui peuvent d'une idée générale, telle que l'amour de la France féodale, traduire d'abord l'intelligence matérielle, pour ainsi dire, et imposer la perception sensible. Dumas, qui est né pour le théâtre, est doué de la logique nécessaire à contenir ces événements dans les limites d'une certaine unité de conduite. Mais, quoi qu'il dise et quoi qu'il fasse, cette unité et cette logique sont *en action dans une pièce d'action*; elles ne sont nullement intérieures, et tiennent surtout au mouvement qui se fait sur la scène; elles président au jeu visible du panorama, des événements, des péripéties plutôt qu'au jeu secret des caractères et des passions, qui éclatent ici en gestes et en actes, et dont nous n'apercevons que la vie apparente, la douleur physique, et les symptômes évidents. Et c'est bien là le drame, le bon grand drame populaire, qui a raison de cette tragédie à la fin du troisième acte.

Jusque-là les personnages sont, comme la pièce, régis par la fantaisie. C'est elle qui se plaît au con-

---

1. *Charles VII*, II, sc. v, p. 258.

traste des pigments de la peau, qu'elle prend pour des différences de caractères; qui se réjouit de mettre la tache blanche du burnous arabe dans l'ensemble sévère de ce manoir féodal; qui se grise des souvenirs de chasse et des rêves du désert; elle, toujours elle, qui pousse ce fils bronzé d'Asshan aux pieds de la femme pâle : Bérengère et Yaqoub, Yaqoub et Bérengère... Bérengère... Bérengère! L'oreille même en est enivrée, comme de je ne sais quelle mélodie lointaine, étrangère..... *Cur non?*

A présent, cet Yaqoub, qui joue le rôle d'un Oreste, dont le teint est emprunté de l'Hassan de *Fiesque* et la philosophie matérialiste du Maugrabin de Scott, je me demande quel homme il est, et si son désert n'est pas aux Batignolles. Je sais qu'il manie lestement le poignard, qu'il ne craint point la mort, et qu'il aime — à en mourir. Mais la plupart des hommes sont ainsi faits que la vie n'est rien au prix de leur amour; une fois libres de l'un, ils reprennent l'autre, retournent à leur désert, et ne meurent point. Il est un lion, souple en ses mouvements, prompt à l'attaque, et tranquille et pourléchant ses lèvres, l'ennemi une fois abattu. C'est le portrait d'un personnage propre à tenter l'œil d'un peintre; un caractère tragique, aucunement. Il rugit; ils rugissent tous : telle est leur manière d'exprimer leur passion.

Je n'abuserai pas contre Dumas, encore qu'il nous y convie, du parallèle entre le dénoûment de *Charles VII* et celui d'*Andromaque*.

Mais à quel point le rôle de Bérengère est au rebours d'un caractère tragique, il faut pourtant le faire paraître. Il y a juste un moment où la comtesse se trouve dans une belle situation, digne de Corneille : c'est la scène vi de l'acte IV. En une scène analogue, Pauline fut inoubliable. On sait quel art des transitions morales Corneille a déployé pour amener cette femme sensible et raisonnable à l'admirable révolte de son cœur déchiré, de son corps méprisé. C'est un tissu serré des plus intimes sentiments féminins, une science des teintes dégradées et des nuances les plus secrètes, pour mettre enfin le couplet le plus audacieux et vrai sur les lèvres de la plus honnête épouse :

> C'est donc là le dégoût qu'apporte l'hyménée ?
> Je te suis odieuse après m'être donnée [1] !

La lutte de Pauline est toute en dedans. L'héroïne pourrait dire ce couplet sans un mouvement, sans un geste : l'expression du sentiment ne saurait que gagner à la sobriété de la mimique. Or écoutez Bérengère :

> Peut-il, quelle que soit sa puissance suprême,
> Faire que *votre voix* ne m'ait pas dit : « *Je t'aime !* »
> Et que *de cette voix* l'accent encor vainqueur
> *Ne soit en ce moment tout vivant dans mon cœur ?*
> Pour me faire oublier *ce son, cette parole,*
> Je sais bien, s'il le veut, qu'il *peut me rendre folle,*
> *M'ôter le souvenir* ; mais il ne peut, je crois,
> Empêcher que ces mots n'aient été dits cent fois.
> Rappelez-vous ces mots, Charles, je vous supplie...
> Voyez : *à vos genoux, je pleure et m'humilie...*
> Oh ! ne détournez pas de moi votre regard.
> . . . .
> Pour chercher la pitié dans votre *cœur de pierre,*
> J'ai d'abord à mon aide appelé *la prière* ;
> Bientôt vous avez vu l'excès de mes douleurs
> *Éclater en sanglots et se répandre en pleurs* ;
> Puis enfin, je me suis, *la tête échevelée,*
> *Jetée à vos genoux, et je m'y suis roulée.*
> Que voulez-vous encor [2] ?. . . . . . .

Rien de plus. La forme classique du vers, les réminiscences de Corneille et de Racine ne font qu'accuser

---

1. *Polyeucte*, IV, sc. III.
2. *Charles VII*, IV, sc. VI, p. 297.

davantage la contrariété foncière qui sépare *Charles VII*, drame tragique, d'une tragédie.

Est-ce donc un drame médiocre? Je ne dis pas cela; mais une tragédie au-dessous du médiocre, assurément. A tout coup la formule classique y est faussée. C'est le développement hasardeux (comme dans *Christine*) de toutes les aubaines de l'imagination : descriptions, dissertations, parabases, morceaux de couleur ou de déclamation. Le comte fait la leçon à son roi, et lui reproche « la sueur du peuple »[1]. Il dit, il dit aussi, il dit encore; il n'en finit pas de dire[2]. Ruy Blas n'a qu'à bien se tenir, s'il veut dire mieux et plus longuement.

Mais si, au lieu de comparer Dumas à Corneille, je m'avise de songer à *la Pucelle d'Orléans* de Schiller, alors son œuvre me paraît vivante, scénique, historique; alors toutes les scènes, même les leçons d'histoire, même l'érudition de fraîche date, sont l'action même ou subordonnées à l'action. La crise est plus forte que le système. Dumas rattrape son talent. Il redevient lui-même; il s'empare du public, et le porte à la force des bras. Il peint à larges traits le départ de la chasse; la scène de bravoure est enlevée allègrement :

Montjoie et Saint-Denis! Charles à la rescousse ?[3]

A la fin de l'acte IV, il tend tous les ressorts de la machine.

Où vous retrouverai-je? — Ici, ce soir. — Ce soir[4]!

Il exécute, haut la main, la presque unique scène de

---

1. *Charles VII*, III, sc. IV, p. 280.
2. *Charles VII*, pp. 280 et 281.
3. *Charles VII*, IV, sc. IV, p. 292.
4. *Charles VII*, IV, sc. VI, p. 301.

l'acte V, imitée de Racine à la façon de Dumas. N'alléguons plus le maître tragique; réservons pour une heure de jouissance recueillie cette passion d'Hermione, harmonieuse, inexorable. La psychologie d'Yaqoub est à brusque détente; Bérengère s'égare. La crise éclate violente, brutale, désordonnée.....

Elle est admirable; elle est l'essence même du drame : couleur, action, passion, mouvement, vie. On ne saurait trop se répéter sur ce point. Pour la facture, pour le développement de la situation, aucun dramatiste de ce siècle, non pas même Dumas fils, n'a eu la main plus sûre ni plus précise. C'est au théâtre qu'il faut goûter cela. Il n'y a pas de raisonnement, de théorie, d'esthétique ni de goût qui tienne contre ce torrent d'émotion, qui jaillit, grossit, gronde et s'abat sur le cœur des hommes assemblés. Et si, après avoir entendu la scène, vous la lisez de près, vous y verrez de quel art ce génie improvisateur est capable, quand, oublieux des traditions et des formules, il n'écoute que son instinct de dramatiste populaire.

Tout ce que l'imagination conçoit des rêves d'Orient, tout ce qu'une voix de femme peut mettre d'inflexions et de caresses enveloppantes en l'expression de ces rêves, comme aussi tout ce que les lignes souples et félines d'une créature désirée, passionnée et presque chaste, peuvent promettre de voluptés brûlantes et inassouvies, tout ce délice, tout ce délire déborde dans la première partie. C'est un charme subtil et chaud qui se coule en nos veines, en nos cerveaux; Yaqoub se tord, en proie à ces affres d'enchantement.

Et cette goutte d'eau qu'il versa sur ma bouche !!

1. *Charles VII*, V, sc. II, p. 307.

Mais Yaqoub se reprend; la scène se retourne. Déjà rêves d'Orient, caresses de la voix, gestes souples et félins sont impuissants. Du réalisme le moins timide cette femme candide, mais jalouse, se fait une arme. Pour vaincre les scrupules de l'esclave, elle lui broie le cœur; elle lui dévoile le passé, les intimités conjugales; elle est d'une pathétique impudeur. Parmi ces peintures embrasées, se détachent les mots dramatiques, terribles et logiques, à double portée, à deux tranchants, les vers passionnés et d'une perfidie féminine, qui enfoncent, à même la chair, comme des clous sanglants.

> Mais tu ne comprends pas, toi, tu n'es pas jaloux [1]...

Ou encore :

> Lui vivant, il me reste un espoir de retour;
> Lui mort, je t'aimerai de tout cet autre amour [2].

Tant il y a que cette scène de drame, conçue d'après le modèle de la tragédie, se termine par le cri de victoire de la femme menaçante : « Enfin! » Au moment que Dumas croit atteindre à la pure forme classique, il se dégage malgré lui, de toute la vigueur de son tempérament athlétique, et se jette, tête baissée, dans les angoisses de la passion. Il élit Racine pour son maître; il aboutit au triomphe de la fantaisie et du réalisme sensuel. Mais, avec tout cela, il écrit une des plus fortes scènes que je connaisse, et des plus rigoureusement construites.

Charles VII n'a pas réussi du premier coup; partant, Dumas l'aimait peu. C'est sa meilleure pièce en vers; il n'a pas eu trop de ses dons pour exécuter cette

---

1. *Charles VII*, V, sc. 11, p. 310.
2. *Ibid.*

œuvre supérieure et médiocre. L'originalité en est discutable; l'impression en reste indécise. « Qu'on entasse critiques sur critiques, écrivait en 1863 M. Francisque Sarcey, je défie ceux mêmes qui sentiront le mieux les défauts du drame de n'être pas émus [1]. » Au vrai, ces défauts sont ceux d'une mauvaise tragédie.

III

AUTRES DRAMES TRAGIQUES.

Caligula.

Dumas était aux prises avec un genre faux; aussi le crut-il infiniment noble. Il y revint jusqu'à deux fois. Le 26 décembre 1837, il donnait au Théâtre-Français *Caligula*, qui fut sifflé [2], et le 10 avril 1839 à la Renaissance *l'Alchimiste*, qui n'eut aucun succès. *Christine*, *Charles VII*, *Caligula*, *l'Alchimiste*, représentations houleuses, douteuses ou malheureuses : tel est le bilan de ces œuvres à leur apparition. Elles renferment en elles-mêmes le germe fatal. Encore une fois, ce n'est pas que le style en soit aussi insuffisant qu'on a dit. On rencontre dans *l'Alchimiste* de fort beaux vers, solidement frappés. Même j'estime que là surtout Dumas eut la veine heureuse et qu'il n'en fit

---

1. Feuilleton dramatique de l'*Opinion nationale*, n° du 4 mai 1863.
2. *Souvenirs dramatiques*, t. I. Mon Odyssée à la Comédie-Française, § XIII, pp. 263 et 264. La Comédie-Française avait fait pour la pièce de gros sacrifices (voir Ch. Glinel, *op. cit.*, ch. V, pp. 347-348, lettre de M. Édouard Bergounioux), 5000 francs de prime à l'auteur, 3900 fr. de costumes et mise en scène, et l'engagement de mademoiselle Ida Ferrier, plus tard madame Dumas, pour une année. C'était payer cher la couleur du prologue. La pièce n'ayant pas réussi, Dumas fit frapper une médaille pour perpétuer le souvenir de la « première ».

nulle part ailleurs de plus imagés et sonores. Aussi bien, la période s'est assouplie; la structure en est moins heurtée; le mouvement plus aisé et continu que violent et brusque. Si le marivaudage y est parfois subtil et tortillé [1], l'esprit [2], la passion [3] y abondent, et la poésie n'en est pas absente. *L'Alchimiste* est donc plein de beaux vers; et il renferme des scènes absurdes, presque autant que *les Burgraves*.

Quand Dumas s'efforce à ces œuvres hybrides, il semble que son originalité en pâtit. Faute de ce don, il n'a pas pour se soutenir l'humanisme de Casimir Delavigne ou de Ponsard. De *l'Alchimiste* la critique n'a point à s'occuper, sinon pour noter au passage que Ben Johnson avait écrit une tragédie sous le même titre, que Dumas a sans doute travaillé d'après une traduction du *Fazio* de l'auteur anglais Milman, et qu'il a conservé ce nom au principal personnage. Ce qui ne l'empêche pas de refaire au galop la scène du poète de *Timon d'Athènes* [4], ni de se souvenir au besoin du bal de *Fiesque* [5], ni même au Ve acte de

---

1. *L'Alchimiste* (Th., VI), I, sc. IV, p. 219.

   Ces rubis, pour garder leurs reflets précieux,
   Madame, à votre front sont trop près de vos yeux.

   Cf. III, sc. IV, p. 252 et *toute la scène*.

2. *L'Alchimiste*, III, sc. I, p. 240. Joli couplet, très joli, sur le : *vous* et le : *tu*. Cf. III, sc. II, p. 244. Cf. II, sc. III, p. 231 : spirituel récit de Lelio, fort bien conduit. « La scène est en Espagne », etc. Ce rôle de Lelio est pimpant.

3. *L'Alchimiste*, V, sc. IX, pp. 285 sqq. C'est d'ailleurs le dénoûment de *Catherine Howard*. Exécution publique, torches, bannières de la Vierge : souvenirs, comme j'ai dit, du dénoûment de *Marie Stuart*. Et c'est pourquoi la scène ressemble un peu à la dernière de *Marino Faliero*. Rencontre de souvenirs.

4. *L'Alchimiste*, III, sc. III, pp. 246-247. Cf. *Timon d'Athènes*, I, sc. I.

5. Au IIIe acte, bal masqué. Cf. le I de *la Conjuration de Fiesque*.

mettre à profit *Marion de Lorme* [1]. Au reste, cette pièce, d'une fantaisie invraisemblable, n'est pas d'ensemble. Imaginez *Monte-Cristo* versifié, avec des prétentions à la grande tragédie. Le vers, disait Stendhal, n'est souvent qu'un cache-sottise. Il est manifeste que Dumas ne s'en doutait point en écrivant *l'Alchimiste*.

Il y a aussi de beaux vers, et spirituels, et pittoresques, et passionnés dans *Caligula*. Il y en a; je le répète pour les incrédules, moutons de Panurge, qui suivent aveuglément l'opinion commune. Destinée au cirque Franconi, cette pièce devint un drame tragique : le principal rôle était distribué à un cheval bien dressé [2]; de la haute école Dumas s'élève jusqu'au sublime de *Polyeucte* sans sourciller. Avec quelques couplets de facture on en faisait une opérette; avec quelques décors et quelques machines de plus, une féerie : l'auteur est homme de ressources. Par malheur, il n'avait qu'un moyen très imprévu de manquer son coup : d'une pièce de cirque il fit une tragédie.

Tout ce qu'il a pu glaner dans Suétone de détails pittoresques ou amusants, tout ce qui, ayant frappé son imagination, doit plaire aux yeux, y est ajusté avec bonhomie et traité avec esprit. Cela ne dépasse point les limites du drame populaire. Il veut atteler des chevaux au char de Caligula; il s'étonne que la Comédie-Française se refuse à cette exhibition et allègue que les maîtres tragiques n'amenaient point de chevaux sur la scène [3]. En effet, il s'est trompé de théâtre. Il nous

---

1. *L'Alchimiste*, V, sc. iv, p. 278. Le podestat met à la grâce de Fasio la même condition que Laffemas à celle de Didier. *Marion de Lorme*, III, sc. x, p. 268.

2. *Souvenirs dramatiques*, t. I. Mon Odyssée à la Comédie-Française, § xii, p. 252.

3. *Souvenirs dramatiques*, t. I. Mon Odysée à la Comédie Française, § xii, p. 260.

confie qu'il est allé étudier l'antiquité sur place, l'antiquité archéologique, historique, officielle, et *l'autre*. (*L'autre*, n'est-il pas admirable?) Il y paraît à la mise en scène. Nous voyons la boutique d'un barbier et la chambre à coucher de Caligula; nous voyons presque celle de Messaline. Tout ce qui concerne le spectacle, tout ce qui offre un intérêt de curiosité ou d'intimité alléchante, y est représenté avec adresse. Le drame tragique se rapproche de son origine, qui est le musée de Walter Scott, et déjà touche à sa fin, qui est la pièce à *restitutions archéologiques* de M. Victorien Sardou. Pour ce qui est d'une tragédie, même modernisée, et de l'art tragique en sa simplicité grande, même rajeuni, n'en parlons point.

Ne parlons pas davantage des idées de la Préface; il est entendu qu'elles ne sont pas dans la pièce. Ces romantiques se grisent d'avant-propos, comme leurs pères s'enivraient de proclamations. L'affiche même fait illusion : *Caligula* n'est qu'une pièce à décors, en vers, corsée d'un mélodrame très implexe. Le paganisme y est figuré par Messaline et Caligula; le christianisme par Stella et Aquila. Chéréa, le conspirateur, n'est autre que Fiesque. Polyeucte voisine avec Britannicus. Je note au IV° acte une scène de la « porte difficile » déjà vue dans *Henri III*[1]. Il est vrai, que, dans la même scène, Stella, qui pense avoir converti Aquila, éprouve que cette conversion inspire au néophyte de singuliers désirs. Et il est certain aussi qu'on regrette la plume subtile qui écrivit *l'Abbesse de Jouarre*. La mythologie se marie au christianisme et aux légendes provençales; les invraisemblances se confondent dans ce pêle-mêle. Ce ne sont que tableaux immenses, couplets sans fin, tapisseries de haute lisse,

---

1. *Caligula* (Th., VI), IV, sc. II, p. 96.

derrière lesquelles s'évanouissent des personnages fantastiques, qui ne font que paraître et disparaître.

Caligula s'endort [1]. Il est bien gardé. Messaline veille au pied du lit. Elle s'échappe. Claudius soulève la portière, puis Aquila, puis Junia, puis Cherea, Annius Sabinus, Rome entière, jusqu'au préfet Protogène, qui arrive le dernier, comme dans les opérettes. Décidément, l'empereur n'était point gardé du tout. Qui s'y pouvait attendre? Et c'est la beauté du dénoûment. Si vous aimez les anecdotes, on en a mis partout. Quel sermonneur nous promettait une tragédie de la Providence, la lutte entre le christianisme et le paganisme, quelque chose comme une tragédie sacrée, historique et moderne? Hormis le songe de Caligula [2], la légende de Marie-Madeleine [3], et certains échos affaiblis de Corneille, je ne trouve, pour satisfaire ma curiosité historique ou ma ferveur chrétienne, que quelques mots singulièrement adultérés par la forme du vers.

> Que vous ne craignez rien, *impassibles athlètes*,
> Si ce n'est que le ciel ne tombe sur vos têtes [4]...

ou encore :

> . . . . . Il te sera par un Dieu désarmé
> Beaucoup remis, ô femme, ayant beaucoup aimé [5].

On voit du reste que la veine de Dumas n'est pas en progrès. A mesure qu'il met plus haut ses visées, le drame tragique le trahit davantage. Il a trop de talent dramatique avec un génie trop expansif, pour illustrer ce genre, où des poètes de goût et qui ont le sens

---

1. *Caligula*, V, sc. vi sqq, pp. 11 sqq.
2. *Caligula*, II, sc. ii, p. 60.
3. *Caligula*, I, sc. i, pp. 40-41.
4. *Caligula*, I, sc. iv, p. 49.
5. *Caligula*, I, sc. ii, p. 43.

du théâtre peuvent réussir. Il n'est pas l'homme des demi-pièces ni des demi-teintes. A chaque changement de décor, j'attends l'entrée du héros protagoniste, du cheval consul, du cheval historique et tragique. On nous raconte, après coup, qu'Incitatus avait la cuisse cassée et qu'il a fallu l'abattre. — « Ah! diable! » soupire Dumas [1] ; — « Hélas! » comme il est dit au dénoûment de *Bérénice*, tragédie en vers.

1. *Souvenirs dramatiques*, t. I. Mon Odyssée à la Comédie Française, § XII, p. 253.

CHAPITRE VII

DRAMES HISTORIQUES.

I

LES ORIGINES.

Il ne faut pas demander au drame historique autre chose que ce qu'il pouvait donner. Historique il était par destination, populaire par définition. Après l'éclatant succès d'*Henri III*, on peut affirmer qu'instinctivement Dumas s'est résigné. Il mettra *Christine* sur la scène; il écrira *Charles VII*, l'une et l'autre en vers. Et du premier coup, dans *Napoléon*, il attrapera la facture de la pièce panoramique, découpée en tableaux, comme *la Barrière de Clichy*. On ne remarque pas assez que les grands drames historiques sont en minorité dans son œuvre; qu'après la fièvre de 1830 il n'y revient qu'assez tard, quand il fonde le *Théâtre-Historique* [1], où il donne d'ailleurs avec *la Reine Margot*,

---

1. A vrai dire, c'est en 1846 qu'il commence, avec *les Mousquetaires* et *une Fille du Régent*, à extraire de ses romans historiques des drames; mais il ne se reprend au genre même, avec suite, qu'à l'ouverture du Théâtre-Historique. Entre *Caligula* et *une Fille du Régent* neuf ans se sont écoulés.

le Chevalier de Maison-Rouge, *les Mousquetaires* et *Catilina*, etc., *Intrigue et Amour*, *Hamlet*, *Monte-Cristo*, (1ʳᵉ et 2ᵉ partie), *le Comte Hermann*, etc. Nous sommes loin des vastes desseins dont l'aphorisme d'Hamlet fut d'abord le mot d'ordre : « Ces hommes sont un abrégé de l'histoire de tous les temps [1] ». A quoi Mérimée, plus clairvoyant, répondait : « Je voudrais avoir le talent d'écrire une histoire de France, je ne ferais pas de contes [2] ».

Encore moins des drames. S'il est possible de représenter et d'animer sur notre théâtre l'histoire, telle que nous la concevons à présent, science exacte, critique, méthodique et philosophique, je n'oserais le décider. Aucune expérience, non pas même celles de Corneille et de Racine, encore moins de Voltaire, ne me paraît concluante. Mais pour le drame historique, tel qu'il fut conçu au début de ce siècle, et notamment par Dumas, je crois savoir qu'en penser à cette heure. Si l'on tient l'histoire pour scientifique, jamais dessein plus caduc ne se logea dans la pensée d'un homme.

Hâtons-nous de dire qu'au regard de Dumas comme de la plupart de ses contemporains, l'histoire est moins une science qu'une résurrection, ou, si l'on veut, une extension du moi populaire à travers les siècles, qui désormais lui appartiennent. Elle est telle que la veut l'imagination de la foule, et telle aussi qu'elle se flatte désormais de l'avoir faite. Elle est toute, ou peu s'en faut, dans les chroniques hautes en couleur, dans les mémoires où la vérité apparaît déshabillée, outrée, et en même temps rapetissée à notre commun niveau. Le moi de Dumas n'y disparaît pas toujours autant que

---

1. *Hamlet*, II, sc. II.
2. *Chronique du règne de Charles IX*, ch. VIII, p. 134.

Dumas le veut bien dire [1]. Mais il est vrai que son individualité est en partie absorbée dans la poussée de cette fantaisie populaire, anonyme et avide. Les idées y comptent pour peu ; l'imagination et la sensibilité y sont d'un autre poids. Le plus souvent, la légende s'y substitue glorieusement à la réalité des faits ; et la philosophie revêt une forme métaphorique et grandiose, qui est l'image même du peuple en mouvement à travers les siècles. Or, cette conception de l'histoire — couleur, imagination, sensibilité — très congruente au drame, l'est infiniment moins à la vérité historique.

Aussi Dumas, qui se réclame d'abord de Shakespeare, le patron plutôt que le maître des romantiques, prend-il son appui surtout sur Schiller et Walter Scott. L'analyse des mobiles intérieurs est trop subtile, pénétrante et philosophique chez l'auteur des *Henri* et de *Richard III*. Nous avons vu que les emprunts qu'il lui fait se réduisent à des moyens de théâtre, d'action, de traduction de la vie physique, extérieure et débordante, et que nous ne sommes aucunement assuré qu'il ait lu les drames historiques de celui qui lui révéla le drame.

Avec Schiller, c'est l'ardente individualité de Rousseau qui lui revient transformée pour la scène. Et c'est aussi le lyrisme, qui n'est pas contraire au drame, quand il se plie aux lois et au mouvement de la scène : Corneille le savait bien, qui écrivait les duos du *Cid*, d'*Horace*, ou de *Polyeucte*. Or ni en l'une ni en l'autre l'histoire ne trouve son compte ; ni Gœthe ni

---

1. « Au milieu de toutes ces recherches, de toutes ces investigations, de toutes ces nécessités, *le Moi disparaît*, je deviens un composé de Froissart, de Monstrelet, de Chastelain, de Commines, de Saulx-Tavannes, de Montluc, de l'Estoile, de Tallemant des Réaux et de Saint-Simon : ce que j'ai de talent se substitue à ce que j'ai d'individualité. » (*Mes mémoires*, t. VIII, ch. ccv, p. 172.)

Schiller ne se font d'illusions là-dessus. Victor Hugo était le seul qui s'en fît, écrivant *Angelo* ou *le Roi s'amuse*. Dumas avait pu lire, pour s'assurer contre de vains scrupules, dans l'*Appendice de la Conjuration de Fiesque*, au moment qu'il traduisait la pièce : « ... On s'attend peut-être à ce que je justifie les libertés que je me suis permises, dans ce *Fiesque* transformé, *contre la vérité historique*, et même contre ma première façon de la représenter... *Pour ce qui est de l'histoire, j'espère avoir bientôt réglé mon compte avec elle... Le Fiesque Génois n'a dû prêter à mon Fiesque que son nom et son masque; tout le reste, il le pouvait garder* [1]. » N'eût-il pas eu cette caution, il lui suffisait d'étudier *la Pucelle d'Orléans*, drame historique où le drame se moque de l'histoire, ou même de songer que l'anachronisme est un peu fort des utopies modernes que développe en présence de Philippe II le marquis de Posa, pour risquer sur de graves autorités le mot fameux, propre à réjouir le sagace Mérimée : « Henri VIII n'est que le clou auquel j'ai accroché mon tableau [2] ».

Il avait un autre garant plus populaire en France, et qu'il tenait pour le véritable successeur de Shakespeare, en 1830.

Walter Scott apportait à la curiosité du peuple Shakespeare dilué, délayé, traduit en décors, en images, en couleurs. Jamais homme ne vint plus à point. Jacques Bonhomme était tout prêt à s'intéresser à l'histoire, qu'il venait de renouveler pour son compte, mais à

---

1. *Théâtre de Schiller*, t. I. Avertissement de l'auteur de *Fiesque* au public, p. 358.
2. *Avertissement* qui précède *Catherine Howard*, t. IV, p. 207. Cf. *Mes mémoires*, t. VIII, ch. ccv, p. 172. « Au reste, je suis de l'avis de l'auteur (Alfred de Vigny); je ne crois pas qu'il soit bien nécessaire qu'une œuvre d'art ait toujours pour autorité *un parchemin par crime et un in-folio par passion.* »

celle qui entre d'abord en l'esprit par la fantaisie, et qui prolonge, dilate, exalte la personnalité. Walter Scott ne l'exalte pas, mais il la flatte par les yeux, il l'installe dans les coutumes, les costumes, les mobiliers, la vie pittoresque et familière des grands et des humbles d'autrefois. C'était beaucoup pour le théâtre. J'ai fait voir Pixérécourt s'engageant sur ces traces et Dumas s'y élançant à corps perdu.

Mais il recueillit la flamme dramatique d'un foyer bien français, pétillant et jaillissant, dont il s'est inspiré plus que de Shakespeare, plus que de Scott, plus que de Schiller même : c'est le monologue de Figaro [1]. Là est pour lui la source de vie; de là découlent ses drames historiques et autres. C'est l'âme de son théâtre. Et c'est la preuve incontestable de son génie.

La passion qu'apporte Figaro dans ses jugements sur les hommes et les choses n'était pas pour inspirer aux dramatistes beaucoup de scrupules à l'égard de l'histoire. Mais enfin, c'est la passion, la passion populaire, brûlante, sinon déjà libre, qui émane de la comédie de la veille et qui attise le drame du lendemain. J'ai peur que la critique littéraire n'y prenne plus assez garde. On se laisse séduire à la beauté logique d'un enchaînement naturel; on accorde à *la Brouette du vinaigrier* ou à *Pinto*, vague essai ou bien ouvrage de seconde main et de transition, une importance que peut-être n'ont-ils point. En matière de théâtre, c'est l'œuvre exécutée qui compte. L'œuvre féconde, mécanisme du vaudeville, âme du drame, dont Dumas a reçu l'impulsion et la technique, je ne la puis voir ailleurs que dans *le Mariage de Figaro*; — et, tout proche du dénoûment, comme un pont jeté sur l'avenir, j'aperçois le monologue, ce long monologue essentiel.

---

1. *Le Mariage de Figaro*, V, sc. III.

Car tout y est, en substance. C'est un abrégé du drame, sinon « de l'histoire de tous les temps [1] ». Figaro porte au front l'auréole de son énigme originelle. « Fils de je ne sais pas qui », il peut juger les grands avec indépendance, l'indépendance anonyme du peuple souverain. Qu'entend-on par le drame historique? L'histoire commence à cette progéniture de Figaro. Il n'y a plus ni maîtres, ni valets, mais des enfants du hasard, grands d'Espagne, si le destin l'avait voulu nés du moins avec du génie et des appétits comme s'ils étaient de toutes les Espagnes les plus grands. Tous s'engagent à l'envi en un tumultueux exode vers la puissance et la fortune. Le « tandis que moi, morbleu ! » modifie singulièrement l'optique de l'histoire au théâtre. A présent que la partie engagée par Figaro est gagnée, l'heure a sonné de mettre sur la scène les princes et les puissances de ce monde à leur juste niveau, qui est immédiatement au-dessus du parterre. « Noblesse, fortune, un rang, des places, cela rend si fier ! » Il paraît que l'histoire est remplie de ces fiertés-là, qu'il se fait temps de réduire. « Fils de je ne sais pas qui » et « tandis que moi, morbleu ! » sont les deux maximes fondamentales du théâtre nouveau, que l'histoire attire. Le drame historique, Dumas sent bien qu'il est une résurrection, mais dans le présent et pour les passions d'à présent. Il apparaît comme le commentaire pittoresque et scénique des vers du poète :

> Ont-ils rendu l'esprit, ce n'est plus que poussière
> Que cette majesté si pompeuse et si fière,
> Dont l'éclat orgueilleux étonne l'univers [2]...

On rapprochera les temps, on confondra les dates; on les fera s'agiter et frémir, ces « âmes hautaines »,

---

1. Voir p. 220, n. 1.
2. Malherbe, *Poésies*, C. Paraphrase du psaume CXLV.

livrées aux sentiments et aux passions du peuple et de l'imagination moderne. Et s'il y faut absolument, à défaut de l'histoire, la consécration de la légende, la plus proche sera la meilleure, celle de l'immortel successeur de Figaro, fils du pays de Corse, qui courba les peuples étonnés sous la souveraineté de son « moi! »

J'arrive au point du drame où l'histoire recevra de rudes accrocs. Le barbier, homme déjà fatal, n'est pas exempt de sensibilité, à la fin d'un siècle où elle déborda : — sensibilité un peu lasse et attendrie sur elle-même, quand il songe à sa destinée, — résolue, bruyante, et qui gronde en torrent, dès que Suzon, la décevante Suzon est en jeu.

Figaro n'a demandé ni à naître ni à mourir; « forcé de parcourir la route où je suis entré sans le savoir comme j'en sortirai sans le vouloir », insinue-t-il, de l'air d'un homme pessimiste, que les formules séduisent. Nous ne tarderons guère à voir ses successeurs penchés sur leur propre histoire, sur le problème de leur existence compliqué de toutes les inconnues de leurs désirs. Journaliste, auteur dramatique, rebelle à la censure, révolté contre la société, ennemi des préjugés, curieux de ses droits plus que de ses devoirs, toujours en scène, en mouvement, en action, avec, toujours, une larme écrasée au coin de la paupière, il va faire souche sur le théâtre, aux dépens de l'exactitude et de la peinture des temps passés. Tout au travers de l'œuvre de Dumas, il propagera une lignée seulement plus fatale et plus pâle, qui a « tout fait, tout usé », surtout après les guerres de la Révolution et de l'Empire, et aussi après Gœthe, Schiller et Byron, lesquels n'ont ni tari ni refroidi la sensibilité de Rousseau. Il engendrera, dans le drame historique, à compter de Saint-Mégrin, aventuriers et parvenus toujours inquiets des « vingt brasses d'eau », ou inclinés

13.

sur les poignards et les poisons violents, et qui en viennent là à force d'imagination sensible ou de sensibilité imaginative, et à cause que, bourgeois et romanesques, ils continuent, sur l'exemple de Figaro, leur ancêtre, à mettre trop haut la femme, la faible femme, fille d'Ève et de Suzon, chimère de leurs rêves, reine des passions, providence du drame, mais ennemie de vérité.

Vue de ce biais sur la scène, l'histoire des siècles se résume en une courte science, que Socrate savait bien, et qui est l'amour. Politique, diplomatie, institutions, despotisme, féodalité, conspiration, conjuration, tout s'explique par la femme ; tout aboutit à la passion, et tout en dérive. Elle est le secret universel. Quand Buridan ou Catilina, au fort de leurs entreprises, défient le ciel, croyez que c'est un ciel de lit.

Issus de Figaro, c'est-à-dire du peuple, ces héros de Rome, du moyen âge ou de la Révolution, ressentent des passions pour de très grandes dames aux grands noms légendaires qui justifient leurs illusions. L'épouse de César ne doit pas être soupçonnée, mais aimée d'un amour qui étonne l'univers. Les bouleversements des empires sont liés à ces intimes convulsions. Et toutes ces femmes, au regard de ces parvenus, sont l'épouse de César, en attendant qu'elles soient Césarine, femme de Claude. Cependant l'âme des petits-fils de Figaro en conçoit un orgueil immense. Que dis-je l'âme? Leurs sens sont en proie, leurs appétits en ébullition ; la physiologie se mêle à ces fatalités historiques. C'est Michelet ; et c'est le drame du peuple.

Ai-je besoin d'ajouter que le passé n'aura pas assez d'événements, l'imagination trop de ressources, le théâtre une technique trop fertile et souple pour pourvoir à ce régal populaire? Toutes les péripéties, coups d'épée, coups de force, exploits et stratégie de toute sorte exigeront sur la scène un mécanisme aussi compliqué que celui de la méthode historique, mais non pas de même ordre. Le monologue de Figaro ayant moyenné la substance de la dramaturgie nouvelle, l'art de Beaumarchais devait aider à l'exécution. Et pendant que le parterre se réjouit, émerveillé, secoué, ému à fond par les œuvres maîtresses en ce genre, qui sont de Dumas, c'est affaire au critique de réfléchir qu'*Henri III et sa Cour* marqua de beaux enthousiasmes et un louable effort de fusion entre la vie de l'histoire et celle du drame, pour le plaisir et l'instruction de la foule; et que tout de même l'entreprise était singulière d'allier l'imagination à la science, la fiction à la vérité, et d'absorber l'âme d'autrefois dans l'âme d'aujourdhui. Alors, en face des artifices et des prétentions du drame historique, le monologue de Figaro résonne encore en notre souvenir. « ... O bizarre suite d'événements ! Pourquoi ces choses, et non pas d'autres ? »

II

L'HISTOIRE DANS « CATILINA ».

Catilina avait déjà tenté Crébillon et Voltaire. Un sujet romain appartient à l'histoire; le théâtre s'y doit soumettre. Et c'est d'abord pourquoi je choisis celui-là. Qu'on ne me reproche point de descendre un peu avant dans la carrière de Dumas. On n'oubliera pas que *Catilina* parut le 14 octobre 1848, un an après *la Reine Margot*, qui inaugurait le Théâtre-Historique. Si l'on prend garde que Dumas faisait fonds sur cette pièce pour soutenir son entreprise, que Maquet, historien, y collabora, que cette année 1848 est une date de notre siècle, que Catilina se perd où Napoléon III va réussir, on reconnaîtra que sujet, auteurs, public, tout était tourné vers l'histoire, en un drame de conjuration, à cette heure de notre révolution troisième.

De Crébillon nous n'avons point affaire. Mais nous ne saurions omettre *Rome sauvée*; car c'est une tendance de la critique, en ces derniers temps, de faire dériver le drame des tragédies de Voltaire. Cette pièce, en répandant le jour sur la formule de Dumas, nous montrera les procédés contraires et l'infranchissable distance de ceci à cela. Voltaire, au moins, n'a pas mieux connu les sources, ni que Dumas, ni surtout que Maquet. *Rome sauvée* est d'un excellent humaniste; je dis excellent, au vrai sens du mot. S'il s'inspire du *Jules César* de Shakespeare, c'est avec infiniment de précaution [1]. Il assemble le sénat, mais il ne hasarde pas une assemblée du peuple, dût-il amortir sur les lèvres d'un licteur l'effet du « *vixerunt* » jeté par le consul, en plein forum, aux partisans tumultueux de Céthégus et de Lentulus [2]. De la conjuration Corneille eût fait sans doute un récit; Voltaire se risque à en mettre un ou deux épisodes sur le théâtre, mais avec modestie. Il esquisse quelques tableaux de mœurs, mais d'une sobriété avisée et presque classique. Catilina donne ses ordres, prend ses mesures, non plus dans la coulisse, mais toujours un peu à la cantonade. De fait, il parle plus qu'il n'agit. La séance historique du sénat où fut prononcée la première Catilinaire n'a pas effrayé l'auteur. Il s'y essaye au quatrième acte, et tout de même il l'esquive, il l'émiette en courtes oraisons. Ce n'est plus *Cinna*, et ce n'est ni *Jules César* ni le drame.

1. Pour la seconde manière du caractère d'Aurélie, celle de 1752, il emprunte les principaux traits de Portia, femme de Brutus. Cf. *Rome sauvée*, I, sc. IV, pp. 216-218, et *Jules César*, II, sc. I, pp. 428 sqq.
2. Voltaire, *Théâtre*, t. IV (Garnier frères, Paris, 1877), V, sc. III, p. 264.

Eh bien, les conjurés? — Seigneur, ils sont punis.

Voltaire risque timidement la vérité du *spectacle*. Il ne se restreint plus à la peinture des caractères, et pour cause. L'action du drame, il n'ose; la psychologie, il ne peut. Il peint les mœurs par la parole; il insinue et commente les textes historiques en des discours. Si César et Catilina se rencontrent et s'adressent des tirades tout imprégnées des livres anciens, Voltaire estime que la scène fera plaisir à tout le monde et la dénomme « un tableau fidèle » de l'histoire romaine [1]. Ce tumulte des mœurs et des ambitions se traduit au théâtre par un assaut de sermons. Voyez-les paraître, Cicéron, Caton, Catilina : ils en ont tous un à placer. Il suffit que les mots consacrés y figurent pour que la scène soit historique et l'histoire scénique ! « Ne me faites point de procès, écrit l'auteur à d'Argental à propos de la scène VII de l'acte I. C'est précisément ce que Cicéron a dit de son vivant [2]. » Il est vrai que, de son vivant, Cicéron a prononcé ces paroles en plein sénat, et non pas en tête à tête ni au tournant d'une galerie, et qu'ainsi reprises et commentées, elles perdent bien un peu de leur caractère vrai.

En des conjonctures où les historiens rapportent que de part et d'autre les hommes d'action ne se ménageaient point, les propos sont « forcenés », plus que les complots [3]. Même Catilina montre quelque lenteur, qui n'est pas sans effet sur la pièce. Au III° acte (sc. 1)

---

1. *Rome sauvée*, II, sc. III, p. 230. Voir n. 1. « Comptez, écrit Voltaire à d'Argental, que la scène de César et de Catilina fera plaisir à tout le monde... Soyez sûr que tous ceux qui ont un peu de teinture de l'histoire romaine ne seront pas fâchés d'en avoir un *tableau fidèle*. »
2. *Rome sauvée*, II, sc. VII, p. 223, n. 1.
3. *Rome sauvée*, III, sc. II, p. 239.

Vous pensez que mes yeux timides, consternés,
Respecteront toujours vos *complots forcenés*.

il en est encore à demander : « Tout est-il prêt ? » Et il semble qu'il ait trop raison quand il dit :

> Va, mes desseins sont grands autant que mesurés [1].

Le moment même de la crise que Voltaire choisit est un indice. Cicéron est consul ; le salut de Rome est en jeu ; les soldats de Catilina vont s'emparer de Préneste [2]. L'auteur ne s'embarrasse ni des préliminaires, ni des élections. Il est fidèle aux procédés de la tragédie. César gagne une bataille juste dans le temps que se débitent les répliques du milieu de la scène III du Vᵉ acte. Cet acte, à vrai dire, n'est qu'une fenêtre ouverte sur l'avenir de Cicéron et l'ingratitude des démocraties : de fait, l'action, si action il y a, s'arrête avec le IVᵉ. En sorte que c'est par ce qu'ils disent et non par ce qu'ils font que ces Romains raniment l'histoire.

Les seuls personnages qui agissent sont de fantaisie pure. Aurélie, qui se tue en plein sénat comme les Girondins de Dumas devant le Tribunal de la Terreur, n'apparut pas d'abord telle aux yeux de Voltaire. Entre 1750 et 1752 il s'est ravisé, selon son habitude. La première figure était douce et tendre, destinée à mademoiselle Gaussin ; celle-ci est plus énergique, en l'honneur de mademoiselle Clairon. Elle joint l'action aux paroles ; elle fait le personnage d'une Lucrèce, au lieu qu'elle fit, au dire de Salluste, tout le contraire. Catilina veut sauver le fils qu'il a d'elle, tandis que les historiens nous affirment qu'il était soupçonné d'avoir tué son fils d'un premier lit pour épouser cette femme [3].

---

1. *Rome sauvée*, III, sc. II, p. 237.
2. *Rome sauvée*, I, sc. II, p. 214.
   Mes soldats, en son nom, vont surprendre Préneste.
3. Œuvres de Salluste, Panckoucke, t. II, *Conjuration de Catilina*, ch. XV, p. 26 : « ... pro certo creditur, necato filio, vacuam domum scelestis nuptiis fecisse ».

J'accorde que l'histoire n'est pas très intéressée en ces affaires. Pourtant qui ne voit qu'au fond *Rome sauvée* est l'apologie de Cicéron, c'est-à-dire de l'éloquence; qu'en ce sens et dans cette mesure elle est « romaine, et non française »[1], étant tout entière orientée vers le couplet du V® acte :

> Romains, j'aime la gloire et ne veux point m'en taire [2],

que Cicéron y possède toutes les vertus[3], et que Voltaire en eût fait même un grand général, s'il avait pu — et si ce suprême mérite n'eût contrarié la tragédie historique, mais surtout éloquente, d'un humaniste, mais non pas d'un *dramatiste*?

Le *drame* de Dumas est français et populaire d'abord, historique par surcroît, et tout justement au rebours de *Rome sauvée*. Il domine et asservit l'histoire, et la viole à force de la vouloir ressusciter. Il y a plus, dans l'œuvre de Dumas et Maquet, de ce qui illumine une époque. Ce n'est pas assez de dire que les textes ont été lus ; on les a dépouillés, sinon avec la perspicacité critique de Mérimée, tout de même avec une rare curiosité imaginative. Salluste a plus fourni que Cicéron ou Plutarque, mais seulement parce que Catilina sera le protagoniste, et que, sauf dans le *Pro Cœlio*, Cicéron le noircit trop pour que le personnage ainsi conçu puisse mener à bien une pièce jusqu'au bout. Au reste, tout ce que l'histoire a pu offrir de détails propices à la mise en scène : décor, costumes, vie en plein air, mœurs et atmosphère, a été scrupuleusement utilisé. De ces leçons de choses, qui sont accessoires de spectacle, il y en a beaucoup dans *Catilina*. On y

---

1. *Rome sauvée*, p. 216, note 1.
2. *Rome sauvée*, V, sc. II, p. 261.
3. Voir Salluste, *op. cit.*, ch. XXII, pp. 38 et 39. Cf. plus bas, p. 241, n. 1.

trouvera les différentes manières de mourir malgré soi : noyade dans un vivier plein de lamproies, et le porte-glaive, et le rétiaire, et le frondeur et l'archer dont la flèche va droit au but[1]. L'existence romaine était quasiment absorbée par les rites, cérémonies, formalités religieuses et autres. Tout cela est mis en œuvre avec adresse, et même avec beaucoup d'insistance, depuis les obsèques et l'oraison funèbre du prologue, l'anneau testamentaire, le soufflet d'affranchissement, jusqu'au souper sanglant de la fin. Il n'est pas jusqu'au nomenclateur de Catilina qui ne parle avec la précision scandée de celui d'Horace :

It, redit et narrat, Vulteium nomine Menam,
Præconem, tenui censu, sine crimine notum[2]...

Saluons l'érudition. On en a semé partout, et fort habilement, dans le cadre et parmi le dessin du drame.

Voltaire avait fait, en deux vers, allusion à un scandale indiqué par Salluste, et qui déshonora la jeunesse de Catilina[3]. Il s'agit d'une vestale séduite. Dumas en

---

1. *Catilina* (Th., XV), II, tabl. III, sc. VII, p. 73, et IV, tabl. V, sc. XXIV, p. 152.
2. Horace, *Épîtres*, livre I, VII, vers 54. Cf. *Catilina*, IV, tabl. V, sc. XI, p. 127. « Publius Pudens, marchand bonnetier dans le vicus Toscanus, chef de centurie. Deux enfants et une fille; le garçon boite. »
3. *Rome sauvée*, IV, sc. IV, p. 252.
   Ah! cruel, ce n'est pas la première famille
   Où tu portas le trouble et le crime et la mort.

Cf. Salluste, *op. cit.*, ch. XV, p. 4. « Jam primum adulescens Catilina multa nefanda stupra fecerat... cum sacerdote Vestæ. » La vestale se nommait Fabia Terentia; *elle était sœur de Terentia, femme de Cicéron*. Pison la fit acquitter, « les suites du rendez-vous n'ayant pas été constatées ». Voir *ibid.*, p. 137, note 51. On pense bien que Dumas n'hésite point à les constater neuf mois après, jour pour jour.

tire l'intrigue de sa pièce, et prend là son point de départ. Nous aurons un viol comme entrée de jeu : il n'y a pas à faire la petite bouche. Les textes sont pour lui; il n'invente point. Une vestale, un enterrement, apparition de Sylla, un homme masqué, attentat, meurtre : cela est délicieux, pour commencer. Au surplus, Salluste fournira la fin comme le commencement. N'indique-t-il pas, sous réserves, il est vrai, qu'à la dernière réunion des conjurés, « après avoir prononcé son discours, Catilina, voulant lier par un serment les complices de son crime, fit passer à la ronde des coupes remplies de sang humain mêlé avec du vin; puis, lorsqu'en proférant des imprécations ils en eurent tous goûté [1]...? » Tableau shakespearien, dénoûment terrible, puisé aux cancans de l'histoire. Qu'importent les réserves? Nous aurons la coupe, les imprécations, Pluton, Véjovis, Mânes, sombres divinités [2], etc. Cicéron parle quelque part de la corporation des Taillandiers [3] : ils figureront; des vétérans de Sylla : nous les verrons, en la personne de Volens : « Serrez les rangs, front [4]! » L'orateur fait allusion aux soupers, aux veillées, aux orgies de Catilina. Nous en aurons une esquisse, et même deux. Toute cette mise en scène concourt à l'action. Le complot avorté, Catilina nous révélera que c'est la faute aux maîtresses des seigneurs [5]. Suétone conte que Jules César fit

---

1. Salluste, *op. cit.*, ch. XXII, p. 38. Il ajoute : « Nonnulli ficta et hæc et multa præterea existumabant ab his qui Ciceronis invidiam, quæ postea orta est, leniri credebant atrocitate sceleris eorum qui pœnas dederant. »
2. *Catilina*, V, tabl. VI, sc. VIII, pp. 167 sqq.
3. *In Catilinam*, I, ch. IV, p. 78.
4. *Catilina*, IV, tabl. V, sc. II, p. 111, et *passim*.
5. *Catilina*, IV, tabl. V, sc. XXI, p. 145 : « Quand nous conspirerons, et que vos maîtresses seront du complot, avertissez-moi, seigneurs ».

présent à Servilie, mère de Brutus, d' « une perle qui lui avait coûté six millions de sesterces ». Nous aurons la perle, et le billet de Servilie, qui ne nuira pas au succès de Cicéron, par ricochet [1]. Que n'aurons-nous point? Quelle chose nous sera cachée de cette conjuration mémorable?

Les personnages semblent revivre des textes mêmes. Catilina était pâle, les yeux menaçants; les exercices les plus rudes ne pouvaient calmer son agitation. « Jour et nuit infatigable, il ne dort point, il est insensible à la fatigue et à l'insomnie [2]. » On vantait sa vigueur dans les écoles de gladiateurs, quoi qu'en dise Cicéron, qui d'ailleurs se contredit sur ce point [3]. Il faut reconnaître que l'histoire a pour Dumas des complaisances, et que le type qu'elle lui offre ainsi campé est tout à fait selon son talent. Muscles d'acier, nuits d'orgie, c'est Buridan, c'est Kean; et, comme les excès domptent à la fin les plus énergiques natures, l'hémoptysie suivra l'effort du disque de Remus jeté dans le Tibre [4]. A la bonne heure! Ce surnom même de Catilina (maraudeur) n'est pas inutile à compléter le personnage... « Mes enfants, excusez Lucius Catilina; les créanciers ont tordu le cou à sa dernière poule. Aujourd'hui, les croûtes seront dures... mais soyez tranquilles, d'ici à demain je tâcherai

---

1. Suétone (Coll. Nisard, 1835), *C. J. Cæsar*, ch. L, p. 18, col. 2. Cf. *Catilina*, I, tabl. III, sc. XI, p. 53. Pour le billet, il est mentionné par Plutarque, Les Vies des hommes illustres, *Caton le jeune*, § 24, p. 605 (trad. Talbot). Cf. *Catilina*, IV, tabl. V, sc. XV, p. 136. Le billet imaginé par Dumas commence par cette maxime savoureuse : « Dans ma famille on aime la vertu... »

2. Salluste, *op. cit.*, ch. V, p. 8. « Corpus patiens inediæ, vigiliæ, algoris »... Cf. ch. XXVII, p. 46.

3. *In Catilinam*, II, ch. V, p. 130, cf. *In Catilinam*, III, ch. VII, p. 185.

4. *Catilina*, II, tabl. III, sc. V, p. 65.

d'empaumer quelque imbécile, et nous aurons un festin royal ¹... »

Cicéron traça plus tard, dans l'intérêt de sa cause, un portrait plus favorable; Dumas s'en empare, dans l'intérêt de son drame ². Sergius est fin, adroit; il exerce une secrète influence, et il a d'autres mérites que son cuisinier ou ses courtisanes. Toutes ses convoitises ne sont pas concupiscences, ni ses plaisirs débauches. Il a l'esprit exalté, ajoute Salluste ³; le dérèglement qui apparaît dans ses mœurs se montre dans ses conceptions trop vastes et ses desseins trop grandioses. Il est un socialiste avide de reconquérir sur les sénateurs l'autorité, sur les chevaliers la fortune ⁴. Il est indéniable que tout cela est dans la pièce de Dumas, d'abord parce que Maquet l'avait su extraire de l'histoire, comme aussi parce que c'est le type même, l'homme du hasard et des révolutions, que Dumas excelle à faire vivre sur la scène. La physionomie et le rôle équivoques qu'il prête à César se lisent clairement à travers la prose de Suétone ⁵; et, si cet historien entame volontiers les gloires de l'antiquité, cela n'est pas pour déplaire au dramatiste populaire. Plutarque était moins son homme... « César, c'est un Janus : il a deux visages, l'un qui sourit à Catilina, l'autre qui sourit à Cicéron ⁶. » On le nomme « bien-aimé fils de Vénus ⁷ ». Il n'est

1. *Catilina*, I, tabl. II, sc. III, p. 32.
2. *Pro Cœlio*, VI, pp. 340 sqq.
3. Salluste, *op. cit.*, ch. v, p. 8. « Vastus animus immoderata incredibilia, nimis alta semper cupiebat. »
4. Salluste, *op. cit.*, ch. xx, pp. 31 sqq. Discours de Catilina; cf. *ibid.*, ch. xxxvii, p. 60. « Nam semper in civitate, quis opes nullæ sunt, bonis invident, malos extollunt; vetera odere, nova exoptant »... Cf. l'avidité des chevaliers, *ibid.*, ch. xxxix, p. 64. Cf. Mérimée, *op. cit.*, p. 272 et *passim*.
5. Suétone, *op. cit.*, ch. xiv et xvii, pp. 5, col. 2, et 6, col. 1.
6. *Catilina*, II, tabl. III, sc. x, p. 81.
7. *Catilina*, I, tabl. II, sc. vii, p. 40. Cf. I, tabl. II, sc. ix, p. 47.

pas jusqu'au couple Curius et Fulvie, qui ne soit déterré vif des monuments : luxe, embarras financiers, trahison, tout y est, jusqu'aux traits caractéristiques : Curius, amant faible et indiscret, Fulvie, bourreau d'argent et véritablement traître de drame. « Chez lui le défaut de caractère n'était pas moindre que l'audace; *également incapable de taire ce qu'il avait appris* (cf. II, tabl. III, sc. II, p. 63, et sc. III, p. 64) et de cacher ses propres crimes. Il entretenait depuis longtemps un commerce adultère avec Fulvie, *femme d'une naissance distinguée* (cf. II, tabl. III, toute la scène I, et surtout pp. 60-61). Se voyant moins bien traité par elle depuis que l'indigence l'avait rendu moins généreux (*ibid.*, p. 59), tantôt il lui promettait monts et merveilles... (*ibid.*, p. 63 : « Eh bien, souhaitez, imaginez, rêvez[1] »...). — Ce n'est pas un couple de figurants, en bordure; la trahison de Fulvie est confirmée par Plutarque[2]; et, grâce aux indiscrétions et à la niaiserie de Curius, c'est Fulvie qui fait échec à Catilina et décide la crise que Dumas a dramatisée. Tant il est vrai que dans cette pièce on ne s'avance qu'avec précaution parmi les témoignages de l'antiquité, on ne foule que des documents, on tremble de mettre en doute la véracité d'une tirade ou d'une réplique par la crainte d'être rappelé au respect de quelque écrit authentique : Rome revit toute-puissante et maudite, la Rome de Catilina, tête et sentine de l'univers : c'est l'histoire fidèlement représentée, ranimée, en vie et en action...

Non, ce n'est pas l'histoire. On s'en est adroitement servi, comme d'un trompe-l'œil. De l'époque romaine, qu'il s'agissait de peindre, on n'a reconstitué que l'atmosphère décevante.

---

1. Salluste, *op. cit.*, ch. XXIII, p. 40.
2. Plutarque, *Cicéron*, § 16, p. 152.

Dumas n'a représenté qu'une époque, un moment des siècles, qui est contemporain de Dumas ; à travers les monuments et les textes, il a vu l'âme française telle qu'il l'imagine entre 1830 et 1848 ; même en remontant aux sources, même en devenant « un composé » de Salluste, de Cicéron, de Plutarque, de Valère Maxime, il n'a songé qu'à Antony et à Fourier [1].

Je fais bon marché des tons criards et des transpositions inévitables. Il est certain que le jeune Cicada, citoyen romain des boulevards extérieurs, et qui clame : « Ohé ! les sénateurs ! ohé [2] ! » nous éloigne des Carènes et même de Suburre. Les archéologues goûteraient médiocrement ce trait d'une érudition gamine : « Ce matin, je me suis présenté chez vous. — A quelle heure ? — A la première [3]. » Plusieurs suffoqueraient, s'ils entendaient le pédagogue dire à ses élèves : « Allons, la dixième heure est criée. Assez de récréation comme cela... Formez-vous deux par deux, et rentrons à la maison [4]. » Ils tiendraient César pour un peu bien moderne, quand il « fait jeter dans les urnes 75 000 bulletins blancs [5] », et il leur paraîtrait tout à fait Girondin dans ses compliments à Fulvie : « Ah ! vous venez aux Comices... C'est d'une bonne citoyenne [6]. » On sait les réjouissants effets qu'ont obtenus par ces procédés les auteurs de *la Belle Hélène*.

---

1. Musset, qui avait si finement, mais aristocratiquement, critiqué dans les *Lettres de Dupuis et Cotonet* l'art *humanitaire* de l'imagination romantique en 1830, a noté dans *Dupont et Durand* les *utopies sociales* où cette imagination se perd aux approches de 1840 :

> Et pour me réveiller,
> Personne à qui parler des œuvres de Fourier !

2. *Catilina*, I, tabl. II, sc. 1, p. 25.
3. *Catilina*, IV, tabl. v, sc. xi, pp. 129 et 130.
4. *Catilina*, I, tabl. II, sc. 1, p. 22.
5. *Catilina*, IV, tabl. v, sc. xiv, p. 135.
6. *Catilina*, ibid., sc. xv, p. 135.

Sur un sujet tout en action Dumas a écrit un drame : en quoi il est plus proche de la vérité. Seulement, dans *Catilina*, il a repris *Richard Darlington*, c'est-à-dire une œuvre d'abord conforme à son type d'ambitieux populaire de 1830. Il a mesuré la pièce au type, et le type à la pièce. Fils de vestale, fils de bourreau, viol, séduction, à Rome ou au village d'Arlington, peu importe. Richard et Catilina voient pareillement leur ambition étranglée entre deux femmes, comme, avant eux, Monaldeschi. Nous retrouvons l'époque, l'imagination, la formule de Dumas. Voulant mettre sur la scène l'histoire en action, et non plus en discours, il prend son point de départ avant les élections. Cela est fort bien fait; nous les verrons à Rome, après les avoir vues en Angleterre. Regardez-y de près; ne vous arrêtez point à ce brouhaha superficiel de place publique. Où est Rome corrompue, Rome disputée, Rome maudite? Je ne découvre que ressorts et coups de théâtre à la façon de *Richard Darlington* ou d'*Angèle*. Les protagonistes ne s'appellent ni Cicéron, ni César, ni Caton; ceux-là sont les figurants de l'histoire. A travers ce quatrième acte des Comices, parmi les demi-mesures et les demi-scènes joliment filées de l'habile César qui finit par tromper tout le monde comme en un vaudeville, c'est Fulvie, courtier marron, qui conduit la pièce et décide du salut de Rome, qui s'intrigue, s'évertue et met la main à l'action, Fulvie, c'est-à-dire Tompson changé en femme, le nègre de *Fiesque* mué en courtisane romaine : personnage historique de fantaisie et de mélodrame. La fortune de Catilina s'échoue contre une ruse de femme et pour un poinçon tombé à terre [1]. Mais cela même, qui est un moyen scénique, porte sa date dans l'œuvre de Dumas et de Scribe.

---

1. *Catilina*, IV, tabl. v, sc. xvii, p. 189.

Les principaux personnages agissent au profit de leur passion. Avec Fulvie, ce sont Aurelia Orestilla, Clinias, Catilina. Or leur passion est toute-puissante, toute moderne et de pure invention, sans nul souci de l'histoire ni de l'antiquité. Événements et types fléchissent à cette nécessité, et dès le troisième acte se déforment. L'une, Aurelia, s'unit d'intérêt avec Catilina et échange avec lui son anneau et sa fortune. Faillite politique, dissolution de société. Faillite morale, jalousie, vengeance. D'une part, c'est le mariage tel qu'il est conçu après la Restauration et le triomphe du Tiers-État (voir le théâtre d'Emile Augier); et de l'autre, c'est déjà le drame moral et moderne de l'enfant naturel, et si véritablement que Dumas père attrape par avance le ton de logique positive et rigoureuse de Dumas fils [1]. Clinias qui détient le secret de Catilina depuis le prologue (« Je ne sais pas ton nom, mais je t'ai vu [2] »...) fait le personnage du bon amoureux fidèle, victime dévouée et résignée, chère à nos dramaturges. Même Catilina ne prend réellement part à l'action que lorsque son cœur est en jeu. L'homme qui se glisse, masqué, dans la chambre d'une vestale, avec moins de fracas, mais pour le même objet qu'Antony; le brigand décidé à mettre le feu aux quatre coins de la ville, qui traîne une bande de gueux accrochés aux plis de sa toge; Catilina, le débauché, le séducteur, le cynique, l'anarchiste, est tout à coup en proie à une passion terrible, qui l'absorbe au moment qu'il va triompher au Forum, qui l'attire hors de Rome à l'heure même où sa vie se joue [3]: il aime d'un irrésistible amour son fils, qu'il n'a pas vu depuis quinze ans, le fils de la vestale que depuis

---

1. *Catilina*, II, tabl. III, sc. IX, pp. 76-78.
2. *Catilina*, Prologue, sc. XI.
3. Tout l'intérêt de la première moitié de l'acte IV, celui de l'élection, est suspendu par cette disparition de Catilina.

quinze années Rome entière et lui-même tenaient pour enterrée vivante [1]. Après qu'il a rencontré Charinus, la voix du sang le remue; il se réjouit ou se désespère à la pensée de sa paternité. Il n'est plus lui-même; il tourne le dos au Catilina de l'histoire. Il est le drame moderne; il est bon père et presque bonne mère, selon la formule romantique; surtout il est père d'un enfant non reconnu, ou connu trop tard, presque selon la formule qui prévaudra après 1852. Que lui veut-on, à présent, avec le résultat des élections? Il songe à sauver son Charinus. Que nous fait la reprise de la conjuration? Nous venons de voir Catilina tout attendri sur ce cher Charinus qu'il tient serré dans son giron. La femme jalouse se venge sur l'enfant. Catilina est sans force, étant désormais sans passion. Il meurt, et avec lui périt son entreprise. Et l'on se doute pourquoi Dumas en a fait le protagoniste, au lieu de Cicéron. Du personnage politique il n'avait qu'à moitié souci. Il lui fallait d'abord un héros de drame. La pièce a nom *Catilina* et se passe à Rome; elle eût pu se passer à Paris, avec ce titre : *Quinze ans après, ou le fils de la religieuse.* S'il vous plaît de distinguer nettement, du point où nous sommes, combien Dumas s'attache à l'histoire, revoyez dans Salluste l'amour paternel de Catilina : « ... Plus tard, il s'éprit d'amour pour Aurelia Orestilla... Comme elle hésitait à l'épouser, à cause d'un fils déjà grand qu'il avait eu d'un premier mariage, il passe pour constant que, par la mort de ce fils, il fit place dans sa maison à cet horrible hymen [2]. »

J'ai dit avec quelle érudition chaque personnage est physiquement dessiné. Ne nous arrêtons pas aux costumes ni aux masques. C'est un Catilina de 1848 et

---

1. *Catilina*, III, tabl. IV, sc. V, p. 97.
2. Salluste, *op. cit.*, ch. XV, p. 26.

un Cicéron contemporain qui s'en déguisent. L'histoire romaine de Michelet est récente, où le parti de Catilina passe pour « calomnié [1] ». Mérimée, dans ses *Études sur l'histoire romaine* (1841), n'avait pas été inflexible pour Catilina; et il y retraçait le rôle de Cicéron avec impartialité. Le phalanstérien Fourier est mort depuis 1837; mais les utopies sociales lui ont survécu. C'est la seconde forme de l'art *humanitaire* et de l'imagination romantique. George Sand vient d'écrire des romans mystiques, symbolistes, socialistes, *Consuelo* (1842), *le Meunier d'Angibaut* (1845), *le Péché de M. Antoine* (1847), d'où ni les phrases ni les formules spécieuses ne sont absentes. Catilina a suivi le mouvement. Quand il discute contre Cicéron, c'est une thèse socialiste qu'il soutient.

Le séducteur de la vestale, l'homme aux masques et au narcotique est un discoureur idéaliste [2]. Il s'emporte contre le mot de Guizot : « Enrichissez-vous [3] ». Il fait du vice un droit et de la luxure un luxe égalitaire. Car il est épris d'*égalité*, de *justice*. Il se révolte contre les caprices du sort et l'*inégalité* des conditions humaines devant la mort et les médecins. Il ne parle ni des ateliers nationaux ni des pharmacies populaires; mais il en a une forte envie, qui se contient malaisément. « La société est mal faite ainsi; les dieux ont créé l'air du ciel et les biens de la terre pour tous; il est temps que tous aient part aux biens de la terre et à l'air du ciel [4]... » On connaît l'antienne. Ces folles

---

1. *Histoire romaine, république*, t. II, ch. v, p. 382 (Hachette, 1843).
2. *Catilina*, III, tabl. iv, sc. vii, pp. 102-109.
3. *Ibid.*, p. 103 « ... Vous dites à vos partisans : « Travaillez, ménagez, endurez ». Je dis à mes prosélytes : « Prenez, prodiguez, jouissez », etc.
4. *Ibid.*, p. 107.

chimères, Cicéron les répudie et montre à quel point cette « borne qui conservera tout [1] » est sacrifiée en l'esprit populaire de Dumas. M. Tullius déclare que tout est pour le mieux, que les hommes sont frères, que Rome est immuable et « sous la main des dieux »; il expose sa foi, il écoule ses *Tusculanes* : « ... Deux grands principes luttent l'un contre l'autre depuis le commencement du monde [2] ». Il parle bien, et longuement. Ah! qu'il avait raison de répondre, tout à l'heure, à Caton qui lui demandait : « De combien de voix disposez-vous? — De la mienne [3] ». Pois-chiche prêche le principe de l'ordre, exalte le parti de l'honnêteté, tout cela dans la maison maudite, chez la Vestale, où il est venu surprendre Catilina, où, pour conformer ses actes à ses maximes, il va l'assassiner, — n'était un souterrain dissimulé par une trappe, derrière laquelle se tient l'enfant de l'amour, aux écoutes, avec une lampe à la main.

Les documents et les livres asservis à l'imagination de l'heure présente, des personnages avec des noms et des physionomies antiques et les appétits et les rêves d'une époque où *Antony* aboutit au socialisme de George Sand; et, pour animer le tout, cette « force vivace » de la passion, qui « bien plus que les combinaisons du génie, fait mouvoir les ressorts des empires, et ébranle ou raffermit le monde [4] » — entre 1830 et 1848 — non, non, ce n'est pas l'histoire : c'en est le roman.

---

1. *Catilina*, IV, tabl. v, sc. xiv, p. 135.
2. *Catilina*, III, tabl. iv, sc. vii, pp. 108-109.
3. *Catilina*, I, tabl. ii, sc. iv, p. 37.
4. *Les Mohicans de Paris*, t. I, ch. xl, p. 282.

III

LE ROMAN DANS LES DRAMES HISTORIQUES.

Le Chevalier de Maison-Rouge.

Deux choses sont à considérer dans le roman romanesque : une suite d'événements fictifs, et les passions qui s'y mêlent, « la part de l'imagination et celle du cœur », selon le mot de Dumas.

Pour la première l'histoire est obligeante. De ce que les critiques ont inventé une contrariété entre le roman et le théâtre, il ne faut pas trop croire de léger qu'elle existe. « Je commence, dit notre Dumas, par combiner une fable; je tâche de la faire romanesque, tendre, dramatique,... je cherche dans l'histoire un cadre où la mettre, et jamais il ne m'est arrivé que l'histoire ne m'ait fourni ce cadre, si exact et si bien approprié au sujet, qu'il semble que ce soit, non le cadre qui ait été fait pour le tableau, mais le tableau pour le cadre[1]. » La raison en est simple, encore qu'elle heurte l'opinion commune. *L'imagination des dramatistes est toujours au-dessous de la réalité.* Loin de l'exagérer, elle n'y atteint pas, elle n'y saurait atteindre. L'intrigue, au milieu de laquelle les personnages se démènent, est un arrangement logique, c'est-à-dire une atténuation du vrai de la vie ou de l'histoire. C'en est le roman nécessaire.

Le 3 août 1847, Dumas donnait au Théâtre-Historique *le Chevalier de Maison-Rouge*[2]. Complots, déguisement, péripéties provoquent, à cette heure, les dédains

---

1. *Le Testament de M. de Chauvelin*, ch. I, p. 8.
2. Que Dumas appelle ailleurs *les Girondins* à cause du banquet de la fin. Voir *le Drame de 93*, t. III, ch. LV, p. 154.

de certains esprits. Ils ont trop de respect de la vérité pour se plaire à ces tours de passe-passe. Nous ne sommes plus au temps où l'on croyait à l'anneau de Gygès. L'imagination qui s'amuse à ces combinaisons n'est qu'enfantillage. — Que dire de celle du Maison-Rouge vrai? Car il a existé, conspiré, écrit ses conspirations. M. G. Lenôtre vient de fouiller les bibliothèques et de remuer les papiers authentiques [1]. Il s'est plongé avec ivresse dans les documents inédits. Il s'en est retiré avec surprise, et se demandant où l'auteur du *Chevalier de Maison-Rouge* avait « puisé ces renseignements [2] ». Dans les mêmes documents ou à peu près. Car il oublie Maquet, érudit, fureteur et traqueur de sujets. Maquet avait eu sous les yeux la *Pétition aux Cinq-Cents*, le *Procès des Bourbons* publié à Hambourg, et sans doute quelques autres choses compulsées aux archives. Le livre de M. Lenôtre est intéressant et scrupuleux. Mais ce qu'il a révélé de plus curieux, c'est encore l'impuissance du romancier et, à plus forte raison, du dramaturge à rivaliser de fantaisie avec les aventures merveilleuses de l'histoire.

Cet aventurier se faisait passer pour marquis de Rougeville, chevalier de l'ordre de Saint-Louis. Il ne s'appelait pas Rougeville; il n'était ni chevalier ni marquis. Il avait nom Gonsse, Gonzze ou Gousse, fils d'un paysan enrichi dans la ferme des eaux-de-vie d'Arras. Il fut élevé en grand seigneur, dans le château paternel; mais, dès l'adolescence, les Tuileries l'attirent. Ici commence la vie incroyable, singulière, extravagante de ce louche héros, hâbleur de génie. Il a consigné dans ses écrits comment il conquit grades et

---

1. *Le vrai Chevalier de Maison-Rouge*, A. D. J. Gonzze de Rougeville, 1761-1814, d'après des documents inédits, par G. Lenôtre, Paris, Perrin et Cⁱᵉ, 1894.
2. *Ibid.*, ch. v, p. 134.

titres : colonel de cavalerie, écuyer de Monsieur, chevalier de l'ordre de Cincinnatus, aide de camp de Washington à seize ans [1], etc., etc. Il ne fut rien de tout cela; son nom n'existe même pas dans les contrôles. Et pourtant il fit partie des chevaliers du poignard; le 20 juin 1792, il était au nombre des amis de choix massés autour du Dauphin et de la reine. « Il resta près de moi, dit Marie-Antoinette, dans la chambre où je me tenais, tout le temps que j'y demeurai moi-même [2]. » Il se faufilait dans l'entourage du roi; il s'imposait à lui par ses rodomontades. N'avait-il pas émis le projet de se présenter devant l'Assemblée, roulant un tonneau décoré de rubans tricolores et rempli en apparence de monnaie de billon, et de faire sauter le Manège [3]? Sa vie de Conspirateur n'est que puffisme et prestigiditation. Arrêté pour ses impostures, il recouvre la liberté « très miraculeusement [4] ». Il parvient à forcer l'accès de la Conciergerie, à voir la Reine, à lui remettre un billet dans un œillet. Il se vante de l'avoir vue une seconde fois. Le complot découvert, Rougeville a disparu. Le jour de l'exécution du roi, il avait lancé dans Paris une brochure vengeresse, signée de son nom. A cette heure, sa tête est mise à prix, il se cache pendant plusieurs semaines dans les carrières de plâtre de Montmartre, d'où il s'échappe à la nuit tombante, pour aller aux nouvelles et distribuer un second pamphlet qu'il intitule audacieusement : *Les crimes des Parisiens envers leur reine, par l'auteur des œillets présentés à la reine dans sa prison* [5]. Il conte même qu'il

---

1. Lenôtre, *op. cit.*, ch. II, pp. 30 sqq.
2. *Ibid.*, ch. III, p. 59.
3. *Ibid.*, ch. III, p. 46.
4. *Ibid.*, ch. IV, p. 83 : « très miraculeusement et par des particularités étonnantes ».
5. *Ibid.*, ch. VI, p. 147.

fut en déposer quelques exemplaires sur les bureaux de la Convention et du Tribunal révolutionnaire. Sans doute la mystification est un peu forte. Mais il est certain que des carrières de Montmartre il passe à Bruxelles, que les émigrés le font jeter en prison, qu'il en sort grâce à un faux en écriture, que, surpris plus tard par les gendarmes dans son château de Saint-Laurent, il s'évade par un souterrain, qu'il n'est que complots et conspirations, qu'il se trouve impliqué par la police dans l'affaire de la machine infernale, — tant qu'enfin il est arrêté par ordre de Napoléon, le 10 mars 1814, pour crime d'espionnage et de lèse-patrie, jugé par le conseil de guerre, fusillé le même jour à Reims, et qu'il affronte le feu du peloton, dédaigneux, énigmatique et romanesque, vêtu d'une casaque jaune et chaussé d'élégantes bottes hongroises à glands dorés [1].

Outre ses aventures politiques, qui suffiraient à défrayer l'invention d'un Ponson du Terrail, cet homme en eut d'autres, d'ordre privé, et aussi singulières [2]. Au chevalier du poignard, au défenseur de Marie-Antoinette les hôtels garnis suffisaient pour le gîte. Une dame Lacouture, femme d'un conseiller au présidial de Coutances, débarque à Paris avec son mari malade. Le mari consulte un médecin en renom et meurt. La veuve retourne à Coutances pour régler ses affaires de succession. Elle revient à Paris, rencontre Rougeville, s'éprend de lui. Il a ses entrées à la cour; elle lui confie ses économies contre une promesse de rente annuelle de huit cents francs : c'est une liquidation définitive. Plus de Rougeville; il abandonne l'hôtel de la rue Saint-Honoré où ils vivaient en compagnie. Il emporte le magot, et laisse la femme éplorée et le loyer

---

1. Lenôtre, *op. cit.*, chapitre x, p. 276.
2. *Ibid.*, tout le chapitre iv, et *passim*.

impayé. La pauvre Lacouture se met à sa recherche. Et voici le bon de l'aventure. Jusqu'en 1814, depuis l'an de grâce 1789, la maîtresse trahie et volée le poursuit de son amour et de ses réclamations, l'évente dans toutes ses retraites, avant les policiers et pour leur compte. Pendant toute sa vie, il est occupé à dépister la police et déjouer la dame. Il conspire en partie double. Avant l'affaire de l'œillet, celle-ci découvre qu'il s'est réfugié, au sortir des Madelonnettes, à l'Hôtel des Trois-Fils, et qu'il y vit avec une jeune femme, Sophie Dutilleul. Bataille de dames; dénonciation; fuite de Rougeville et de Sophie à Vaugirard. A tout coup, le chevalier s'échappe, et la veuve est arrêtée. Une fois libre, elle se remet en quête de son Rougeville.

Pour ce qui est de Sophie Dutilleul, il paraît s'être servi d'elle comme d'un instrument infaillible aux mains d'un conspirateur. Elle est jolie, elle a des amies; il attire chez elle Fontaine, ami du municipal Michonis, lequel n'en est pas moins homme pour être municipal. Dans un souper galant, Rougeville amène Michonis à lui proposer une visite dans la prison de la Reine; il se fait presser, et à la fin accepte. On sait le reste, qui est l'épisode de l'œillet. Ne vous pressez pas de croire que ce singulier type mourra célibataire, en proie à sa domestique. Il semble que relégué et surveillé par l'Empire il va céder à cette destinée banale. Lacouture le surprend à Paris en compagnie de sa « vile mercenaire [1] ». Mais, le 9 novembre 1807, il épouse... Il épouse, lui, conspirateur, aigrefin, faussaire, toujours en démêlés avec la justice, Caroline-Angélique Boquet de Liancourt, fille d'un juge au tribunal de Soissons [2]; cependant que, par intervalles,

---

1. Lenôtre, ch. IX, p. 260.
2. *Ibid.*, p. 252.

apparaît dans son existence, comme une furie attachée à ses pas, la veuve du conseiller, créancière infatigable, amante éperdue.

J'en passe, et des meilleures, qu'on trouvera minutieusement contées dans le livre de M. Lenôtre. De toute cette fantaisie romanesque et historique, qui dormait dans la poussière des archives, Dumas n'a osé et utilisé en son drame que le nécessaire. Il resserre, il prépare, il choisit les péripéties. Il modifie sur la scène le dénoûment réel et celui de son roman [1]. Au reste, les tableaux historiques se succèdent sous nos yeux; c'est toute l'image de la vérité; c'en est du moins le spectacle : patrouilles de la rue Saint-Jacques, la Cour du Temple, le Tribunal révolutionnaire, la Conciergerie, la Salle des morts. Seulement, Maison-Rouge n'est pas un traître, et ne tombe pas sous un feu de peloton. Et il aime la Reine, ce conspirateur obstiné : tout comme s'il en était fait mention dans les dossiers et documents.

L'histoire n'en parle pas, mais Figaro le veut. Il aime les aventures; mais il lui faut sa légende. C'est l'amour qui engage Maison-Rouge en ces conspirations et ces dévoûments. Il est un Ruy Blas plus entreprenant et agile. Du même coup il devient un conspirateur populaire, puisqu'il est dévoué à la Reine, qui est femme. Suzon, ou Marie-Antoinette, n'importe; c'est la « femme, femme, femme » qui excite ces magnifiques passions, sources de ces entreprises surhumaines. Rougeville mourut fusillé. Que parlez-vous de ce Rougeville? C'est de Maison-Rouge qu'il s'agit, lequel est mort en héros, au IV⁰ acte d'une pièce héroïque, en essayant de soustraire à la prison une créature noble et infortunée, à qui il avait voué son âme et sa vie. Lui aussi, il a tout

---

1. Voir *le Chevalier de Maison-Rouge*, t. II, ch. LVI, p. 286 : Geneviève, Maurice et Lorin sont guillotinés.

fait, tout osé. D'aigrefin il est même devenu honnête homme; parmi tous les déguisements, il a pris celui d'un cœur sensible et fidèle jusqu'à la tombe. Il est dramatique, légendaire, populaire à ce prix; pour historique, on voit qu'il a cessé de l'être. Que dire de Sophie Dutilleul, qui fut l'appât des petites fêtes aux mains du conspirateur? Elle aussi a fléchi aux exigences du monologue de Figaro et du drame. Sophie s'est convertie en Geneviève Dixmer, la courtisane en une femme mariée à un homme plus âgé qu'elle et douée d'une vertu presque cornélienne. Dans le roman encore cette vertu n'était pas intangible; elle avait trouvé dans l'appartement de Maurice une retraite et des consolations. La pièce rebute ces réalités. Suzanne, sortant du pavillon, Geneviève, quittant Maurice sont également pures et semblables à des lis. Et l'intérêt scénique est le même : c'est la faible femme qui pâtit sous la loi du mari; c'est l'amour, c'est l'adultère qui envahit la scène avec les mœurs modernes.

Le drame passionnel se développe, modifie les personnages et fausse les événements du passé. A partir de l'acte III, les caractères d'invention, la femme, le mari et l'amant, empiètent sur les autres et tranchent sur l'ensemble. Considérez la conduite de la pièce ainsi absorbée par la passion moderne. Tout l'intérêt se concentre sur cette nécessité qui contraint Geneviève à toujours fuir Maurice, au moment qu'elle croit être à lui, et qui les amène à être enfin libres et l'un à l'autre, juste à l'instant qu'ils pensaient marcher à la mort. Mais la Reine? Mais le Chevalier de Maison-Rouge? De l'un l'auteur s'est débarrassé au tournant de l'acte IV; l'autre deviendra ce qu'elle pourra. Déjà nous avions vu, dans la scène de l'œillet, Maurice entrer au Temple avec Geneviève à son bras, et Maison-Rouge les suivre; et dès lors il était présumable, à cette façon de dénaturer une scène historique, que Maison-Rouge et la vérité n'étaient plus que des comparses. La tragédie, d'où les événements extérieurs étaient éliminés, admettait sans peine ces anachronismes du cœur humain. Dans le drame, qui est tout action, où les faits comptent davantage, c'est proprement une violence faite à l'histoire.

Sans doute la passion est éternelle, mais variable par nature. Elle est universelle, mais sous des formes très diverses. L'idéal s'en modifie plusieurs fois pendant le cours d'un siècle, à mesure que les générations se succèdent. Entre l'amour qui s'exhale dans le monologue de *Figaro* et celui qui éclate dans *Henri III* les analogies sont frappantes; les différences ne s'accusent pas moins. Figaro veut sa femme à lui; Antony et Saint-Mégrin veulent pour eux seuls la femme d'un autre; Guise violente la sienne pour perdre l'amant; Dixmer perd la sienne par jalousie et pour sauver la reine. Figaro est jaloux et sensible, Guise jaloux et emporté, Dixmer jaloux, perfide et obstiné, tous individualistes et égoïstes, cela va sans dire. Mais si, à mesure que l'idéal passionnel évolue, il altère les faits et pèse sur la conception des types (en dépit de la fatalité, qui en est la vérité précaire, et dont le nom seul ne varie pas), que devient la vérité historique?

Elle n'est qu'un cadre où l'intrigue subit la tyrannie de la passion, l'une toujours inférieure à la réalité, l'autre toujours adventice et moderne. Elle n'est pas autre chose dans *Patrie* ou *la Haine*[1], œuvres de premier ordre selon la formule du *Chevalier de Maison-Rouge*. Plus soigné dans le détail, plus conforme aux progrès de la science archéologique, le spectacle de *Théodora* ou de *Thermidor* abonde en tableaux saisis-

---

1. Voir Préface de *la Haine*.

sants, où l'histoire est en bordure, où l'amour souverain et contemporain se meut. Encore, et toujours, pour la joie du peuple et le désespoir des critiques, la même antinomie subsiste, latente ou patente, selon l'habileté de l'écrivain, supportable dans le recul de la tragédie plus abstraite, insoluble sans doute dans le rapprochement du drame.

D'où il résulte, au contraire de ce que j'entends dire, que plus l'époque est voisine de nous, plus l'auteur a chance d'y réussir, de refléter l'idéal de l'action et de la passion qui nous est cher (et c'est le cas du *Chevalier de Maison-Rouge*, dont la transposition romanesque et la fiction tirée de l'histoire nous heurtent moins que dans *Catilina*); que Dumas s'en était avisé, qui mettait volontiers en scène le XVI° siècle français assez semblable, par la violence des sentiments qui le travaillent, à l'époque et à la légende de l'Empire, ou plutôt à l'idée qu'on s'en faisait alors; et que, malgré tout, il n'atteint point à la profondeur d'un Shakespeare, que le drame historique lui échappe en partie, mais qu'il tient le meilleur du drame populaire.

CHAPITRE VIII

LE DRAME POPULAIRE DE CAPE ET D'ÉPÉE

La Tour de Nesle.

I

LE GÉNIE DU DRAME POPULAIRE.

Enfin j'arrive à *la Tour de Nesle*, chef d'œuvre du théâtre extra-historique et de l'esprit d'aventures, vraiment chef-d'œuvre en son genre et son temps. Le génie du drame populaire y souffle en tempête. Affranchi des exigences de l'histoire, Dumas s'engage dans le plein courant de la fantaisie énorme de la foule. Il ressuscite un moyen âge pantagruélique, une épopée napoléonienne fantastique, une révolution de 1830 fantasmagorique, mêlant tout, fondant tout, avec une belle et claire allégresse. Cela est nôtre excellemment; voilà ce que vous ne trouverez pas ailleurs, en dépit de quelques réminiscences exotiques que j'ai signalées à leur place [1]. Cette *Tour de Nesle* apparaît sinistre et dramatique, poterne séculaire qui hanta l'esprit de Bran-

---

1. Voir plus haut, pp. 90, 96.

tôme, et que la Seine durant de longues années lécha de ses courtes lames, à l'extrémité de la bonne ville du roi Louis le Hutin, lointain ancêtre du bon roi Louis-Philippe. Parce que la verve qui anime cette œuvre est au rebours d'une verve aristocratique, ne glissons pas dans le distingué ridicule de la méconnaître : elle est française.

Ni Gaillardet ni Janin n'avaient cette encolure. Il y fallait un ouvrier de Paris, solide et sûr de son tour de main. Il y fallait je ne sais quelle mesure dans l'orgie; et une certaine discipline nécessaire à cette débauche d'imagination. Certes, cet art n'a rien de commun avec le goût des humanistes, et c'est néanmoins de l'art considérable, qui met l'imagination des foules sens dessus dessous. Il est avisé, il est sobre à sa manière. Je ne rougis ni ne me pique d'y insister, sans crainte des beaux esprits, qui ne sont pas toujours de bons esprits, comme sans souci du paradoxe, celui-ci n'étant à l'ordinaire qu'une vérité incomplète ou insuffisamment éclaircie.

Le 25 avril 1832, quelques semaines avant la première représentation de *la Tour de Nesle*, parut *l'Écolier de Cluny* de Roger de Beauvoir [1]. Que Dumas ait connu l'ouvrage préalablement, ou non, la question n'a aucune importance [2]. Ce qui est autrement notable,

1. Calmann Lévy, éditeur. Nouvelle collection Michel Lévy.
2. Dumas indique dans ses *Mémoires*, t. IX, ch. ccxxxvi, p. 202, qu'un certain Fourcade était venu, quelques jours avant que Harel lui parlât du manuscrit de Gaillardet, lui proposer le sujet de Marguerite de Bourgogne. Roger de Beauvoir était ami de Dumas; il est certain que, de ce côté-là aussi, il a eu des propositions; voir *ibid.*, p. 202. « Je ne puis le prendre, répond-il d'abord à Harel, j'ai refusé, l'autre jour, de le traiter à quelqu'un qui me l'offrait. — Et pourquoi cela? — Parce qu'un de mes amis, qui, je crois, a beaucoup plus d'esprit que vous, ce qui n'est pas peu dire, en fait un drame. — Qui donc? — Roger de Beauvoir. — Vous vous trompez! C'est un roman

c'est la comparaison qu'on en peut faire et les éclaircissements qu'on en doit tirer. Le romancier ne manque pas d'imagination. Il possède même tout justement celle qui plaît aux romantiques, et qui consiste à ranimer la couleur d'une époque. Il a des visions, mais confuses; le xiv° siècle ne ressuscite pas, il grouille. Il y a, dans ces peintures, de l'énorme et du minutieux, de l'éclat et peu de clarté. Il y manque du jour et de la vie. Tout cela est badigeonné consciencieusement, réchampi, et à pièces rapportées. L'auteur s'est employé, échauffé tant qu'il a pu; mais c'est une tour de Babel, et non point *la Tour de Nesle*. Il allègue des textes très anciens en des notes très compendieuses[1]. Il est proprement ce qu'il reproche à d'autres, un « artisan de fouilles historiques », qui se fait « caduc à plaisir », et « ride son style au point d'effrayer parfois l'intelligence du lecteur[2] ». Cet air de science et conscience n'est que le prétexte d'une truculente fantaisie. Walter Scott semble peu documenté et Dumas fade auprès de Roger de Beauvoir.

Dumas a le génie du drame et la mesure du théâtre; deux exemples tirés du roman suffisent à le mettre en évidence.

L'écolier de Cluny, Buridan, poursuivi par le guet

---

intitulé *l'Écolier de Cluny*. » Voir même affirmation, ch. CCXXXIV, p. 163.

Voir pour toute cette question de la Tour de Nesle, sources, succès, procès, duel, *Mes mémoires*, t. IX, ch. CCXXXV-V-VI-VII, pp. 126-234. De toutes les pièces citées par Dumas il me semble résulter qu'en somme il fut de bonne foi, et qu'Harel fut seul coupable de trop d'habileté : c'était Mascarille à la direction d'un théâtre.

1. Pour les sources de la pièce, cf. notes de *l'Écolier de Cluny* et l'article publié par Gaillardet dans le *Musée des familles* et cité par Dumas, *Mes mémoires*, t. IX, ch. CCXXXVI, pp. 193-199.

2. Préface de *l'Écolier de Cluny*, p. II.

« des métiers » s'échappe, grâce à l'obscurité, le long des fossés de la Porte de Nesle. Le vent siffle, le ciel est noir; les cris « sus! sus! » redoublent avec fureur. Soudain « la trace rougeâtre et fugitive d'un éclair » lui montre à l'une des fenêtres « treillissées » de la Tour une femme, qui lui fait signe. « Ce fut l'ange d'une vision[1]. » Il se précipite vers la porte entr'ouverte, « non sans ouïr sur-le-champ retomber sur lui, *comme par miracle* (?), *les lourds battants à clous de fer*[2]. » On voit déjà l'intolérable procédé; mais cela n'est qu'un avant-goût de ce style coloré, érudit et romanesque. Lisons donc plus avant. « Un panneau de bois glissa sur ses gonds, et maître Jehan se trouva introduit dans une chambrette assez basse et bien close, d'où s'échappait dès l'*ost* forte odeur de parfum et de verdure fraîchement coupée. C'était du reste la seule *esjouissance* de ce lieu nu autant qu'étroit, éclairé à demi par une lampe *apposée sur un bahut*, près de la *couchette aux larges courtines*, que surmontait *un long tableau représentant les dix commandements d'amour, œuvre d'un frère lai de Saint-Benoît, enrichie d'oiseaux et d'enluminures.* L'âtre enfermait toutefois tisons de bruyères sèches qui pétillaient ardemment, non sans répandre douce et *avenante* clarté. — « Soyez le bienvenu, bel amy... » — L'écolier resta muet, lorsque, en ramenant les plis de son *capuce*, il rencontra le sourire *mystérieux* d'une femme *à demi vêtue*. Au premier aspect de cette figure *pâle de blancheur*, immobile sous ses longs cheveux, et comme parée *de son désordre*, il y avait *fascination*. Sa taille était grande, ses bras nus, *aussi éclatants qu'hermine*, un œil insidieux de mollesse, tout un éclair de *volupté*. « *Et donc, sire bachelier*, votre cape ruis-

---

1. *L'Écolier de Cluny*, ch. 1, p. 66.
2. *Ibid.*

selle encore, besoin est tout d'abord[1]... » C'est le pastiche, le rebutant et facile pastiche qui obscurcit et hérisse le style, un ramas de mots techniques et archaïques, un abus d'inversions et de suppressions d'articles, beautés douteuses piquées comme épingles en la pelote. Exercice d'écolier, où l'à peu près tient lieu de savoir. A ces enjolivures, qui en sont la couleur historique, se mêle le plus banal de la phraséologie romantique, qui en fait la couleur romanesque. Pastiche des deux parts. Je ne dis pas que cela fût pour choquer le goût de Dumas, ni pour déplaire à son imagination avide de vocables éclatants et sonores. Mais lisez et comparez. Le génie dramatique a imposé sa loi au mauvais goût et opéré la transposition nécessaire. Il a conservé des archaïsmes juste l'essentiel, quelques mots, exclamations ou tours de phrase encore très clairs dans le drame. Drame mort-né, s'il eût été écrit en cette langue tour à tour laborieuse et emphatique, et surtout impropre à l'action.

La scène principale du roman de Roger de Beauvoir, la nuit de Buridan à la tour, se trouvait indiquée chez Brantôme; elle avait de quoi séduire les conteurs de 1830. Dumas, qui a fait au peuple libre, au peuple ennemi des rois Veto et des reines amoureuses la bonne mesure d'abominations dans *la Tour de Nesle*, Dumas est un auteur sage et presque sobre. Si vous alléguez la tirade des « grandes dames », écrite d'ailleurs par J. Janin[2] : « ... A peine sommes-nous entrés dans cet endroit éblouissant et chaud à enivrer, qu'elles nous ont accueillis avec mille tendresses, qu'elles se sont livrées à nous sans détour, sans retard! à nous, tout de suite, à nous inconnus et tout mouillés de cet orage. Vous voyez bien que ce sont de grandes dames[3]... »

1. *L'Écolier de Cluny*, ch. 1, p. 67.
2. Voir plus haut, p. 175, n. 3.
3. *La Tour de Nesle* (Th., IV), I, tabl. II, sc. v, p. 21.

— si vous vous récriez, non pas seulement contre la logique, mais aussi contre la vivacité d'un couplet, où ces grandes dames avérées se sont « abandonnées à tout ce que l'amour et l'ivresse ont d'emportement et d'oubli..., etc., etc. », — lisez, lisez les mêmes choses dans *l'Écolier de Cluny*; et suivez jusqu'au bout, s'il vous est loisible, l'indécente et incandescente imagination du romancier.

La scène se déroule sous nos yeux : c'est le dangereux avantage du roman qu'il a plus de liberté et d'espace. La scène s'espace donc. La reine est moins grande dame. Elle sèche son écolier près de l'âtre. Elle lui offre à boire et à manger pour le réparer. — « Humeriez peut-être, après si grand orage, tesson de Cervoise ou d'Epernay? Parlez, mon gentil cœur... Si gâteau de mil, cidre, ou beurrée[1]... » Ce n'est pas encore une orgie, mais une collation à la Tour : on est nourri. Buridan se répare et se prépare. J'ai cité les détails du mobilier de cette garçonnière, au temps du roi Louis le Hutin. Ne retenons plus que quelques traits d'un réalisme suggestif... « On eût pu remarquer un léger désordre dans la symétrie des corbeilles et des *traces récentes de lie au vieux gobelet à demi renversé sur sa large patène d'étain*. La chambre avait aussi quelque apparence de surprise ou d'abandon. Des vêtements de femme épars çà et là, un *hanin* rouge à broderies fanées... Par-dessus tout les tentures enfumées de l'alcôve relevées comme à la hâte, et les courtines du lit grimaçantes à l'instar de figures cabalistiques... De tout cela l'écolier *ne voyait rien...* Enlacé d'avance par le charme, il restait là, pensif, dans un étonnement timide, *comme une de ces figures soumises à la baguette du bohémien qui endort*, ou l'une de ces têtes si déli-

---

1. *L'Écolier de Cluny*, ch. 1, p. 68.

cieusement recueillies de Murillo dans un demi-jour vague et suave[1]. » Quant à la femme, « ... vous eussiez dit une de ces *beautés fatales* que *Callot, Michel-Ange ou autres*(!!) semblent, dans leurs tableaux, traîner à plaisir par les cheveux devant un Saint du désert[2] ». C'est donc la passion échevelée qu'il s'agit de peindre, avec une pointe de sadisme que rehausse la timidité rêveuse d'un enfant en proie à cette goule, d'un enfant que « l'énigme tourmente » et dont « l'âme est un chaos »[3]. Roger de Beauvoir prend de la peine pour mêler l'angoisse à notre plaisir; il y a du ragoût. Aux premières questions de la reine, messire Jehan Buridan répond (tel l'amoureux de *Mon Isménie*), qu'il n'a jamais aimé que deux personnes : sa mère et... son ami Arthur[4]. Enfin l'on vient au fait. « Tout à coup il sentit un bras l'étreindre *avec puissance*... « Ma mère! ma mère! »... « Je serai ta mère! »... Il voulut écarter cette vision et repousser le fantôme. *En ce moment le lit rougeâtre de clarté lui apparut.* « L'enfer! » — « L'enfer à deux[5]... » Je n'ai cité que l'indispensable, et je recours en hâte aux points suspensifs que l'auteur a semés tardivement. Encore ces points suspendent-ils la scène sans l'épuiser. Entre le réveil de Buridan, l'écolier malgré lui, et l'apparition du sac mortuaire dans lequel le juif Manassés, exécuteur de la reine, le

---

1. *L'Écolier de Cluny*, ch. 1, p. 68.
2. *Ibid.*, p. 69.
3. *Ibid.*, p. 70 et p. 71.
4. *Ibid.*, p. 71.
5. *L'Écolier de Cluny*, ch. 1, p. 72. Voir, *ibid.*, tout le tintamarre du pire romantisme. « C'était une haleine de feu passant d'abord sur les boucles de ses cheveux, puis un regard d'ange tombé lascif et suave; un bras qui repousse, un bras qui cède, une bouche qui prie, un front ployé sous une caresse, un combat de réprouvé, un étonnement d'élu. — « Je serai ta mère! » disait-elle... »

doit envelopper, la femme insatiable, la créature de volupté, lasse et non soûle, embrase l'esprit et les sens de messire Jehan[1]. « C'est d'un style magique et ardent qu'elle peint la passion, n'est-ce pas[2]? » dit un personnage de *la Tour de Nesle*. On devine que Dumas est un dramatiste beaucoup trop adroit pour offrir à nos regards ces scènes de feu, et que l'expression s'est apaisée, grâce à une claire conscience des nécessités dramatiques et au goût d'une certaine mesure à la fois imposée et subie par le spectateur, fût-il du commun.

A défaut du manuscrit original de Gaillardet, qu'il se peut que Gaillardet lui-même ait détruit, nous avons quelques renseignements de Dumas sur le travail de remaniement et d'invention auquel il se livra d'après ce manuscrit[3]. Certes, il convient plus que jamais d'être sur ses gardes à la lecture de *Mes mémoires*. Encore paraît-il bien que le véritable auteur du drame, je dis celui qui mit la chose au point, a dû s'écarter de l'exécution primitive autant et de la même façon qu'il s'éloigne de *l'Écolier de Cluny*. La même idée avait attiré Roger de Beauvoir et Gaillardet, qui la trouvaient dans Brantôme : c'était la peinture d'une nuit d'amour et d'orgie dans la Tour aux lueurs sinistres. Nous savons que Gaillardet avait exécuté cette scène la première[4] : mauvais signe. Ensuite, à travers les demi-aveux ou les discussions du procès, on devine que la pièce s'égarait, probablement comme *l'Écolier de Cluny*,

---

1. *L'Écolier de Cluny*, ch. 1, pp. 74 à 75.
2. *La Tour de Nesle*, V, tabl... VIII, sc. III, p. 85.
3. *Mes mémoires*, t. IX, ch. CCXXXIV, pp. 170-171, ch. CCXXXV, pp. 177-182, et ch. CCXXXVI : Lettre de Dumas au *Musée des familles*, p. 205 : « Quant aux deuxième, troisième, quatrième et cinquième actes, *ils s'écartaient tellement des habitudes du théâtre, qu'il était impossible d'en rien tirer.* »
4. *Mes mémoires*, t. IX, ch. CCXXXIV, p. 170.

dans les détours sans fin de la légende de Buridan[1]. Dumas, reprenant en main le sujet, fait, lui aussi, la scène de la Tour, mais il se garde de s'y engager de but en blanc; et, après qu'il l'a faite, il la refait comme Molière celle de Tartuffe et d'Elmire, comme Racine celle de Titus et Bérénice, en grand dramaturge qu'il est. Buridan n'est plus un écolier : il s'agit bien d'autres licences. Au chef-d'œuvre populaire il infuse le charme qui plaît au peuple. Aux têtes combustibles il prépare un autre aliment; plus circonspect et mesuré que Roger de Beauvoir, et plus malin que Gaillardet. Il a même la profitable crainte des sifflets, qui lui donne presque du goût. N'est-il pas établi, avéré, et d'une certitude incontestable, que Gaultier d'Aulnay, le jeune premier, le cavalier amoureux, dont la reine, après les nuits de débauche à la Tour, soupire le nom en des rêves suaves et purs, s'appelait Anatole[2]?

II

LE DRAME DE « LA TOUR DE NESLE ».

« ... Oui, je suis passé à deux heures du matin au pied du Louvre, et la Tour de Nesle était brillante; les flambeaux couraient sur les vitraux; c'était une nuit de fête à la Tour. Je n'aime pas cette grande masse de pierre, qui semble, la nuit, un mauvais génie veillant sur la ville[3]... » Les hommes de peu d'imagination feront sagement de n'aller pas plus loin. Ce chef-

---

1. *Mes mémoires*, t. IX, ch. ccxxxiv, p. 170. « Je commençai le second (acte); mais je proteste que je n'allai pas plus loin que la huitième ou dixième page. Le drame déviait complètement de la route qu'à mon avis il devait suivre. »
2. *Mes mémoires*, t. IX, ch. ccxxxvi, p. 205.
3. *La Tour de Nesle*, II, tabl. III, sc. II, p. 29.

d'œuvre leur est fermé. Mais le populaire, dont la fantaisie est avide et simple, sent dès ces mots que la Tour règne sur le théâtre, et qu'elle est là pour lui. Ses yeux se dessillent; il remonte le cours des siècles; il est le peuple des truands. Il s'identifie avec lui. « Si vous saviez ce que le peuple raconte [1]!... » Le peuple d'aujourd'hui déguste les récits de celui d'autrefois. Il savoure la légende de Brantôme. Au pied de la Tour de Nesle, de cette tour d'enfer, la Seine rejette chaque matin trois cadavres sur la grève; pêcheurs, bateliers, écoliers commencent à menacer cette « hôtellerie royale [2] » en criant « malédiction! » Malédiction sur les orgies de la reine Marguerite de Bourgogne, première femme du roi Louis X, et de ses deux sœurs Jeanne et Blanche : famille royale, famille perdue de vices! Malédiction sur *la Tour de Nesle!* Ces quatre mots résonnent, refrain lugubre : « Et nous, enfants, à la Tour de Nesle! — ...Alors, une échelle, une épée, et suis-moi. — Où cela, capitaine? — A la Tour de Nesle [3], malheureux. » Dès les premiers tableaux, et durant tout le drame, la Tour de Nesle obsède nos yeux de ses clartés sinistres sous un ciel noir déchiré d'éclairs; son nom poursuit nos oreilles comme un glas. Elle est le protagoniste immuable, l'unité mystérieuse, le symbole massif de l'œuvre. Peuple de France, peuple issu des manants de l'an 1314, qui frémis au seul bruit de ces quatre mots assemblés : *la Tour de Nesle*, frémis, mais écoute.

Ce symbole, qui a d'abord ému ton imagination, est pour remuer en toi un vieux levain de ressentiments et de rancunes. Il n'y a pas si longtemps que tes pères

---

1. *La Tour de Nesle*, II, tabl. III, sc. II, p. 29.
2. *Ibid.*, p. 30.
3. *La Tour de Nesle*, fin du tableau I, p. 14, et fin du tableau VIII, p. 90.

ont pris d'assaut une autre poterne et démoli la citadelle de la « tyrannie ». Écoute, écoute et souviens-toi. En cette Tour maudite, femme et filles de rois prennent leurs ébats, « s'enivrent de vin, de caresses et de voluptés [1] ». Malheur! malheur! L'épernay ruisselle dans ces fêtes; et sur les manants pleuvent comme grêle taxes, gabelles et impôts. En cette Tour ferme sur ses assises de pierre, qui semblent défier le temps et braver ton courroux, ô peuple, règne le plaisir, le bon plaisir féodal. Tu te souviens. L'idée et le symbole du drame sont bien pris à ta taille. Dans les murs, hors des murs de ce repaire s'engage la lutte entre le passé et l'avenir; et ce sont encore tes destinées qui, sous d'autres noms et sous le couvert de la légende, se débattent une fois de plus. Le vice royal (royauté n'étant que vice et abus) est aux prises non pas avec la vertu de l'ancien théâtre, mais avec la volonté, l'intelligence, l'énergie et les hommes d'action du nouveau. Marguerite et Buridan poursuivent un combat inégal et acharné, l'une armée de tous les pouvoirs et de tous les prestiges, l'autre fort des seules ressources de son génie [2]. Peuple de 1830, postérité de Figaro, qu'on a tant grisée de grands mots, ne sens-tu pas d'abord combien ce dramaturge est ton homme, à quel point son talent et son sujet sont tiens, et comment, grâce à son zèle populaire, du texte de Brantôme naît dès le premier acte un drame qui est l'image de ta vie à travers les siècles, ou du moins celle que tu t'en fais en ta pensée.

---

1. *La Tour de Nesle*, I, tabl. II, sc. I, p. 15.
2. *Mes mémoires*, t. IX, ch. CCXXXIV, p. 170. « Ce qui ressortit pour moi comme *l'essence du drame, ce fut la lutte entre Buridan et Marguerite de Bourgogne, entre un aventurier et une reine, l'un armé de toutes les ressources de son génie, l'autre de toutes les puissances de son rang.* »

Gaillardet novice avait coupé sa pièce en cinq actes, comme une tragédie [1]. Pour que cette lutte se précipite au gré de ton émotion impatiente, pour qu'au milieu de ces événements fictifs et de ces vicissitudes tu n'aies pas le caprice de te ressaisir, on te prendra par le régal des yeux : ton dramatiste connaît ta faiblesse, bon peuple. Il divise sa pièce en tableaux, parmi lesquels l'intérêt ne saurait languir. Et quels tableaux et combien de ton goût ! Tu entreras à la taverne d'Orsini, près la porte Saint-Honoré; manants, ouvriers sont assis à la table de droite; la noblesse à part, à gauche, Philippe d'Aulnay écrivant sur un parchemin entre un gobelet et un pot de vin [2]. Tu iras aussi à la Concurrence, chez Pierre de Bourges, par devers les Innocents. On te gâte, visiblement [3]. On te montrera le vieux Louvre et la prison du grand Châtelet [4] : cour, prison, tavernes, toute une synthèse qui ne dépasse point ton savoir, animée, colorée, théâtrale, sans luxe inutile. On ne te découvrira point l'alcôve de la Tour de Nesle, parce qu'on est, sinon trop moral, au moins plus prudent. On évite de prostituer l'intérêt du drame et d'égarer ton émotion en des curiosités dommageables. Mais tu verras le cabinet de toilette et la reine en déshabillé [5]. C'est quelque chose; c'est assez. En revanche, quelles joies égalitaires le spectacle te réserve ! Le premier ministre et la reine, tu les considéreras tantôt à la cour, et tantôt au cabaret; surtout, ne perds pas un mot du dénoûment, qui te sera d'un plaisir extrême : la reine et le premier ministre y seront arrêtés devant toi et pour toi, dans

---

1. *Mes mémoires*, t. IX, ch. ccxxxvi, p. 214.
2. *La Tour de Nesle*, tabl. I.
3. *La Tour de Nesle*, tabl. VIII.
4. *La Tour de Nesle*, tabl. III et VIII; — tableau VI.
5. *La Tour de Nesle*, tabl. II.

le traquenard de la Tour de Nesle [1]. Alors tu pourras retourner au logis, satisfait d'avoir parcouru toutes les étapes de ce monde, et passé, sans ennui, de la taverne à la Tour, de la Tour au Louvre, du Louvre à la prison. Ces contrastes philosophiques t'auront graduellement amené jusqu'au seuil du néant, où s'abîment ces grandes puissances que nous voyons d'en bas, que tu regardes désormais en face. Sens-tu avec assez de joie combien cet auteur, qui avait droit à la particule, est avec toi?

Il est un maître ouvrier. Tout n'a pas la même valeur dans sa pièce; mais, hormis *Patrie* de M. Victorien Sardou, je ne connais point de drame, dont la composition soit réglée avec une telle exactitude sur le sentiment de la foule. C'est une progression et une diversité, un engrenage de spectacles, de scènes, de situations, un savant mélange de la terreur, du rire, et parfois du comique terrible, comme au huitième tableau, pour aboutir à un dénoûment que Dumas a pu, sans forfanterie, comparer à celui d'*Œdipe Roi* et même à la force scénique de Shakespeare [2].

L'exposition est fameuse. L'action s'engage au pas de charge, épée au clair. Invisible et présente, la Tour de Nesle verse sur les personnages l'ombre et le mystère. Tous ces hommes agiles en sont comme enveloppés. Alerte! au meurtre! au guet! Buridan et son « secret qui le tuera ou fera sa fortune [3] »; Philippe et le récit de sa rencontre avec une femme qui lui fixe un rendez-vous; et (voyez le dramaturge) la scène, qui vient d'être racontée, maintenant exécutée sur le théâtre, la femme *voilée*, qui entre et touche Buridan à l'épaule, et le même langage, et le même anneau : mystère! mystère! Cette scène a été faite vingt fois; elle est dans

1. *La Tour de Nesle*, V, tabl. IX, sc. V, p. 93.
2. *Mes mémoires*, t. IX, ch. CCXXXV, p. 182.
3. *La Tour de Nesle*, I, tabl. I, sc. II, p. 8.

la *Chronique du règne de Charles IX*, dans *Ruy Blas*, et même dans les premières poésies de Musset [1]; nulle part, elle n'excite au même degré une curiosité pareillement inquiète. Et voici Gaultier d'Aulnay, frère de Philippe, favori de la reine Marguerite, et les croix rouges au bras gauche des deux jumeaux, et Buridan, capitaine d'aventure, qui s'engage à fond avec ces jeunes gens, dont il est le père sans le savoir. La Seine a charrié trois cadavres, et l'heure approche des trois rendez-vous. Orsini ferme son cabaret.

A la Tour de Nesle, pour terminer l'exposition. C'est le tableau de l'orgie et de Marguerite de Bourgogne. J'y reconnais la main de Dumas, ses audaces avisées, et son expérience du théâtre et du public. Nous sommes bien dans la Tour légendaire et détestée. Le décor est circulaire : c'en est la preuve. Mais la toilette, les chaises et les fauteuils que nous apercevons sur le théâtre ne sont que truchements. Dans la chambre à côté se font la débauche, l'amour et les tueries. Nous n'en verrons sur la scène que les intermèdes, les préparatifs, et les suites. Marguerite apparaîtra masquée : et cela suffit pour la deviner; fripée et chiffonnée : et c'est assez pour la connaître. L'orage gronde; les éclairs traversent les vitraux, « le fleuve grossit comme pour aller au-devant des cadavres... C'est un beau temps pour aimer [2]. » On sait le monologue d'Orsini; il est terrible; c'est un ambigu fantastique de cadavres, d'éclairs, d'amour, d'orgie, de caresses, de sadisme enluminé, très romantique, c'est-à-dire assez bourgeois. Mais il en dit plus à l'imagination que le récit de Roger de Beauvoir, sur ces femmes de toutes les voluptés et sur la

---

1. *La Tour de Nesle*, I, tabl. I, sc. III, pp. 10 sqq. — Elle date de *Macette* de Mathurin Régnier. Molière l'a reprise dans *l'École des femmes*, II, sc. VI.
2. *La Tour de Nesle*, I, tabl. II, sc. I, p. 15.

mort qui attend leurs victimes. « Il est deux heures; la pluie tombe; tout est tranquille; Parisiens, dormez[1]. » Enfin Marguerite paraît. Elle veut, pour une fois, soustraire à la mort Philippe, « enfant tout d'amour et de passion »[2], qui ressemble à son Gaultier comme un frère. Le drame se noue. Philippe lui fait à la joue une éraflure d'épingle pour la reconnaître. L'imprudent signe son arrêt de mort. « Cette marque...Priez Dieu!...Qu'on se souvienne de mes premiers ordres[3]! » Elle sort. Orsini ferme la fenêtre et emporte la lumière. Après l'éclat de la fête, la nuit, plus rien que la nuit sillonnée par le feu du ciel. Qui est là? Philippe! Buridan! Le troisième compagnon anonyme s'attarde en compagnie de la troisième sœur. Oh! ce sont de grandes dames[4]. Où sommes-nous? « Regarde devant toi... — Le Louvre. — A tes pieds. — La Seine[5]. » Autour de nous, c'est la Tour de Nesle. Et c'est la mort. Vite, des tablettes, sur lesquelles le jeune homme écrit de son sang, à la pointe de l'épingle enlevée à la coiffure de la reine : « J'ai été assassiné par... » Buridan possède un gage, Philippe étant le frère du favori. La lutte est désormais engagée entre Marguerite et le capitaine. L'un saute par la fenêtre dans la Seine : c'est le chemin de la fortune et des héros romantiques; l'autre reparaît, frémissante et fatale, une torche à la main, et penchant vers le pauvre Philippe à l'agonie son visage enfin démasqué : «... Regarde et meurs. » — « Marguerite de Bourgogne, reine de France[6]! » La nuit est tranquille, les Parisiens dorment, et Buridan va s'évertuer.

---

1. *La Tour de Nesle*, I, tabl. II, sc. I, p. 15.
2. *La Tour de Nesle*, I, tabl. II, sc. III, p. 17.
3. *La Tour de Nesle*, I, tabl. II, sc. IV, p. 20.
4. *La Tour de Nesle*, I, tabl. II, sc. V, p. 21.
5. *La Tour de Nesle*, ibid., p. 22.
6. *La Tour de Nesle*, I, tabl. II, sc. VI, p. 24.

Troisième tableau : au Louvre, dans la chambre à coucher de la reine. Depuis la journée du 10 août, le peuple force toutes les portes des palais. Marguerite est couchée sur un lit de repos : elle cuve son orgueil et sa débauche. Cette femme, quoique reine, sera vaincue. Elle n'a pas l'endurance de son ennemi, qui, après une telle nuit, s'en est allé à ses affaires et a revêtu un costume de Bohémien. Dumas déclare que ce tableau est mauvais [1]. Il est plutôt long, et il a le tort de continuer l'exposition. Nous apprenons que Marguerite aime Gaultier d'un amour pur. Pour romantique qu'elle soit, la gaillarde nous étonne. Dumas a des pudeurs que la pudeur ne connaît pas. Des deux fils de Marguerite un seul a eu ses faveurs. Cette réserve plaît, mais cette invraisemblance pèse sur le mouvement de la scène. Ce sont subtilités romanesques, où le bon sens populaire ne les attendait point et les écoute sans intérêt. Dumas se ressaisit bientôt. Buridan a l'épingle, qui a marqué la royale joue. « Tu vois, dit-il à voix basse, que je sais tout, Marguerite; que ton amour, ton honneur, ta vie sont entre mes mains... [2] » Vertudieu! Qui donc commande en ce palais? Le Bohémien, l'aventurier, l'échappé de la Tour de Nesle, par le seul pouvoir de son énergie et de sa judiciaire. Réjouissons-nous, compagnons du parterre; et applaudissons, comme il faut, l'homme d'action qui ne balance point, qui ne déclame point, comme Ruy-Blas, et qui ordonne à la reine de s'enfermer dans son appartement, en attendant le rendez-vous qu'il lui fixe à la taverne d'Orsini. En vain Gaultier vient demander compte à son idole du cadavre de son jeune frère; en vain il pleure, « tombe et se roule », tel un héros d'Homère,

---

1. *Mes mémoires*, t. IX, ch. ccxxxv, p. 180.
2. *La Tour de Nesle*, II, tabl. III, sc. III, p. 34.

de Sophocle ou de Shakespeare; la porte est condamnée et la reine invisible par l'ordre de Buridan. Et l'on voit que si le début du tableau languit, la fin ouvre brusquement la carrière à l'imagination des milliers de Buridans, dont l'ambition et les appétits sont lâchés à travers le monde. Du muscle, du muscle, et encore du muscle !

Marguerite est venue à la taverne d'Orsini. Le peuple de France remarquera qu'elle n'y semble point dépaysée. Cela n'est pas pour déplaire à nos amours-propres de manants. Il n'y a pas plus loin du Louvre à la porte Saint-Honoré que du Louvre à la Tour de Nesle [1]. Cette observation judicieuse et démocratique est du capitaine Buridan. Vous dites que la scène est d'une prodigieuse invraisemblance? Dumas le confesse, le regrette, et ne s'en attriste pas autrement [2]. Il n'a point tort. Car elle est tout entière soutenue par le sentiment égalitaire, qui l'anime, et qui en masque l'artifice. L'individu s'y dresse devant le pouvoir royal, et l'imagination, la toute-puissante imagination, emporte d'un mouvement hautain cette gageure de déclamation énorme, imprévue, et vraiment douce à l'âme de la garde nationale. Plus tard, Dumas développera la scène en six volumes, dans *la Comtesse de Charny*. Buridan, qui avait en main l'épingle, possède aussi les tablettes de Philippe. Cela donne à un homme de sa taille beaucoup d'aplomb et de l'esprit. Si les tablettes ne réussissent point, patience : il tient en réserve un autre talisman. « Que voulez-vous de moi alors [3] ? » dit la reine. Veut-il l'argent, le pouvoir, le sceau et le parchemin à discrétion? « Je veux tout cela », repart Buridan. Le mot est grand comme le monde moderne; il est l'épilogue de la Révo-

---

1. *La Tour de Nesle*, II, tabl. III, sc. III, p. 34.
2. *Mes mémoires*, t. IX, ch. CCXXXV, p. 181.
3. *La Tour de Nesle*, II, tabl. IV, sc. II, p. 40.

lution et de l'Empire; il dit l'ivresse de l'individualisme triomphant. Que ne dit-il point? Qu'importe, après cela, que ce benêt de Gaultier se laisse dérober ces tablettes accusatrices à lui remises, dans une scène artificielle et compliquée? La reine n'est pas de force à lutter avec le capitaine. Et vivent les hommes d'énergie! Buridan triomphe.

Il est vaincu. C'est le troisième acte. Buridan arrête Marigny, et Gaultier Buridan. Ainsi passent les puissances. Le tableau est spirituel; mais surtout il nous plaît par un respect notable de l'autorité, qui est, comme chacun sait, la caractéristique de l'esprit français. Marigny, le premier ministre, sera pendu : c'est une douceur. Et Buridan est enfermé au Châtelet[1], lié et couché sur la paille d'un cachot, où l'on accède par deux cent vingt marches et douze portes qu'il a comptées, en souvenir du républicain Verrina[2]. Son prestige est fort compromis. Mais il le relèvera. Il le faut. On a trop bien su éveiller en sa faveur nos instincts indépendants. Cet aventurier a de la poigne et du sens. Il y joint, à l'égard des femmes, une philosophie expérimentale, qui n'est pas sans valeur; si ces femmes sont reines, cette philosophie nous devient tout à fait savoureuse. L'épingle, les tablettes ont échoué. Mais Buridan a la boîte, la boîte enfouie dans sa chambre sous la septième dalle à partir du crucifix[3], une boîte de lettres écrites jadis à certain Lyonnet de Bournonville par une certaine Marguerite. Or ceci est l'acte de la prison, qui, outre la psychologie féminine qu'il révèle, est un des plus jolis tours de théâtre, et tout à fait dans le sens des

---

1. *La Tour de Nesle*, acte III, tabl. VI, deuxième tableau du III.
2. *La Tour de Nesle*, III, tabl. VI, sc. 1, p. 54. Cf. *la Conjuration de Fiesque à Gênes*, III, sc. IV, p. 281.
3. *La Tour de Nesle*, III, tabl. VI, sc. II, p. 57.

audaces chères au peuple que nous sommes. C'est une règle d'intérêts composés, que Dumas a nettement expliquée[1], et dont l'énoncé revient à ceci : étant donné un ennemi vaincu, désarmé, enfermé, qui n'a plus que la parole pour se défendre, et la femme victorieuse, mais curieuse de jouir de son triomphe, trouver les formules et la solution qui renverseront les rôles, délieront les bras et les pieds meurtris, élèveront l'humble, abaisseront le puissant, et feront de l'aventurier un premier ministre. La solution en est élégante, simple, émouvante, stupéfiante, et graduée avec coquetterie. Granier de Cassagnac a prétendu que la scène était tirée de Lope de Vega; Gaillardet affirmait qu'elle était de lui[2]. Oh! qu'elle est de Dumas, et préparée et filée avec un art digne des plus belles œuvres scéniques, avec cette pointe d'impertinence, qui est au fond du caractère de l'auteur et des hommes de sa génération, et qui fait de Buridan un d'Artagnan révolutionnaire. Il sourit, il est chevalier, il est Français; il a juste le degré d'insolence qui convient dans la défaite; il est délicieux de grâce et d'élégance dans la victoire finale. Qu'était-il tout à l'heure? Rien. Que veut-il être? Tout. Ce n'est ni Lope, ni Gaillardet; c'est la propre verve puissante, gasconne, adroite et communicative de Dumas. Cette scène de la prison, Gaillardet (qui ne l'avait pas exécutée dans son premier manuscrit) reconnaît l'avoir ainsi placée dans le second, que Buridan devait terminer son récit en tendant les mains à Marguerite et en lui disant : « Délie ces cordes! » Marguerite le déliait, à genoux. « M. Dumas a triplé cet effet..., ajoute-

---

1. *Mes mémoires*, t. IX, ch. ccxxxiv, p. 170.
2. Voir plus haut, p. 110, n. 1; et *Mes mémoires*, t. IX, ch. ccxxxvi, Lettre de Gaillardet à M. S.-Henry Berthaud, citée par Dumas, pp. 210 sqq.

t-il, voilà ce que je dois avouer et dire ¹. » Fit-il pas mieux que de se taire? La trouvaille dramatique est là, et non ailleurs; de là jaillit l'émotion croissante du récit, qui finit par dominer le public au point d'absoudre un assassin (car il assassina, l'infâme !) et de provoquer son apothéose. Buridan a un crime sur la conscience, il triomphe d'une femme, qui fut autrefois sa complice, qui est aujourd'hui son ennemie; et tous les cœurs vont à lui, toutes les mains. Oh! le beau coup de théâtre! Et combien populaire! « Où allons-nous? — Au-devant du roi Louis X, qui rentre demain dans sa bonne ville de Paris ². »

Le quatrième acte est long, mais plein d'esprit, de cet esprit qui n'est pas royaliste, ni aristocratique assurément. Le roi rentre dans sa ville et impose une nouvelle taxe. Le peuple crie : Noël! se fait crosser; crossé, il crie : Vive le roi! C'est un bon peuple ³; il crie, donc il payera. Cependant arrive l'ordre de pendre Enguerrand de Marigny. On sait de mémoire ces mots fameux qui montent jusqu'au cintre... « Nous voilà toujours fixés sur un point : c'est que le premier ministre sera pendu... Le roi avait promis de faire quelque chose pour son peuple ⁴. » Buridan se débarrasse de son prédécesseur, dont il nous a dit : « Cet homme est un juste ⁵ »; un prédécesseur est

---

1. *Mes mémoires*, ibid., p. 215.
2. *La Tour de Nesle*, III, tabl. vi, sc. v, p. 66.
3. *La Tour de Nesle*, IV, tabl. vii, sc. iii, p. 70 : « Je vais donner l'ordre qu'une taxe soit levée sur la ville à l'occasion de la rentrée. — Vive le roi! vive le roi! — Oui, mes enfants, je m'occupe de diminuer des impôts... »
Cf. Meilhac et Halévy, *la Belle Hélène*, III, sc. vii, p. 107 : «... La reine fera ce voyage, et c'est mon peuple qui payera les génisses blanches. — Vive le roi Ménélas! — Oui, mes enfants, vous les payerez. »
4. *La Tour de Nesle*, IV, tabl. vii, sc. v, p. 73.
5. *La Tour de Nesle*, III, tabl. v, sc. v, p. 51.

toujours bon à pendre. Gaultier d'Aulnay, favori de la reine, est relégué par lettres patentes en Champagne. Buridan suit la pure tradition révolutionnaire. Il est parvenu, politique, exclusif, à la française. Il tend un double piège à la reine et au favori, à l'une pour avoir tué Philippe, à l'autre pour avoir oublié le cadavre de son frère. A ce soir donc, à la Tour de Nesle, où Gaultier sera l'instrument de la ruine de Marguerite, où Marguerite compte écraser Buridan, où Buridan pense se défaire de Marguerite et de Gaultier. En sorte que la fin du quatrième acte réunit les fils, resserre l'action, tend l'émotion, en quelques répliques symétriques, à la façon du vieux Corneille, selon la formule des Dumas. De nouveau la Tour de Nesle apparaît à l'horizon chargé d'orages : soupirail de l'enfer, caverne du vice et de la vengeance. Enfin, par un effet de symétrie plus dramatique encore, de même qu'au quatrième tableau Enguerrand fut arrêté par Buridan, qui fut appréhendé par Gaultier d'Aulnay, — pareillement, à cette heure décisive, Marguerite donne dans la souricière de Buridan, qui se prend au guet-apens de Marguerite. Cela fait une suite de beautés philosophiques. A nous deux la France, et non à nous trois; et non pas même à nous deux, mais à *moi*[1]. A personne, messire : la France au peuple français. On ne perd rien à le lui dire.

Pour lui est fait le cinquième acte, pour lui le pathétique et les frissons d'orgueil. Deux tableaux. Le huitième est rapide. Buridan brûle ses vaisseaux; mais il n'a pas brûlé les fameuses lettres, son dernier moyen, que la reine redoute, qui dessille les yeux de Gaultier, gentilhomme loyal, mais que l'amour absorbe : lettres

---

1. *La Tour de Nesle*, II, tabl. IV, sc. II. p. 41, et IV, tabl. VII. sc. VIII, p. 77.

de pensionnaire que le roi Louis le dixième lira demain avec bien du plaisir. Qui donc a dit que ce drame est immoral? Nous sommes à la taverne : Buridan se recueille et songe à la vie de famille. Il voit clair dans son passé. Il apprend de Landry que Philippe était son fils, que Gaultier est frère de Philippe, l'un qu'il a vu assassiner, l'autre qu'il vient d'envoyer à la Tour de Nesle, c'est-à-dire à la boucherie. Désormais apparaissent inévitables la punition des crimes et le rachat des fautes, dans la Tour justicière.

Ce dernier tableau est d'un grand dramaturge qui tient la terreur à sa merci. Ni les moyens ni le style ne sont pour satisfaire les délicats. Aussi bien n'est-ce pas de délicatesse qu'il s'agit, mais d'une fatalité populaire, plus mécanique que celle d'*Œdipe roi*, et aussi plus moderne. Je crois savoir ce qui manque ici pour atteindre à la même grandeur. Mais je sais reconnaître tout ce que Dumas y a concentré d'émotion pressante, inéluctable. C'est une fièvre de l'action qui se hâte vers la fin, une tension des nerfs et des sentiments parmi l'atmosphère étouffante des suprêmes catastrophes. Buridan entre par le balcon, à la façon de Figaro : c'est une manie de ces héros, la plus innocente. Il déclare hautement qu'il dira plus tard, « pourquoi par cette fenêtre et non par cette porte[1] ». Je ne suis pas assuré qu'il le dise jamais. Mais à quoi bon noter ces bagatelles? Il pénètre dans la Tour comme la foudre et la mort. Juste au moment que par une scène de double confidence Marguerite et Buridan apprennent l'un de l'autre leur misère morale, et cependant se reprennent à la vie pour l'amour de celui

---

1. *La Tour de Nesle*, V, tabl. ix, sc. iii, p. 93. Il est évident que ces *entrées* par le balcon sont réglées sur celle de Figaro et du comte Almaviva à l'acte IV, sc. v, du *Barbier de Séville*. Voir plus haut, p. 135.

de leurs deux enfants qui reste, alors Orsini fait son œuvre dans l'escalier et assassine Gaultier. On entend les cris ; le père et la mère veulent porter secours au malheureux. L'infernale porte résiste, cède ; le jeune homme paraît ensanglanté, mourant, et maudissant sa mère. Et Buridan tire une conclusion à l'antique de ce dénoûment effroyable : « Enfants damnés au sein de leur mère... Un meurtre a présidé à leur naissance, un meurtre a abrégé leur vie [1]. » Ce n'est peut-être pas la pure morale chrétienne, encore que le péché originel frappe tous les hommes pour une faute du premier homme. Une bonne fois, ne chicanons ni sur la fin ni sur les moyens. On n'entraîne pas les fils des grenadiers par des effets de saynète. Ces imaginations en disponibilité ne se sauraient assouvir (elles s'en flattent au moins) des menues prouesses de la criminalité coutumière. Shakespeare, après des temps aussi troublés, s'en était douté pareillement. Et avant lui Eschyle et même Sophocle. Mais aucun d'eux, même en des œuvres d'une portée supérieure, n'a pénétré plus avant dans l'obscure conscience de tes instincts et de tes désirs, ô Populaire tumultueux et sensible.

III

LES TYPES DE « LA TOUR DE NESLE ».

L'habileté du dramaturge n'y eût pas suffi. Musset a beau se moquer et dire : « A-t-elle vu *la Tour de Nesle* et lit-elle les romans de M. de Balzac [2] ? » Dumas n'est pas Balzac, non pas même en cette maîtresse

---

1. *La Tour de Nesle*, V, tabl. IX, sc. IV, p. 97.
2. *Il ne faut jurer de rien*, I, sc. I, p. 336 (Œuvres compl., t. IV, Charpentier éditeur, 1881).

œuvre. Mais il a eu du monde fictif qui fascinait la fantaisie de ses contemporains les mêmes visions que l'auteur de *la Comédie humaine* allait avoir de la vie réelle. L'un aboutit à l'autre. Il y a beaucoup d'imagination dans le réalisme de Balzac, et une part de réalisme moderne dans les types légendaires de *la Tour de Nesle*. Brantôme, Jean Second ont inspiré notre homme; le xiv° siècle lui est apparu entre les portants d'un décor de drame de cape et d'épée. Mais examinez de près les personnages qui s'y agitent, pressez-les : ils sont à la fois imaginaires et réels, friands de la rapière, mais au fond tout exultants des prétentions de Figaro. La légende se moque de l'histoire, ou plutôt c'est une histoire plus contemporaine qui se mêle à la fantasmagorie de la légende. Voilà pourquoi ces types ont remué d'emblée les couches profondes de la nation.

Louis le Hutin est « un drôle de corps »[1], pas encore roi d'opérette, mais déjà un bon roi de révolution, je veux dire contre lequel il serait plaisant de soulever l'émeute. Il est doué du genre d'esprit politique qui réjouit les clubs et fait sortir du sol les barricades. Au reste, entouré à souhait. Gaultier d'Aulnay n'a pas la fermeté de Saint-Mégrin; Chérubin plus âgé, sans la grâce indécise, sans le continuel frisson, il rôde dans le quartier des femmes, il aime passionnément, et à crédit; il est le type du favori, du haïssable favori de la reine; jeune cavalier, presque un page et déjà capitaine, et que les révolutions de cour peuvent placer d'un jour à l'autre à la tête de la Champagne, à moins qu'il ne meure de son amour. Car on en meurt en 1830.

Personne ne niera que Marguerite soit une mère

---

1. Lettre de Harel à Dumas. *Mes mémoires*, t. IX, ch. ccxxxiv, p. 174.

très coupable. Mais d'abord elle est une reine : absolue dans ses caprices, ses volontés, et ses débauches. Elle est un « vampire »; elle est « la femme de toutes les voluptés ». On trouvera dans *la Comtesse de Charny* et *le Chevalier de Maison-Rouge* le commentaire peu flatteur de cet état de reine sur les lèvres des gens du faubourg. Le citoyen Rocher et la veuve Tison ne jugeront pas autrement *l'Autrichienne*. Marguerite de Bourgogne, grande dame vicieuse, subit la revanche de l'imagination populaire. Le cri suprême de Philippe : « Marguerite de Bourgogne! *reine de France* »[1], elle le paye chèrement. Capable de tous les forfaits, puisqu'elle a tous les pouvoirs : voilà le lot de l'infâme. « Poursuivie par le remords, je me suis réfugiée dans le crime... j'ai voulu étouffer dans le sang et les plaisirs cette voix de la conscience qui me criait incessamment : Malheur! Autour de moi, pas un mot pour me rappeler à la vertu, des bouches de courtisans qui me souriaient[2].... » On le voit : la royauté est du même coup flétrie. Marguerite a commencé par l'échelle de soie de Juliette; elle ne peut finir que comme Messaline. Un jour la place de Grève retentira du refrain de la Carmagnole, et ce sera grande liesse parmi les truands... J'exagère à peine. Quand Marguerite répond à Buridan : « Une reine de France peut-elle sortir seule à cette heure?[3] » il la renvoie à la Tour de Nesle; et si, au cabaret d'Orsini, elle réclame les témoignages de déférence dus à son rang : « Je te parlerai debout et découvert, réplique le capitaine, parce que tu es femme, et non parce que tu es reine[4]. » C'est la démagogie chevaleresque, où aspirait déjà Beaumarchais, sans s'en rendre exactement compte.

---

1. *La Tour de Nesle*, I, tabl. II, sc. VI, p. 24.
2. *La Tour de Nesle*, V, tabl. IX, sc. III, p. 94.
3. *La Tour de Nesle*, II, tabl. III, sc. III, p. 34.
4. *La Tour de Nesle*, II, tabl. IV, sc. II, p. 38.

Reine, Marguerite est digne de toutes les réprobations. Femme, elle a droit au respect et à la pitié. Ceci ne nous éloigne pas trop du xviii° siècle, ni de la sensibilité larmoyante. Il faudra qu'à deux révolutions le peuple français en ajoute une troisième pour que les dramaturges réalistes, au lieu de la reine chargée de toutes les horreurs et de la femme digne de tous les égards, nous représentent la femme-reine du xix° siècle, idole d'un culte universel, tourmentée d'une pareille soif de plaisirs et de la même impuissance d'aimer.

Nous n'en sommes pas encore là. En attendant, Marguerite escompte la sensibilité romantique et le bon cœur du peuple. Cette partie du rôle est de convention, sans aucun doute, de médiocre qualité littéraire, avec des scènes où la voix du sang le dispute à la jalousie, la curiosité à la coquetterie féminine, que Dumas n'a pas inventées et dont il ne prend guère la peine de renouveler l'expression ni les moyens. Pendant longtemps encore l'imagination du public se plaira à la vue de ces monstres féminins, de ces faibles femmes folles de leur corps, aux yeux de qui brille à point nommé la petite larme : perle inestimable qui n'efface point les crimes d'amour, les crimes que l'Océan ne pourrait laver, mais qui détend les nerfs de Jenny l'ouvrière accoudée à la rampe du paradis. Après Marguerite de Bourgogne, reine de France, voici venir les reines de beauté, la dame aux Camélias, Marguerite comme l'autre, Gautier comme les victimes, et qui aura à son commandement le pleur bienfaisant qui fond le courroux des pères. Alors ce ne sera plus l'heure d'appliquer aux héroïnes du drame le vers du poète :

Sincerum est nisi vas, quodcumque infundis acescit [1].

1. *Horace*, liv. I, *Ép.* II, vers 54.

Dumas n'a pas poussé jusqu'à la rédemption. La reine a nui à la mère. Mais il s'est manifestement adouci vers la fin : il a sauvé Marguerite d'un second inceste. Il s'est contenté de la faire appréhender après l'avoir réduite à crier grâce, et juste à l'instant qu'elle se redresse en disant : « Moi, la reine ! [1] » Même il a esquissé les circonstances atténuantes. « Oh ! ce Lyonnet, ce Buridan, ce démon... c'est à lui que je dois tous mes crimes ; c'est lui qui m'a faite toute de sang [2]. » Et enfin, reine, elle ne sait « si elle oserait s'absoudre [3] » ; mais femme, trois fois femme, elle n'est pas en peine de savoir qui accuser de ses vices.

Celui-ci joute avec les puissances, il est la popularité même. Buridan, autrefois Lyonnet de Bournonville, fut contemporain de Louis le Hutin. Il le faut croire, puisqu'on nous l'affirme. Et trois choses en font foi : son costume, ses jurons, et son mépris des manants [4]. Au reste, *consilio manuque* [5] : c'est sa devise. Malgré sa généalogie, il appartient à la lignée de ce coquin de barbier. Si je me trompe, et s'il est vraiment noble, son père était de la nuit du 4 août. Lui-même a retroussé ses manches et fait de pires besognes. A quinze ans, il a perdu d'honneur Marguerite, qui avait le même âge, et tué le père, « une noble tête de vieillard » [6], pour cacher la faute de la fille... Eh mais ! qu'est-ce donc que ce capitaine ?

---

1. *La Tour de Nesle*, V, tabl. IX, sc. V. p. 98.
2. *La Tour de Nesle*, V, tabl. IX, sc. II, p. 92.
3. *La Tour de Nesle*, V, tabl. IX, sc. II, p. 92.
4. Au surplus, après les avoir crossés, il ne leur garde pas rancune ; il les fait boire à sa santé et porte la leur. *La Tour de Nesle*, I, tabl. I, sc. II, p. 7.
5. C'est l'enseigne de Figaro. Voir *le Barbier de Séville*, I, sc. VI.
6. *La Tour de Nesle*, III, tabl. IV, sc. V, p. 61.

Buridan n'est pas un type historique : il personnifie à lui seul une histoire du peuple. Après le crime de la jeunesse, il s'est ressaisi. Trahi par son idéal, il s'est embarqué dans les aventures et les guerres d'Italie. Il est un satellite de la grande légende. Pour jouer le rôle d'un Bonaparte, il ne lui a manqué que l'occasion d'un Brumaire. En attendant, il fait sa révolution du palais. Il veut devenir ministre, et il le devient; ministre, il se gardera du pédantisme et du petit génie de Ruy Blas. Musclé, cambré, de sang-froid, de cœur chaud, de belle mine même après une nuit d'orgie, sans morgue avec le soldat, mais insolent envers le pouvoir, brave et souriant dans la défaite, et jamais désemparé, il résume toute une époque de l'imagination française. Moins bon gentilhomme que d'Artagnan, il est plus proche de Figaro. Seulement, il a laissé la guitare pour l'épée ; et, comme il s'est déniaisé de certaines prétentions au dilettantisme et à l'esprit, l'exemple de Napoléon l'a fait ambitieux et prêt à tout. A peine retient-il de son ancêtre une pointe de sensiblerie, qu'il reporte de la femme sur les enfants. Homme fort, et qui ne s'en fait pas accroire, tant que sa force n'est pas couronnée. Une fois parvenu, c'est une autre affaire. Au moment de rendre son épée, il se dresse et dit de sa hauteur : « Moi, le premier ministre [1] !» Mot malheureux, qui lui attire une réplique sévère, mais d'un bon citoyen : « Il n'y a ici ni reine ni premier ministre [2]... » Il était temps qu'on l'arrêtât : il allait se compromettre.

Buridan est de la race du barbier, mais plus moderne dans sa façon de s'évertuer. Qui ne voit qu'il suffirait de quelques transpositions dans le rôle pour en pro-

---

1. *La Tour de Nesle*, V, tabl. IX, sc. v, p. 98.
2. *Ibid.*

longer la portée? Ce capitaine, qui cherche fortune, nous le retrouverons dans le civil : portant haut, beau parleur, effronté, politicien, journaliste, coulissier, l'aventurier qui ne craint rien, ni surtout que le ciel tombe. La prison lui sera toujours un écueil; car il lui sera plus facile d'y entrer que d'en sortir. Buridan a sur ces espèces l'avantage de la naissance et d'une certaine générosité de la lame, que les autres, petits-fils d'intendants ou bâtards d'apothicaires, n'apprécieront point [1]. Mais déjà il est un garçon avisé, suffisamment sceptique pour réussir, et athée [2] sans ostentation. Pour la galanterie, il en a, mais pas plus qu'il n'en faut, et jamais contre ses intérêts ni de façon à se barrer l'avenir. A l'âge de quinze ans, Roméo a déjà la prudence de mettre sous clef les pattes de mouche des petites filles riches et délurées [3]. Cela peut servir à sa fortune. Il n'hésitera pas, le jour venu, à les utiliser. Qu'on ne nous dise point qu'il faut bien sauver sa vie. Il les gardait par devers lui; elles ont fait campagne avec lui dans son portemanteau. A peine débarqué à Paris, il les cache secrètement, comme un trésor. Il comptait sur elles; il les escomptait, comme des lettres de change. La Tour de Nesle n'est pas pour lui un guet-apens, mais une échéance.

C'est d'ailleurs le même homme qui reproche à Marguerite ses nuits voluptueuses. Il se fait justicier; il est le bras de Dieu. Il est très fort. Au fond, il connaît ou devine la femme moderne, telle que la bourgeoisie est occupée à la façonner depuis le début du siècle, reine et faible femme, faible de caractère, s'en-

---

1. Voir le dénoûment de *la Contagion* et le duel de d'Estrigaud.
2. *La Tour de Nesle*, II, tabl. IV, sc. II, p. 55.
3. Cf. *le Demi-Monde* (Th., III), II, sc. V, pp. 126-129. Cf., plus bas, p. 363.

tend, et pour la pratique de la vertu. Figaro est encore un peu novice auprès de lui. « Oh! démons, démons qui faites le cœur des femmes, s'écrie le capitaine, oh! j'espère que vous n'avez oublié dans le sien aucun des sentiments pervers que je lui crois [1]. » Il n'en est plus à l'adoration romantique; déjà il s'arme d'une ironie plus faubourienne, mais non moins cinglante que celle des de Ryons et des de Jalin. Jamais Ruy Blas ne parlerait de ce ton à la pire des reines. Buridan fait mieux. Pour arriver à ses fins, il table sur la femme. Il ne dédaignera point de feindre l'amour ni la jalousie. Est-ce que vous ne voyez pas poindre certaines scènes d'*Angèle*, et aussi des *Effrontés*, de *la Contagion*, sans compter le dénoûment du *Demi-Monde*? Et comme, chez les aventuriers les plus modernes, la loi du plus fort est souveraine, il n'hésite pas à sacrifier tout et tous autour de lui, Marguerite, Gaultier qu'il envoie au diable, c'est-à-dire à la Tour de Nesle, après avoir expédié Enguerrand à la potence. Il ajoute un seul mot, mais qui est de valeur, à la royale devise : « Je *me* maintiendrai ». Finalement il succombe, de compagnie avec la reine, mais parce que nous sommes au théâtre, pour purger la passion populaire et encourager certaine morale que Bossuet n'avait pas prévue : « Dieu frappe les grands pour nous réjouir. »

J'ai affronté le ridicule d'étudier *la Tour de Nesle*. Il eût été plus commode de badiner, de relever et railler, après tant d'autres, quelques formules qui font désormais sourire. Il m'a paru meilleur de comprendre la pièce et d'en montrer l'importance dans l'œuvre de Dumas et dans l'histoire du théâtre de ce siècle. Rencontrant Beaumarchais à l'origine du drame historique, je l'ai trouvé au cœur de ce drame de cape et

---

[1]. *La Tour de Nesle*, III, tabl. VI, sc. I, p. 54.

d'épée; et voici que nous touchons au drame moral et social, dont il est le véritable devancier. J'ai poussé l'étude des types de *la Tour de Nesle* jusqu'au point où il est manifeste qu'ils sont également proches d'*Antony* et d'*Angèle*, et que, si le monologue de Figaro fut l'inspiration toute française, Dumas est le créateur tout populaire. Entre *la Tour de Nesle* et *Antony* la parenté est désormais visible, n'eût-on point la scène du « feuilleton ». Dumas, l'homme d'imagination de 1830, est aussi l'homme d'action des temps nouveaux.

TROISIÈME PARTIE

LE DRAME MODERNE

CHAPITRE IX

« ANTONY ».

I

LES ORIGINES.

Si *Antony* n'était qu' « une scène d'amour en cinq actes[1] », c'est-à-dire une manière de rapsodie lyrique en prose, il serait une œuvre secondaire en un temps et sur un théâtre où le lyrisme coule à flots. La jactance de Dumas trouvait son compte à ce que la pièce passât pour avoir jailli de son cerveau ou de son cœur, comme Minerve sortit du front serein de Jupiter. Gar-

---

1. *Mes mémoires*, t. VIII, ch. cc, p. 117 : « *Antony* n'est point un drame, *Antony* n'est point une tragédie, *Antony* n'est point une pièce de théâtre. Antony est une scène d'amour, de jalousie, de colère en cinq actes. »
Cf. les vers servant d'épigraphe à l'article : *Comment je devins auteur dramatique* (Th., I, p. 1) :

. . . .
Je ne cacherai plus où ma plume fidèle
A trouvé d'Antony le type et le modèle.....

dons-nous de le croire, et, au contraire, élevons-nous contre cette prétention. Il se flatte, mais il dénature et rapetisse son œuvre, outre qu'il en fausse la portée.

Le drame historique et le drame moderne sont les deux faces d'une même conception. A l'origine de l'un et de l'autre, deux monologues, celui d'Hamlet et celui de Figaro, l'un qui restitue à la *thèse* ses droits sur la scène, l'autre d'où le théâtre social découle comme d'une source vive. Drame moderne et drame historique répondent aux mêmes aspirations d'une même époque. La peinture des milieux diffère; mais le procédé de couleur est le même. Une fois trouvé, il était aussi naturel de l'appliquer au XIXe qu'au XIVe ou XVIe siècle. C'est affaire de décor et de cadre, et non pas encore de minutieuse observation. L'homme qui avait commencé par *Henri III* devait écrire *Antony*. C'est ce que le « feuilleton » explique fort bien, en dépit de ce que l'écrivain en a pu dire ailleurs.

Au reste, la technique y est semblable, porte la même date et marque le même état de l'esprit français. Il demeure entendu que la fantaisie n'y saurait tenir la seconde place : on n'observe pas froidement; on a des intuitions; on anime les milieux, les mœurs et les passions actuelles du même style dont on ressuscite le passé. Ici encore, ici surtout, on laisse voir qu'on a lu *Hamlet*, *les Brigands*, *Werther*, *Childe-Harold*, dont on se fait une personnalité exotique, personnalité d'emprunt, masque fatal, scepticisme violent, âcre dédain des préjugés; et l'on est toujours le Dumas un peu gascon, un peu naïf (à cet âge du moins), qui s'engoue de nouveautés, s'entête de révolutions, et pense être bien lyrique. Ce lyrisme-là n'est que fard. Lavez-moi cette bonne figure tristement grimée; et, si lyrisme il y a, vous en découvrirez un autre, autrement dramatique, dans le sens de la traditon de notre théâtre, et pris sur le vif de la société et de l'imagination françaises en 1830.

Le monologue du barbier a retenti dans tout ce théâtre. L'individu s'est dressé devant le passé : de là le drame historique. Et debout, il juge et défie le monde nouveau : de là *Antony*. Le « tandis que moi, morbleu! » est inscrit en toutes lettres, à toutes les scènes. Le cri douloureux : « Femme, femme, femme! » y éclate à toutes les situations critiques, avec acharnement. Anonyme Figaro, Antony le Bâtard, sont pareillement fils du hasard, ce dieu des sociétés bouleversées. Mais le dernier venu est autrement âpre en ses convoitises et hautain dans ses revendications. C'est le départ de l'homme d'action, à la conquête du siècle. Le drame moderne se met en marche avec lui. Que sert de recourir à La Chaussée ou à Mercier, quand on a les modèles en pied : Figaro et son successeur immédiat, Napoléon ? Déjà l'on voit que la qualité d'*Antony* n'est pas tant dans les réminiscences lyriques et exotiques ; c'est le théâtre français qui reprend son développement, à la suite de l'individualisme triomphant et de la France rajeunie. Si la scène des *enfants trouvés* est un écho du *Mariage de Figaro*, celle du *hasard* appartient à la légende napoléonienne, qui ouvre l'ère attendue. Antony et Buridan sont frères.

Au vrai, Dumas a deviné que la Révolution renouvela toute la matière des dramaturges, et que, si l'individu était profondément modifié, le rôle de l'amour et de la femme en était singulièrement atteint. Je ne dis pas qu'il l'ait vu si clairement; mais il l'a mis en scène, et cela nous suffit. Il s'est aperçu — son propre tempérament l'y aidait sans doute — que les « immortels principes », justifiant toutes les ambitions, déchaînaient du même coup tous les appétits, et que la femme toute neuve, la femme idéale et improvisée du xix⁵ siècle, qui remplaçait inopinément duchesses et marquises, étant placée très haut dans l'admiration politique des démiurges et la vénération bourgeoise des poètes, était d'autant plus menacée par les désirs des hommes, malgré la protection à double tranchant des lois. Grâce à sa sensibilité effrénée et à son imagination peu timide, il a du premier coup jeté le drame moderne dans le courant de la passion populaire. Un frisson de sensualité et d'angoisse a secoué les spectateurs pendant les représentations d'*Antony* : la société nouvelle y venait de prendre conscience de ses penchants et de l'état social où ils la devaient entraîner : c'est-à-dire le règne du positivisme et du code, que le théâtre peindra plus tard, après 1850 [1]. En attendant, l'adultère est maître de la scène, et n'en sera pas délogé de si tôt. Dans *la Mère coupable*, Beaumarchais l'avait amené au seuil de la famille nouvelle [2]. Il se contente encore ici d'une chambre d'auberge ; mais ni les palais ni les hôtels de la bour-

---

1. *Mes mémoires*, t. VIII, ch. cc, p. 120. Voir le commentaire d'Antony, et la différence du *cocuage* au xvii⁵ siècle et de l'adultère au xix⁵ : « Le code civil ? Bon ! que vient faire ici le code civil ? etc. » Dumas pose assez bien la question, quoiqu'à moitié. L'adultère au théâtre est désormais une question *sociale*, beaucoup plus que *morale* ; il met en discussion l'état de la femme dans la société nouvelle. Cf. notre *Théâtre d'hier*, Alexandre Dumas fils, § V, pp. 159-183, et Henry Becque, § III, pp. 426-427. Le théâtre contemporain évolue en ce sens. La question y est de plus en plus présentée comme sociale. Voir *les Tenailles* de M. Paul Hervieu ; *le Partage* de M. Albert Guinon.

2. *La Mère coupable*, IV, sc. xiii. J. Janin observe judicieusement (*Histoire de la littérature dramatique*, t. VI, p. 311) « que Beaumarchais a mieux aimé tuer son joli page que de nous le montrer quand la belle comtesse a succombé ».

Il est vrai que le même J. Janin affirme (*ibid.*, p. 162) qu'*Antony* est un pastiche du *Fils naturel* de Diderot. Pour un critique dramatique, l'affirmation est au moins hasardeuse.

geoisie ne lui seront fermés. Déjà Dumas avait esquissé le drame de mœurs et préparé la matière dramatique de la pièce sociale dans *Henri III*; et il a raison d'écrire que Saint-Mégrin s'enflammait « aux mêmes foyers brûlants ». Mais c'est *Antony* qui fonde le drame *moderne*.

« Ils ont dit que Childe-Harold, c'était moi. Que m'importe¹? » Il n'importe, en effet. Antony n'est point Dumas; le lyrisme frelaté en est le moindre caractère et le moins durable.

II

LETTRES INÉDITES A MÉLANIE.

L'aventure fut banale, comme celles d'où naquirent *la Dame aux Camélias* et *Diane de Lys*. Mélanie W*** était mariée à un capitaine d'infanterie. De petite santé, elle n'avait pu supporter la vie de garnison; elle demeurait chez son père, dans un milieu littéraire et grave. Le capitaine n'y venait qu'en congé, avec la permission de Dumas². On trouvera dans *Mes mémoires*³,

1. Épigraphe d'*Antony*, cf. *Mes mémoires*, t. VIII, ch. cc, p. 118 : « Antony, c'était moi, *moins l'assassinat*. Adèle, c'était elle, *moins la fuite*. »
2. *Mes mémoires*, t. VIII, ch. cc, p. 117 : « J'allai trouver un de mes amis employés au ministère : trois fois le congé, prêt à être envoyé, disparut, déchiré ou brûlé par lui. Le mari ne vint pas. » — Un jour il y eut alerte. Le capitaine demandait son changement pour Courbevoie : « *Il faut te faire nommer major, mon ange. Il n'y a que ce moyen-là de nous tirer d'affaire. Courbevoie est beaucoup trop près de Paris.* » *Lettres inédites*, 12 octobre.
3. *Mes mémoires*, t. V, ch. cxviii, p. 82. Première lecture d'*Henri III* en petit comité chez madame W... — Voir *ibid.*, ch. cxv, pp. 43 sqq., première rencontre; énumération de la famille. Cf. *le Testament de M. de Chauvelin*, ch. i. La maison de la rue de Vaugirard, p. 13.

et surtout au premier chapitre du *Testament de M. de Chauvelin*, le récit de la première rencontre entre le fils du Diable noir et cette faible femme. Grâce à la bienveillance d'Alexandre Dumas fils, j'ai pu suivre la comédie intime, qui fut l'occasion du drame scénique, et noter avec précision le point de départ et les démarches du génie.

J'ai sous les yeux quarante-trois lettres [1], quelques-unes datées, plusieurs avec la suscription, le nom et le domicile de la destinataire, toutes de la main de Dumas, signées : ton Alex, et apostillées de mille millions de baisers. Deux, manifestement écrites au début (je ne sais quelle chaleur du style en témoigne), portent le cachet postal : septembre 13, 1827 et septembre 27, 1827. En travers de l'adresse d'une autre se lit cette indication : « donné quinze sous au porteur. » Prévenance qui est une date. Plus tard, il enverra par la poste de véritables chiffons de papier. Les unes sont des billets, les autres des morceaux de quatre grandes pages. La liaison paraît avoir duré un peu plus de trois ans. A un moment, on attendait un fils, qui devait s'appeler Antony [2]. Le drame a pris le nom

---

[1]. Ces lettres ont été rachetées par Alexandre Dumas fils, son nom et celui de sa mère s'y trouvant parfois mêlés. Je me suis appuyé, pour les classer, tantôt sur les dates du cachet postal, tantôt sur les allusions à des événements connus qu'elles renferment, et même sur les sentiments qu'elles contiennent. J'ai pu ainsi, pour écrire ce chapitre, les ranger dans leur suite chronologique très probable. Je donne en note les dates, quand elles y sont.

[2]. *Lettres inédites.* « *Le mercredi 6 octobre* » (1830, d'après les allusions au drame) : « Je ne le trouve pas (le drame) d'une forte constitution. J'espère en tout cas *que son homonyme n'aura rien de cette faiblesse.* Oui, mon amour, j'y songe, à notre Antony. *Ce sera un lien ignoré entre nous*, qui fait que jamais nous ne deviendrons étrangers l'un à l'autre. Je parle de quinze ou vingt ans de ce jour. » — Il y songeait chez *une autre*

de ce fils espéré. Tous deux étaient ensemble en préparation. Le drame seul a vécu. Cette correspondance au jour le jour, et à la nuit, et à l'heure, fut probablement beaucoup plus considérable que ce que j'en ai eu par devers moi. Mais ce peu suffit à nous édifier. Une même lettre, commencée à huit heures du soir, est continuée à minuit, et achevée à deux heures du matin. Elles ne sont pas toujours datées du jour ni du mois; de l'année, rarement; les heures y sont scrupuleusement indiquées. Quelles heures! Et quel homme! Il écrit dans l'attente; il écrit après l'entrevue; c'est miracle s'il n'écrit pas pendant. Encore plus fou après qu'avant, — dans les premiers mois (fin 1827) au moins : car assez vite cette passion s'en va, « où s'en vont les vieilles lunes [1] ».

Un billet, rédigé dans les bureaux du duc d'Orléans, contient des vers. Chez les Dumas, le tempérament était volontiers poétique, pour la joie des sens.

> Oh!... n'abrège jamais ces heures que j'envie;
> De me les accorder Dieu te fit le pouvoir,
> T'entendre est mon bonheur et te voir est ma vie :
>   Laisse-moi t'entendre et te voir.
>
> Pourquoi, lorsque l'amour a joint nos destinées,
> Me dire, épouvantée à la fuite du temps :
> « Nos instans de bonheur dévorent nos journées,
>   Nous ne vivons que des instans? »
>
> On dit que de douleurs toute joie est suivie,
> Qu'un sourire souvent s'achève dans les pleurs;
> Mais nous, entre nos cœurs nous presserons la vie,
>   Pour en exprimer nos douleurs [2].

Mélanie, chez qui il fréquentait *dès la fin de mai 1830*. Voir plus bas, p. 294, n. 4.

Cf. *Lettres inédites*, « 12 octobre » (1830) : « Mais tout cela, quelque chose qui arrive, ne fait rien à Antony; il faut qu'il vienne à bien, pauvre petit ».

1. C'est le mot dont il se sert, quand il explique sous quelle inspiration il fit *Antony*. *Mes mémoires*, t. VIII, ch. cc, p. 117.

2. *Lettres inédites*. Ces vers sont suivis de ces lignes :

Le même billet, repris deux heures plus tard, dénote un homme qui ne se nourrit pas de viande aussi creuse : « Quatre heures et demie. Adieu, mon ange, la faim me presse; je me sauve, et je serai chez toi à sept heures moins un quart. Mille et mille baisers. Adieu, mon ange [1]. » L'ange répondait en vers, et taquinait la muse. « Tes vers sont beaux, mon ange [2] ! » lui écrivait le bon apôtre, le 6 octobre 1830. Mais, direz-vous, encore des vers trois ans après? Et des « anges », et de la passion pure? Lisez donc ce qui suit, quelques lignes plus loin : « Calme-toi, mon amour, quoique ton *exhaltation* me prouve combien tu m'aimes. Le calme seul peut te remettre; et envers et contre tout je resterai toujours ton Alex... [3] » Il paraît bien que l'Alex de 1830 n'était plus tout à fait celui de septembre 1827; que cet amour suivit l'ordinaire progrès et le déclin habituel de ces amours; et qu'à cette heure, Dumas en pouvait tirer parti sur la scène. Childe-Harold, ce n'était plus lui.

Quelle fut donc l'Adèle de la réalité? Une demi-veuve, trop isolée, et bas-bleu. Non seulement elle compose des poésies « fugitives », ainsi que son frère, mais elle les publie dans les journaux. Elle fit plus tard (rappellerai-je qu'Alexandre n'assassina point Mélanie?) représenter une pièce qui s'appelait *l'École des*

« Appelle-moi *fat*, voilà un trait caractéristique : penser que de pareils vers valent la peine d'être lus deux fois. *Ah! de la besogne... Grand merci*. (On lui apporte de. dossiers à copier.) — La lettre finit par la phrase que je cite ensuite, datée de quatre heures et demie. — Comme il utilisa tout, on trouvera la première strophe reproduite dans *le Mari de la Veuve* (Th., III), sc. III, p. 248.

1. *Lettres inédites.*
2. *Lettres inédites*, mercredi 6 octobre (1830; — il est parlé dans a même lettre d' « *Antony* copié et distribué aux acteurs »).
3. *Ibid.*

jeunes filles [1]. Ce n'était qu'une école de plus. En septembre 1827, Mélanie demeurait 84, rue de Vaugirard, et Dumas lui fut présenté dans le salon solennel et littéraire de M. de Villenave. Adèle était du monde où l'on s'ennuie. Dumas pressa l'attaque de toute sa fougue philosophique et poétique. Il vit à qui il avait affaire. Il eut le « processus » plutôt vif [2], et Mélanie opposa une résistance plutôt courte, pour l'honneur [3]. Dumas s'en réjouit d'abord; il découvre en elle de l'ingénuité, et en lui-même un satanisme très distingué : c'est la mode littéraire. « Si tu m'avais dit vrai, si j'étais vicieux [4]! » Et dans une autre lettre : « Oh! oui, tu as en amour la candeur, et je dirai presque l'ignorance d'un enfant de quinze ans [5]. » Mais, dans la même, à minuit : « J'espère que cela ne t'empêchera pas de venir à quatre heures. Oh! oui, mon amour sera idéal... Mais remarque qu'il y a un raffinement de cruauté à me dire : « J'irai te voir bien belle » et à m'imposer des conditions [6]. » Il est évident qu'Adèle, à l'origine de ces premiers frôlements, n'aime point qu'on la chiffonne. Cette crainte des mauvais plis fait un rempart à la vertu, en l'absence du mari. En vain Dumas jure ses grands dieux : « Oui, oui, je res-

---

1. *Mes mémoires*, t. V, ch. cxv, p. 43.
2. Édouard Pailleron, *le Monde où l'on s'ennuie*, III, sc. iv, p. 149.
3. On trouve à la fin de sa lettre du 6 octobre 1830 citée plus haut, pp. 289-297, le souvenir des deux dates *fatales*, « envers et contre tout ton Alex. du 12 sept. et du 22 » (1827?).
4. *Lettres inédites*. Cachet postal *1827 (27 septembre)*.
5. *Lettres inédites*. Dans la même lettre : « Sois tranquille. Je suis à la fois le moi du jour où je te baisai la main, *le moi du 12 septembre*; et le moi d'aujourd'hui, cher ange, est le plus heureux de ces trois moi. » Cette lettre est évidemment du début. Il lui demande un souvenir à conserver pendant un mois d'absence forcée : *son écharpe*, par exemple.
6. *Lettres inédites*.

pecterai ta belle toilette, sois tranquille... Je ne te demande rien que d'ôter ton chapeau et ton voile[1]. » Adèle se méfie.

Mélanie-Adèle ne protège plus ses toilettes. Adieu candeur, ignorance et tout le cortège des vertus fragiles, et chères aux amoureux. Notre Dumas, âgé de vingt-cinq ans, y trouve des compensations. Elle étouffe, il palpite[2]. « Il ne faut plus », lui écrit-il avec grâce, non sans effroi. Cette fille de « Minerve[3] » déconcerte ce mulâtre. Bientôt elle s'affaiblit, maigrit, n'est plus confortable. La dyspepsie la guette. Antony déchante, malgré son air de belle humeur : « Engraisse vite, vite, mon amour; et j'irai te faire maigrir en te tourmentant[4]. » Cependant la fâcheuse dyspepsie commence ses ravages; Mélanie maigrit encore, toujours. Dumas languit et s'impatiente : « Moi, je te serais si bon médecin. *J'ai suivi les cours de ton cœur;* et j'aurais de lui si grand soin, je le ménagerais tant, je le mettrais, *excepté sur l'amour*, à un régime d'émotions si douces, que la graisse se glisserait bien vite, comme tu le dis, entre la chair et l'épiderme[5]. » Cette question matérielle, s'il en fut, lui devient un souci. Adèle lui en donne d'autres. Elle est nerveuse, capricieuse. Elle se plaît à la bouderie. Elle a des

---

1. *Lettres inédites.*
2. *Lettres inédites.* « Mais tu n'auras pas d'étouffements ni moi de palpitations. Nous avons besoin de vivre ' us les deux maintenant. »
3. *Lettres inédites.* « Que fais-tu de tes savants t de ta *Minerve?* » Il s'agit du père et de la mère, nommés dans *Mes mémoires.*
4. *Lettres inédites.* A cette époque Mélanie est à la Jarrie.
5. *Lettres inédites. Ibid.*, son estomac de bureaucrate va bien : le pauvre homme! « Quatre heures. Toutes les douleurs possibles : à la besogne a succédé la besogne. Et me voilà pressé entre mes quatre heures et mon dîner. Et toi, pauvre amour, penses-tu au tien?... »

digestions qui tuent l'amour. « Onze heures du soir. Oh! ne me boude jamais... Dis-moi que j'ai tort et prends-moi la main. *Une bouderie de toi me sèche l'âme.* Quand je te vois bouder, je comprends la possibilité que tu ne m'aimes plus [1]... » En effet, il semble que la passion diminue avec l'embonpoint d'Adèle. Antony a des lapsus malheureux. « Je ne comprends rien aux reproches qui terminent ta lettre, sinon que ce sont encore des reproches. Je ne me rappelle plus ce que je t'ai écrit. C'est *bonheur* qu'il faut lire au lieu de *récréation*; et la phrase doit être construite ainsi : si l'amour devient un tourment au lieu d'un bonheur [2]. » Il a beau prier sa chère âme de « s'embrasser elle-même au front », et manifester une vive joie pour un géranium qu'on lui adresse : l'amour n'est plus qu'une *récréation*. Adèle, qui a vu déloger les ris

---

1. *Lettres inédites.*
2. *Lettres inédites.* Voici dans une lettre précédente la phrase incriminée, avec le contexte « ... Rappelle-toi bien, *mon amie*, qu'on tue un amour en le tourmentant, que la femme n'a qu'à penser à cet amour, que l'homme a en outre tous les soins matériels de la vie à remplir; — moi surtout, mon ange, l'existence de tant de personnes se rattache aux soins qui m'occupent que *dans le commencement* où je t'aimais et où je craignais de ne pas être aimé, alors je pouvais tout sacrifier au désir de l'être. Maintenant, je le suis. Eh bien, laisse tout naturellement les soins matériels de la vie reprendre leur place. *Que l'amour devienne mes heures de récréation, non de travail.* Rapporte-t'en à moi pour t'aimer, mais ne me tourmente pas, je t'en supplie... » La lettre où il rectifie cette phrase significative est datée du *7 juillet.* Elle est de *1830*; car on y lit : « Il faut que je passe un traité avec le *Théâtre-Français.* Je veux qu'il soit engagé vis-à-vis de moi. » Or un auteur *joué* peut seul avoir ces prétentions. Il s'agit donc de la seconde version de *Christine* ou plutôt d'*Antony* : car dans la même lettre on trouve des développements qui annoncent ce drame, comme nous le verrons. « ... *Je suis seul au monde*, etc... Rassembler vite de quoi vivre seul, et abandonner mère, enfant et pays pour aller vivre partout ailleurs *comme un bâtard*... »

et les roses, devient de plus en plus inquiète. Il lui faut des lettres à heure fixe [1], pendant qu'on lui pose des sangsues; Antony rencontre cette phrase qui ne déparerait pas un vaudeville de Labiche : « *Laisse-toi mettre toutes les sangsues qu'on voudra, au nom de notre amour* [2]. » Enfin Adèle dessèche, et d'inquiète devient jalouse. Mais est-ce qu'il est jaloux, lui? Est-ce qu'il n'y a pas des rapprochements prédestinés, des harmonies préétablies qui excluent le soupçon?... « Notre amour change de nature, sans doute; .. nos *sensations* sont toujours heureuses [3]. » Et cela même est un mot de la fin. La *prédestination* pèse désormais à tous les deux.

Dumas ne se récréait plus en l'amour de Mélanie [4].

1. *Lettres inédites*. « ... Je t'ai écrit avec la plus grande régularité, même quand je ne pouvais pas écrire, même quand une goutte de sueur me tombait à chaque lettre, et que j'étais obligé d'écrire deux fois les mots pour tâcher qu'ils fussent une fois lisibles... »

2. *Lettres inédites, 30 septembre.* (1830?) La date de l'année semble résulter de ces mots de la même lettre : « ... Tout est autour du roi dans le même état. *Je lui ai fait remettre un rapport.* Je ne sais pas même s'il l'a lu... On l'aime de jour en jour davantage, et l'on use même de familiarités inconvenantes. M. Dupaty lui a envoyé l'autre jour un billet de garde comme faisant partie de l'arrondissement du Palais-Royal. C'est absurde. » Il s'agit très probablement du rapport sur la Vendée, où Dumas était allé le 10 août 1830, au lendemain de l'avènement de Louis-Philippe. Ce rapport fut remis à Lafayette qui le fit tenir au roi. Dumas fut reçu en audience *au mois d'octobre 1830.* Cf. *Mes mémoires*, t. VII, ch. CLXXIII, p. 150 et p. 155.

3. *Lettres inédites.* « ... Et ne va pas croire que c'est par amour-propre que je crois à ta fidélité. Non, attirés l'un vers l'autre, comme nous l'avons été, il me semble qu'une force étrangère pourra seule *nous séparer*, et non l'effet de notre volonté. *Notre amour change de nature sans doute. Nos sensations sont autres*, mais notre amour est toujours notre vie. *Nos sensations sont toujours heureuses.* »

4. Il ne s'agit pas ici de fouiller la vie intime de Dumas. Cet indiscret reportage à distance est une misère de notre temps. Mais pour être édifié sur la sincérité du lyrisme dans *Antony*, il

Son drame était terminé, et allait entrer en répétitions. Au fond, Antony s'amusa d'Adèle; il exerça sa verve dramatique en cette liaison. Il ne sépara jamais nettement la chambre à coucher du laboratoire. A peine

est nécessaire de ne pas oublier l'état du cœur de l'écrivain au moment où il écrit son drame. Les *Lettres inédites* et *Mes mémoires* nous renseignent très suffisamment.

Avant la fin du mois de mai 1830, Dumas avait noué une autre liaison avec une autre Mélanie, dont il eut une fille, Marie, dite Marie-Alexandre Dumas, née en 1831, devenue plus tard madame Olympe Petel. Cf. *Mes mémoires*, t. VI, ch. XCLIII, pp. 72 sqq. Il continuait à voir la mère de son fils Alexandre, né en 1824. Une de ces *lettres à Mélanie* commence par ces mots : « Une heure... Je t'écris près de mon fils, qui va de mieux en mieux... » Dans une autre il est question du petit Alexandre qu'on ne pourra emmener dans une promenade dominicale, parce que son costume neuf ne sera pas prêt.

On n'oubliera pas qu'en 1829, il s'intéressait fort à mademoiselle Virginie Bourbier de la Comédie-Française, (Voir ch. Glinel, ch. IV, p. 216.)

Le chapitre de ses *Mémoires* où il conte la lecture d'*Antony* qu'il fit à Dorval (t. VII, ch. CLXXVI, pp. 187 sqq.) ne laisse aucun doute sur le degré d'intimité où il est avec elle depuis le mot imprudent de l'actrice : « Vous faites un peu bien les femmes. » (*Mes mémoires*, t. VI, ch. CXXXVIII, p. 26.)

Enfin dans l'une de ces lettres inédites, il semble que Mélanie W. ait été jalouse de mademoiselle Mars Dumas, lui racontant une soirée chez Firmin de la Comédie-Française, s'empresse de lui dire : « ... Si tu savais combien toutes ces femmes, avec leurs manières libres et leur danse dégagée, m'ont déplu. Je n'ai voulu danser avec aucune d'elles. Il me semblait qu'en touchant leur main je profanerais la tienne; *d'ailleurs mademoiselle Mars n'y était pas.* Le souper était fort bien, *garni de truffes*; la soirée eût été charmante pour ceux qui eussent été disposés de manière à s'amuser. » La pudeur ne lui coupe l'appétit aucunement. Car la fin de la lettre indique la raison profonde de ces mines pudiques. « Demain, c'est aujourd'hui. Je dormirai trois heures et trois heures dans tes bras; cela reviendra au même. »

Restent deux lettres, où il semble que Mélanie W... l'ait obligé à rompre avec une actrice dont elle était jalouse, et avec qui Dumas avait avoué ses relations. Est-ce Virginie Bourbier, ou Mélanie S... ou même madame Firmin? Voici un passage de la lettre importante, datée du *lundi 4 octobre*. Comme dans la sui-

débarqué à Paris, à l'âge de vingt-deux ans, il a un
enfant d'une voisine : c'est sa première œuvre de
génie. La mémoire de son père lui vaut quelques relations. Il distingue dans une société plutôt austère une
jeune femme mariée, lettrée, et seule : ces trois vertus
l'enchantent. Pardonnez-lui : il arrive encore un peu
de Villers-Cotterets. Or, ce fut le 3 juin 1827; il ne
l'oubliera jamais, au moins de quatre ans... « Le soir,
à huit heures, j'étais debout, bien ridicule à tes yeux,
contre cette porte d'entrée [1]. » Voilà un souvenir qui

vante, datée du mercredi 6 octobre, il est question des répétitions
d'*Antony* et j'y note une allusion à la jalousie de Mélanie.
Comme Dumas y glisse ce mot : « Les répétitions ne sont point
à craindre, mon ange. Ainsi, qu'elles ne t'inquiètent pas », il est
probable que ces deux lettres ont trait à la même personne, et
que le fragment que je vais citer de la première est du *4 octobre
1830*. « ... Hier *elle* est revenue. Je venais de recevoir ta lettre.
C'était un véritable palladium. *Je lui en ai fait lire une partie.*
Il y a eu, comme tu peux le croire, des larmes en quantité, plus
par crainte de son avenir à elle que par véritable amour. Bref
peut-être t'écrira-t-elle : car elle ne peut croire que tu saches
tout. Elle pense que tu ignores nos relations et les lettres que je
lui ai *écrit* (sic). Mais tu sais tout. Ainsi ne te tourmente de rien.
Il a été convenu que nous n'étions plus rien l'un pour l'autre
qu'amis. Cependant elle m'a quitté en larmes et en colère.
N'en parlons plus. Mais il fallait te dire cela encore une fois.
N'en parlons plus, dans cette lettre du moins. Je vais achever
ma pièce. *Elle sera engagée et contente.* Tout sera donc fini... »
Et un peu plus loin : « Je lui ai remis ton petit mot. Il était
fiévreux, et elle a eu grand'peine à y comprendre quelque chose,
mais enfin je le lui ai remis. Je ne crois pas du reste qu'il y
ait en elle amour profond. Il s'évaporera en mots aigres, puis
*la certitude que je veillerai toujours à son sort théâtral la conso-
lera de tout.* »

N'allons pas plus avant. Tout cela n'est pas très édifiant. Ces
échanges de lettres, cette mésestime de l'ancienne maîtresse
affectée devant la femme jalouse manquent de délicatesse. Il
importait seulement de donner à la partie passionnelle des
Lettres à Mélanie (à partir de 1828) le caractère expérimental
qu'il m'a paru qu'elles ont.

1. *Lettres inédites*, 3 juin 1830. Cf. *Antony*, II, sc. i, p. 175. « Je
le vois là, triste, pâle, regardant le bal. Je fuis cette vision... »

fait tableau, et qu'il mettra au théâtre. En 1827, il est tout frémissant de ses lectures, les sens et le cerveau en ébullition ; et malgré tout, il est encore un peu jeune, sinon novice ; il ressent tout l'orgueil de nouer des relations avec une dame, une vraie dame, une femme du monde : le sanctuaire où il la découvre lui tourne la tête. Et comme, chez lui, une certaine sensibilité musculaire suit de près l'essor imaginatif, l'amour idéal ne lui suffit pas longtemps. Si d'abord il écrit à son ange jour et nuit, c'est qu'il prolonge ou prévoit ses sensations, ni plus ni moins. « Onze heures du soir. Nous n'avons eu qu'une heure, mon ange, mais d'un bonheur bien doux et bien tranquille. Ce sont nos adieux à notre petite chambre, où nous avons été si heureux et que nous ne reverrons probablement jamais ensemble, que des êtres indifférents occuperont, sans savoir ce qui s'est passé, sans que l'air leur apporte une perception *des sensations que nous y avons éprouvées*. Ce ne sera pour eux que quatre murs décorés d'un papier plus ou moins frais et d'une glace plus ou moins belle, qui, *comme le cœur d'une coquette, n'aura rien conservé des tableaux qu'elle a réfléchis* [1]. » Et ailleurs : « A toi, cher amour, que je viens de quitter et que je vais revoir [2]. » Et aussi, dans une lettre composée de deux fragments : tels ces tableaux mi-restaurés qu'on voit aux vitrines de l'encadreur. « ... Quel mortel ennui, si tu ne viens pas !.. Eh bien, *je travaillerai* ou *je me coucherai*. Quelle singulière chose ! Toi arrivée, le temps va s'écouler jusqu'à quatre heures et demie avec la rapidité d'un instant ; et, seul, il se traînera long, ennuyeux, mortel... Il est une heure, mais il n'y a pas encore de temps perdu... Tu... *Ah ! te voilà*.....

---

1. *Lettres inédites.*
2. *Lettres inédites.*

Partie! Vois donc : les phrases sont comme la vie ; la même peut servir à exprimer la peine et la joie. *Qui dira ce qui s'est écoulé entre ces deux mots? Quelles émotions sont nées et se sont éteintes?*[1] » Qu'il nous suffise de le constater : des émotions et sensations, sans plus. Il ne s'agit guère d'autre chose. Dumas n'est ni un André del Sarto, ni un Rosemberg[2], ni un Lorenzaccio : chaud à l'imaginer mais prompt à l'action. Les subtiles inerties de Musset le déconcertent. L'amour en buste ne lui sert que d'un prélude ou d'une amorce de l'autre. Si on lui reproche de se trop plaire à l'autre, il a une réponse toute prête : « ... Crois bien que je ne l'aime autant que parce qu'il semble nous lier davantage encore. Les moments de repos qui le suivent sont délicieux, et plus suaves que lui peut-être. » Et il ajoute sans perdre haleine : « ... Crois que je sais aussi savourer de l'amour tout ce qu'il a de *délicat*, comme je sais éprouver tout ce qu'il a de *délirant*[3] ». Pourvu qu'il y ait du délit là dedans, le gaillard est un gourmet.

Et un habile homme. Ayant affaire à une Égérie frottée de littérature, il pare de belle phraséologie métaphysique sa vigoureuse sensualité. Nous touchons à l'éternelle comédie des femmes savantes, à qui le pédantisme vient comme une passion, comme un à peu près de chaleur des sens, que l'infini tourmente, et qui couvrent de l'intérêt de la science leurs discrètes pâmoisons. Dumas ne s'y trompe point : il pousse sa pointe entre Trissotin et Bellac[4]. Au lieu du spiritualisme, il affecte le scepticisme, qui est en faveur. Jeune,

---

1. *Lettres inédites.*
2. *Barberine.*
3. *Lettres inédites.*
4. Le poète des *Femmes savantes*, le philosophe galant du *Monde où l'on s'ennuie.*

poète, il se pose aux yeux de cette Philaminte. « ... Ne comprends-tu pas que notre éternité, quelles que soient nos pensées en ce monde, sera toujours la même, immortalité ou néant? Il y aura donc, dans tous les cas, fidélité éternelle ou absence de sensations, et tout cela nous sera commun... Ainsi donc, aimons, aimons encore en cette vie, écartons de nos deux têtes tous les malheurs qu'il sera en notre pouvoir d'écarter, saisissons-en toutes les félicités, et ne ramenons pas nos esprits à de tristes pensées d'un autre monde, celui-ci étant déjà assez mêlé de joie et de douleur. Sache seulement que, s'il y a quelque chose de moi qui me survive, ce quelque chose, ne fût-il qu'une étincelle, t'aimera comme t'aime le corps duquel ce quelque chose sera émané. Ainsi, mon ange, *donne-moi du bonheur dans ce monde, et espérons-en dans l'autre sans compter dessus :* le désappointement est une trop cruelle chose [1]... » Ce métaphysicien positif est plein d'esprit. Ses déductions le mettent en excellente posture. Il en dînera de meilleur appétit, en attendant mieux. Les post-scriptum de ses lettres poétiques ou philosophiques ne vont pas d'ordinaire sans cette double préoccupation. Et quand il a fait un dîner « copieux comme un dîner de ministre [2] », alors comme alors. « Mille baisers sur tes lèvres, et de ces baisers qui

---

1. *Lettres inédites.*
2. C'est la conclusion d'une lettre sombre de pessimisme, et qui se termine par « mille millions de baisers, et des caresses sans nombre et sans fin. Adieu, ma Mélanie, dans dix minutes, je serai près de toi. » Oui, la question du repas, de l'appétit revient souvent à la fin de ses dissertations philosophiques, mais l'autre immédiatement après. « Adieu, mon ange, la faim me presse; je me sauve et je serai chez toi à sept heures moins un quart. » Ailleurs : « pardon du blanc qui reste (sur le papier), mais ma mère me poursuit en criant : « Tes œufs sont cuits, Dumas! Tes œufs vont être durs! » *Et le moyen de résister à une logique aussi pressante?* Adieu, adieu encore, mon ange... »

brûlent, qui correspondent par tout le corps, qui font frissonner, et qui contiennent tant de félicité, qu'il y a presque de la douleur. » Il y a aussi du Diderot là-dessous, mais surtout un auteur de tempérament, qui n'oublie pas ses drames.

Il est transporté ? Non, il joue un personnage. Il prépare ses rôles. Je ne sais comment, mais on a, en lisant ces lettres, le sentiment impérieux que la sincérité n'en est pas le péché mignon. Dumas sait *Werther* et les premières amours de Gœthe ; il connaît *les Brigands* et le caractère de Franz. Il s'exerce à les égaler : l'effort est visible. Mélanie lui sert à échauffer son imagination et ses souvenirs, sans préjudice du reste. Passion, philosophie, scepticisme, Franz, Werther, Byron ; amour, blasphème, misanthropie, haine des préjugés, il expérimente tout cela sur Mélanie. Dès la première lettre de la collection, il paraît s'être d'abord posé en amoureux de Charlotte ; puis, il a défié Dieu et les hommes, vrai giaour. Mélanie « a tressailli dans ses bras ». Il choisit ce moment pour la convertir à l'athéisme. Tout de même qu'au temps de Ronsard la surdité seyait au poète, ainsi Dumas s'avise qu'il est inconvenant d'aimer une femme du monde, pâle et immatérielle, sans avoir au moins un poumon atteint [1]. Il tâche à tousser ; il s'évertue à teinter son mouchoir ; il se fait prier et quereller pour prendre soin de lui. « Rassure-toi sur ma santé. Il y a deux ans que ce léger accident ne m'était arrivé, et mon mouchoir était à peine coloré. Et comment veux-tu que je meure, tant

---

1. Cf. *Mes mémoires*, t. IV, ch. xciv, p. 78. « En 1823 et 1824, la mode était à la maladie de poitrine ; tout le monde était poitrinaire, les poètes surtout ; il était de bon ton de cracher le sang à chaque émotion un peu vive, et de mourir avant trente ans. Il va sans dire que nous avions, Adolphe (de Leuven) et moi, tous deux jeunes, longs et maigres, cette prétention. »

que tu m'aimeras?... Oh! c'est alors, mon ange, que je deviendrais athée ou blasphémateur! Car je ne pourrais croire à Dieu sans le maudire... Dieu me séparerait de toi! Et si c'était pour toujours! Oh, ma vie, plains plutôt mon doute que de le blâmer!... Personne n'en souffre plus que moi [1] »... Il lui donne, une fois, un rendez-vous galant au Père-Lachaise [2].

Poète, c'est ainsi que font les grands poètes [3]...

Ces affres du scepticisme et du blasphème, où il se débat, ne sont que littérature. Quelques années plus tard, Mélanie pouvait lire dans *Mes mémoires* : « Jamais, dans le cours d'une vie déjà assez longue, je n'ai eu, aux heures les plus douloureuses de cette vie, ni une minute de doute, ni un instant de désespoir [4] ». Il éprouve ses effets de scène, même dans l'intimité, par un mirage de l'imagination qui portait en elle le personnage d'Antony.

S'il aime, sa tête brûle; il ne peut étouffer les batte-

---

1. *Lettres inédites. Cachet postal,* 27 septembre 1827.
2. Il faut d'ailleurs reconnaître que ce *doute,* qui l'obsède, revêt parfois une forme assez utilitaire. « ... *Jouissons du bonheur des vivants avant d'aller envier le repos des morts. Ah! leur couche est bien froide, Mélanie, pour qu'il y reste une étincelle de vie et d'amour... Oh! n'attendons pas ce moment pour dormir dans les bras l'un de l'autre; tu n'aurais qu'à t'être trompée...* » Et si ce doute refroidit l'âme croyante de Mélanie, alors il n'est pas plus athée qu'il ne sied. « ... *Car je ne suis pas athée, quoi que tu en dises; je ne le deviendrai jamais, puisque l'athée est celui qui ne croit en rien, et que, si je cessais de croire en Dieu, je croirais encore en toi* ». Au fond, son athéisme n'est qu'un beau geste, le poing tendu vers Dieu, et qui ne tient pas contre le plaisir de faire un madrigal. Voir plus bas, p. 317. IL REPRODUIT TEXTUELLEMENT CE MADRIGAL DANS LE MANUSCRIT ORIGINAL D'ANTONY.
3. *La nuit de mai,* Alfred de Musset.
4. *Mes mémoires,* t. I, ch. XXIV, p. 271. Cf. t. II, ch. XXXI, p. 27. Cf. t. IX, ch. CCXXXI, p. 133.

ments de son cœur; il a la fièvre, le délire. Le type se dessine : « Oh! oui, je t'aime, je t'aime, je t'aime! Oui, cette fièvre m'a passé dans le sang, et il y a plus de passion et de frénésie dans mon amour qu'il n'y en a jamais eu. Ne crains rien. Je t'aime, je t'aime, et ne puis aimer que toi, toi seule au monde... Je t'aime, ô ma Mélanie; ma tête brûle, et je suis bien plus près, en ce moment, de la folie que de la raison [1] »... Le moment est venu d'être infernal. « ... Tu m'as enfin compris, tu sais ce que c'est qu'aimer, puisque tu sais ce que c'est que la jalousie... Connais-tu quelque chose de pareil? Et ces imbéciles de faiseurs de religion qui ont inventé un enfer avec des souffrances physiques! Qu'ils se connaissaient bien en tortures! Cela fait pitié! Un enfer où je te verrais continuellement dans les bras d'un autre! Malédiction! Cette pensée ferait naître le crime [2]! » Il attrape son dénoûment, il tient les traits sataniques du rôle.

Il les essaye, il les répète; il soigne son style. Il dispute sur la gaîté et la tristesse, la gloire et la fortune, sur l'amour et la jalousie, et autres beaux lieux communs. Cette faculté de dissertation, qui va poindre dans *Antony*, se conservera chez son fils [3]. « Oh! qu'il y a une grande douceur à ne pas séparer ses sentiments, à dire nous au lieu de je, à ne voir dans l'absence qu'une séparation matérielle, qui ne désunit ni l'âme ni la pensée, à se retrouver comme on s'est quitté, à se quitter en croyant s'aimer davantage encore, à être sûr de son avenir comme d'un passé, et à sourire de

---

1. *Lettres inédites.*
2. *Même lettre.* Il y prend des précautions... « Ne crois rien de ce que te dira ta mère. Je te dirais presque : Ne crois rien, tes yeux dussent-ils voir, tes oreilles dussent-elles entendre... »
3. Voir notre *Génie et Métier*, ch. VIII. Les manuscrits originaux de *Diane de Lys* et du *Demi-Monde*, pp. 256 sqq.

mépris en regardant chaque homme, à qui l'on dit tout bas : « Tu ne peux rien sur nous! » Il y a là dedans quelque chose de la sérénité et du pouvoir de Dieu, oui, de Dieu; car je ne suis pas athée, quoique tu en dises [1] »... Et, en effet, la tirade est dans le mouvement du théâtre.

Cette jalousie même, dont il fait grand bruit (la sienne; car j'ai dit que celle de Mélanie le fatigue bientôt) semble toute prête pour la scène.

> Oui, je voudrais qu'aucun ne vous trouvât aimable,
> Que vous fussiez réduite en un sort misérable,
> Que le ciel, en naissant, ne vous eût donné rien,
> Que vous n'eussiez ni rang, ni naissance, ni bien [2]...

Ainsi parle Alceste; et voici le couplet dont Alexandre régale Mélanie. « Deux heures. ... Ah! que je voudrais te voir sans fortune, sans famille, abandonnée de tout le monde, pour te tenir lieu de monde, de famille et de fortune, pour être tout pour toi, comme tu serais tout pour moi, et pour pouvoir vivre ou mourir librement, sans éveiller un sourire ou faire répandre une larme, pour vivre au milieu de la société, étranger à elle comme elle serait étrangère à nous; mais tout cela est un rêve, un songe, une vision [3]. » Tout

---

1. *Lettres inédites.* Il rencontre d'assez jolies choses. « Il y a un certain plaisir à être heureux d'un coup d'œil, d'un regard au milieu d'indifférents. Ce sont deux personnes qui auraient trouvé moyen d'allumer du feu dans une carrière de neige, et jouiraient, au milieu du froid, d'une température douce. » Il a même des mots. « Encore une distraction, cher amour... Tu ne m'as pas remis ta lettre, et j'ai été obligé de me coucher *veuf.* »

2. *Le Misanthrope,* IV, sc. III.

3. *Lettres inédites.* Cf. *Antony,* V, sc. III, p. 222. « ... Si un cœur dévoué, si une existence d'homme tout entière que je jette à tes pieds... te suffisent, dis oui... Je t'arrache à ta famille, à ta patrie... Eh bien, je serai pour toi et famille et patrie... En changeant de nom, nul ne saura qui nous sommes pendant

cela est imagination pure, et jeu d'esprit à la mode, dont il fait l'expérience sur Adèle, quasi femme de lettres, et qu'il jettera vivement sur le théâtre, l'épreuve à huis clos ayant réussi. On s'assurera sans peine qu'Antony redit à peu près les mêmes choses, et que Dumas ne gaspille point ses effets. Et puis, l'on ne s'étonnera pas trop que la baronne d'Ange dans *le Demi-Monde* tienne à peu près les mêmes propos à M. de Nanjac [1]. Elle est de la famille.

Il va sans dire que l'amour d'Alexandre s'exalte par l'écriture épistolaire jusqu'à la folie et au crime. Ne craignez rien : Dumas ni ne saurait vivre en un désert ni n'affronterait l'échafaud pour une femme trop maigre et d'humeur chagrine. Mais l'imagination fait rage sur le papier. Voici venir de loin la scène du hasard, de la fatalité, des préjugés. L'orage est dans sa tête; il éclate en ses lettres à propos de tout et de rien. « Deux heures... Moi raisonnable!... Oh! non! Je suis fou, insensé, délirant. Et, quand nous sommes ensemble devant ta mère, il me prend des moments de rage, où je voudrais te serrer dans mes bras... et dire : « *Elle était à moi, avant qu'elle ne me connût...* » Oh! non, tu te trompais : jamais mon amour, à moi, n'a été doux, paisible, et je ne comptais tant sur son influence, *que parce qu'il me semblait aussi impossible que tu y résistasses qu'il est impossible au bois de ne pas être brûlé par le feu* [2] »... Après le délire, la fatalité. « ... Ne m'as-tu pas dit que tu croyais à la *fatalité*? Ce mot me rappelle

notre vie, nul ne saura qui nous avons été, après notre mort. Nous vivrons isolés, tu seras mon bien, mon Dieu, ma vie... *Viens, viens, et nous oublierons les autres pour ne nous souvenir que de nous.* »

1. *Le Demi-Monde*, II, sc. III, p. 80.
2. *Lettres inédites.* Cf. *Henri III et sa Cour*, I, sc. v, p. 134. Saint-Mégrin à la duchesse de Guise : « Ah! madame, on n'aime pas comme j'aime pour ne pas être aimé ».

ce que je te disais un jour en parlant du *hasard* qui nous avait rapprochés et auquel j'appliquais le mot de *fatalité*. « Comment, me dis-tu, vous appelleriez *fatalité* notre rencontre dans le monde? » Eh bien, n'était-ce pas de la *fatalité*, si ce n'eût été du bonheur? Et que serais-je devenu, si tu ne m'avais pas aimé? Et ce n'est pas un amour doux, paisible que celui auquel, dès sa naissance, on applique le mot *fatalité*[1]. » Il se met au point. De cette phraséologie galante, que Firmin appelait « rabâchage », naîtra le lyrisme d'Antony[2]. Il s'échauffe à blanc; il incite Mélanie, lui malin, à braver les préjugés du monde, un jour qu'il l'a espérée vainement et qu'elle fut sans doute empêchée par sa mère. « Huit heures et demie... *Eh bien, quand je te parlais du monde et de ses lois, de ces misérables concessions à la société, qui se font toujours aux dépens du bonheur particulier, dis-moi, avais-je tort de la maudire et de regarder comme heureux l'homme qui pourrait s'en affranchir?* Dans une nation civilisée la liberté peut exister pour un peuple; elle n'existe jamais pour les individus. On fait à tout ce qui nous entoure une foule de petites concessions, auxquelles le temps et l'habitude finissent par imposer le nom de devoir : et, alors qu'on s'en écarte, on est coupable. Certes, personne n'aime plus sa mère et ne la respecte plus que moi; eh bien, *je regarde comme un préjugé des nations l'amour et le*

---

1. *Même lettre.* Cf. *Antony*, II, sc. III, IV et V, pp. 177-190. Antony dit (II, sc. V, p. 186) : « *Les autres hommes du moins, lorsqu'un événement brise leurs espérances, ils ont un frère, un père, une mère!...* etc. » Alexandre écrit à Mélanie, 7 juillet 1830 (lettre déjà citée) : « ... *Je suis seul au monde : pas un parent sur qui je puisse m'appuyer pour lui demander un service; quand je me manque à moi, tout manque non seulement à moi, mais à ma mère d'un côté et à mon fils de l'autre. Tout ce qui est bonheur pour un autre est peine pour moi...* »

2. *Mes mémoires*, t. VII, ch. CLXXV, p. 180.

respect imposé (sic) *aux parents*. L'un et l'autre doivent naître, selon moi, de leur manière de nous traiter, et non du hasard même qui nous les a donnés pour père (sic). Leur devons-nous de la reconnaissance pour la vie qu'ils nous ont donnée? (Figaro était plus timide; il n'avait ni la taille ni l'humeur de lancer ces hardis blasphèmes, que le Franz Moor de Schiller brandit, que ramasseront plus tard Jules Vallès et M. Jean Richepin)... Souvent, ce n'était pas leur intention, et plus souvent encore ils nous ont fait un triste présent [1]... » Plus tard, Alex et Antony seront dépassés, et *le Fils naturel* ne sera qu'une déduction dramatique et logique de la phrase qui suit : « Nos parents ne le sont que relativement aux soins qu'ils ont pris de nous, et il me semble naturel de mesurer l'amour sur les actions et le respect sur les vertus [2] ».

Enfin si vous voulez vous mettre en état de goûter la distinction de l'amour *délirant* et de l'amour *mondain* que fait, à l'acte IV, M. Eugène, poète sensé, ni fou ni fade, une manière de Mérimée dans ce salon où l'on cause, lisez ce billet : « Midi... Quelle lettre je t'ai écrite!... Si je pouvais la rappeler!... Mais j'espère qu'elle aura été assez mouillée de mes larmes pour que tu ne puisses pas la lire! J'ai dormi une heure et demie, à peu près comme les damnés peuvent dormir, s'ils dorment, avec des songes, des visions, du délire! *Quand je pense à ce qu'on appelle aimer dans le monde! Quelles marionnettes* [3] *!* »

L'aventure est banale, je le répète, mais non pas l'homme qui s'y était engagé. Ses *Lettres à Mélanie* nous ont fait voir ses sens et son imagination à l'ouvrage, et ses lectures amalgamées à ses désirs. Tout

---

1. *Lettres inédites.* Cf. *Antony*, II, sc. v, pp. 187 sqq.
2. *Même lettre.* Voir plus bas, p. 316.
3. *Lettres inédites.* Cf. *Antony*, IV, sc. 1, p. 204.

cela bouillonne. Mais l'imagination l'emporte. Elle transforme cette liaison, dont les douceurs sensuelles furent bientôt émoussées, en une expérience intime, qui sert de prélude et d'exercice préparatoire au drame, — personnel et lyrique sans doute à l'origine, et d'un lyrisme appris et postiche (par quoi je reconnais qu'*Antony* plut d'abord), — mais singulièrement élargi ensuite par une intuition de génie, d'où se dégagent en action le théâtre, l'homme et la société modernes.

Le mercredi 6 octobre 1830, Dumas écrivait une de ses dernières lettres à Mélanie. « ... *Antony*, copié et distribué aux acteurs, entrera, je crois, en répétitions samedi. Trois semaines ou un mois lui suffiront. J'ai grand peur pour lui. *Je ne le trouve pas d'une forte constitution*[1]. »

III

MANUSCRIT ORIGINAL D' « ANTONY[2] ». LA GENÈSE DU DRAME.

Cela saute aux yeux d'abord. Le manuscrit est plus court et de plus mince étoffe que la brochure. Le

---

1. *Lettres inédites, mercredi 6 octobre.* Il s'agit des répétitions à la Comédie-Française qui n'aboutirent point.
2. Ce manuscrit se compose de 46 pages, papier écolier, grand format, reliées en un cahier, une double page servant de couverture. Sur la première feuille est écrit le titre.

ANTONY
DRAME EN CINQ ACTES
en prose.

PREMIER ACTE.

Il se termine un peu avant la fin de la 46ᵉ page par ces mots : « Fini le mercredi 9 juin à midi.

Premier manuscrit d'Antony.
ALEX. DUMAS.

L'écriture est rapide, très lisible, parfois renversée, pas du

drame y est frémissant; la passion y palpite; j'y retrouve à peu près tous les mots d'*action* et la plupart des effets scéniques. Ce cahier de papier jauni respire la fièvre du théâtre. La matière brute de l'amour y est forgée avec emportement. Les péripéties se détachent en relief sur ce texte rapide. Acte I, accident de voiture. II, explication et séparation. III, viol. IV, scandale. V, assassinat. Du début à la fin, le drame prend le mors aux dents. Retranchez d'*Henri III* la couleur locale et d'*Antony* la couleur moderne : c'est le même ouvrier et le même ouvrage. Telle est l'impression qui se dégage d'abord de ce manuscrit primitif; peu ou point de nuances; des « oh! » et des « ah! » qui sont comme les gestes du langage; et des discours, de vrais discours d'Antony, où le werthérianisme, le byronisme

tout l'écriture ronde des romans, mais celle des *Lettres à Mélanie*, sans ponctuation, avec des fautes d'orthographe nombreuses. Très peu de ratures, et peu considérables. (Cf. notre *Génie et Métier*. Manuscrits originaux d'Alexandre Dumas fils, pp. 243 sqq.) — Aux pages 13 et 40 sont consignées en travers de la marge, de la main de Dumas, deux adresses : Grenier, rue Bourbon, n° 11, et M. de Mersanne, boulevard des Italiens, n° 2, galerie de l'Opéra. (Voir le Baron de Marsanne, abonné du *Constitutionnel*, acte IV, sc. VI, p. 209.) Les actes sont numérotés, mais non les scènes. En revanche les jeux de scène sont indiqués avec minutie, sauf le coup de couteau du dénoûment. On distingue les reprises du travail aux modifications de l'écriture. L'acte V a été enlevé en trois séances. Enfin, dans ce premier manuscrit, la scène de l'auberge se passe aux environs de *Valenciennes*. Et voici la distribution des personnages, assez différente de la brochure :

Le colonel baron D'HERVEY.
ADÈLE D'HERVEY, sa femme.
CLARA, sœur de la baronne D'HERVEY.
ANTONY.
La vicomtesse D'OSMOND.
OLIVIER DELAUNAY, jeune médecin.

FRÉDÉRIC DESTEIN, lieutenant.
Une aubergiste.
PAUL, domestique d'Antony.
(Il avait oublié EUGÈNE D'HERVILLY et MADAME DE CAMPS, qu'il écrit *Decamps* dans le manuscrit.)

s'espacent. On sent combien l'acteur Firmin pouvait avoir raison : Antony rabâche et semble un « monomane sans cesse en rage, en fureur, en hostilité contre les autres hommes [1] ». Il est d'une constitution assez forte, quoi qu'en dise Dumas, et plutôt trop que pas assez ; néanmoins, le drame original paraît à la fois déclamatoire et sommaire. C'est *Henri III*, moins la résurrection « des siècles passés », avec plus de verbiage exotique et postiche : mais ce n'est qu'*Henri III*. Esquisse violente et endiablée d'une scène de jalousie qui durerait pendant cinq actes, et dont les *Lettres à Mélanie* donnent la mesure lyrique et philosophique.

Comparer ce manuscrit à la brochure, c'est encore assister à la genèse d'*Antony*. Dans l'intervalle Dumas s'est avisé de donner une signification plus large à son idée, d'en étendre le sens et la portée. Non seulement, amené à concevoir une œuvre plus étoffée, il a mis plus de scrupule à préparer, lier et nuancer ses idées et même son style ; mais il a tranché et taillé dans le vif de la déclamation lyrique, supprimé les grands mouvements où il s'essayait dans ses épîtres préparatoires, pour faire une plus large place à l'étude morale et sociale. Le monde ne lui est plus apparu comme un personnage vague et servant de cible aux blasphèmes d'Antony, aux tirades furieuses et délirantes. Il devient un protagoniste : il entre directement en lutte avec la passion indépendante et révoltée. La morale de l'œuvre, comme l'intérêt, en est renouvelée. La pièce sociale perce l'étoffe un peu mince du drame lyrique. Ainsi, le travail qui s'est fait entre la rédaction primitive et le texte *ne varietur* est double. 1° Ce lyrisme à la mode et banal, auquel plusieurs pensent borner le mérite d'*Antony*, est réduit et repoussé

---

1. *Mes mémoires*, t. VII, ch. CLXXV, p. 180.

à son plan, pendant que la représentation théâtrale du monde, de ses opinions, et de ses préjugés s'y substitue et s'établit en belle place sur la scène. 2° Le drame, qui a plus d'ampleur, veut plus de précautions techniques et des ressorts plus minutieux : retouches de métier qu'un dessein plus réaliste exige. Prenons garde que de ce double soin naît le *drame moderne*, et que nous sommes dans le laboratoire, où nous ne saurions observer de trop près.

Acte I. — Le manuscrit commence à ces mots : « Qu'y a-t-il ? » — « Une lettre... » La moitié de scène qui sert de prélude a été ajoutée. On n'y voyait pas, même de dos, la vicomtesse de Lacy, qui personnifie l'opinion, la morale et l'amour mondains, et qui servira, au tournant du quatrième acte, à mettre la portée sociale en valeur. On n'y entendait point parler de cette madame de Camps, malveillante caillette, « qui perdrait vingt réputations par jour[1] ». Le drame passionnel entrait d'emblée dans le vif de la passion. La lettre d'Antony était plus cavalière, et Adèle la soulignait d'un joli mot, qui a disparu : « Je ne crois pas à l'amitié qui suit l'amour. On ne bâtit pas avec des cendres[2]. »

Il est visible que l'effort des corrections tend à expliquer et faire prévoir le quatrième acte, l'*acte du monde*, qui prend une singulière importance dans cette nouvelle conception de la pièce. Un exemple suffit à montrer cette préoccupation, dès la première scène.

Manuscrit, I, pp. 3 et 4[3].	*Brochure*, I, sc. 1, p. 163, sqq.
CLARA. — Mais la manière dont il est parti tout à coup, lorsque le baron d'Hervey te	CLARA. — Mais rappelle-toi, Adèle, la manière dont il est parti tout à coup, aussitôt que

1. *Antony*, IV, sc. VII, p. 213.
2. *Manuscrit original*, I, sc. 1.
3. Les scènes ne sont ni indiquées ni numérotées, le plus souvent.

demanda en mariage, au lieu de s'offrir lui-même à notre père, qui *l'aimait*, jeune, *riche*, et, pardonne, aimé de toi aussi.....

ADÈLE. — ..... Et, s'il est parti, c'est qu'il y avait sans doute, pour qu'il restât, des obstacles qu'une volonté d'homme ne pouvait surmonter.
CLARA. — Te les a-t-il fait connaître ?
ADÈLE. — Non, mais ils existaient... Ce n'est pas une âme comme celle d'Antony, qui se laisse abattre par quelques difficultés. . . . .
. . . .

ADÈLE, préoccupée. — Tu le recevras, toi, Clara. Tu lui diras que j'ai conservé pour lui tous les sentiments d'une amie, que, si le colonel d'Hervey était ici, il se ferait un plaisir de le recevoir... mais qu'en son absence, comme on sait qu'il m'a aimée, *pour moi...* je le supplie de ne pas essayer de me revoir...

le colonel d'Hervey te demanda en mariage, lorsqu'il pouvait s'offrir à notre père, qui *lui rendait justice* (cf. II, sc. III, p. 178 et II, sc. v, p. 186). Jeune, *paraissant riche* (cf. *ibid*., p. 186, et IV, sc. III, p. 206), aimé de toi ?
ADÈLE. — ... Et, s'il est parti, c'est qu'il y avait sans doute, pour qu'il restât, des obstacles qu'une volonté humaine ne pouvait surmonter... *Oh! si tu l'avais suivi, comme moi, au milieu du monde, où il semblait étranger, parce qu'il lui était supérieur ; si tu l'avais vu triste et sévère au milieu de ces jeunes fous, élégants et nuls,... si au milieu des regards qui, le soir, nous entourent, joyeux et pétillants,... tu avais vu ses yeux constamment arrêtés sur toi, fixes et sombres,* tu aurais deviné que l'amour qu'ils exprimaient ne se laissait pas abattre par quelques difficultés...
ADÈLE. — ..... Tu le recevras, toi, Clara ; tu lui diras que j'ai conservé pour lui tous les sentiments d'une amie... que si le colonel d'Hervey était ici, il se ferait comme moi un vrai plaisir de le recevoir ; mais qu'en l'absence de mon mari, pour moi, *ou plutôt pour le monde*.... Cf. I, sc. VI, p. 173. « Oh ! dites : *pour le monde*, Madame. » Cf. II, sc. v, p. 185, et surtout IV, sc. VI et VII, pp. 212 et 213 sqq : « Un mot qui tue ! » et encore toute la scène : « C'est sa maîtresse », IV, sc. VIII, pp. 215 sqq.

Ce soin de préparer le scandale du IV domine manifestement toutes les corrections du I. Pour le III, Dumas est sûr de lui ; c'est un coup de force : il y excelle.

Mais la crise morale et le drame social éclatent à l'acte suivant, et veulent plus de souplesse dans la composition. Pour les mêmes motifs il remanie la scène du médecin[1]. Antony est blessé; on l'a porté dans l'appartement d'Adèle[2]. Dumas met en lumière l'inquiétude de la pauvre femme, sa crainte qu'en ouvrant les yeux le blessé ne prononce son nom devant ceux qui le soignent, son désir d'écarter tout le monde, même le docteur. La scène était seulement indiquée dans le manuscrit. Il précise, il détaille, il coupe par vingt réticences le dialogue définitif, tant et si bien qu'Olivier la *regarde*, et que la voilà presque compromise, cet Olivier étant du dernier bien avec la vicomtesse, qui n'est point mal avec madame de Camps, la bonne langue[3]. Le « monde » observe Adèle.

Plus cet Antony, jadis distingué par elle, à cette heure blessé pour elle, et soigné chez elle, sera hors de la norme par son tour de tête et son amour, plus dramatique apparaîtra le contraste entre la passion

---

1. *Manuscrit original*, I, p. 8. Cf. *Antony*, I, sc. v, pp. 169 et 170.
2. A. de Musset a repris la scène en s'amusant. Cf. *Il ne faut jurer de rien*, I, sc. I, p. 347. « Ah! mon Dieu! Un mort qui m'arrive! »
3. Notons que ces retouches sont parfois trop hâtives. Le médecin Olivier dit à Adèle (I, sc. v, p. 169) : « Les *termes scientifiques* vous effrayeront peut-être? — Oh! non, non, pourvu que je sache... Vous comprenez, il m'a sauvé la vie... c'est tout simple. — Oui, sans doute, madame... Eh bien, le timon, en l'atteignant, a causé une forte *contusion* au côté droit de la poitrine. La violence du coup a amené l'*évanouissement*. J'ai opéré aussitôt une saignée abondante... et maintenant, du repos et de la tranquillité feront le reste... »
Les *termes scientifiques*, ou à peu près, sont restés dans le manuscrit : « Le timon, en l'atteignant, a causé une forte contusion ou *équimose* (sic) au côté droit de la poitrine... La violence du coup a amené l'évanouissement. J'ai opéré à l'instant une saignée abondante, pour empêcher la *congestion du sang au poumon*. » (*Manuscrit original*, I, p. 7.)

indépendante, délirante, mais sincère, et la coterie bourgeoise ou aristocratique des caprices prudents et des vertus frelatées. Aussi Dumas a-t-il refait presque entièrement la dernière scène de l'exposition. Antony n'était d'abord qu'un prétendant déçu, un Sévère plus sanguin, qui accablait Adèle de ses sarcasmes. « ... Qui donc, en me regardant, en me voyant vous sourire, oserait dire en ce moment que je ne suis pas heureux? — Permettez. — N'est-ce pas que c'est une merveilleuse faculté donnée à l'homme que celle de composer son visage, de cacher ses blessures sous un sourire, d'ordonner à sa voix de rester calme au milieu des tortures, et, lorsqu'on revoit quelqu'un qu'on a profondément aimé, à qui on a dit qu'on l'aimerait toujours, qu'on revoit cette personne après trois ans de douleurs et de désespoir — de pouvoir aux yeux mêmes qui croyaient savoir nos pensées aussi vite que nous, en imposer par une tranquillité apparente et par une froideur étudiée. (*La regardant fixement.*) N'est-ce pas, Madame, que c'est une merveilleuse faculté? — Ah! — Mais il est malheureux, n'est-ce pas, que les forces humaines ne puissent pas suffire longtemps, que le cœur, qu'on comprime, menace de se briser, et qu'il faille, en échange de cet instant, des larmes et des cris?... Regarde-moi en face, Adèle. Nous sommes heureux, n'est-ce pas[1]? »

Assurément, il rabâchait. Il n'était qu'un dépité d'amour, qui fait les gros yeux et lâche les grands mots. Le monde en a vu d'autres. Il n'était pas un cas spécial, comme plus tard de Montègre[2] avec son hypertrophie du foie. Dans la brochure, il a une hypertrophie d'orgueil, de scepticisme, de misanthropie à

---

1. *Manuscrit original*, I, pp. 9 sqq. Cf. *Antony*, I, sc. VI, pp. 172-173.
2. *L'Ami des femmes.*

la façon de 1830 et du Franz de Schiller. Il est en proie à une passion de tête ; c'est un embrasement de l'imagination, des sens et des nerfs, et de tout enfin. Il montre le poing à Dieu et à la société. Il menace d'aller « se rouler au milieu de la foule[1] » des hommes. Il a des trouvailles qu'il n'avait pas rencontrées d'abord. Il affecte même, dans ses transports, des obscurités d'oracle : « .. Et c'est pour cela que Dieu a voulu que l'homme ne pût pas cacher le sang de son corps sous ses vêtements[2]... » Il résume en soi une synthèse énorme de mémoire. Mais tout de même le lyrisme des réminiscences est désormais absorbé par l'action. Antony représente davantage une force passionnelle : l'individu déchaîné, en présence d'une autre force dissolvante : la société moderne. Cette passion était si débordante qu'elle avait inondé tout le drame. L'œuvre retouchée est plus complète et féconde. L'exposition en témoigne, qui se termine, ou peu s'en faut, sur ces mots : « Oh ! dites : *pour le monde*, madame[3] ! »

Acte II. — Celui-ci a été bouleversé. Outre un court dialogue, où Clara avertissait Adèle que sa chaise de poste serait prête à onze heures, il se composait primitivement d'une longue scène de sentiments violents, coupée par l'entrée de la vicomtesse et du docteur Olivier, et, après leur sortie, reprise sur nouveaux frais. A dix heures précises, Clara revenait annoncer que tout était disposé pour le départ. Et je ne dis pas que l'acte n'y fût point dramatique, ni que la scène de passion eût manqué à nous émouvoir.

---

1. *Antony*, I, sc. VI, p. 173.
2. *Antony*, I, sc. VI, p. 173. Cf. II, sc. IV, p. 185. « Demandez à un cadavre combien de fois il a vécu. » Cela n'était pas venu du premier jet. En corsant la pièce, Dumas a parfois outré l'expression pour marquer avec force le contraste entre l'opinion du monde et la passion individualiste.
3. *Antony*, I, sc. VI, p. 173.

Mais Antony y faisait d'affilée sa confession générale à son Adèle. D'une phrase il en épuisait l'intérêt.

« ADÈLE. — Vous avez désiré me voir, avant de quitter cet hôtel ; vous connaissez les motifs qui m'empêchaient de recevoir M. Antony. Vous avez insisté, et je n'ai pas cru pouvoir refuser une si légère faveur à l'homme sans lequel peut-être je n'aurais jamais revu ma fille ni mon mari.

ANTONY. — Oui, madame, je sais que c'est pour eux seuls que je vous ai conservée. *Je sais tous les devoirs que prescrivent les lois de ce monde*, au milieu duquel vous vivez. *Ses préjugés me coûtent assez pour que je les respecte.* (*Adèle lui fait signe de s'asseoir.*) Merci. Je ne discuterai pas pour savoir si nous avons tort ou raison de nous en affranchir ; seulement, il me semble qu'un homme, jeté par sa position en dehors de la société, peut, en renonçant aux avantages qu'elle accorde aux autres hommes, se refuser aux devoirs qu'elle leur impose... Pardon... C'est une opinion erronée peut-être... J'étais venu pour vous parler de vous et je vous parle de moi... et peut-être ne devrais-je vous parler ni de l'un ni de l'autre.

ADÈLE. — Je crois que vous auriez raison[1]... »

Il éclaircissait d'un seul coup toutes les énigmes de sa vie et de son cœur, si adroitement dévoilées dans la pièce. Dans un autre couplet il épuisait toute l'émotion, dont l'auteur a tiré plus tard la scène V. « J'oubliais tout, près de vous... Un homme vint, et me fit souvenir de tout[2]... » Au lieu de regarder la société en face, d'engager la lutte contre les opinions et les préjugés, Dumas, qui avait atteint d'emblée le paroxysme de la passion dans cette scène d'aveux, terminait sur une

---

1. *Manuscrit original*, II, p. 13.
2. *Antony*, II, sc. v, p. 186.

déclamation violente et banale d'Antony contre sa mère, sa patrie, la religion et tout ce qu'on révère, dont nous avons vu que Mélanie avait eu la primeur.

« Les autres hommes du moins... etc... moi je n'ai même pas la pierre d'un tombeau... etc... etc... Oh! *si ma mère, quelle qu'elle fût, avait pu savoir, à l'heure de ma naissance, ce que souffrirait un jour le pauvre enfant qu'elle abandonnait... elle aurait bien mieux fait de lui briser le front contre la muraille. Que Dieu lui pardonne de ne pas l'avoir fait, car moi, je ne le lui pardonnerai pas* ». — « *Oh! vous blasphémez!* » — « Les autres hommes ont une patrie... etc... etc..... Dans le monde entier je n'ai qu'un point vers lequel mes yeux se tournent, vers lequel mon cœur vole... c'est celui où vous êtes, et c'est là qu'il m'est défendu de venir... *Ma patrie, à moi, serait la terre habitée par vous, l'air qui vous environnerait. Pour moi toutes les félicités du ciel seraient là, et vous me défendez de fouler le même sol, de respirer le même air, oh! c'est affreux!* » — « *Ami, il est un meilleur monde.. Là ceux qui se seront aimés, que la terre aura séparés, seront réunis au ciel!* » — « *Oh! si mon âme croyait! Si l'éternité m'offrait un espoir, combien vite j'irais t'y attendre... Mais le doute... Oh! c'est encore un supplice inconnu pour toi!... Combien de fois, quand, tout un jour, j'avais combattu par les fatigues du corps les tortures de l'âme, je suis entré dans une église, et là, le front sur le marbre, j'ai demandé à Dieu, avec les gémissements de mon cœur, la révélation de cet autre monde! Combien de fois, la nuit, seul, debout sur un tombeau comme un spectre, ai-je interrogé la mort sur le grand secret; tout était muet, et moi, alors, je me roulais sur cette pierre comme un insensé, en criant : « Je n'ai pas d'autre famille, d'autre patrie, d'autre Dieu, d'autre éternité qu'elle, elle que je ne puis ni revoir ni posséder. Malédiction!* » — « Oh! le malheureux qui ne croit pas! » — « Si j'étais près de toi, *oh! je croirais à tout, car je croirais en toi...*[1] etc. »

Alfred de Vigny, qui ne tenait pas l'athéisme pour un motif de romance, conseilla de supprimer le morceau pendant les répétitions du drame[2]. Dumas, qui ne laissait rien perdre, conserva le mouvement et y jeta autre chose.

Antony lançait encore quelques mots : abandon... solitude... mort... poignard... échafaud. Puis, la vicomtesse entrait au bras d'Olivier, et rendait à l'énergumène le service de couper court à ses imprécations. Non qu'il restât boudeur et taciturne comme Alceste; il en était incapable. « Et maintenant, disait Adèle, du calme, de l'indifférence. » — « Soyez tranquille... *Ne sais-je pas renfermer la douleur dans mon âme comme un cadavre dans un tombeau? Ne sais-je pas sourire, le cœur tout saignant*[3]...? etc., etc. » Au reste, la scène de la causerie *mondaine* était manquée. Dumas avait passé à côté de celle du *Hasard*[4] et de celle des *Enfants trouvés*[5], qui sont caractéristiques. La vicomtesse papotait; le docteur pérorait. On plaisantait les médecins, on s'accrochait au moyen âge, on revenait à la phrénologie de Gall, pour conclure qu'Antony avait la bosse du crime. Ce n'était qu'un intermède entre les deux scènes de déclamation amoureuse. On n'y sentait ni que la vicom-

---

1. *Manuscrit original*, II, pp. 14 et 15. Cf. *Antony*, II, sc. v, pp. 186-187. Voir plus haut (p. 301, n. 2), où il est dit que *ce madrigal se trouve textuellement à la fin d'un couplet*, par lequel il se défend d'être athée dans une *Lettre à Mélanie*.
2. *Mes mémoires*, t. VIII, ch. cxcviii, p. 104. « La répétition s'acheva. Alfred de Vigny était présent, et me donna quelques bons conseils. J'avais fait d'Antony un athée; il me fit effacer cette nuance du rôle. »
3. *Manuscrit original*, II, bas de la p. 15.
4. *Antony*, II, sc. iii, pp. 177 sqq.
5. *Antony*, II, sc. iv, pp. 180 sqq.

tesse fût une femme dangereuse, ni que le « monde » eût les yeux fixés sur Adèle. En revanche, on y trouvait des mots de ce goût : « Je serais un confrère à craindre, disait la visiteuse ; dernièrement j'ai guéri ma perruche d'une ophtalmie et mon épagneul d'une sciatique[1]. » Ou encore : « Oh ! docteur, comme il a l'organe du meurtre développé ! Oh ! mais il tuera quelqu'un, bien sûr[2]. » Antony était palpé, jaugé, jugé[3].

Eux partis, la crise de sentiment reprenait sans plus de cérémonie, comme une répétition de théâtre. Adèle revenait « s'asseoir sur un sofa » ; Antony restait « debout près d'elle dans la même position où ils étaient avant d'être interrompus par ceux qui sortent[4]. » Il faut dire tout de suite que cette scène, bien qu'elle fût une redite, était exécutée de main de maître. Antony

1. *Manuscrit original*, II, p. 17. Ni ces propos scientifiques, ni même le système de Gall, ni la chiromancie ne sont absents de l'œuvre de Dumas fils. Dès *Diane de Lys*, II, sc. IX, p. 276, on lit : « Oui, j'ai un ami qui a appliqué aux mains le système que Gall a trouvé pour la tête... »

2. *Manuscrit original*, II, p. 17.

3. Il s'y disait encore : *Adèle*, — « La vicomtesse est vraiment née quatre siècles trop tard ; *c'est la véritable damoiselle du moyen âge*, prête à guérir avec des simples et à panser avec son écharpe les blessures que son chevalier aurait reçues en la proclamant la plus belle. » — *Antony*. « C'est qu'au fait, c'était une merveilleuse chose pour le blessé que de se voir renaître à la vie sous la protection de la femme aimée, de demander la guérison au breuvage préparé et offert par sa main, de sentir cicatriser sa blessure sous l'écharpe portée par elle... (Voir *Lettres inédites à Mélanie*. Au début de la liaison, pendant une absence d'un mois que doit faire la bien-aimée, il lui demande à conserver un souvenir d'elle, une écharpe, comme Saint-Mégrin ou les héros de Walter Scott), et liée avec des cheveux d'elle... Oh ! alors, je conçois qu'on ne déchire pas l'appareil... » — *La Vicomtesse*. « Eh mais, il me semble qu'il s'est trompé de siècle aussi. » — *Antony*. « Non, j'y aurais été trop querelleur. » — *La Vicomtesse*. « Et dans le nôtre vous n'êtes que misanthrope. » (*Manuscrit original*, II, p. 17.)

4. *Manuscrit original*, II, p. 18

s'y montrait insinuant, caressant et souple, jusqu'au transport effréné de la fin qui préparait le troisième acte. L'émotion dramatique était accrue[1] par l'attente de l'heure où la voiture doit prendre Adèle pour l'emporter vers le mari. Les aiguilles de la pendule y jouaient leur rôle. Et Antony s'insinuait encore, murmurant des choses très douces et très rares sous la plume de Dumas. C'était le vers classique :

> Pour vivre sous tes lois à jamais asservi [2].

Et c'était la passion du début de ce siècle, idéale et sensuelle, idolâtre et meurtrière.

« ... Et pourtant, si vous le vouliez, je pourrais être pour vous un frère, un ami (*la demie sonne*). » — « Ah! » — « Qu'avez-vous? » — « N'entendez-vous pas cette pendule? Elle sonne neuf heures et demie ». — « [Eh, qu'importe la fuite du temps]? Qu'elle sonne un de mes jours à chacune de ses minutes, et que je les passe près de vous! » — « Oui, c'est juste, qu'importe? » — « Oh! qu'elle serait délicieuse, cette vie de frère, d'ami! Vous me diriez vos peines, vos douleurs; je les consolerais. Et moi, je ne vous parlerais même pas des miennes. Je sourirais à votre arrivée, je sourirais à votre départ; j'oublierais tout mon passé pour mon avenir; j'éteindrais petit à petit les battements de mon cœur et les bouillonnements de mon sang. Je ne me souviendrais plus que, lorsque je vous rencontrai, vous étiez libre, que j'aurais pu être tout pour vous, comme vous tout pour moi; et vous, de temps en temps, *vous me diriez avec votre douce voix*[3] : « mon ami ». Vous me tendriez la

---

1. Il a repris ce moyen dans *Richard Darlington*, I, tabl. II, sc. v, pp. 59 sqq. Émile Augier en a tiré parti dans *Maître Guérin*, IV, sc. VI, p. 153.

2. *Polyeucte*, V, sc. III.

3. Les héros et les héroïnes de Dumas sont sensibles d'abord aux caresses de la voix. MM. Meilhac et Halévy s'en sont amu-

main, et je ne la retiendrais même pas dans les miennes. »
— « C'est un rêve impossible. » — « Pourquoi ? Soyez tranquille. Votre réputation[1], à vous, ne m'est-elle pas cent fois plus chère que la mienne ? Ne sais-je pas que vous en devez compte à votre mari, à votre fille ? La mienne, à moi, m'appartient tout entière. Oh ! si je pouvais, en la perdant, obtenir un de vos regards ; si un accent plus doux de votre voix ne me coûtait qu'un crime ! Si pour m'entendre dire encore une fois par vous : « je t'aime », comme je l'ai entendu autrefois, je ne risquais que l'échafaud ! Oh ! je te dirais : « parle, parle ». Quelque part que coule mon sang inconnu, il ne rejaillira sur personne et ne tachera que le pavé. » — « Antony, Antony, est-ce en me parlant ainsi, que vous croyez changer ma résolution ? Oh ! vous êtes insensé ! Et moi, moi, vous me rendriez folle ! Que cette aiguille va vite ! »
— « Eh bien, non. Je serai calme, froid. Je ne parlerai plus de rien. J'oublierai tout, tout jusqu'au bruit de votre pas, que j'aurais reconnu entre mille, jusqu'au froissement de votre robe, qui me faisait frémir en me touchant. Si vous laissez tomber votre bouquet, je ne m'élancerai plus dessus, je ne le presserai plus sur mes lèvres, je ne le cacherai plus dans ma poitrine[2]. Je désapprendrai ces premières sensations si douces d'un amour partagé. N'avez-vous pas entendu le bruit d'une

---

sés. Cf. *la Petite Marquise*, I, sc. I, p. 2 : « Oh ! cette voix surtout, cette voix !... » et I, sc. IV, p. 19 : « Sérieusement, monsieur, est-ce qu'il ne vous serait pas possible de me dire cela avec une autre voix ? »

1. De même, la réputation de ces héroïnes, celle de la duchesse de Guise et celle d'Adèle (c'est d'ailleurs un trait des mœurs de la société nouvelle, où la femme mettra dans sa réputation sa dignité) a réjoui les mêmes auteurs. Cf. *la Belle Hélène*, II, sc. IV, p. 53. « Eh bien, alors ? » — « *Mais ma réputation...* » — « Ah ! nous retombons dans le *marivaudage*. »

2. Cf. *Henri III et sa Cour*, III, sc. III, p. 168.

voiture[1]? » — « Non, il est trop tard. Dix heures bientôt. Qui viendrait maintenant?... Oh! il m'en coûtera, oui. Ce sera avec peine et lentement que je m'habituerai, le soir, quand nous serons assis l'un près de l'autre, *à ne pas frémir de tout mon corps, quand vos cheveux, vos beaux cheveux, soulevés par le vent, viendront effleurer mon visage.* Et cependant, un jour viendra, oui, un jour... (*Il s'approche de manière à ce que les cheveux d'Adèle touchent presque sa figure.*)... Ah!... (*Il la prend dans ses bras.*) Non, non, ne crois à rien de ce que je t'ai dit. Je t'aime comme un fou, comme un furieux. Oh! que je ne te revoie jamais, que je meure! Mais que je te serre encore une fois dans mes bras, contre mon cœur, Adèle! » — ADÈLE (*pâle et debout, montrant la pendule*). « Dix heures! (*l'heure sonne*). Et Clara qui vient... » — « Malheur! » — « Je vous pardonne, Antony, oui, oui, je vous pardonne; car il faut que vous soyez bien malheureux pour vous oublier ainsi. » — « Oh! oui, pardon. » — « Sois la bienvenue, Clara, je t'attendais[2]. »

Quel dramatiste, et quelle scène il avait faite! Comme la passion d'Antony prenait son élan, juste à l'instant qu'il s'efforçait de la contenir! Comme Adèle songeait à la fuite, de toute son âme, et à son corps défendant! Et la lenteur des aiguilles, et la fuite trop rapide du temps!

Dumas a sacrifié cette scène. Il a reculé la confession d'Antony jusqu'à la fin de l'acte, au moment où les propos de salon et la part qu'il y a prise ont déjà presque mis à jour son secret. Non seulement la composition est plus forte et l'intérêt mieux ménagé; mais le sens de cet acte en est modifié entièrement. Après un premier acte de passion l'auteur fait ici à la passion

---

1. Cf. *Diane de Lys*, III, sc. VIII, p. 315.
2. *Manuscrit original*, II, p. 20.

sa part, pour lui opposer les conditions, illusions, aspirations, obligations de la société. La scène du *Hasard* est comme un écho de la légende napoléonienne; celle des *Enfants trouvés* met sur le théâtre les préventions et préjugés de l'aristocratie nouvelle, et la levée de boucliers de tous les Figaros impatients ou avides. S'il y a du byronisme là-dessous, on voit du moins se dresser le mur d'airain de l'*opinion*, obstacle alors inéluctable aux amours en marge et aux appétits en liesse. Dans le manuscrit, où la passion parle à peu près seule, Adèle, presque reconquise, pardonne à Antony et déteste vaguement le monde [1]; dans la pièce, éperdue, elle se révolte contre la *société*, mais, chancelante, lui obéit. Le moment approche de l'irréparable rébellion.

Acte III. — Peu de retouches. C'est le centre du drame, un attentat dont la rapidité exige plus de décision que de préparation. Dumas a cru devoir ajouter le jeu de scène du poignard qu'Antony fiche en la table, et cette phrase lapidaire : « Elle est bonne, la lame de ce poignard » [2]. Le monologue, dont cette phrase est un fragment, s'égarait en des considérations quelconques sur la destinée. Une apologie métaphysique du suicide en a pris la place; ce bavardage était fort à la mode, et amorçait le dénoûment. Le morceau se terminait à l'arrivée de la voiture, sur quelques mots d'angoisse empruntés au monologue du duc d'Albe, et déjà utilisés dans *Christine* [3]. Il a supprimé ces beautés déjà vues. Une scène a disparu, dans laquelle l'hôtesse disait à Adèle que le baron d'Hervey passait à Stras-

---

1. *Manuscrit original*, II, p. 20. « Je vous pardonne, Antony... Oui, oui, je vous pardonne; car il faut que vous soyez bien malheureux pour vous oublier ainsi. » Cf. p. 321.

2. *Antony*, III, sc. III, p. 196. C'est une préparation, *pour les yeux*, du meurtre final.

3. Voir plus haut, p. 89.

bourg pour un mari soupçonneux et un officier plus que sévère[1]. Enfin Adèle faisait sa prière du soir[2], au moment où Antony coupait la vitre avec un diamant.

Hormis ces détails, l'acte III, où Dumas avait d'abord vu l'essentiel de la pièce, prit d'emblée sa forme définitive.

Acte IV. — Le suivant a été fort remanié. On assiste à un travail de retouches, de scène en scène, et couplet par couplet. Ici encore, le drame était sur pied; les scènes à leur place, les mots de théâtre au bon endroit. Il est manifeste que l'auteur s'est aperçu plus tard que là était la crise morale, et en même temps la portée sociale, le réalisme fécond de l'œuvre. Aussi le texte de la brochure est-il autrement dramatique et d'un intérêt plus gradué que celui du manuscrit. A présent, c'est l'acte du monde. C'est la revanche de la société. Il y règne comme une progression logique de scandale. La lutte se resserre et se précise, sans décor, entre deux paravents. L'énergie passionnelle est aux prises avec

---

1. *Manuscrit original*, III, p. 27. Il insistait sur le caractère inflexible du colonel. Il lui suffira de l'indiquer (*Antony*, III, sc. VI, p. 200) : « Il me semble entendre sa voix, sa figure sévère » pour nous faire comprendre tout le danger qui pèse sur l'acte V.

2. Ayant supprimé plus haut le couplet d'athéisme, il n'avait plus de raison de conserver ce jeu de scène inutile et choquant. Voici la mise en scène primitive (*Manuscrit original*, III, pp. 18 et 19) : « A peine est-elle entrée qu'Antony paraît sur le balcon, derrière la fenêtre, coupe la vitre avec un diamant, passe son bras, ouvre l'espagnolette, entre, pâle, et marchant lentement va mettre les verrous à la porte par laquelle est sortie l'hôtesse, revient à la porte du cabinet, regarde.

ANTONY.

« Elle prie... attendons.

(*Une pause.*) Il regarde encore, ouvre brusquement la porte du cabinet. On entend un cri. La toile tombe. »

Les scènes d'auberge sont fréquentes chez Dumas, ses personnages étant très vagabonds. Voir notamment *Angèle*, *Kean*, *Halifax*, *une Fille du Régent*, *la Guerre des femmes* et *passim*.

la force anonyme de l'opinion. Et voilà justement la fatalité que Dumas a suspendue, après réflexion, sur cet acte, et qui en fait la vérité poignante.

L'opinion n'est ni la morale, ni la vertu. Un philosophe ne les confond point. Mais elle représente le minimum de morale et de vertu, dont *le monde* a besoin pour subsister, un faisceau de conventions sociales, qui lui tiennent lieu d'un mérite plus difficile, d'autant plus impérieuses et absolues en principe que dans l'application ou par un accord tacite elles sont plus relatives et flexibles. Examinez le salon de la vicomtesse. Orientez-vous : c'est déjà *le Demi-Monde*. Des amants, point de maris; mais de la dignité à souhait. Si Dumas ne l'a pas observé aussi clairement, il l'a mis sur la scène, et cela vaut mieux. Il s'est douté que dans cette société nouvelle, où les vicomtesses datent d'hier, ni l'aristocratie ni la bourgeoisie n'abdiquent les vices si doux à l'humanité, non plus que les préjugés, qui enveloppent ces douceurs. Ceux-ci sont d'autant plus forts que ceux-là sont moins élégants; et l'amour, pris entre les uns et les autres, va franchir dans le cours de ce siècle de rudes traverses. De cette lutte engagée entre la coalition du monde et la passion irréfrénée, il a tiré, refondant et précisant cet acte, une gradation de péripéties morales qui s'enchaînent, depuis les chuchotements derrière l'éventail jusqu'au scandale décisif. Cette crise de salon est infiniment plus dramatique que tous les développements lyriques et monotones du premier jet. Les scènes y étaient à l'état d'ébauche. Il y manquait le réalisme fécondant.

Il serait superflu de suivre pied à pied le manuscrit. Le travail de Dumas apparaîtra suffisamment par le choix de quelques retouches.

La vicomtesse donne ses derniers ordres, avant le bal, à ses domestiques. Puis elle reçoit M. Eugène d'Hervilly, poëte dramatique, qui a succédé au docteur Olivier dans ses bonnes grâces [1]. Elle ne parlait que médecine; elle ne s'intéresse plus qu'à la seule littérature. Et elle rêve de la mettre en action; elle minaude; elle est hantée par les « scènes de feu » [2]. C'est la première femme qui va juger Adèle. L'autre est cette madame de Camps, « cette prude dont on heurte toujours le pied, et qui, lorsqu'on lui fait des excuses, fait semblant de ne pas comprendre, et répond : « Oui, Monsieur, pour la première contredanse [3] ». Ni ce trait, qui porte, ni la distinction de l'amour mondain et de la passion sincère n'étaient dans le manuscrit. Ce contraste psychologique personnifié par M. Eugène, qui cède à l'exaltation du romantisme et qui en fait aussi une terrible critique [4], montre à quel point Antony est hors de la page du monde et en opposition avec les impératifs catégoriques de la société moderne. L'auteur l'a marqué après coup, et bien lui en a pris : car c'est le germe même de cet acte. D'abord il ne mettait en la bouche de son confrère que de jolies impertinences, presque dignes des de Ryons et de Jalin : « Eh, sans doute, il restait dans votre cœur une place entre votre perruche et votre épagneul. Je l'ai prise. Vous nous donnez à tous trois des bonbons, des dragées et des caresses. Et nous nous trouvons heureux tous les trois [5] ». Mais tout cela n'allumait pas la lanterne.

---

1. Cela était énoncé de façon démonstrative dans le *Manuscrit original*, IV, p. 32. « Mais le fait est qu'elle ne dit plus un mot de médecine et que *Broussais*, *Bichat*, *Gall* et M. Delaunay sont tout à fait abandonnés pour *Shakespeare*, *Goethe*, *Schiller* et vous. »
2. *Antony*, IV, sc. I, p. 203.
3. *Antony*, ibid.
4. *Antony*, IV, sc. I, p. 204. « Moi aussi, madame, j'ai cherché partout cet amour délirant dont vous parlez... etc. »
5. *Manuscrit original*, IV, p. 31.

La scène d'entrée de madame de Camps était traitée; mais on n'y parlait que d'Adèle et fort peu d'Antony; à peine son nom était-il prononcé. Dumas a comblé cette lacune. Adroitement, il rappelle les origines de son héros et l'acte II, acte des salons aussi. « Je serai enchantée de le voir, M. Antony; j'aime beaucoup les problèmes. » — « Comment? » — « Sans doute; n'est-ce point un problème vivant *au milieu de la société*, qu'un homme riche dont on ne connaît ni la famille ni l'état.... Sans doute; rien n'est dramatique comme le mystérieux au théâtre ou dans un roman. *Mais dans le monde!*[1] » Il est visible que ce qui s'appelle *le monde* épie la liaison d'Adèle et d'Antony, qu'il les attend, et qu'il a toute raison de chuchoter, quand ils paraissent l'un après l'autre. Car chez la vicomtesse, qui donne des bals, et qui est *du monde*, se rencontrent M. Olivier, le passé, M. Eugène, le présent, et M. Frédéric, réserve de l'avenir; ces messieurs *du meilleur monde* ont beaucoup d'esprit, notamment celui de ne jamais s'engager à fond et de sauver les apparences.

La scène du feuilleton est une parabase — avant la pièce à thèse. Dans le manuscrit, elle faisait hors-d'œuvre; il faut voir, dans le drame, l'habileté avec laquelle l'auteur s'en sert comme d'un moyen scénique pour atteindre Adèle par un premier coup droit. Elle demande à M. Eugène de développer ses idées. « Et vous aussi, madame, faites-y attention... Vous l'exigez, je ne suis plus responsable de l'ennui[2]. » On ne s'ennuiera pas autour d'elle, pendant cette conférence. Il s'agit des passions d'autrefois et de celles d'aujourd'hui. Oh! qu'elles ne s'ennuient pas, les fines amies! Pendant que M. Eugène met à nu le cœur de l'homme, madame

---

1. *Antony*, IV, sc. II, pp. 206 et 207.
2. *Antony*, IV, sc. VI, p. 210.

de Camps, au nom de la société, et presque de la vertu, perce le cœur d'Adèle et fait flèche de ses allusions perfides. On sait comme Antony ramasse le gant, brave l'opinion, et jette son défi enflammé au milieu de ces futures baronnes d'Ange. « Oui, je prendrais cette femme, innocente et pure entre toutes les femmes [1] »... Toutes les femmes du monde, cela s'entend. Et la scène est ainsi marquée d'une unité singulièrement forte. Au monde bravé de se venger.

Il n'y manque point; jusqu'à la fin de l'acte le scandale s'abat sur Adèle, sans merci. Ni l'obstination de ces diablesses à la consoler, ni l'opiniâtreté de son amant à la compromettre, ne lui épargnent aucun affront. S'il n'avait pas de première inspiration trouvé l'unité de la crise, l'auteur n'avait pas davantage rencontré les traits précis, le vrai des mœurs mondaines, qui manquent souvent dans le manuscrit. « Ma réputation ! Jamais ! » [2] s'écriait Adèle après la duchesse de Guise. Lisez le texte imprimé : « Mais ma réputation, mon Dieu! Marie, vous savez si jusqu'à présent elle était pure, si une voix dans le monde avait osé lui porter atteinte... » — « *Eh bien, mais voilà justement ce qu'elles ne vous pardonneront pas...* [3], etc. » De même pour cette réplique que Dorval lançait, affolée : « Mais je ne lui ai rien fait, à cette femme ! [4] » et le début de la scène finale d'Adèle et d'Antony : « ... *Je vous l'avais bien dit, qu'on ne pouvait rien cacher à ce monde qui nous entoure de tous ses liens* [5]... » — Tout le dialogue s'est éclairci et détaché en saillies, quand Dumas a vu ce qu'il pouvait et

---

1. *Antony*, IV, sc. VI, p. 212.
2. *Manuscrit original*, IV, p. 37.
3. *Antony*, IV, sc. VII, p. 214.
4. *Antony*, IV, sc. VII, p. 214. Cf. *Mes mémoires*, t. VIII, ch. CXCIX, p. 112.
5. *Antony*, IV, sc. VIII, p. 215.

devait tirer de l'acte même. C'est pourquoi il a été amené à modifier cette scène critique entre Adèle et Antony.

Il en avait esquissé le mouvement d'ensemble, et noté le motif : « c'est sa maîtresse ». D'autres mots y ont été ajoutés, qui peignent la cruauté du monde et la douleur profonde d'Adèle : «... Et ils diront : « Ah! elle a pleuré... Mais il la consolera, lui, c'est *sa maîtresse!*[1] » — et d'autres aussi qui expriment le doute qui la tue : «... Vois-tu, il m'est passé là souvent une idée affreuse; c'est que peut-être une fois, une seule fois, tu as pu te dire dans ton cœur : « Elle m'a cédé, donc elle pouvait céder à un autre[2]... » Tout le couplet d'angoisse suprême : «... Dieu et toi savez qu'une femme ne pouvait résister[3]... » — et ce cri de la femme déclassée : « Dis-moi, Antony, si demain j'étais libre, m'épouserais-tu toujours[4]? », cela n'est venu qu'ensuite. Au reste, Antony perdait la tête et le sens du discours. Il rugissait à la cantonade, selon la manière d'Yaqoub. « Oh! *tais-toi, tais-toi, ne dis pas un mot de plus,* si tu ne veux pas que je meure!... *Oh! dis-moi,* que faut-il faire? Que puis-je pour toi? Mon sang te lavera-t-il? Je puis mourir. Par grâce, je suis à tes pieds. Que veux-tu? Qu'ordonnes-tu? Je t'aime tant[5]. » Ayant, depuis longtemps qu'il remâche sa passion, atteint les bornes du « délire », cet homme fatal était plutôt incohérent. La scène et l'acte se terminaient par l'arrivée de Louis, domestique d'Antony, qui précédait de quelques instants le colonel d'Hervey. C'était un coup de théâtre, mais incomplet. Adèle n'avait pas vidé la coupe d'amertume. Dumas a modifié cette fin du IV. Il a suspendu l'intérêt;

---

1. *Antony,* IV, sc. VIII, p. 216.
2. *Antony,* IV, sc. VIII, p. 217.
3. *Antony,* IV, sc. VIII, p. 217.
4. *Antony,* IV, sc. VIII, p. 217.
5. *Manuscrit original,* IV, p. 39.

il a poussé à bout les humiliations que dévore Adèle amoureuse et révoltée. Antony la console et la tient embrassée. La vicomtesse paraît pour annoncer que le domestique est là. Une femme restait à cette victime, une femme qui ne l'avait pas encore accablée, et qui la surprend en cette posture : et cette suprême arbitre de l'opinion, indubitablement offensée dans sa pudeur et sa délicatesse, n'est autre que la maîtresse de céans, la bonne petite amie ardente et changeante de MM. Olivier, Eugène, Frédéric et Cie. Adèle se sauve sans rien entendre. Le supplice officiel est parachevé [1], comme aussi l'acte qui fut un chemin de croix dans ce salon. De cette crise morale, de cet engagement entre la passion et la société, c'est le *monde* qui sort vainqueur, avec ses à peu près de vertu nécessaires.

Acte V. — Un coup de violence, comme au III. Le manuscrit n'est qu'une ébauche de six pages, presque une seule scène, dramatique, passionnée, lyrique, brutale et vide. Adèle savait dès la fin du IV le retour du colonel, qu'elle n'apprend qu'au début du suivant, et de la bouche même d'Antony, dans la brochure [2]. Elle débitait un monologue quelconque, toujours fortifié des souvenirs de Sentinelli et du duc d'Albe. « Une voiture s'arrête... on frappe... on entre... Oh!... Je tremble... Fermer cette porte... non... on monte [3]. » Celui qui s'y est substitué, est un résumé de la crise; c'est la dernière étape avant le dénoûment. Puis, Antony arrivait; et c'était la scène unique. On en devine les

---

1. Cette gradation de l'acte IV a été *résumée dans le monologue d'Adèle, entièrement refait*, au début de l'acte suivant (V, sc. II, p. 219). Il commence ainsi : « *Ah! me voilà donc seule enfin!* » pour aboutir à cette conclusion : « Une amie encore, une seule au monde, croyait à mon innocence, et me consolait... Elle me trouve dans ses bras »...

2. *Antony*, V, sc. III, p. 222.

3. *Manuscrit original.* Voir p. 40. Voir plus haut, p. 322, n. 3.

éclats et le lyrisme échevelés. Il fallait renchérir sur toutes les scènes semblables de la pièce. J'en veux citer quelques fragments.

« Oh! malheur, malheur à l'homme qui aime la femme d'un autre! Car il a toujours un pied sur l'échaffaud. » — « Antony! » — « Oui, et depuis longtemps je me suis familiarisé avec l'idée d'un crime, que j'ai débattu froidement... » — « Achève, quoique je tremble. Va, tu peux tout me dire, et moi tout entendre. Eh bien? » — « Si je... (« l'*assassinerais* » est raturé)... » — « Ah! vous me faites peur; je comprends. » — « L'idée qu'on aurait pu te croire ma complice lui a sauvé la vie et à moi l'échaffaud... Tu tressailles!... Ce n'est qu'un mot... Depuis longtemps, j'ai le pressentiment d'une vie courte et d'une mort sanglante [1]. »

Et il « haissait la société [2] »; il « méprisait les hommes [3] »; « un seul lien l'attachait à ce monde [4] »; il proposait à Adèle de mourir et de « sentir décroître au milieu de nos baisers les battements de nos cœurs [5] », et son « dernier cri d'agonie pouvait être des paroles d'amour [6] ». Et des : « oh! » et des « ah! » et des « Ecoute », et des tombeaux et des malédictions! C'était un furieux branle-bas, toutefois avec quelques notes plus douces. Adèle y était même plus femme [7], plus tendre et résignée que dans la brochure.

---

1. *Manuscrit original*, V, p. 41.
2. *Manuscrit original*, V, p. 43. Avant de s'engager en ce développement fou, il dit à son Adèle : « Eh bien, Adèle, écoute, écoute, *et pèse bien toutes mes paroles* ».
3. *Manuscrit original. Ibid.*
4. *Manuscrit original. Ibid.*
5. *Manuscrit original. Ibid.* On remarquera que Dumas a repris plusieurs de ces traits dans la brochure, mais adoucis et mieux reliés ensemble.
6. *Manuscrit original. Ibid.*
7. *Manuscrit original*, p. 42 : « Et qui peut me dire qu'un jour cette France que tu abandonnes, cette société que tu quittes

« Oh! non, non, tu es toujours mon Antony, mon amour. Que veux-tu, voyons? Ne suis-je pas à toi? As-tu même besoin de me consulter? Me voilà, faible, sans force contre le malheur, sans défense contre toi. Prends-moi, emporte moi, entraîne-moi [1]. » Au moment d'être entraînée, emportée, prise, elle reconnaissait « la chambre de sa fille ». Elle trouvait de touchantes paroles... [« Tu ne peux plus qu'une chose pour moi], mon Antony, fuir. Laisse-moi seule. [Tu *me* (te) perds ici sans me sauver.] Dieu aura peut-être pitié de moi. Il m'offrira peut-être quelque moyen de salut. Mais Dieu m'abandonnera s'il nous voit ensemble; car être ensemble est encore un crime [2]... »

Elle était plus chrétienne aussi; et je dois noter qu'Antony ne lui disait pas : « *Satan en rirait, tu es folle.... Non, non, tu es à moi comme l'homme est au malheur* [3]. » Dumas s'était contenté, au moment où le colonel heurtait, de refaire la scène de la « porte » d'*Henri III* [4]. Et cela se terminait primitivement ainsi :

« ... Au nom du ciel, à tes genoux, va-t'en! (*Se relevant tout à coup avec effroi*)... Silence... on ouvre... on entre... Malheur! Grâce, mon Dieu, grâce! Oh! ne va pas à cette fenêtre, on peut te voir... sors... Il est temps encore. Ou cache-toi... ici... Oh! non, c'est la chambre

---

ne te manqueront pas? Tu auras tout perdu pour moi, et qu'auras-tu en échange? Une femme sans nom que tu mépriseras du jour où tu cesseras de l'aimer. » — « O blasphème! » — « Car, vois-tu, je ne serai pas belle longtemps. La douleur creusera mes joues, mes pleurs brûleront mes yeux »... Dumas, toujours avisé, a ramassé ce dernier trait, qui est la femme même, et l'a replacé dans la brochure (I, sc. IV, p. 163). « Dans ta pensée, j'étais belle...., etc. »

1. *Manuscrit original*, V, p. 42.
2. *Manuscrit original*, V, p. 44. Les phrases entre crochets sont celles que Dumas a repiquées dans la brochure.
3. *Antony*, V, sc. III, p. 224.
4. *Henri III et sa Cour*, V, sc. II, pp. 193 sqq.

de ma fille... Va, va, sors... Il n'est plus temps... on monte l'escalier... C'est sa voix... C'est lui. » — ANTONY (*se jetant à la porte qu'il ferme*) : « Ciel et terre ! » — « Ah! ah! » — « Cette porte ne pourra résister... Mon Dieu, mon Dieu! Comment la sauver? » (*Il la prend dans ses bras.*) — ADÈLE (*se dégageant*) : « Laisse-moi... Laisse... (*se jetant à genoux*)... Pardon! (*se traînant vers la porte*) Pardon, Frédéric! » (*On n'entend rien, ils écoutent tous deux avec transes. On entend le bruit de la clef qui tourne dans la serrure; ANTONY prend son poignard et se jette au-devant.*) « Eh bien, donc! » — ADÈLE (*se relève et le prenant au cou*) : « Par pitié... par pitié, Antony, tue-moi!... Cette porte!... Ah! tu n'en auras bientôt plus le temps. » — « Eh bien, prie. » (*Une voix au dehors*) : « Ouvrez, madame, ouvrez, je sais que vous n'êtes pas... » (*Adèle élevant ses bras au-dessus de la tête d'Antony*) : « Dieu bon, Dieu miséricordieux... Pardonne, pardonne-moi! » (*Un coup plus violent enfonce la porte; Adèle jette deux cris, le premier d'effroi, le second de douleur. Antony ouvre les bras qui la soutenaient. Elle tombe. Le colonel se précipite dans la chambre.*) — LE COLONEL. « Malheureux! morte! » ANTONY (*jetant son poignard aux pieds du colonel*) : « Elle me résistait, je l'ai assassinée ! ! »

Comparez la brochure. Depuis la crise du IV, Adèle plie sous le déterminisme de l'adultère. Le cinquième acte en est l'expression matérielle et scénique, dès les premiers mots : « Qu'est-ce donc que cette fatalité... ? » jusqu'au coup de poignard, qui n'est pas un coup de folie, mais la seule conclusion souhaitable pour elle, et qu'elle implore après avoir franchi, comme un calvaire, toute la série des conséquences pitoyables

---

1. *Manuscrit original.* V, pp. 44 et 45.
2. *Antony*, V, sc. II, p. 210.

et sociales. Compromise dans le monde, devant sa seule amie indulgente, aux yeux de sa domestique, et bientôt de son mari, elle meurt. Cette démence est la raison même. « Oh! malheureuse! Où en suis-je venue? Où m'as-tu conduite? Et il n'a fallu que trois mois pour cela [1]!... » Elle cède enfin, non plus à la morale relative du monde, mais à la morale de la société, faute de laquelle la France nouvelle est menacée dans ses fondamentales conventions. A partir de *Diane de Lys* il faudra dire : dans ses lois.

On voit le travail auquel s'est livré Dumas et en quel sens il a fait effort. *Antony*, à sa naissance, ne le rassure point. C'est un drame de jalousie, lyrique, violent, pathétique, et fragile. Et par suite monotone dans le paroxysme. D'une main vigoureuse l'auteur a resserré les péripéties d'une autre pièce, qui dura quatre années, qui s'acheva sans effusion de sang ni de larmes, après que son imagination avait ébauché, préparé celle-ci. A Mélanie dyspeptique Adèle, passionnément adultère malgré soi, doit la naissance. Celui qui avait crayonné la duchesse de Guise et Saint-Mégrin était tout prêt à frapper les mêmes coups de théâtre et enfoncer la même porte d'un dénoûment analogue. Après avoir exécuté *Antony* aussi fougueusement que le drame central d'*Henri III et sa Cour*, il s'est remis à son œuvre et l'a refaite. Il avait eu l'intuition de génie.

Alors il a engagé Antony en une lutte réelle avec le *monde* — non pas ce je ne sais quoi, qui n'est qu'un mot, sous lequel les lyriques romantiques entendent toutes platitudes et niaiseries, — mais l'hégémonie des temps modernes, l'*opinion*, qui remplace la tradition dans une société à son aurore. Antony sacrifie Adèle à cette puissance ; il la tue pour ce préjugé.

---

1. *Antony*, V, sc. III, p. 223.

IV

ADÈLE ET ANTONY.

Il la tue [1]. M. Maurice Souriau estime que la pièce ne finit pas [2]. Ce critique est sanguinaire. Il lui faut au moins les dénoûments de Mérimée. A la vérité, Adèle morte, le drame meurt avec elle. Car, en dépit du titre, il s'incarne en elle. Elle en est la raison d'être, passionnelle, morale. Et peu à peu elle tire à elle l'intérêt de l'œuvre, comme Pauline dans *Polyeucte*. La femme nous touche plus que ces fous sublimes ou absurdes. Car en elle se perpétue la tradition des sociétés.

Avec Adèle paraît sur notre théâtre la femme moderne. C'est J.-J. Weiss qui nota le premier, je pense, que la morale qui se dégage de cette œuvre immorale fait songer au *Supplice d'une femme* [3]. Il eût pu marquer

---

[1]. Voir *Mes mémoires*, t. VIII, ch. cxcix, p. 114 : « *Elle me résistait, je l'ai assassinée!* Et il jette son poignard aux pieds du mari. On poussait de tels cris de terreur, d'effroi, de douleur dans la salle, que peut-être le tiers des spectateurs entendit ces mots, complément obligé de la pièce, qui, sans eux, n'offre plus qu'une simple intrigue d'adultère dénouée par un simple assassinat.* »

[2]. *De la convention dans la tragédie classique et dans le drame romantique*. Deuxième partie, ch. v, p. 136.
Cf. le dénoûment de *le Rouge et le Noir*, chronique de 1830 (1831), de Stendhal. Il y a des traits communs entre Antony et Julien Sorel, et surtout entre celui-ci et Richard Darlington. Stendhal a noté finement l'influence de Napoléon sur ces imaginations. C'est en lisant le *Mémorial de Sainte-Hélène* que Julien Sorel a senti croître en lui le désir d'être *quelqu'un*. De même, il croit être quelqu'un, c'est-à-dire un héros, quand il veut tuer madame de Rênal. Lui aussi, il a le grain de folie.

[3]. *Le théâtre et les mœurs*, p. 63. Remarquons la contradiction de J.-J. Weiss : « La pièce a beau être *anti-sociale*, par une *secrète logique* de son *développement interne* elle se revêt à la fin de moralité ». La logique n'est pas secrète, la pièce n'est pas anti-sociale. Antony défie la société : la société triomphe. Adèle oublie son devoir de femme mariée : elle meurt et cède à l'*opinion*.

davantage que les douleurs, angoisses, déshonneur et mort d'Adèle forment une suite de causes et d'effets logiques, qui découlent d'un nouvel état social et légal, duquel le théâtre contemporain va naître. Et nous verrons les femmes, la femme, et non pas seulement Adèle, absorber de nouveau sur ce théâtre les premiers rôles. Celle-ci est la protagoniste et l'aïeule.

Je ne crains pas de dire qu'elle est plus *vraie* qu'Antony, étant beaucoup moins romantique. Le réalisme y a plus de part. Elle est pâle par convention; mais ils le sont tous. « La pâleur, a dit Dumas, est pour ces personnages un des premiers besoins du drame moderne [1]. » A peine romanesque : elle croit aux pressentiments et voit beaucoup de choses dans le mot : adieu. Rien de plus. Elle a « les yeux tristes et la bouche sévère » [2] : on se souvient que Mélanie était fille de Minerve. A vrai dire, elle est bien la fille des soldats de l'Empire, faible femme auprès de ces héros, mais qui a des sens et de l'imagination. C'est par les sensations que l'amour entre en sa fantaisie. Elle a vu Antony, debout, les bras croisés, pâle et triste aussi. Elle a subi « la fascination de ses yeux et le charme de sa voix [3] ». Madame Guichard, la veuve Guichard, l'amoureuse de M. Alphonse, subira ce charme et cette fascination. Adèle avait aimé Antony, avant d'épouser le colonel, non pas seulement d'un amour de tête, mais pleinement, quoique virtuellement, et prête à « palpiter » entre ses bras. Et c'est une femme très douce; les mères de ces femmes-là étaient tendres aux grognards revenus de loin. Elle a cela dans le sang : la force l'émeut. L'accident du troisième acte la remplit d'indignation et de délice. Elle se distingue par là de

1. *Mes mémoires*, t. VII, ch. CLXXV, p. 177.
2. *Antony*, IV, sc. I, p. 204.
3. *Antony*, I, sc. II, p. 165.

celles qui l'ont suivie, et dont les pires seront sensuelles et froides, romanesques sans imagination, terribles ennuyées, dures à l'homme qui les détient.

Adèle ne s'ennuie pas. Elle a de l'imagination, mais juste assez pour embellir la fête des sens et accepter la vie. Moins isolée, et si elle n'avait affaire à un Antony, elle serait une bonne mère dans une existence familiale. Elle aime sa fille; elle s'efforce d'aimer son mari; elle le respecte et l'estime au moins. Elle sait son devoir de femme, et ses devoirs de femme du monde, et, en leur nom, elle se condamne elle-même au cinquième acte. Un époux moins absent, plus délié, et qui aurait eu la main plus légère, en eût fait une épouse accomplie. Il la laisse seule, elle est faible; elle est une victime de sa chair et des salons. Moins chien battu, moins concentrée et puritaine que Kitty Bell, elle est infiniment plus femme, de son milieu et de son temps.

Désormais, c'est la question de l'adultère qui se pose avec fracas, dans le décor approprié. Antony n'est pas le dernier acte d'une tragédie qui ne finit point [1]; mais *le premier acte d'un drame qui commence*. Dumas qui, comme tous les romantiques, n'en a qu'une obscure conscience, n'a pas tout dit dans sa pièce. Mais les *Lettres à Mélanie* nous permettent de supposer [2], on s'en souvient, qu'Adèle a pu donner un enfant à Antony, et que cet enfant fut une fille. Cette fille, née d'une baronne, deviendra comtesse de Lys, et, issue d'un bâtard, sera baronne d'Ange ou princesse de Bagdad. C'est l'origine d'une redoutable lignée. Adèle ne laissait pas d'estimer son mari. Mais prenez garde que ce siècle débute, et que les romantiques, chantres bourgeois qui divinisent la femme bourgeoise, n'ont pas

---

1. Voir Maurice Souriau, *op. cit.*, p. 136.
2. Voir plus haut, p. 288, n. 2.

encore produit leur plein effet; que la céleste créature, ainsi chantée et divinisée, va prendre cet encens pour un culte et son personnage de déesse au sérieux; et que le jour où Dandin, enfin éclairé par les caprices de l'idole, entreprendra de réagir, il ne sera plus que Dandin et viendra trop tard dans un siècle déjà trop vieux. Et puis, Adèle est chrétienne, moins dans la pièce que dans le manuscrit; mais elle l'est, elle prie Dieu, et meurt avec résignation. Les autres ni ne prieront ni ne mourront — volontairement du moins. Car la religion, selon le mot de Vigny, « s'en est allée en plaisanterie, fondue avec le sel attique dans le creuset des philosophes [1] ». A bientôt le pistolet, le commissaire, et le joli jeu de la loi. Ce sont de beaux dénoûments en perspective, à mesure que l'intérêt social va se faire place sur le théâtre et la question du mariage se discuter plus à fond et plus explicitement. Les dramaturges, dont la femme adultère est la souveraine providence, salueront en Adèle le prototype.

Le rôle d'Antony est plus fantastique. Ou mieux, il est double; il y a deux hommes en lui, tous deux mis au point du goût public. Ai-je besoin de redire que le plus lyrique n'est pas le plus original? C'est un frère jumeau de Didier, en bottes molles, et qui évoque moins des sentiments que des lectures à la mode : très inférieur, quoique plus théâtral, à chacun des types littéraires qu'il reflète et traduit à la grosse. Il réunit en soi tout le chapitre des imitations exotiques; il est, à lui seul, Hamlet, Fiesque, Franz, Werther, Lara, le giaour, à la bonne franquette. Il brandit tous ses souvenirs. Il porte à la force du poignet tout un musée de

---

[1]. *Quitte pour la peur*, sc. XII, p. 251. Voir toute la tirade. On ne s'étonnera pas que ce soit de Vigny qui ait écrit *la page à écrire* sur le mariage en 1833, dans son unique chef-d'œuvre de théâtre.

grands hommes. De ces âmes sonores il est un écho populaire. La jeune France volcanique et incandescente [1], échauffée des mêmes réminiscences, en pensa délirer. On ne s'étonne point qu'elle se soit arraché les lambeaux de l'habit vert de Dumas [2]. Saintes reliques! Loi du talion! Ainsi fut partagé le pourpoint d'Hamlet par Schiller, Gœthe, Byron qu'on admirait avec enthousiasme, sans trop approfondir. Dumas n'approfondit pas davantage. Il invoque le ciel et Satan, malgré le doute qui le dévore. Il se fait un vocabulaire et un formulaire d'énergumène. « Honte au lieu de sang [3]! » Et ces vulgaires adaptations vont aux nues. Il faut se défier de ces succès explosifs, à mitraille. Pendant quelque temps encore, ses personnages les plus vigoureux seront en proie à ces accès du mal littéraire saxon. Passe pour Catherine Howard; mais Buridan, le capitaine Buridan n'en est pas indemne [4]!

La popularité d'Antony n'aurait point dépassé les cénacles, s'il n'avait été qu'un composé du lyrisme étranger. Il est proprement le Figaro de 1830 : et c'est une autre affaire. L'imagination de Dumas lui a, cette fois, tenu lieu d'observation. Il a deviné, en lui-même premièrement, et aussi dans l'atmosphère où il vivait, *l'individu* qui s'évertue dans ce XIX° siècle débutant; il a créé le type de l'action, musclé, phraseur, ivre de mots, avide de jouir, impatient des obstacles, des traditions et des conventions, à qui toute supériorité porte ombrage, et déjà mécontent de tout en cet état social

1. Voir Théophile Gautier, *Histoire du romantisme*, pp. 167-168.
2. *Mes mémoires*, t. VIII, ch. CXCIX, p. 114.
3. *Antony*, IV, sc. VI, p. 212.
4. *Catherine Howard*, III, tabl. V, sc. 1, p. 275 : « Qui viendra maintenant me parler de crime et de vertu? A moi que la fièvre dévore, à moi qui vais où le tourbillon m'entraîne, où Dieu veut que j'aille, poussée par un souffle invisible, comme la poussière de la terre, comme le nuage du ciel?... »

où tout lui est ouvert. Faites sauter le masque : l'homme paraît, le *canon* du type moderne. Didier est rêveur et chante la romance ; cette inertie poétique n'est pas le fait d'Antony. Il entre dans son époque, botté, la cravache en main, et résolu à tourner au profit de ses exigences, qui ne sont pas modestes, les plus immédiates conséquences des « grands principes ».

Il est fils de la Révolution, c'est-à-dire d'on ne sait pas qui, du hasard. De cette naissance obscure il souffre dans son orgueil d'individu lésé[1]. Il sent (il le croit du moins) qu'il y a en lui l'étoffe d'un personnage. Richard Darlington ne se refroidira point sur ce sentiment ; et Halifax aura la même intrépidité d'opinion, reprenant à son compte les paroles du barbier-tribun[2]. Antony supporte mal son anonymat ; plus passionné que sensible, et plus orgueilleux que passionné, s'il recherche sa mère, c'est pour se faire un état civil, et parce que cette énigme originelle le gêne pour parvenir. Déjà percent quelques ridicules de parvenu : faute de pouvoir étonner le monde par sa naissance, il a recours à la singularité du costume[3] ;

1. Il admire en lui-même le mot d'Hamlet : « Il vaudrait mieux que ma mère ne m'eût pas mis au monde ». *Hamlet*, III, sc. I, p. 247. Mais il commente aussi la philosophie de Figaro : «... Il est probable que j'arriverai comme les autres, après un certain nombre de pas, au terme d'un voyage, dont j'ignore le but, sans avoir deviné si la vie est une plaisanterie bouffonne ou une création sublime »... (*Antony*, II, sc. IV, p. 181.)

2. « Quant à la noblesse, c'est autre chose, attendu que, comme je n'ai jamais connu mon père ni ma mère, j'ai autant de chances pour être gentilhomme que pour ne l'être pas. » (*Halifax*, Th., VIII. — I, sc. VII, p. 31.) Voir tout le reste du rôle, et principalement, I, sc. VIII, p. 37.

3. *Mes mémoires*, t. VIII, ch. CXCVIII, p. 104 : « Il devait y avoir, vu l'excentricité du personnage, quelque chose de particulier dans la mise de la cravate, dans la forme du gilet, dans la coupe de l'habit, et dans la taille du pantalon. J'avais, d'ailleurs, donné là-dessus mes idées à Bocage... »

il se fait une tête, comme les « Jeune France » à la première de *Hernani*. L'excentricité sent son fils de bourgeois et son petit génie.

Au reste, toujours prêt à l'action et bondissant. Tous moyens lui sont bons. Il arrête les chevaux emportés; il casse les vitres; il est gaillard et énergique à toute réquisition. Il ne dément pas la race de l'Horatius Coclès du Tyrol. Musset a beau plaisanter[1] : il a toute sorte d'esprit, sauf celui d'Hercule. Antony compte d'abord sur cet esprit-là. Il y a dans son amour une frénésie de possession, un déchaînement des sens, et une superbe de l'animal conquérant, une gloire de l'assaut, qui ne se repaît ni de dilettantisme ni d'analyse. L'imagination française ne répugne pas à ces triomphes; et je pense que ce ne fut pas la moindre cause de l'enthousiasme qui salua *Antony*, même aux loges de balcon[2]. Aux yeux de Dumas, c'était la plus belle victoire de l'individualisme[3].

Antony a d'autres mérites, et aussi d'autres illusions, qui sont propres à notre siècle. Il a étudié les arts, les langues, la science; il est jeune, et il a « tout étudié, tout appris[4] ». Le Fils naturel ne le lui cédera point.

---

1. Voir plus haut, p. 312, note 2. — On pourrait établir un parallèle dans les règles, entre Octave de *la Confession d'un enfant du siècle* et Antony. Tous deux sont fous et torturent une malheureuse femme; tous deux s'acharnent, mais l'un à la possession, et l'autre à l'analyse. Nés dans une même atmosphère d'imagination, ils diffèrent d'abord par le tempérament.

2. Théophile Gautier, *Histoire du romantisme*, p. 167.

3. Voir *les Morts vont vite*, t. II, Alfred de Musset, pp. 85 sqq., où il est manifeste que Dumas est dans un continuel étonnement en présence du *cas psychologique* de Musset. Cf. *Mes mémoires*, t. VII, ch. CLXXV, pp. 182-186, où il s'étonne tout autant des communions spirituelles de Vigny avec Dorval, et des « petites élévations ».

4. Antony, II, sc. v, p. 187.

Pour avoir lu Rousseau et ses imitateurs allemands ou anglais entre quinze et vingt-cinq ans, ces héros encyclopédiques pensent tout savoir. Ce n'est pas le moins grave danger de leur orgueil. Cette foi en l'omniscience et en leur supériorité intellectuelle aboutit à la misanthropie des déclassés. Antony n'est pas loin de Giboyer[1]. Encore n'apprend-il pas pour le plaisir de comprendre, ou pour celui plus relevé d'être utile aux autres hommes. Il y cherche une arme; il veut contraindre « les préjugés à céder devant l'éducation[2] » (comme si instruction et éducation étaient une même chose), forcer les portes du monde, pénétrer dans le temple. Cela aussi trahit son parvenu, et dénote un prurit d'aristocratie. Jeune bourgeois, montrez patte blanche : il y a de la fièvre de M. Jourdain dans votre cas. Et vous vous étonnez, courtisant les femmes et convoitant les filles, qu'on vous demande des nouvelles de votre famille?... Vous vous estimez avantageusement, il est vrai. Cela peut mener loin, surtout quand on y joint quelque autre chose. Mais est-ce assez de penser bien de soi et mal des autres, pour vaincre la fortune? « Dons naturels, dites-vous, ou sciences acquises, tout s'effaça devant la tache de ma naissance[3]. » Que vous êtes bien le produit de Figaro, quarante ans après le grand branle-bas! Mais, à votre tour, qu'avez-vous fait pour avoir un nom?

Étudié? La belle affaire! Vous courez les bals, sans

---

1. Tout le théâtre va être plein d'hommes de génie : Scribe, Émile Augier, Alexandre Dumas fils nous en montreront de toutes les manières, peintres, chimistes, agronomes, médecins, politiques, fils d'Antony. Voir *une Chaîne, un beau Mariage, les Effrontés, le Fils de Giboyer, le Fils naturel, la Question d'argent*... sans compter les colonels (*Maître Guérin*), et les ingénieurs, *passim*. Voir plus bas Chatterton et Kean, pp. 353 sqq.
2. *Antony*, II, sc. v, p. 187.
3. *Ibid.*

doute pour produire vos études. Vous fréquentez la haute compagnie, où l'on vous reçoit déjà comme un homme rare et même singulier. Il vous faut autre chose. Il vous faut tout. Parce que vous n'avez pas de famille, vous vous croyez un grand génie. Il est visible que vous vivez à une époque de transition et de fiction. Travaillez, mettez au jour votre bagage de science et d'art ; soyez original autrement que par vos exclamations et la coupe de l'habit. Vous m'affirmez que vous êtes un prodige ; je vous crois sur parole : mais tâchez donc que la société vous juge tel sur des preuves. Qui prétend à l'indépendance, jeune homme, il fait sagement de l'acquérir. La Révolution, qui a proclamé les droits de l'individu, n'a pas oublié le droit au travail. Mais surtout elle n'a pas établi que tout citoyen qui professerait avoir du génie serait universellement salué et adoré aux frais des salons — et des maris. Et à ce propos, qui donc subvient à votre existence énigmatique ? Le monde, contre qui vous fulminez, se le demande ; et vous n'y songez guère. Au lieu de tourner une part de vos blasphèmes « contre cet homme chargé, je ne sais par qui, de vous jeter tous les ans de quoi vivre un an[1]... », et de vous précipiter à ses genoux pour connaître vos parents et savoir « ce que vous pouvez attendre et espérer d'eux[2] », n'espérez, n'attendez rien que de vous-même, et laissez, si vous pouvez, les femmes d'autrui en paix. C'était bien la peine de la faire, cette Révolution, d'où vous êtes issu, si, à peine libre, vous exaltez votre personnalité dans la déclamation et dans le vice. Figaro était un factotum ; vous êtes un déclassé, demi-savant, demi-aristocrate, un parvenu à mi-chemin.

1. *Antony*, II, sc. v, p. 186.
2. *Ibid.*

Votre folie n'est donc, en son fond, qu'égoïsme et qu'orgueil. Vous êtes un individu à côté, même en amour : et cela flatte votre amour-propre. Orgueil, égoïsme, ce sera la marque de tous vos descendants, ambitieux, passionnés, adultères, « petits animaux folâtres[1] », et qui auront le culte de leur moi. Ils aimeront, eux aussi, les femmes mariées, parce qu'il y a un mari, et qu'ils les tiendront pour de grandes dames : ils les compromettront, comme vous, pour les avoir à leur discrétion. Ils s'élèveront, à votre exemple, contre les préjugés, parce qu'il est plus aisé de pérorer que de s'abstenir, et que la *blague* vous donne, à peu de frais, un air d'homme supérieur, surtout auprès des bonnes créatures qui ne demandent qu'à rire un peu. Ils riront, individualistes, effrontés, féroces, lutteurs, jusqu'à la convulsion dernière qu'ils auront rarement souhaitée. Il leur manquera d'ordinaire cette indéniable faculté, qui est la vôtre, de ressentir et d'exprimer la passion au paroxysme, et de s'abandonner à l'ivresse des mots : car les beaux temps de l'imagination seront passés. Ils seront moins fous peut-être ; et peut-être ne seront-ils pas moins inconscients, nés d'une liaison coupable et d'une révolte contre l'opinion du monde nouveau, dans le feu du premier drame social, *Antony*.

1. Monologue de Figaro, déjà cité.

CHAPITRE X

LES SUITES D' « ANTONY ».

I

« RICHARD DARLINGTON. »

Dumas, qui n'a pas fait un autre *Henri III*, n'a pas davantage retrouvé l'intuition d'*Antony*. Mais il a poussé son inspiration à bout; il a épuisé la matière de son œuvre. Antony, dont les aptitudes étaient universelles, s'est successivement tourné de tous les côtés où il avait chance de faire brèche; il s'est orienté vers la politique, les arts, et notamment celui de se tirer d'affaire. Richard, Kean, d'Alvimar sont trois avatars d'Antony, trois *suites* du même drame, fécondes pour le développement du théâtre social. Alors que l'esprit français glorifie l'individu et la passion magnifique, Dumas, qui est le plus turbulent exemplaire de son époque, s'avise confusément qu'il y a du parvenu là-dessous. Son imagination débridée pousse jusqu'aux extrêmes confins où l'homme d'action, imbu de Rousseau et né sous le premier Empire, se heurte non pas seulement au monde et à ses préjugés, mais déjà à la caste bourgeoise et à ses idées positives qu'on voit quasiment poindre. Je ne connais guère au théâtre que l'aristocrate de Vigny qui ait eu cette prescience, ailleurs qu'en des préfaces. Il est vrai que *Quitte pour la peur* est de 1833; quant à John Bell de *Chatterton*, il date de 1835; et encore n'est-il qu'une caricature. Dumas est peuple, au moins par sa complexion de dramaturge; et peuple, il met sur la scène les Figaro et les Antony en marche vers l'avenir. Il les devine plutôt qu'il ne les observe. Un autre dénoncera plus tard leurs sophismes; il les agite, lui, dans la chaleur de l'action, dans le mouvement du drame. Avec sa fantaisie énorme, il élabore la passion dramatique qui fournira de matière le théâtre de notre siècle.

Antony n'est pas mort sur l'échafaud. Après son équipée amoureuse, il a fait un plongeon et s'est accroché à la politique. Et d'abord le drame de l'ambition.

Il est brutal, étouffant, tout à fait 1830. Ce n'est plus la violente simplicité de l'œuvre mère. Mais c'en est la vitalité, — héros et pièce, — énergique, effrénée. Les moyens scéniques sont si congruents à l'homme et l'homme aux moyens, que Richard Darlington, quoique moins complexe et suggestif qu'Antony, a fait souche à son tour dans l'œuvre de Dumas, à qui il a suffi de le changer de sexe pour écrire *Catherine Howard*, de pays pour en tirer *Catilina*. Quand cet auteur suit une veine, il ne la quitte pas aisément : cette permanence des types, si elle explique sa réputation de fécondité qu'il entretenait avec le plus grand soin, n'est pas la moindre marque de son tempérament populaire. J'ai noté ailleurs les imitations qui se rencontrent dans *Richard Darlington*[1], et que Dumas a signalées avec la part de ses collaborateurs. Mais pour

---

1. Voir plus haut, p. 105.

ce qui est de l'imagination qui mit sur pied ce type, de la main qui le façonna, de cette communion frénétique avec l'âme française de l'époque, n'en déplaise à Granier de Cassagnac, Dumas, Dumas *fecit*. De lui est ce drame fantastique et moderne.

C'est celui où il a pensé être davantage shakespearien. Certes, il ne faut ni le voir ni le lire après *Macbeth*, où la passion nue s'analyse et se développe sous nos yeux. Le prologue en est brutal, mystérieux, et peu vraisemblable ; et il ne suffit pas de se couvrir de l'autorité de Térence [1], pour mettre un accouchement presque sur la scène, que dis-je ? pour traîner l'accouchée à genoux devant le public, après lui avoir enlevé son masque, qui sans doute la gêne [2]. Et je consens que Richard est bien l'enfant du mystère, que l'énigme le poursuit. Il s'entretient avec un inconnu : il se trouve que cet inconnu est le roi. Je reconnais que ce marquis da Silva, qui faisait beaucoup de façons pour accorder sa fille mère au bourreau, n'hésite pas une seconde à offrir la cadette [3], qui est intacte, à un intrigant de la Chambre des communes. Le parti a besoin de rallier Richard. Voulez-vous ma fille ? C'est le sacrifice politique d'Iphigénie ; mais c'est aussi un trou dans la pièce. Quant à Lady Wilmor, qui n'a pas cherché à revoir son fils depuis qu'elle lui a donné le jour, sous le prétexte qu'elle ne saurait lui nommer son père, je crains qu'elle n'ait des scrupules tardifs et n'abuse des angoisses de feu Pixérécourt [4]. Ce n'est que la fantasmagorie populaire du mélodrame : Shakespeare au

---

1. Voir l'épigraphe du Prologue. *Richard Darlington* (Th., III), p. 2.
2. *Richard Darlington*, Prologue, sc. VII, pp. 19 sqq.
3. *Richard Darlington*, II, tabl. III, sc. II, pp. 66 sqq., et sc. VII, pp. 77 sqq.
4. *Richard Darlington*, III, tabl. VI, sc. IV, pp. 105 sqq.

rebours. Je n'en excepte pas le nombre incalculable de péripéties qui s'abattent les unes par-dessus les autres, le rapt infâme, le vol, l'attaque de la diligence, etc., etc., et qui arrachent à la douce Jenny ce cri de surprise : « Oh! il y a parfois des événements pour toute une vie dans les événements d'un jour! J'ai peine à songer que tout cela est vrai [1]. » La tête vous tournerait à moins. Tous ces enragés, à mesure que le drame se précipite, courent les uns après les autres comme en un steeple furieux, et crèvent leurs chevaux, innocentes bêtes, à l'envi. Heureuse *la Famille Benoîton*, pour qui les lignes de banlieue furent inventées!...

Et cependant, il y a bien là quelque chose du mouvement dramatique de Shakespeare. Jamais il ne fut mieux approprié au principal personnage. Pour Dumas, comme pour les imaginations de 1830, l'ambition est inséparable de l'énergie musculaire. L'homme d'action, fils impétueux de l'Empire, est une force que rien n'arrête et qui ne craint pas les obstacles. On les entasse ici à plaisir. Mais l'émotion étouffante du drame émane de cette volonté tendue et à brusque détente, avec laquelle Richard ou les affronte ou les supprime. L'intrigue se ramasse et rebondit à tout coup. Si l'on ne voit pas qu'à travers ces fougueuses péripéties se développe un *caractère* complexe ni subtil, encore est-il que la passion s'y exalte, le courage s'y exaspère, et l'*individu* sonne la charge, à l'assaut de la fortune.

La situation fondamentale est d'une vérité qui ne saurait se démoder en notre siècle : c'est le siècle même, avide et pressé. Vingt fois elle fut reprise au théâtre. Qu'est-ce que Richard? Un ambitieux, sur qui pèse jusqu'à la fin le secret de sa naissance, l'éternelle énigme des petits Figaros. Il est fils du bour-

---

[1]. *Richard Darlington*, III, tabl. VIII, sc. II, p. 127.

reau : symbole d'une tare originelle, simplement. Dans l'imagination de Dumas, on est né de bourreau ou de roi. Il n'y a guère de milieu entre les extrêmes. Cela signifie qu'on prétend à être fils de ses œuvres, ou seulement qu'on n'est pas fils de quelqu'un. Or cette tache gêne Richard pour se faire valoir. Au premier obstacle, il épouse à la hâte une famille. Demain la femme, épousée trop tôt, est de trop mince qualité, et fait échec à l'ambition. Il s'agit de s'en débarrasser. Scène de séduction d'une part[1] : on songe à Vernouillet, à d'Estrigaud ; propositions de divorce ensuite[2] : c'est *la Lutte pour la vie*, *le Député Leveau*.

Suivez à travers les frasques de la fantaisie shakespearienne, c'est à savoir mélodramatique, la conduite de l'œuvre. Tout cela est souvent d'une vérité poignante. Les scènes à faire sont abordées de front. Au premier acte, Richard se marie ; au deuxième, il est député et veut se marier ailleurs. Il y a dans ce même acte une scène de marchandage politique, qu'on n'a pas égalée, et qui, elle non plus, ne vieillit guère. *Les Effrontés*, *le Fils de Giboyer*, Paul Astier, *le Député Leveau* en sont de sûrs garants. Je goûte fort le talent de M. Jules Lemaître ; j'aime celui d'Alphonse Daudet, et j'admire Émile Augier. Mais ni l'un ni l'autre n'ont enlevé ces situations avec la vigueur allègre de Dumas. Oh ! l'admirable scène de ménage[3] ! Oh ! la moderne scène de tripotage[4] ! Et

---

1. *Richard Darlington*, I, tabl. I, sc. VI, pp. 46 sqq. Cf. A. Daudet, *la Lutte pour la vie*, II, sc. XII, pp. 60 sqq. On verra plus loin que cette pièce se rapproche encore davantage d'*Angèle*.
2. *Richard Darlington*, II, tabl. IV, sc. II, pp. 83 sqq., et III, tabl. VI, sc. IX, pp. 118 sqq. Cf. *la Lutte pour la vie*, toute la fin, à partir de l'acte III. Cf. Jules Lemaître, *le Député Leveau*, dont le sujet est sensiblement le même, et les situations analogues.
3. *Richard Darlington*, II, tabl. IV, sc. II, pp. 83 sqq.
4. *Richard Darlington*, II, tabl. III, sc. IV, pp. 70 sqq.

quelle sûreté d'exécution! Quelle dramatique composition! Sachons enfin reconnaître cet art tout français de bouleverser le théâtre d'un mot, de suspendre l'intérêt, de mettre le feu aux poudres, et de courir à l'acte ou au tableau suivant comme à l'incendie qui éclate! Il faut voir cet adroit maniement du réalisme sur la scène, je dis le réalisme le plus moderne et vivant. Au moment où l'invention s'égare dans le fantastique de Pixérécourt, où Richard vient de s'entretenir avec l'Inconnu, où il va être premier ministre, duc et pair et mari d'une da Silva, que sais-je? — un subalterne à lui arrive, qui interrompt son monologue triomphal, glorieux retour sur lui-même... « Mawbray est revenu de Londres. » — « Eh! que m'importe? » — « Il amène votre femme. » — « Jenny! » — « Elle vous attend à l'hôtel! » — « J'avais tout oublié! Malédiction [1]! » Saluons un tel homme de théâtre! Et cette vigueur de main! Et cette logique intérieure et scénique qui se dissimule sous les écarts de la fantaisie! Tout le drame réel reparaît à ces mots, accablant. Et puis, je ne sais qu'un dramatiste de ce siècle qui ait atteint à cette maîtrise : on en trouvera quelques exemples dans *le Fils naturel*, *le Demi-monde*, *Denise* et ailleurs.

Le troisième acte même, qu'il semblait qu'aucune habileté humaine ne pouvait dénouer, est un mélange d'imagination et de vérité, de scènes mélodramatiques enlevées à bride abattue et d'autres aussi pathétiques et plus vraies. Dans l'entrevue de Lady Wilmor avec son fils si l'on trouve de l'émotion et du mystère à la façon de *Cœlina*, — on y rencontre aussi comme le germe du *Fils naturel* [2]. Et, s'il est vrai qu'il faut

---

1. *Richard Darlington*, II, tabl. v, sc vii, p. 102.
2. *Richard Darlington*, III, tabl. vi, sc. iv, pp. 105 sqq. Cf. *Cœlina ou l'enfant du Mystère*, et *Polder ou le bourreau d'Ams-*

acheter le dénoûment par l'attaque de la chaise de poste, ce dénoûment, pour peu qu'on en transpose le langage, contient au moins une scène de premier ordre, celle de l'ambitieux qui se retrouve en présence de sa femme, de la créature qui entrave son avenir et lui ravit un beau mariage. Alphonse Daudet se souviendra au moins de la situation, s'il n'a pas le courage de jeter Marie Anto par la fenêtre [1]. Et ainsi ce drame shakespearien, où le mélodrame déborde, est plein d'une vigueur et d'une vérité dont le théâtre réaliste fera son profit.

Richard est moins littéraire qu'Antony. Il s'est débarrassé du bagage pessimiste de Werther et de Franz. De rien qu'il était né, il veut être tout, et très vite, comme avec concupiscence. Il marque une date de notre histoire : avant 1789, polémiste ; après 1850, positiviste ou ironiste. Il est une volonté au service de l'ambition : le produit immédiat du premier Empire. A l'exemple de Napoléon, il divorcera pour fonder solidement sa fortune politique, sinon sa dynastie. Comme lui, sorti de la foule obscure, il guette son moment ; pour son coup d'essai, il veut être premier ministre, sinon premier consul. Il s'évertue dans le sillage éblouissant de la légende. Il est le premier de ces corsaires de l'action sans scrupule et sans idéal, qui courent après leur Brumaire, et que poursuit la tare originelle de leur fortune : Vernouillet ou Paul Astier. Alphonse Daudet a nettement vu la filiation. « Le divorce par amour, dit en souriant son petit féroce, *Napoléon et Joséphine* [2]. »

---

terdam pour la première moitié de la scène et surtout la p. 105. — *Ibid.*, p. 109. Cf. *Le Fils naturel*.

1. Il a songé au poison. Voir *la Lutte pour la vie*, IV, sc. VI, pp. 124 sqq.

2. *La Lutte pour la vie*, I, sc. VIII, p. 24.

Voilà le milieu d'origine. Au reste, peu d'imagination : le trait est à noter, quand il s'agit d'un héros de Dumas. L'instinct de la vérité moderne plie à son gré le propre tempérament du dramaturge. Richard imagine peu, rêve moins encore. A peine une chaleur de tête lui monte, quand il touche à l'apogée. Mais c'est l'affaire d'un instant; et encore, ce monologue haletant et court n'est-il qu'un souvenir du péan lyrique de Fiesque. J'ai dit que celui-ci avait inspiré Dumas dans la peinture de Richard[1]. Comparez l'attitude même des deux héros, et voyez combien Richard est plus moderne. Il parle peu, et sec. Il n'est ondoyant et souple qu'avec les femmes, comme Paul Astier, et seulement pour les amener à ses fins, je veux dire aux fins de son ambition. Il est un homme pressé parmi la vie, dans la fièvre du succès. Qu'il séduise une jeune fille, qu'il parle à la Chambre, ou renonce à la parole, il prend ses décisions et les exécute sans balancer. Et il sait ce qu'il veut. Fils de déclassé, déclassé lui-même, d'un orgueil infini, il prétend à être député, parce que c'est le premier échelon. « Richard député ? » — « Pourquoi pas ? » — « Et depuis quand as-tu eu cette idée ? » — « *Depuis que je pense*[2]. » Au surplus, homme de génie; ils le sont tous : c'est un prix fait; homme à poigne; n'oublions pas qu'Antony arrête les chevaux emportés; et très décidé à mettre l'une au service de l'autre pour frapper de grands coups. M. Poirier, qui, lui aussi, s'écrie fixant son objet : « Encore un d'arrivé ! » serait encore un peu Restauration, et répugnerait sans doute à relever ses manches. Mais Paul Astier retroussera volontiers les siennes; et avant lui, M. Frédéric-Thomas Graindorge, représentant de la

---

1. Voir plus haut, p. 105.
2. *Richard Darlington*, I, tabl. 1, sc. 1, p. 25.

génération qui suit celle de Richard, prêchera en exemple le souvenir de ses débuts : « Un jour, un matelot, gros et grand gaillard, à qui j'ordonnais de descendre une barrique, hausse les épaules... Je sautai sur lui, et en six coups de poing je lui démolis la figure ; il obéit à l'instant même ; tout l'équipage commença à me traiter avec bienveillance, *et j'acquis ainsi mes premières idées sur la façon de conduire les hommes*[1]. » C'est le même qui dit : « On ne vit qu'en s'incorporant à quelque être plus grand que soi-même ; il faut appartenir à une famille, à une société[2]... » Telle est proprement la maxime de Richard. Égoïste par ambition, presque naïvement, je veux dire avec l'intrépidité d'une société jeune, qui depuis quarante ans a vu des choses étranges. Député, il fait *ses* discours, *son* opposition, *sa* réputation, *sa* fortune. Il a un homme, *à lui*, qui circule dans les pas-perdus, et qui n'a d'autre mission sur la terre que de prendre langue avec la presse, chauffer l'enthousiasme, préparer les transactions, et voir venir les gens et les choses. Ce factotum, parent du nègre de Fiesque, est le maître Jacques du politicien. Il règle la maison avec économie, se charge de détruire les papiers compromettants, ménage les entrevues utiles..... Je m'arrête au seuil de la société contemporaine. Qui donc prétend que Richard Darlington est vieux comme un burgrave ? Qu'importe, après cela, que la bigamie soit un cas pendable, et que les desseins de Richard échouent dans les aventures de Rocambole ? Qu'importe Mawbray, cousin de *Polder* ou *le Bourreau d'Amsterdam*, si mistress Grey, qui n'est pas sans ressemblance avec la mère de l'auteur, a déjà quelques traits de madame Guérin ; si

---

1. H. Taine, *Vie et Opinions de M. Frédéric-Thomas Graindorge*. L'auteur au public, p. 15.
2. *Ibid.* Préface, p. ix.

Jenny est une vraie femme, sensible et frémissante, comme Adèle, courageuse et pourtant faible contre la douleur et la mort, comme la duchesse de Guise; et si elle est de son milieu et de son époque autant que la bonne madame Leveau[1], en qui M. Jules Lemaître a déposé, avec ses souvenirs de Dumas, un peu de son âme tourangelle qu'il cache? Et peut-être, après *Richard Darlington*, qu'importe *Kean*?

II

« KEAN OU DÉSORDRE ET GÉNIE[2]. »

Chatterton et *Kean*.

Antony, s'il s'occupe de politique, veut être premier ministre. Artiste, il est génial. Nouvelle fatalité qui pèse sur ces nouveaux venus. Le génie quotidien, régulier, tout uni, n'est point leur affaire. Il sied qu'ils étonnent le monde par leurs façons. Je n'aime guère Kean ni ses fantaisies truculentes, dont le désordre est sans doute un effet de l'art. Mais Chatterton me stupéfie. Il faut étudier celui-ci pour comprendre ce qu'il y a tout de même de sens plus dramatique et moderne chez l'autre, qui parut à un an d'intervalle.

La pièce d'Alfred de Vigny a pour elle les critiques qui font profession de penser. Je connais peu d'œuvres plus crispantes et fausses : c'est un cauchemar qui se prolonge et suspend la vie. Si l'on objecte le succès qu'elle eut, je réponds qu'il est le fait des hommes de

---

1. Voir *le Député Leveau*, déjà cité.
2. Quoique *Kean* soit de 1836 et *A gêle* de 1833, ces deux œuvres sont également des suites d'*Antony*, comme *Richard Darlington*. Aussi ai-je pris la liberté de m'attacher à l'idée qui domine la troisième partie de ce livre, plutôt qu'à la chronologie.

lettres. De Vigny, malgré ses airs d'apôtre, a chatouillé au bon endroit la vanité romantique, et par delà le romantisme, tous les écrivains, artistes et badauds qui affectent le dédain du bourgeois. L'idée était dans l'air. Lisez *Namouna* et l'avant-propos de la *Nuit vénitienne*[1]. Remontez plus haut, lisez Gœthe, dans *Torquato Tasso*, où il oppose le poète à l'homme de cour, et surtout le commentaire que madame de Staël en fait[2], avant Stello, avant *le Docteur Noir*. Même l'honnête Casimir Delavigne a glissé dans *Marino Faliero* une scène, qui est le fonds de *Chatterton*; et il a pu fournir à de Vigny le moyen de hâter son dénoûment. Seulement, il n'était pas dupe de cette guitare romantique. A Bertram le statuaire, Lioni, l'un des Dix, fait ce sermon, qui ne manque ni d'esprit ni d'à-propos en 1829 :

> . . . . Sois un artiste habile,
> Un sculpteur sans égal; mais pense à tes travaux,
> Et, quand tu veux blâmer, parle de tes rivaux.
> L'État doit aux beaux-arts laisser ce privilège...

Et il ajoute doucement :

> . . . . Garde-toi d'oublier
> Que des vertus ici l'humilité chrétienne
> Est la plus nécessaire, et ce n'est pas la tienne[3].

Ce n'est pas celle de Chatterton. Ses prétentions, il en faut rabattre. Dès le moment que la bourgeoisie

---

1. *Comédies*, t. I, p. 3. « ... Il n'en est pas moins vrai que l'artiste pauvre et ignoré vaut souvent mieux que les conquérants du monde, et qu'il y a de plus nobles cœurs sous les mansardes... etc. » Hors du théâtre, Dumas a eu l'occasion de développer ces idées en déclamant : il n'y a pas manqué. Voir *Mes mémoires*, t. IX, ch. ccxvi, pp. 1 sqq.
2. *De l'Allemagne*, t. II, ch. xxii, p. 152.
3. *Marino Faliero*, II, sc. ii, p. 32. La scène est peut-être un lointain ressouvenir du *Torquato Tasso* de Gœthe; car le Bertram de Byron est simplement un conjuré.

arrive au pouvoir, de Vigny prévoit qu'elle va payer de son respect pour l'argent la rançon de ses qualités. Ce sera le fonds solide de la comédie d'Émile Augier. Il oppose la force intellectuelle à l'autre. Je m'en réjouis, songeant à M. Poirier. Où l'enfantillage commence (car Dumas n'en a pas le monopole en son temps), c'est lorsque je vois localiser le génie dans les lettres et les arts. Je dois à l'auteur d'*Eloa* des heures précieuses; mais Denis Papin aussi avait bien de l'inspiration. Et ceci est encore plus dur à entendre : le poète, l'être doué, a besoin de ne parfois rien faire; donc, il a droit au farniente. Sa paresse est précieuse et sacrée à l'État, qui la doit alléger de toutes les obligations sociales. Soldat, l'activité physique tuera chez lui l'activité morale; calculateur, le chiffre étouffera le souffle divin. Danseur, il ne peut; sauteur, il se pourrait. « ... Eh! n'entendez-vous pas le bruit des pistolets solitaires [1]?... » On ne songe pas sans étonnement que nos pères aient pu prendre au sérieux ces sophismes : frivoles, s'il s'agit d'instituer une suprématie des favoris de l'art ou des enrichis de l'industrie, absurdes, dès qu'on prétend créer au profit des artistes une aristocratie de prébende. L'art est le « superflu », et il n'entre plus en nos obtuses cervelles comment le superflu pourrait primer le nécessaire. Pour ce qui est du génie, de quel droit un poète vient-il dire à l'État : « J'en ai. Nourrissez-moi. » Cela ne se sait qu'après, et pas toujours. Si les poètes arguaient de ce privilège, il les faudrait bannir de la république. Armez votre courage, et non vos pistolets. Il n'y a point ici d'homme *spiritualiste* étouffé par une société *matérialiste*; je ne vois que des hommes vivant en une

---

1. Alfred de Vigny, *Théâtre complet* (Calmann Lévy, éditeur). *Dernière nuit de travail*, p. 12.

communauté, et qui n'en peuvent exiger que le droit au travail. Peut-être est-ce trop prendre au sérieux l'idée de *Chatterton*. Mais ceci, de ma part, n'est point jeu d'écriture : on ne saurait, à cette heure même, et dût-on passer pour Béotien, trop vivement dénoncer les contre-vérités et déclamations qui affectent une portée sociale.

J'ai peur que *Chatterton* ne soit proprement le type de ce que plusieurs dénomment aujourd'hui la pièce à idée : où l'idée est contestable et la pièce rudimentaire. De Vigny l'a voulu ainsi. « Une idée, qui est l'examen d'une blessure de l'âme, devait avoir dans sa forme l'unité la plus complète, la simplicité la plus sévère [1]. » La tentative semble originale à une époque où le drame shakespearien fait prime, et elle n'est pas pour nous effrayer, s'il est vrai qu'il ne se passe rien dans *le Misanthrope* et *les Femmes savantes*, ni absolument rien dans *Francillon*. Mais encore sied-il que la simplicité la plus sévère n'abuse ni de nos nerfs, ni de notre sensibilité, et laisse aux dramaturges plus *matérialistes*, qui visent le public et non les idées, la brutalité des moyens et les acrobaties effrayantes. Un penseur n'épuise pas la sensiblerie romantique et ne bénit pas le sexe auquel il doit sa mère. Il abandonne aux snobs et aux drames du boulevard les affres du suicide. Il se garde de rechercher les dénoûments d'*Inès Mendo* ou de *la Famille de Carvajal* : mort au premier étage, syncope à l'entresol; il n'escompte pas l'effet du torse et des jambes de Dorval dévalant la rampe de l'escalier. Cela n'est plus de l'idéologie, à la fin : excusez les fautes de l'auteur.

Elles sont graves dans le dessin des caractères. L'homme de génie écrasé par la société est presque un

---

[1] *Dernière nuit de travail*, p. 13.

enfant, — un enfant prodige, certes, qui, à dix-huit ans, a « vécu mille ans [1] ». Si l'œuvre était de Clara Gazul, on craindrait une mystification. Chatterton, ironiste et génial, a le cerveau lourd : il s'est attelé à un poème archéologique. Il souffre, il éprouve des pesanteurs à l'âme. Pâle, cela va de soi; mais « énergique de visage, faible de corps, épuisé de veilles et de pensées [2] ». Tout cela est-il si original et digne d'un philosophe, en 1835? Qu'est-ce donc, sinon un petit Byron, qui s'en irait de la poitrine, s'il ne lui survenait un autre accident? Enfant capricieux et fantasque, d'ailleurs. Une femme l'interroge; il s'enfuit et rentre sans chapeau [3]. La femme, dans un instant, coupera la même scène par une fuite semblable. Entendez qu'ils sont très émus. Anges purs!

On nous dit qu'en lui « la rêverie continuelle a tué l'action [4] ». Que de pessimisme, de wertherianisme, de byronisme, que d'affaires pour un loyer impayé et quelques besognes de librairie inachevées! Inspiration, fatalité [5], « mains glacées », « tête brûlante » [6], toutes les turlutaines, il les reprend toutes. Que ne prend-il plutôt son chapeau, qu'il a oublié tout à l'heure : le grand air lui fera du bien, avec quelques kilomètres de marche et de respiration à fond. La tâche quotidienne le rebute; l'effort régulier lui répugne. Mais tous, voire les plus grands, s'y sont assujettis. La vie est une suite de labeurs traversés de rêves au delà. Tous ont eu leur muse, leur sainte, leur châsse; et ils ont passé des nuits en travail, quoiqu'en solitude : Byron,

---

1. *Chatterton*, I, sc. v, p. 28.
2. *Caractères et costumes des rôles principaux*, p. 15.
3. *Chatterton*, II, sc. iv, pp. 47 et 49.
4. *Chatterton*, I, sc. v, p. 29.
5. *Chatterton*, I, sc. v, p. 29.
6. *Chatterton*, III, sc. i, p. 54.

ce dandy, était ferme à l'action. S'il avait suffi d'un créancier pour les briser ou d'une femme pour les amollir, ils n'eussent point mené leur œuvre à terme. Que Chatterton pousse la sienne; qu'il y mette moins d'ironie et de dilettantisme dissolvants. Et, pour Dieu, qu'il se garde de mépriser l'ébéniste, son voisin, qui travaille à journée faite. Qu'il se règle plutôt sur ce compagnon, et soit « ouvrier en livres »[1], sans rougir; qu'on sente même la main de l'ouvrier. C'est encore le plus sûr moyen de devenir un maître, et cela vaut mieux, à tout prendre, que de « poser devant les femmes[2] », de les compromettre, et de se tuer chez elles. Chatterton n'est même pas original à ce prix : Werther l'avait fait avant lui. Il faut, décidément, que les modes littéraires soient irrésistibles, pour qu'un esprit tel que de Vigny se paye de ces divagations romanesques et germaniques, et les donne pour des maximes sociales.

Tous ces gens-là sont en dehors de la vérité — et de la société française. Le Quaker radote. Il pense préserver Kitty Bell : un autre, qui ne serait point Quaker, ne s'y prendrait pas autrement pour la perdre. On voudrait lui crier :

Vieillard stupide, *ils s'aiment*[3] !

Il est sourd, il est aveugle, il est prolixe : il est trop de son âge. Il fait de l'esprit, et ne fait pas son devoir; on voudrait modifier sa prière finale[4] ou y ajouter : « O mon Dieu, reçois ces deux martyrs, martyrs des pré-

---

1. *Chatterton*, II, sc. IV, p. 49.
2. *Chatterton*, III, sc. I, p. 55.
3. *Hernani*, III, sc. VII, p. 96.
4. *Chatterton*, III, sc. IX, p. 81. « Oh! dans ton sein! dans ton sein, Seigneur, reçois ces deux martyrs! »

tentions à la sagesse et de l'amer verbiage de ce vieil homme! » Quant à John Bell, c'est John Bull, une caricature, pour le contraste. Sur sa tête s'amassent tous les mépris destinés au bourgeois; son visage rouge, « gonflé d'ale, de porter et de roastbeef [1] » excite la verve sénile du Quaker. Et pourtant ce brutal, ce dominateur, ce jaloux répond au radoteur des choses sensées, et tient à ses ouvriers en grève des propos qui ne sont pas méprisables. Il n'entend pas qu'on détourne sa femme ni qu'on brise ses machines [2] : et il prétend que chacun paye par le travail son écot au banquet de la vie. Ame de brute! — Il faut descendre jusqu'au *Michel Pauper* de M. Henry Becque dans la lignée des œuvres fausses, pour trouver ce parti pris d'esprit aigu et à côté.

Reste que ce drame de la pensée vaut surtout par la passion naïve du personnage de Kitty Bell. Le type est d'un poète, sans échapper absolument à la convention romantique. La « vierge maternelle de Raphaël [3] », escortée de ses deux enfants, les baisers d'amante qu'elle leur donne, la faible femme et la mère ne s'écartent pas autant qu'on croit de la poétique de Victor Hugo. Elle est d'un poète, qui a seulement plus d'illusions. Mais, je le répète, Kitty Bell, âme idéale et simple, douce et inquiète, en qui l'amour naît de la charité, cela fait une beauté touchante. Et l'ouvrage, qui n'est ni un drame à idées justes, ni un drame d'observation ou d'intuition, ni même un drame, cette élucubration que gâte le sophisme et glace l'ironie, a pu séduire les cœurs sensibles ou las par cette passion

---

1. *Caractères et costumes*, p. 16.
2. Pour mettre le sceau à l'odieux du rôle, Alfred de Vigny lui prête une attitude équivoque en présence des jeunes roués, qui parlent effrontément à sa femme devant lui.
3. *Sur les représentations du drame*, p. 85.

novice et presque sainte. Je les quitte du chef-d'œuvre [1].

Un an après *Chatterton* paraît *Kean*. Il est probable que Dumas s'est piqué de faire voir à de Vigny et à ses contemporains ce qu'est le vrai génie, au moins celui du théâtre. Sa conception n'est pas sensiblement plus enfantine, mais plus pantagruélique, et d'un banquiste. Le drame a renversé au moins deux règles de la tragédie ? Voyez le génie : il les renverse toutes, et vive le désordre à la Shakespeare ! Nous avons dit la médiocre intelligence qu'a Dumas de l'auteur de *Roméo*. A cette heure, *désordre et génie* : à nous les événements singuliers, les fantaisies bizarres, les péripéties à tintamarre ; à nous les salons des comtesses, et la taverne du *Trou du Charbon*, et, sous le prétexte qu'un acteur doit étudier « toutes » les passions « sur lui-même pour les bien exprimer [2] », à nous don Juan et Falstaff, by Shakespeare ! M. Kean, pour soutenir son génie, se grise et roule sous les tables ; il vide le calice

---

1. Je trouve dans une *lettre inédite* de Labiche à A. Leveaux, l'un de ses collaborateurs :
« Paris, jeudi soir, février 1835. — Je viens de voir *Chatterton*. Je suis encore tout palpitant. *Mon cœur saigne comme broyé dans un étau... Madame Dorval est une femme toute de cœur et d'âme... Le drame de de Vigny m'emplit ; il circule dans mes veines ; c'est mon sang.* Bonsoir, je radote. » Il radote à la bourgeoise.

Les impressions de Gautier sont plus froides, à la reprise. Voir *Histoire du romantisme*, pp. 152 sqq. Cet article est rempli de remarques fort justes sur les raisons du succès de *Chatterton*, sur l'inimitié des artistes à l'endroit des bourgeois, niaiserie romantique, que Flaubert accepte comme une tradition, et que de *vieux jeunes* cherchent à perpétuer aujourd'hui. Gautier a justement noté comment il se fait que John Bell, qui excitait en 1830 une répulsion violente, paraît après 1850 « le seul personnage raisonnable de la pièce ».

Pour la reprise de 1877, voir Séchan, *Souvenirs d'un homme de théâtre*, p. 243. L'accueil fut respectueux et froid, — sauf au dénoûment, à la glissade de l'escalier : trivialité sublime.

2. *Kean* (Th., V), II, tabl. II, sc. II, p. 124.

des passions jusqu'à la lie. Certes, il ne paye ni son propriétaire ni ses créanciers, à l'exemple de Chatterton. Il serait un homme du commun, s'il fléchissait à ces misères de la probité. Mais si Dumas s'est peint dans Kean, s'il y a retracé avec quelque complaisance les traits généraux de son caractère, bonhomie, gaîté, santé, force musculaire, exagération en tout et mépris de la critique, Kean, du moins, n'exige pas de l'État une pension alimentaire, en attendant qu'il songe à une nouvelle interprétation de Roméo. Et, comme l'auteur est trop dramatiste dans les moelles, pour se réduire volontairement au lyrisme sur le théâtre ou y distiller l'esprit amer, — en dépit de ses enfantines conceptions du génie [1], de son drame à outrance, de ses péripéties en cascade, et de ses prouesses, il a mis dans *Kean* quelque chose qui nous intéresse présentement davantage. Son talent dramatique l'attire, en dépit qu'il en ait, du côté de la vérité.

Malgré ses fanfares et ses fanfaronnades, au milieu de ce tumulte d'action, Kean n'oublie pas ses origines. Écoutez son style : « Oui, vous avez raison, il y a trop de distance entre nous. Lord Mewill est un homme honorable, tenant à l'une des premières familles d'Angleterre... de riche et vieille noblesse conquérante... si je ne me trompe. Il est vrai que Lord Mewill a mangé la fortune de ses pères en jeux de cartes et de dés ; il est vrai que son blason est terni de la vapeur de sa vie débauchée et de ses basses actions... et qu'au lieu de monter encore il a descendu toujours. *Tandis que le bateleur Kean est né sur le grabat du peuple, a été exposé sur la place publique, et ayant commencé sans nom et sans fortune...., etc.* » C'est le

---

1. On en fit une parodie : *Kinne, ou que de génie en désordre!* variété en quelques couplets. Paris, chez l'éditeur, rue du Bas, 26, 1836, in-8, 12 pages.

« tandis que moi¹ », que nous connaissons ; c'est la scène des « enfants trouvés » d'*Antony* que nous en avons déduite. Kean est bien frère de Richard Darlington et de Buridan. Il ne prétend pas à émarger sur les registres de l'État ; mais il ne veut plus être le jouet des aristocrates. Nom pour nom, dent pour dent. Et, s'il ne s'agit plus de thèse sociale, voilà au moins l'individualité moderne avec tous les appétits débridés. Kean a une bonne part de son génie dans ses muscles. Il a fait la culbute. Il fait le coup de poing. Après une vie d'orgie, il reprend sa lucidité et son sang-froid, comme s'il revenait d'une visite à la Tour de Nesle. Il semble que dans les rôles de Shakespeare qu'il interprète, il mette surtout en lumière l'animal humain². Son triomphe est le personnage d'Othello ; mais il réussit fort dans celui de Roméo. Partout, chez les bateleurs, parmi la bourgeoisie, dans la noblesse, il traîne tous les cœurs après lui ; et la personne suit le cœur. M. Kean a opéré des cures merveilleuses. Des jeunes filles chlorotiques, nerveuses, mélancoliques et presque muettes, ont retrouvé la parole et la santé aux spectacles de Drury-Lane. Le premier sentiment des malades est presque « douloureux » ; mais quand Kean paraît, elles tressaillent, puis demeurent « immobiles comme la statue de l'étonnement », et reviennent à leur hôtel « toujours froides et silencieuses pour tous, mais déjà ranimées et vivantes au cœur³ ». Une loge de consultation est adjointe à la scène pour le traitement de ces affections. Kean est doué d'un génie désordonné, fatal, mais thérapeutique. Et c'est l'enfantillage de Dumas qui s'abandonne ; mais c'est aussi la suite de Figaro, le vivant commentaire du *petit animal folâtre*, grisé d'honneurs et d'applaudissements,

---

1. *Kean*, III, tabl. III, sc. XIV, p. 158.
2. *Kean*, III, tabl. III, sc. XII, p. 153.
3. *Kean*, III, tabl. III, sc. XII, pp. 152-153.

ami du prince de Galles et aimé de toutes les femmes. Non, cette descendance du barbier n'est pas modeste.

Chatterton est anglais, et profondément imbu de Werther et de Byron. Kean est français, et tout moderne. Percez la turbulence affectée du banquiste, et par-dessous, vous rencontrerez les deux éléments du rôle sympathique dans l'âge qui va suivre et qui s'arrête vers 1890 : révolutionnaire et sauveur, ennemi de l'ordre établi et conseiller ou confesseur plein d'indulgence. Prenez garde que Kean est plus près qu'on ne pense d'Olivier de Jalin et de de Ryons. Il s'élève contre l'ordre social et méprise les conventions. Ami du prince, il se révolte contre l'air de protection que prend à son endroit cette amitié. Il est indépendant. Au surplus, peu scrupuleux sur d'autres points. Ce pur, ce révolutionnaire accepte les petits cadeaux des grands de la terre; il ne regarde pas d'où vient l'argent. Il tient d'Antony; le Fils naturel tiendra de lui. Les lacunes de l'éducation apparaissent chez ces hommes nouveaux: Ils manquent parfois de tact dans les circonstances délicates : Olivier de Jalin ne s'est jamais entièrement lavé du reproche de remettre les lettres d'une femme à un tiers. Notez que ces défaillances sont justement celles qu'ils reprochent à M. Poirier. Ils ne veulent pas être des parvenus ; et tout de même ils en sont. Ils en sont par leur naïve obstination à protéger la femme, auprès de laquelle ils font volontiers le personnage d'une providence. Ces sauveurs, ces directeurs sont un peu jobards. Et Dumas en convient; et cela est vu [1]. Nés on ne sait pas où, ils aiment les dames, les nobles dames, celles du monde, qui n'ont que des amours de tête. Parce qu'ils ont du génie à bras tendu, ils se croient de fins psycholo-

---

1. *Kean*, V, tabl. VI, sc. VI, p. 200.

gues. Ce sera la prétention des de Ryons. Ils confessent, ils sermonnent, ils catéchisent, ils auscultent avec un sourire compétent, et comme s'ils accomplissaient un sacerdoce. Il se pourrait que tous ces amis des femmes fussent de bonnes dupes, qui les mettent plus haut qu'elles ne veulent être et les sauvegardent plus qu'il ne leur plairait. Pour des types de la bourgeoisie positive et galante, ils en sont; et surtout ils en seront supérieurement, lorsque Taine aura frotté leur génie de science systématique. La jeune Anna, que la voix de M. Kean a troublée, ne me paraît pas une si débile créature. Et qui ne devine dans la bateleuse, l'humble et bonne Ketty, qui aime silencieusement M. Kean qu'elle voit de si bas et qui peut-être la rudoyait jadis, au temps où ils crevaient ensemble les cerceaux de papier, qui ne devine par avance la Marcelle du *Demi-Monde* et toutes les imitations qui en ont été faites, à commencer par *la Cigale*, petite cigale de joyeuse mémoire, pour finir par *Cabotins*?

N'avais-je pas raison de dire que *Kean* est plus vrai que *Chatterton*? Quant à l'intérêt un peu extérieur qui s'attache aux gens et aux choses du théâtre, Dumas, encore qu'il vînt après Shakespeare, Rotrou [1], Casimir Delavigne et Victor Hugo, était bien dans le mouvement de son siècle, où les coulisses de la politique, de la finance et de la scène se convient amicalement, où les journalistes sont partout bienvenus, où les princes de Galles recherchent la compagnie des Kean, où les Vernouillet coudoient *le Mari de la débutante*. MM. Meilhac et Halévy [2] ont excellé plus tard à nous

---

1. Saint-Genest. A l'acte IV, tabl. v, sc. 1, p. 184, Kean manque sa sortie comme Saint-Genest sa réplique. Mais l'origine de ces pièces ou scènes, pour les dramaturges de 1830, est *Hamlet*.

2. *Le Mari de la débutante, la Boule, la Cigale*.

révéler cette promiscuité égalitaire de la naissance, de la finance, de la politique et de la scène, derrière le rideau.

III

« ANGÈLE ».

(*Une Chaîne, Monsieur Alphonse*, La morale dramatique des Dumas.)

Le 6 février 1832, Dumas avait donné, en collaboration avec Anicet Bourgeois, un drame en cinq actes, *Teresa*, qui n'était pas bon. L'œuvre manque manifestement d'originalité : le principal personnage est tiré de *l'École des Vieillards*; Paolo est une doublure de Paula de *Christine*. Mais à l'acte III et au début du V, l'auteur avait trouvé une situation prise à la mesure des mœurs de son temps et du nôtre, quoique renouvelée de *Tartufe*[1]. Comme il ne laisse pas ses

---

[1]. Voir *Tartufe*, IV, sc. IV. La pièce n'était pas sans analogie avec *la Mère et la Fille* de Mazères et Empis, à la première représentation de laquelle avait assisté Dumas (1830, *Odéon*; voir *Mes mémoires*, t. VII, ch. CLXXIV, p. 161). Granier de Cassagnac ajoutait dans un des articles du *Journal des Débats* déjà cités, 1ᵉʳ novembre 1833 : « Dans *Teresa*, il n'y a que deux belles scènes, celle où Delaunay découvre l'adultère de sa femme, et celle où il provoque Arthur. La première est dans *la Conjuration de Fiesque*, acte I, scène x, la seconde est dans *les Brigands*, acte I, sc II... » — Dans la scène de *Fiesque*, à laquelle se réfère l'auteur de cet article, Verrina apprend de sa fille qu'elle a été outragée. Dans *Teresa* (IV, sc. XI et XII, pp. 215-217), Delaunay découvre par des lettres que le fiancé de sa fille a séduit sa femme. Ni la situation, ni les scènes n'ont de rapport. Quant à la scène II de l'acte I des *Brigands* que ce critique allègue, elle ne présente aucune ressemblance ni proche ni lointaine avec la situation de *Teresa* (IV, sc. XIII, p. 221. Cf. *l'École des Vieillards*, IV, sc. VII, pp. 348 sqq.). Nous avons déjà vu plus haut le peu de fonds qu'il faut faire sur la méthode de ce polémiste et la sincérité de ces articles, qui firent beaucoup de bruit en 1833 et 1834.

idées en friches, l'année suivante il reprend cette situation, toujours avec Anicet, et la relie aux Suites d'Antony. *Angèle* est un drame de premier ordre, et Alfred d'Alvimar le modèle des hommes forts à venir (28 décembre 1833). Cette fois, Dumas mettait à découvert les générations nouvelles, et posait nettement la question de la femme moderne. Et, du même coup, il rejetait le masque de Werther. Antony apparaissait au naturel [1].

L'inspiration en fut si heureuse et l'œuvre si adroitement taillée en pleine évolution de la société, qu'elle a été refaite à chaque étape du XIXe siècle. Elle est devenue successivement *la Closerie des Genêts*, *Claudie*, *une Chaîne*, *Montjoie*, *Monsieur Alphonse*, *Denise* [2], etc. L'idée était assez forte et pleine de réalité contemporaine pour porter tous ceux qui s'y sont essayés; car aucune des pièces que j'ai citées n'est médiocre. Même en 1889 il a suffi à M. Alphonse Daudet d'adapter *Angèle*, et de mettre sous le couvert de Herscher et de Darwin, et non plus sous la protection de Gœthe, de Schiller de Byron ou de Chateaubriand, son « petit féroce », pour animer sur le théâtre *la Lutte pour la vie*. Au reste, les procédés sont analogues et les souvenirs transparents, au point qu'il semble d'abord que M. Daudet n'ait eu que la peine de faire la transposition des milieux et du langage. Paul Astier et Alfred d'Alvimar sont pareillement délibérés et cyniques; ils ont compris que la femme, enivrée des encens qu'on lui brûle et du culte

---

1. Dumas suit ici une autre tendance de sa génération. « Dans notre jeunesse, dit Mérimée, nous avions été choqués de la fausse sensibilité de Rousseau et de ses imitateurs. Il s'était fait une réaction exagérée, comme c'est l'ordinaire. Nous voulions être forts, et nous nous moquions de la sensiblerie. » (*Portraits historiques et littéraires*, Victor Jacquemont, p. 69.)

2. A. Dumas fils, Théâtre complet, t. VII, *Notes sur Denise*, p. 232.

bourgeois dont elle est l'idole, devient un excellent appoint dans le jeu de la fortune et de l'existence. On retrouvera dans *la Lutte pour la vie* jusqu'à la bonne tante Angélique, qui chaperonne sa nièce; et s'il est vrai que le soupirant naïf et sincère n'est ni médecin ni malade de la poitrine, comme Henri Muller, du moins est-il bègue et chimiste, presque pharmacien. *La Lutte pour la vie*, c'est *Richard Darlington* et c'est *Angèle* vus à l'autre bout du siècle : la dernière Suite d'*Antony*.

Ce fils du Hasard jouait du pathos pour être distingué par l'imagination et le cœur de la femme convoitée. Alfred d'Alvimar utilise de sang-froid cette musique et les femmes qui y sont sensibles. Il veut refaire sa vie; il vient après la seconde révolution. Les appétits excités par la première, déçus par l'autre, n'en sont que plus aigus. Prenons garde que le flegme de celui-ci cache peut-être plus de violence que les exclamations de l'amant d'Adèle. L'*Antonisme* s'exaspère, mais il s'oriente dans la pratique. Adèle ou Ernestine, la maîtresse d'hier est déjà de l'ancien régime. Alfred se tourne vers Angèle, une toute jeune fille bien née, et d'un mérite solide, c'est-à-dire monnayé. La mère survient, qui est une femme de tête et d'avenir; il se retourne vers la mère, veut l'épouser, l'épouse, — n'était le passé qui soudain reparaît : *Échelle de femmes* [1]. Antony en poursuivait une, Richard en a deux, Alfred trois. S'il vous plaît de chercher l'échelle d'hommes, retournez la situation : c'est *le Demi-Monde*, l'ambitieuse Suzanne entre le marquis de Thonnerins et Olivier, qui sont le passé, et de Nanjac, qui représente le lendemain consolidé. Est-ce assez montrer la qualité réaliste de l'idée d'*Angèle*?

---

1. *Mes mémoires*, t. IX, chap. ccxxx, p. 124.

La facture du drame est serrée et de plus en plus proche du théâtre de la seconde moitié du siècle. L'imagination y a moins de part que dans *Richard Darlington* et *Kean*. Sans doute nous verrons encore piaffer les chevaux de poste prêts à dévorer les routes de l'Europe; nous les retrouverons jusque dans *Diane de Lys*. On voyage beaucoup sur la scène, avant les chemins de fer. Il nous sera donné de contempler avec surprise un médecin amené chez une malade, de nuit, par la fenêtre, les yeux bandés [1]. Conçoit-on Dumas maintenant sa fantaisie en une étroite discipline? Il la surveille au moins. Son don Juan positif, qui « calcule », cet Antony de la seconde manière, et qui a « réfléchi [2] », mène les choses à belle allure, avec une décision, qui n'est pas encore l'inflexible logique, mais qui y tend. Les événements retombent sur lui, inexorables, « comme le rocher de Sisyphe [3] ». Il est de la race : il bouscule le drame ; il précipite l'action. Au premier acte, séparation et initiation : deux maîtresses pour un amant. Neuf mois après, l'irréparable est manifeste. On ne badine plus avec l'amour. Il allait épouser la mère; retour de la fille, double confidence. Et voici la fille mère, et l'enfant qui intervient : fatalité naturelle du drame contemporain; et voici la maîtresse, Ernestine, devenue veuve, qui reparaît : fatalité coutumière. Le gaillard allait réussir ; un poitrinaire lui casse la tête d'un coup de pistolet. « Hû-û-û-û [4]. » C'est l'âme du

---

1. *Angèle* (Th., IV), III, sc. XIII, p. 178.
2. *Angèle*, I, sc. II, p. 106.
3. *Angèle*, V, sc. I, p. 190. La phrase pourrait servir d'épigraphe à la majeure partie du théâtre d'A. Dumas fils. « *Toutes ces choses, qui tout à coup ont tourné ainsi, et qui jusque-là n'avaient eu pour dénoûment que quelques larmes, suivies d'un prompt oubli.* »
4. Cf. *l'Étrangère* (Th., VI), V, sc. x, p. 372, et *Angèle*, V, sc. VI, p. 203.

vibrion qui s'envole, comme dit Rémonin. « Adjugé[1]! » murmure le père Vaillant. Nous ne sommes pas encore à une époque de pure dialectique : c'est le faible qui supprime le fort. A cette réserve près, le drame est rectiligne. Dumas, sans y tâcher, manœuvre en plein réalisme.

Il s'en doute. Car déjà, lui aussi, aux passages scabreux, il est plein d'esprit. Il joue de cette verve lucide, qui fera passer plus tard les scènes épineuses de *l'Ami des femmes*, de *la Princesse Georges*, et de *Francillon*. A part l'acte III d'*Antony*, je ne pense pas qu'on ait sur le théâtre français osé rien de plus hardi que la fin de l'acte I d'*Angèle*, — si ce n'est pourtant le début du II. Il s'agit, pour forcer le mariage, de déniaiser la jeune fille; et haut la main, si je puis ainsi dire. Oh! ces travaux d'approche, ces frôlements, ces frissons, et les frayeurs de la vieille tante, et la lampe renversée! Et ce talent d'atteindre le but tandis qu'on semble s'égayer alentour! « Bonsoir, ma tante![2] » Le premier acte finit. — « Bonjour, ma mère. » Le second acte commence; il faut étudier le détail du dialogue et des attitudes d'Alvimar et d'Angèle[3], pour juger, non pas tant de l'esprit de Dumas que de son art dans la pratique du réalisme. C'est un prestige que Dumas fils ne négligera point, toutes les fois qu'il mettra en scène les Angèle et les d'Alvimar, les Denise et les Alphonse.

Alfred a d'Antony et de Richard la vigueur et l'ambition. De l'imagination, de moins en moins. Il s'est fait de la romance un moyen, et non plus une manière. Il n'a pas de génie, mais il est déjà très intelligent. Moins fougueux que Richard, il est plus subtil; plus de sang-froid, sans entêtement. « Il excelle à changer à

---

1. *La Lutte pour la vie*, V, sc. VIII, p. 152.
2. *Angèle*, I, sc. XIII, p. 131.
3. *Angèle*, II, sc. II, p. 135.

temps ses points de vue[1]. » Il est politique, et décidé à parvenir par les femmes : il le dit avec élégance[2]. Il a une liste, comme don Juan, moins longue, étant plus positif. A chaque nom se rattache un souvenir, non d'une sensation ou d'une passion, mais d'un titre, d'une distinction, d'une charge à la cour. Il ne s'attarde ni ne s'acoquine. Quand le crédit de ses amies fléchit, il est assez délicat pour se retirer. Il cède, en homme d'action, sans abuser du sentiment. Il s'est donné « quatre ans » pour se remettre en bonne posture après 1830[3]. Il n'a point de temps à perdre.

« Vous partez? » — « Je pars. » — « Je n'ai pas besoin de vous dire que je ne vous accompagne pas. » — « Je le devine. » — « Et où allez-vous? » — « Le sais-je?... M'enfermer, m'ensevelir dans une retraite. » — « A quoi bon? Et que ferez-vous? » — « J'y pleurerai ma faute. » — « Ernestine, avant un an, je vous donne rendez-vous dans le monde, des perles au cou, des fleurs sur le front. » — « Mais vous oubliez, malheureux, que pour vous j'ai tout perdu... fortune et position. » — « Vous changerez de position et vous referez une fortune. » — « Par quels moyens? » — « Je vous promets, quand nous nous rencontrerons, de ne pas exiger de vous

---

1. *Angèle*, I, sc. vi, p. 114. Il a des maximes qui séduiront le baron d'Estrigaud. « Regarde par cette fenêtre : il ne s'agit, dans ce monde, que de savoir changer à temps ses points de vue : c'est un axiome de peinture. » Cf. *la Contagion*, II, sc. viii, p. 343. « Navarette te trompe... Si tu veux des preuves. » — « Merci, mon cher enfant. Ou je le sais, ou je l'ignore. Si je l'ignore, tu troubles inutilement ma douce quiétude; mais si je le sais, regarde-toi dans la glace. »
2. *Angèle*, I, sc. ii, p. 106. « Je me dis qu'il serait d'un homme de génie de rebâtir avec les mains frêles et délicates des femmes cet échafaudage de fortune... »
3. *Angèle*, I, sc. ii, p. 105. Cf. dans *Paul Jones* (Th., VI) le baron de Lectoure.

cette confidence¹. » — Qui dénoue de ce ton avec une femme? Le baron d'Estrigaud, le petit Fernand de Thauzette, ou, aussi souriant et plus féminin, M. Alphonse? C'est Alfred d'Alvimar, le premier exemplaire.

A vingt et un ans, il a perdu son père et son patrimoine; le « doute », comme on dit alors, lui est venu, c'est-à-dire un pressant besoin de se débrouiller. Il a défié Dieu et le monde, pour se conformer au protocole romantique, mais ce n'est plus qu'une « espèce de défi »², et cela signifie qu'il s'est décidé à tout faire pour se refaire. Il a songé à se suicider, ainsi qu'il sied; il le dit du moins aux femmes qu'il attelle à sa fortune. Mais il a pris son parti de vivre; et, comme il était galant, d'une tournure agréable, il a trouvé une carrière : l'amour. Il est diplomate, et le féminin le pousse. Pour réussir, il lui a suffi de ramener ses cheveux sur les tempes d'un certain tour de main, et d'infléchir la voix d'une certaine façon. La Révolution a changé le personnel des femmes à la cour et dans les ambassades : mais la femme n'a pas changé. Alfred est le type de l'amoureux moderne, presque achevé. Pas de mère, maître de son fonds trop tôt, fanfaron d'égoïsme³, avec un sourire stéréotypé, un peu hautain, qui dompte les cœurs, et coule je ne sais quelle douce chaleur dans tout l'être des novices et de celles qui ne le sont plus. A lui et à ses successeurs la société a été dure, non pour leur avoir refusé leurs droits, mais à cause qu'elle a refréné leurs appétits par la concurrence. Alors, ils se sont intrigués auprès des bonnes petites idoles, à qui cette même société bourgeoise élevait dans le même temps des autels. Quel dommage

1. *Angèle*, I, sc. II, p. 108.
2. *Angèle*, I, sc. II, p. 105.
3. *Angèle*, I, sc. III, p. 109. « J'ai fait avec elle *le fanfaron d'égoïsme* ». Cf. V, sc. I, p. 190.

que le mélodrame altère le personnage à la fin, et que Rocambole, au V⁰ acte, soit de la partie! Émile Augier, lorsqu'il confondra d'Estrigaud, ne se gardera pas davantage de cette outrance[1]. Quand un quart de siècle encore aura passé sur ces espèces, une autre génération se fera place (après la révolution troisième), celle des Alphonse, des Fernand de Thauzette, des vibrions, des jolis messieurs ni révoltés ni douteurs, mais cyniques et *inconscients*[2]. Ils seront les originaux de Dumas fils, qui ne se lassera pas de les peindre en pleine pâte de réalisme, dans le vif du drame.

Sommes-nous donc dans la convention romantique, comme on le dit trop, ou dans le vrai courant des mœurs de ce siècle? Et qu'est-ce qu'Angèle, sinon le type de toutes ces pauvres filles, qui n'ont pas su se défendre? Elle, non plus que les autres, n'a résisté à ce doux bruit des paroles d'amour, à la musique des étoiles, du cœur, de l'éternité, aux charmes, aux approches, aux enveloppements. Ces petites filles ont l'âme harmonieuse et crédule. Angèle est sans défense, étant sans mère, ou à peu près. De la complexion sensible des Adèle et des Jenny Grey, elle semble plus neuve que la première, moins énergique que l'autre. Elle se perd avec une ardeur ingénue. Un serrement de main la remue; un baiser l'étouffe et la met en langueur. Par une surprise des sens, elle est tout entière à cet homme que peut-être elle n'aime point. Elle a pâli au contact de ses lèvres; la sensation lui fut si imprévue qu'elle l'a prise pour un sentiment. Cela même était-il poncif,

---

1. Dénoûment déjà cité de *la Contagion*.
2. *La Question d'argent* (*Édition des Comédiens*). Notes de la plaquette I. Note B, p. XXII. « J'avais tout simplement voulu représenter un type qui m'avait souvent frappé et à qui j'ai donné, depuis cette production, des formes différentes. Ce type est celui de *l'inconscient...* » Dumas intime revenait souvent sur cette idée.

ou mal vu ? Oserai-je dire que Dumas père me semble avoir moins biaisé avec la vérité que beaucoup de ses successeurs, qui, croyant être plus vrais, allèguent l'excuse des coups de force et de la violence de l'homme [1] ? Quant aux comtesses de Gaston et aux Ernestine de Rieux, nous les retrouverons en compagnie dans *le Demi-Monde*, hier attachées à la fortune d'un ministre, et demain rivées à l'existence d'un M. de Latour, gentilhomme marron, qui triche au jeu, et part pour Bruxelles. Et ce sera la conclusion prochaine de ces scabreuses moralités.

Car sur le théâtre contemporain, comme dans la société, règnent deux morales, au moins. Je veux dire : celle des Dumas et celle de Scribe [2].

Du sujet d'*Angèle*, Scribe extrait une comédie, *une Chaîne*, dont le seul titre dit l'intention bienfaisante... « Des ménagements à garder, l'honneur d'une famille ou d'un mari... le désespoir d'une pauvre femme... son amour... ses larmes, votre propre faiblesse, *mille circonstances que l'on ne peut prévoir, rattachent et renouent à chaque instant les anneaux de cette chaîne d'or, qui est de plomb, quand on la porte, et de fer, quand on veut la rompre* [3]. » Morale tempérée, dénuée de para-

---

1. Dumas fils tout le premier. Voir *Monsieur Alphonse*, II, sc. IX, p. 129. « Cependant je te jure qu'il n'y a pas eu consentement de ma part. Il y a eu ignorance. Et de sa part, à lui, ruse, attentat, violence. » Il est vrai que ces nuances dépendent beaucoup des époques, du public, et de ce qui *peut se dire au théâtre*, suivant les époques et le public. *Antony* avait rendu, pour un temps, à peu près le même service, à cet égard, que naguère le *Théâtre libre*.

2. *Mes mémoires*, t. III, ch. LXXXI, pp. 245 sqq. — *Ibid.*, t. IX, ch. CCXXX, pp. 117 sqq. — *Souvenirs dramatiques*, t. II, pp. 125 sqq. — *Ibid.*, pp. 229 sqq. — Cf. A. Dumas fils. Préface du *Père prodigue* (Th., II), pp. 205 sqq., — et surtout plaquette I des *notes* de l'Édition des Comédiens. Note *A d'un Père prodigue*, pp. I-XVIII.

3. Scribe (Th., II. Michel Lévy, 1856). *Une Chaîne*, I, sc. VII, p. 235. Voir A. Vacquerie, *Profils et Grimaces*, pp. 81 sqq.

doxe, et tout à fait selon l'esprit de la bourgeoisie régnante. Un musicien, Emmeric d'Albret, végète à Paris. Un soir, il rencontre dans un salon, « un riche salon du faubourg Saint-Germain » (toujours Antony et du parvenu là-dessous), une jeune femme que « vingt rivaux, comtes ou marquis, entouraient de leurs soins assidus!.. Beauté fière et dédaigneuse [1]... » Vous entendez que c'était une grande dame. Mariée à un amiral, elle prend l'avenir du jeune homme en main. Elle lui fournit un librettiste en renom; elle obtient pour lui « le signe de l'honneur », — avec la collaboration de son mari, qui fut l'ami du père d'Emmeric et son camarade dans la marine. « J'eus l'honneur, dit l'amiral, d'être blessé par le boulet qui l'emporta[2]. » Mais rappelons-nous l'aphorisme concentré d'Ajax deuxième :

> Toute chaîne
> A deux poids,
> Toute peine
> En a trois [3].

Ce compositeur avisé, qui a un librettiste, le signe de l'honneur et une maîtresse utile, apprend l'arrivée à Paris de sa jeune cousine, mademoiselle Clérambeau, nubile et ornée d'une brillante dot. Le père Clérambeau, de la maison Clérambeau et Cie, ne pardonne, dans le passé des prétendants, que « les folies de jeunesse... erreurs éphémères qui n'ont point de lendemain et passent sans retour [4] ». La périphrase plaît.

---

1. *Une Chaîne*, I, sc. IV, p. 222. Voir *ibid*. « Mon air soucieux et triste la frappa sans doute. » ... « Aussi, et quelques instants après, malgré moi, et sans le vouloir, je lui avais confié mes peines et mon désespoir. » C'est un Antony, — moins les rentes; « ... Elle m'écoutait en souriant, de ce sourire des *anges*... » — et moins la passion.
2. *Une Chaîne*, I, sc. VII, p. 230.
3. *La Belle Hélène*, I, sc. XI, p. 40.
4. *Une Chaîne*, I, sc. VII, p. 234.

Elle est grosse de péripéties tempérées, d'inquiétudes sans angoisse, pour le succès sans scandale d'une comédie bourgeoise, où l'auteur met son ingénieuse coquetterie à faire signer de tout son monde le contrat, c'est à savoir l'absolution des péchés en bonne morale courante.

Cette morale ne fait pas le compte des Dumas. Alfred d'Alvimar est tué; M. Alphonse sort écrasé sous le mépris. Ni l'un ni l'autre n'arrive au haut de l'échelle des femmes, riche, béni, glorieux. Dumas le père et Dumas le fils vont tous deux jusqu'au bout de leur idée et heurtent l'optimisme complaisant de Scribe par leur intrépidité énergique ou logique. *Monsieur Alphonse* est une reprise d'*Angèle* et d'*une Chaîne*; Dumas fils n'y recule devant aucune conséquence de la situation première, non plus que dans *Denise*. Il a pareillement tout le courage de son sujet. Scribe biaise, atténue, sourit : il machine une comédie moyenne pour la classe moyenne. Les Dumas vont de l'avant, poussent au dénoûment nécessaire, et sont presque toujours dans le drame, leur esprit comique n'étant que précaution ou préparation. Leur morale est souvent contestable, dramatique toujours. Ils engagent à fond la passion, exaltent la philosophie naturelle, l'opposent aux conventions du monde, sans jamais braver celles de la scène. Je ne dis pas que Dumas père soit un moraliste dialecticien comme son fils, ni le fils un dramaturge imaginatif autant que son père. Il me suffit, à la fin de ce chapitre sur *les Suites d'Antony*, de marquer que de cette vigueur pouvait naître cette logique et de cette immoralité cette morale, — l'une et l'autre rebelles à l'opinion médiocre, aux demi-mesures, aux sentiments à peu près, aux conclusions à mi-chemin, et nécessairement enclines à un réalisme sensuel et audacieux, caractéristique du drame et des mœurs d'un siècle tourmenté.

CHAPITRE XI

DUMAS PÈRE ET DUMAS FILS.

I

VINGT ANS APRÈS.

Le critique G. Brandès dit de Dumas : « Il ne fut artiste que dans sa première jeunesse ; dans la période romantique il écrivit en romantique; dans celle de l'industrie il écrivit en industriel [1]. » Ce jugement banal, et qui a le tort (fréquent chez les écrivains étrangers qui touchent à notre littérature dramatique) de mettre toutes les œuvres d'un écrivain en un ou plusieurs blocs, et toutes les œuvres de chaque bloc sur le même plan, — je crains qu'il ne contienne autant d'erreurs que de mots. Romantique, Dumas le fut, et de toute sa fougue, si l'on entend par là qu'il fut révolutionnaire; mais, si je n'ai point abusé des textes, il fut dramaturge davantage, et surtout indépendant par son imagination. Industriel, il ne commence ni ne cesse de l'être : il l'est, dès son premier vaudeville. C'est la production qui importe, non l'étiquette. En vérité, même après 1840,

1. *L'École romantique en France*, p. 393.

il fit maint effort d'artiste, et dans un sens qu'il faut préciser, si l'on ne veut pas tomber dans l'erreur commune à ceux qui n'ont lu ni ne connaissent tout son théâtre.

Oui, quand il eut extrait d'*Antony* toute la substance, il continua. Il continua, au hasard des collaborations et des entreprises, à jeter dans ses drames ou parmi ses énormes machines historiques des gaillards découplés, musclés, friands de la lame et de l'amour, et dont les passions dirigent et illuminent l'histoire ou la vie à leur gré. Lorsqu'Antony se fut apaisé en d'Artagnan, il continua à peupler la scène d'Antony et de d'Artagnan, et de ces faibles femmes sensibles et sensuelles, héroïques et moites, soucieuses de leur réputation plus que de leur vertu, et qui se fondent en des langueurs au son de la voix des hommes. Il continua, peignant les mêmes figures populaires, à enrichir la scène de situations dramatiques souvent neuves, et à éprouver tous les ressorts nécessaires au drame de ses successeurs.

M. Victorien Sardou ne le contestera point, qui a écrit *Patrie*, un chef-d'œuvre à la façon de Dumas, qui a vingt fois à Dumas juxtaposé Scribe, et qui, poussant à bout la conception du drame historique selon le genre d'*Henri III* et de *Caligula*, a enfermé, pour le plaisir du public et les exigences nouvelles de l'érudition, l'intrigue passionnelle de *Theodora* dans les minutieuses splendeurs du décor archéologique. Ni Émile Augier ne fut rebelle à l'influence de cet inventeur de situations[1], ni

---

1. Il est plus près de Scribe mais, dans les scènes dramatiques, il lui arrive de se rappeler Dumas. J'ai indiqué plus haut, p. 319, n. 1, la scène de la pendule à l'acte II d'*Antony* et celle de *Maître Guérin*, IV, sc. VI, p. 157. La scène de Poirier décachetant la lettre de son gendre, III, sc. VII, p. 98, est analogue à celle de Delaunay dans *Teresa*, IV, sc. X, pp. 214 sqq. On trouvera dans *le Chevalier d'Harmental* un premier dessin de *la Contagion*.

même MM. Meilhac et Halévy, qui par leurs fines railleries, n'ont pas peu contribué à le démoder[1]. Il me plaît d'entendre Piquillo, dans le cachot des maris récalcitrants, s'écrier : « Femme de toutes les voluptés[2] ! » et cet acte de la prison est une impayable parodie de celui de *la Tour de Nesle*. Je me réjouis du roi Ménélas imitant son ancêtre Louis le Hutin[3], et les exclamations d'Antony : « Adèle! mon Adèle! » font un plaisant écho dans *la Cigale*[4]. Et j'aime aussi *la Belle Hélène* qui craint pour sa réputation[5], comme la duchesse de Guise, sans compter la *Grande-Duchesse* qui élève Fritz jusqu'au grade de général, aussi lestement qu'un Henri III anoblit un Saint-Mégrin[6]. Cette ironie me délecte par sa qualité, et par ce qu'elle dénote d'ingratitude. Pendant que MM. Meilhac et Halévy s'amusent de la phraséologie de Dumas, ils recueillent les situations de ses drames, et au besoin les personnages. La Cigale même, je la reconnais. Cigale ressemble fort à la Ketty de *Kean* et à Rose de Noël des *Mohicans de Paris*. Quant à *Fanny Lear*, vous en trouverez le sujet et les scènes principales dans *Paul Jones*, drame en cinq actes et en prose d'Alexandre Dumas père, remis au goût du jour par MM. Meilhac et Halévy. La marquise d'Auvray, qui a commis une faute, pour sauver son bon renom chambre son

---

1. Voir plus haut, p. 319, n. 3, et p. 320, n. 1.
2. *La Périchole*, III, sc. IV sqq., pp. 82 sqq. — Citation, p. 84.
3. Voir plus haut, p. 271, n. 3.
4. *La Cigale*, II, sc. IX, p. 81 et *passim*.
5. Voir plus haut, p. 320, n. 1. Cf. l'apostrophe sévère, mais juste, de Dumas fils aux heureux auteurs d'opérette. Préface du *Fils naturel* (Th., III), p. 21.
6. *La Grande-Duchesse de Gérolstein*, I, sc. VIII, XI; et surtout XII, p. 44. « Non, il n'a pas le droit! » — « Il faut être officier supérieur! » — « Il faut être noble. » — etc. Cf. *Henri III et sa Cour*, II, sc. IV, p. 155.

mari fou ; Fanny Lear, qui a commis beaucoup de fautes, et encore celle d'épouser un gentilhomme ruiné, enferme son Noriolis atteint de folie... On voit l'analogie, et les ressemblances inévitées. Quand ces auteurs auront à se débarrasser de Froufrou, petite fille d'Adèle, ils la feront mourir de la poitrine, comme Henri Muller et la dame aux Camélias. Je n'incrimine point ; je note à quel point l' « industriel » fournit de matière l'industrie du drame moderne. Et, à mesure que j'avance en cette direction, le nom et les pièces d'Alexandre Dumas fils se trouvent plus fréquemment sous ma plume.

Vingt ans après, Dumas père fait, de son œuvre, fascine à Dumas fils. Il tâche à s'adapter à la société qui évolue. Entre 1840 et 1855, son idéal dramatique se transforme. C'est toujours le même homme (mêmes muscles, même imagination, même allégresse dans l'exécution), qui n'observe pas beaucoup davantage, qui procède encore par intuitions, et chez qui l'instinct est du génie. Toutefois, pendant que les actes s'ajoutent aux actes, les tableaux aux tableaux, que les romans se muent en drames, et les anecdotes de l'histoire en drames-romans ; pendant que se déroulent et se succèdent les images innombrables de la lanterne magique et que s'allongent indéfiniment les soirées des théâtres du boulevard, — alors, par intervalles, Dumas se reprend ; il tâte le public ; il s'oriente au milieu des mœurs qui changent ; il s'écarte de la légende ; il s'accroche résolument à la réalité d'où son imagination prend son essor. La vie moyenne s'insinue dans *le Chevalier d'Harmental*, avec la *contagion* et les bals de l'Opéra. Dans ses machines le plus hâtivement expédiées, un drame raccourci, poignant se glisse : drame de petites gens et de la vie bourgeoise. Ses adaptations du théâtre étranger sont des indices. Vingt ans auparavant, il traduit *Fiesque*; à présent *l'Intrigue et l'Amour*, « drame intime ». Même *Halifax*, qui est une doublure du Figaro de Beaumarchais, pétille de l'esprit familier et avisé, qui va éclater dans *la Dame aux Camélias* : passavant des plus réalistes audaces dans *le Demi-Monde* ou *Francillon*. Il y a beaucoup de cette verve prophylactique au II° acte d'*Halifax*, comme au I d'*Angèle*.

Le 22 mai 1854, Dumas donne au Vaudeville *le Marbrier*, drame en trois actes. Déjà *la Dame aux Camélias* et *Diane de Lys* étaient représentées. Mais Dumas ne subit pas encore l'influence « d'Alexandre », ne croyant pas encore en lui. *Le Marbrier* n'est point une pièce de qualité littéraire; mais serrée, ramassée, domestique, significative. N'était la fantaisie mélodramatique de cet Américain, qui vient demander pour son fils la main d'une jeune fille, et, après lettre du jeune homme qui se dégage, s'enthousiasme au point de faire la demande pour lui-même (voir *les Corbeaux* de M. Henry Becque, dont les rares moyens ne sont décidément ni vraisemblables ni neufs); n'était ce trou que creuse avec sans gêne l'invention romanesque, on y prévoit le tour de main qui enlèvera les trois actes de *la Princesse Georges* et de *Francillon*. Le marbrier qui vient prendre les ordres; tableau d'une famille en deuil; le fils désolé simplement, sans grands mots ni gestes; préparations indiquées lestement, de scène en scène : c'est déjà l'exécution ramassée, haletante, sinon logique, de Dumas fils. La parenté est manifeste. L'idée même de la pièce, cette jeune fille qui a pris la place de la morte pour éviter au père longtemps absent une douleur qui peut être mortelle, cet enfant supposé qui est « un faux perpétuel et vivant [1] » dans la maison, nous sert d'un passage au drame juridique et passionnel

---

1. *Le Marbrier* (Th., XIX), II, sc. XII, p. 262.

qui va suivre. Songez-y : tout cela — l'intimité du sujet et le serré de la facture — était au fond du drame conjugal d'*Henri III* et d'*Antony*. Dumas fléchit aux temps nouveaux, au réalisme, au positivisme. Il tient, comme il peut, l'imagination en bride. Le cadre ni la couleur ne flamboient plus. Et, certes, il y peine : la folle du logis s'échappe ; il n'arrive pas encore à franchir par la seule force de la déduction et de l'observation les passes difficiles ; il a recours à un Américain résolu pour sauver les invraisemblances. Il ne se déchaîne plus ; mais, malgré tout, il s'élance et prend son essor vers l'azur. Et *le Marbrier* se termine, ainsi que *Monsieur Alphonse*, par une élévation : « O mon Dieu! Que vous êtes bon! Que vous êtes grand [1] ! etc. »

Vingt ans après *Antony*, *Richard*, *Angèle*, cette imagination est à la fois attirée par les antagonismes domestiques et les nobles idées simples et symboliques. Il n'est pas douteux que ce symbolisme soit un écho du romantisme. Mais il ne s'agit plus de « tout regardé sous toutes ses faces [2] ». C'est du sein de la réalité, du cœur même de la vie réelle que Dumas l'exprime. Séduit par une trilogie d'Iffland, *Crime par ambition*, il l'adapte à la scène française et au goût du moment. Mais en même temps, il essaye d'objectiver une idée générale, de mettre à la scène *la Conscience*. Sans doute, il n'y réussit qu'à moitié, puisque la conscience est l'œil de Dieu et non celui des hommes : du moment qu'Édouard Ruhberg avoue son crime, il ne relève plus d'elle seule. Néanmoins, la tentative est notable de ce drame en six actes, trois dans le monde bourgeois, trois dans un milieu aristocratique, avec, dominant cette opposition, une idée générale personnifiée : sinon

---

1. *Le Marbrier*, III, sc. viii, p. 280.
2. Voir plus haut, p. 131.

la Conscience, au moins l'Expiation. Cette incarnation scénique de notions abstraites date de Corneille ; mais c'est Dumas fils qui en fera un élément constitutif du drame moderne.

Dès le 22 novembre 1849 avait paru, sur le Théâtre-Historique, *le Comte Hermann*, en cinq actes, un épilogue et une préface, préface « véritable » qui précéda d'un jour la représentation. Or Dumas y disait : « ... Il y a des époques où un peuple est calme comme un lac. Il y a des époques où un peuple est tempêtueux comme un océan. La voix qui parlera à ce peuple sera-t-elle toujours la même ?.... Voilà pourquoi l'auteur du *Comte Hermann*, quand on lui a dit : « Faites-nous, en 1849, un drame comme vous en faisiez en 1832, un drame simple, intime et passionné, comme Angèle et Antony », a répondu : « — Oui, je vous ferai un drame simple, intime et passionné, comme Antony et comme Angèle : seulement, les passions ne seront plus les mêmes... Au lieu de l'amour physique, au lieu de la brutalité matérielle, la chasteté d'une femme et le dévoûment d'un homme sont appelés à produire ces effets d'émotions et de larmes que, quinze ans auparavant, l'auteur a demandés à d'autres passions [1]... » Je ne garantirais point que les passions y fussent aussi différentes qu'il le dit. Chastes elles sont avec la même frénésie que lorsqu'elles ne l'étaient point. Mais si le besoin d'exprimer une philosophie générale sur le théâtre, de prêcher devant le peuple est inséparable du romantisme et du *drame national* de 1830, insensiblement nous nous éloignons, vingt ans après, du théâtre d'*Antony* et d'*Angèle*. L'intérêt dramatique est toujours puisé à ces sources, et Dumas en fait foi ; mais il se modifie, il s'épure ; il se prend, sinon aux abstractions vagues

---

1. Théâtre, t. XVI, pp. 199-200.

(c'est l'erreur de Victor Hugo dans *Angelo* et ailleurs), du moins aux sentiments très généraux et assez humains pour résister au positivisme envahissant. De là le comte Hermann, symbole de la chevalerie [1], de l'homme qui fait honneur à l'homme; homme rare, homme d'un autre âge, qui remonte à Arminius, mais un pauvre homme de chair et d'os, qui veut, qui souffre, se dévoue et meurt; symbole vivant, avec quelque chose d'un Pantagruel dompté par la maladie, ou mieux, d'un Athos, l'Athos de *Vingt ans après*, père et guide de Raoul, et prêt à se sacrifier pour lui. Ce n'est plus un personnage de *l'École des Vieillards* ni de *Teresa*; il appartient vraiment à la seconde moitié du siècle; la Jeunesse de 1830 en eût médiocrement goûté l'héroïsme concentré et presque passif. De là Fritz, le médecin athée et empoisonneur, traître de mélodrame, bâti sur le modèle du Frantz de Schiller [2], mais déjà gagné de la fièvre du positivisme pseudo-scientifique. «... Fritz est une de ces exceptions monstrueuses comme en produit parfois la nature. La société, dans laquelle Dieu ne leur a pas fait de place, les détruit presque toujours, et, quand la société ne les détruit pas, elles se détruisent elles-mêmes, comme ces *scorpions*, qui, enfermés dans un cercle de feu, se tuent avec leur propre dard, s'empoisonnent avec leur propre venin. [3] » Qui parle ainsi? Dumas ou Rémonin? Le vieux Dumas ou Claude Ruper [4]? Qu'est-ce que cette douce Marie de Stauffenbach, sinon l'esquisse de l'immatérielle Rébecca [5]? Et

---

1. *Le Comte Hermann*, I, sc. III, p. 207.
2. Le comte Hermann, III, sc. I, p. 252. Fritz lit un passage de Franz Moor des *Brigands*, comme plus tard la Dame aux Camélias lira un chapitre de *Manon Lescaut*.
3. *Un dernier mot à mes lecteurs*, Théâtre, t. XVI, p. 317.
4. *L'Étrangère*; la *Femme de Claude*.
5. *La Femme de Claude*.

qu'est-ce que cet épilogue « philosophico-toxicologique[1] », s'il n'est une première ébauche de *la Visite de Noces* et de *l'Étrangère*? Quand ce symbolisme dramatique parut sur la scène, on crut, en dépit de l'émotion pathétique et continue du drame, à une traduction inavouée de l'allemand. Dumas avait tout simplement repris la situation d'une comédie qui sombra « sous les sifflets et les rires[2] ». De *Jeune Vieillesse* il tira *le Comte Hermann*, drame simple, drame intime comme *Antony*, héroïque et symbolique comme *la Femme de Claude*. Même s'il vous plaît d'avoir un avant-goût de *l'Étrangère*, dès 1868, étudiez *Madame de Chamblay*, et arrêtez-vous aux IVe et V^e actes[3].

D'*Antony*, et non d'ailleurs, est né le théâtre de *Diane de Lys*. Les drames, où Dumas a fait œuvre d'art — après 1840 — présagent ceux de son fils après 1870. Le réalisme de la passion, brutale chez l'un, logique chez l'autre, aboutit à un idéalisme symbolique, scientifique, et surtout véhément. Car tous deux ont un fonds commun de tempérament, à défaut d'une imagi-

---

1. *Le Comte Hermann*, pp. 312 sqq. On n'oubliera pas que le docteur Thibaut (voir plus haut, p. 22) eut sur Dumas père, à ses débuts, une influence que devait plus tard exercer sur Dumas fils le docteur Favre. Le père avait étudié l'anatomie, et le fils affronta la microbiologie.

2. A. Dumas fils. Préface du *Théâtre des autres*, t. I, p. x.

3. M. de Chamblay n'est pas encore un *vibrion*, mais il est « un homme fatal, il est né sous quelque mauvaise planète, sous Saturne probablement; il est de ceux qui portent malheur aux autres et à eux-mêmes; *une fois ruiné, et ce ne sera pas long, M. de Chamblay ne survivra pas à sa ruine*; l'adorable créature sera libre, et rien ne t'empêchera plus de l'adorer ». *Madame de Chamblay* (Th., XXV), V, sc. II, p. 81. Cf. *l'Étrangère*, II, sc. I, pp. 257-259. On trouvera dans la même pièce l'idée de l'*Antony millionnaire qui paye les dettes* et apporte la clef du château ou de l'hôtel racheté ou acheté par amour, III, sc. IX, p. 61. Cf. *la Princesse de Bagdad*, I, sc. II, p. 31, et II, sc. II, p. 47.

nation égale. Dumas, dont j'ai marqué l'évolution, avait préparé et prévu celle de l'auteur de *la Dame aux Camélias*. « ... Du moment, disait-il, où la toile se lève sur une pièce d'Alexandre, du moment où les personnages ont commencé de parler, le spectateur est pris et entraîné par un irrésistible charme; ce n'est plus un théâtre... c'est un pan de muraille ouvert sur des personnages vivants et laissant *voir le drame de la vie*... Qui vous dit qu'un jour il ne prendra pas fantaisie au jeune dramaturge de faire à son tour une excursion dans le domaine de l'imagination, dans le royaume du rêve, et qu'il ne complétera pas son œuvre de réalisme par un voyage dans le pays de l'idéalisme[1]?... »

Vingt ans après, Dumas était doublement le père de cet autre Alexandre.

II

DUMAS FILS RÉALISTE AVANT « LES IDÉES DE MADAME AUBRAY ».

Il est infiniment probable que Dumas ne connut jamais l'œuvre de La Chaussée, même de nom. Je tiens pour assuré que Dumas fils ne l'avait point lue, le tenant de lui-même. Mais il avait étudié les drames de son père, à fond. Il a dit à plusieurs reprises son admiration, en des termes qui honorent l'un et l'autre, mais qui surtout trahissent les analogies de leurs complexions. Il entre dans cette admiration du fils pour le théâtre et le génie paternels beaucoup du culte de la force, que le père manifeste en ses *Mémoires* pour les exploits du général. Qu'on se rappelle la page roman-

---

1. *Causeries*, t. I, p. 51.

tique, l'hymne aux colosses qui éclate au beau milieu de la Préface du *Fils naturel*.

« ... C'est sous le soleil d'Afrique, avec du sang africain, dans le flanc d'une Vierge noire qu'elle a pétri celui dont tu devais naître, et qui, soldat et général de la République, étouffait un cheval entre ses jambes, brisait un casque avec ses dents... Tu as fait craquer le Journal, le Livre, le Théâtre trop étroits pour tes puissantes épaules... Quelquefois, tu posais ton lourd marteau sur ta large enclume. Tu t'asseyais sur le seuil de ta grotte resplendissante, les manches retroussées, la poitrine à l'air, le visage souriant; tu t'essuyais le front; tu regardais les calmes étoiles en respirant la fraîcheur de la nuit, ou bien tu te lançais sur la première route venue, tu t'évadais comme un prisonnier; tu parcourais l'Océan, tu gravissais le Caucase, tu escaladais l'Etna, toujours quelque chose de colossal; et, les poumons remplis à nouveau, tu rentrais dans ta caverne. Ta grande silhouette se décalquait en noir sur le foyer rouge, et la foule battait des mains [1]... »

En cette apostrophe revit la poigne hardie de Porthos. Le fils n'a pas dégénéré. Pendant toute sa vie, il saluera le plastique animal qu'est la femme et observera l'animal vigoureux, qui est l'homme. On trouvera dans l'*Édition des Comédiens* une note sur la force physique du peintre Marchal, qu'on croirait transcrite de *Mes mémoires* [2]. Il aime, sans aucun doute,

---

1. Préface du *Fils naturel* (Th., III), pp. 16, 17, 18.
2. Plaquette I. Notes de *la Question d'argent*, n. A., pp. III et IV : «... Nous revenions à pied, le long du boulevard... d'une première à la Porte Saint-Martin... Marchal se détacha de nous en disant : « Vous allez voir ». Il roula une cigarette et s'acheminant dans la direction de ce drôle, qui, le voyant venir tout seul, distrait et inoffensif en apparence, se dirigea de son côté, comme s'il ne le voyait pas, avec un dandinement imitant le roulis, les épaules haussées à moitié de la tête. Au moment où

le drame paternel, d'abord et par-dessus toute chose pour l'énergie de l'action, pour la bravoure qui s'y déploie. Puis, arrivant à son tour sur le théâtre, il le prend d'assaut; il escalade la littérature; il fonce en avant, tête baissée.

Dumas fils n'a pas la faculté d'invention de Dumas père. Mais (il faut le dire, parce que c'est une vérité trop méconnue) il en a la sensibilité, qu'il s'applique premièrement à contenir par la logique, et qui finira par déborder et rompre les digues dans la seconde partie de son œuvre. Élevé par une mère pauvre, il eut une enfance triste, plus triste encore que celle de son père, qui du moins grandit en pleine nature. Il n'aura jamais ni la même allégresse, ni une telle joie de vivre, ni pareille pétulance. Il cachera d'abord sa tendresse comme une tare du jeune âge ou mieux, une inélégance. Mais c'est une singulière erreur, à mon avis, de croire que sous le sourire impertinent de de Ryons se dissimule « un profond dédain pour les femmes » et « le plus furieux mépris des choses de l'amour [1] ». Les

---

il allait heurter Marchal, celui-ci *se rassembla*, serra les coudes au corps et reçut le choc avec *une telle unité de contraction et de résistance, que l'agresseur imbécile alla rouler à dix pas de là, les quatre fers en l'air.* Furieux, il se releva et courut sur cet adversaire inattendu; mais Marchal, *retroussant lestement ses manches et pliant légèrement sur ses jarrets, immobile et ferme comme un roc*, sans abandonner sa cigarette, lui dit : «... Si tu bouges, je t'assomme ». Cf. *Mes mémoires*, t. IV, ch. CIX, p. 284. C'est aussi à la sortie du théâtre de la *Porte Saint-Martin* : « Deux individus attaquaient un homme et une femme. L'homme attaqué essayait de se défendre avec une canne; la femme attaquée était renversée, et le voleur tentait de lui arracher une chaîne qu'elle avait au cou. Je sautai sur le voleur, *et, en un instant, il fut renversé à son tour et mis sous mon genou.* Ce que voyant le second voleur, il abandonna l'homme et se sauva. *Il paraît que, sans y faire attention, je serrais le cou du mien outre mesure...* »

1. Jules Lemaître, *Journal des Débats*, 31 mars 1894.

femmes, qu'il se vantait de fustiger, ne s'y sont pas trompées. Après *les Idées de Madame Aubray*, cette sensibilité rentrée éclatera en passion vigoureuse, et même effrénée, quelquefois à crédit. Car ils sont parfois crédules, ces athlètes de haute mine, au cœur secret et chaud.

Ainsi s'explique d'abord *la Dame aux Camélias*, j'entends le drame où Duval père aborde Marguerite d'un ton brutal et puis la bénit, où Duval fils jette [1] Marguerite à ses pieds pour la canoniser ensuite, où la frénésie d'amour et le mal de poitrine font leurs ravages, où la mort de Madeleine (voir *Amaury*), je veux dire de Marguerite, nous tire de vraies larmes. Et c'est le drame où l'hérédité apparaît chez le dramaturge : même hardiesse aux situations difficiles, même art des préparations, non plus rassemblées au Ier acte, mais jalonnées de scène en scène et d'acte en acte, même tension de tous les ressorts, mêmes résumés vigoureux [2] dans une scène étouffante au détour du III

---

1. *La Dame aux Camélias* (Th., I), IV, sc. VII, p. 164 :
« Écoute, Marguerite, je suis fou, j'ai la fièvre, mon sang brûle, mon cerveau bout, je suis dans cet état de passion où l'homme est capable de tout »... Et p. 166, la fin de la scène : « Décidément, monsieur, vous êtes un lâche »...

2. « Ainsi, vous n'avez rien dans le cœur? » — « Rien. » — « Vous n'aimez aucune femme? » — « Aucune. » — « Pas un regard que vous cherchiez avec plaisir? » — « Pas un. » — « Pas une main que vous pressiez avec affection? » — « Pas une. » — « Pas d'enfant d'un premier mariage? » — « Non. » — « Pas d'enfant d'adoption? » — « Non. » — « Pas d'enfant naturel? » — « Non »...
(*Catilina*, II, tabl. III, sc. x, p. 78.)

Cf. : « Vous m'avez trompé. » — « Non. » — « Vous m'avez dit qu'elle n'était pas veuve, j'ai vu l'acte de décès de son mari. Me direz-vous que cet acte est une invention? » — « Non,... etc. »
(*Le Demi-Monde*, III, sc. XII, pp. 146-147.)

Cf. *le Fils naturel*, III, sc. x, p. 157 et p. 163. — Cf. *Denise*, III, sc. VI, p. 217. — Cf. *Monsieur Alphonse*, III, sc. II, p. 133 et *passim* dans ce théâtre.

et du IV, et beaucoup du même esprit préventif, beaucoup de la même force et de la même ardeur, et pour tout dire, d'un semblable réalisme dramatique. Certes, il y a déjà autre chose dans *la Dame aux Camélias*; mais cela premièrement. Romantisme, si l'on veut; ou plus véritablement, énergique sensualité dans la peinture de la passion : *Manon Lescaut*, et non *Marion de Lorme* [1]. Cela est bien d'un Dumas.

C'en est un aussi, plus logique et concerté, mais non moins audacieux et fougueux, qui a écrit *Diane de Lys*. Je l'ai dit ailleurs en une étude du manuscrit original [2]. J'ai pu, sans trop presser le texte, faire voir à quel point, dans cette pièce où se précise le système dramatique de Dumas fils, — sujet, exécution, dénoûment, — il a repris *Antony* sans l'atténuer. C'est la comtesse qui séduit Paul Aubry; et c'est le mari qui tue. Dans le manuscrit Diane avait une fille, comme Adèle, que le peintre acceptait, comme Antony [3]. Enfin dans cette première œuvre logique et légale, l'amant tombe en soupirant : « Ma mère [4]! »

A partir de *Diane de Lys*, il est clair que Dumas fils, venu à une époque où les idées ont supplanté l'imagination, prétend peindre à même la vie et mettre la simple vérité sur la scène. Il est réaliste d'abord, selon une méthode rigoureuse et déductive, qu'il a pu retenir de

---

1. Voir *la Dame aux Camélias*, II, sc. IV, p. 92, et surtout III, sc. VII, p. 139, citation de *Manon Lescaut* : « Je te jure, mon cher chevalier,... etc. » On notera d'ailleurs que le roman était très proche de celui de *Manon Lescaut*, qui est la vraie source. Après l'avoir vu, J.-J. Weiss discute, assez inutilement, à mon sens, la question de filiation entre *la Dame aux Camélias* et *la Vie de Bohême* (*Le drame historique et le drame passionnel*, pp. 198 sqq.). Cf. *les Théâtres parisiens*, pp. 109 sqq.
2. Voir notre *Génie et Métier*, ch. VIII, pp. 247 sqq.
3. Voir *ibid.*, pp. 248-249.
4. *Diane de Lys* (Th., I), V, sc. V, p. 379.

Corneille. Il met en scène des caractères tout d'une pièce et des passions rectilignes selon la formule de son père, dont l'auteur du *Cid* est le premier maître. Il est novateur; et par raison positive, il abat le quatrième pan du mur : ce qui est le *rêve* de tous les novateurs au théâtre. Il est novateur et réaliste à sa façon, et aussi selon la manière de l'auteur d'*Henri III* et d'*Antony*. Il tire ses premiers drames d'aventures personnelles; le principal personnage n'est autre que lui-même. Il est le Fils naturel, le fils du Père prodigue, Olivier, de Ryons : ou plutôt, ils sont lui, très modifié, généralisé, et tout de même idéalisé, comme Antony est Dumas. Ils sont lui, en même temps que la synthèse de la génération nouvelle, de ses tendances et de son état d'esprit analytique ou dissertant.

Même le cadre vrai, où ils se meuvent et raisonnent, est exécuté dans le goût et selon le procédé du père. Aux actes II et IV d'*Antony* est appliquée d'une main sûre la formule de la couleur locale et meublante. J'ai dit que, dès *Henri III*, les tableaux dont Diderot donnait la théorie et Beaumarchais un premier crayon, font partie intégrante du drame historique et moderne. On se rappelle les effets voulus d'exacte restitution : « Or, écoutez, messieurs : moi, Paul Estuert, seigneur de Caussade, etc. [1]... » ou : « Il est trois heures. Tout est tranquille. Parisiens, dormez. » Mais voici le réalisme qui s'en dégage. « Voyons... Boulanger, vingt francs. Boucher, quatre-vingt-dix francs. Épicier [2]... » — ou encore la tirade des « pêches à quinze

---

1. *Henri III et sa Cour*, II, sc. IV, p. 155.
2. *La Question d'argent* (Th., II), I, sc. x, p. 267. Cf. surtout *ibid.*, II, sc. VIII, pp. 295 sqq. Duo de René de Charzay et de Mathilde que Jean Giraud accompagne en sourdine : « Timbre et courtage... six mille quatre cent cinquante-deux francs quinze centimes ». — Cf. : «... Sire, des dépenses immenses, mais nécessaires... L'approbation du Saint-Père a permis d'aliéner pour deux cent

sous[1] », ou même la recette de « la salade japonaise[2] ». Et j'avoue qu'entre ce réalisme et cette couleur je ne vois que la différence des temps. Affaire d'exécution.

Ce n'est pas tout. Au moment où Dumas fils trouve avec *Diane de Lys* la clef de son théâtre, et s'apprête à redresser la loi ou l'opinion des hommes, il est encore un héritier direct de son père. La thèse même, la thèse retentissante et envahissante, au début de son œuvre, la thèse, et un plus tard les préfaces, qui sont des épilogues en forme de thèse, qui n'en voit là l'origine? Toujours les monologues d'Hamlet et de Figaro, et les parabases de Dumas père, et le « feuilleton » d'*Antony*. Le fils ne s'y est pas trompé. Il n'ignorait pas sans doute que Molière a glissé une thèse au premier acte de *Tartuffe*, et ailleurs[3]; mais la source de celles-ci est autre. « Quand Hamlet nous dit son monologue : « être ou n'être pas », il fait ce qu'on appelle aujourd'hui dédaigneusement des conférences; et le directeur de théâtre auquel Shakespeare porterait sa pièce, de nos jours, lui conseillerait certainement de couper ces longueurs[4]... » Elles s'abrégeront et s'insinueront plus modestement dans l'organisme du drame, à mesure que le dramatiste aura davantage son métier et son public dans la main; pré-

---

mille livres de rente sur les biens du clergé. Un emprunt a été fait aux membres du Parlement... etc. » (*Henri III et sa Cour*, II, sc. IV, p. 112), et «... La liquidation a été bonne. Vous avez acheté cent cinquante actions le quinze, à sept cent soixante-dix; vous avez revendu fin du mois... etc. » (*La Question d'argent*, II, sc. X, p. 299.) Le procédé est le même.

1. *Le Demi-Monde* (Th., II), II, sc. VIII, p. 101.
2. *Francillon* (Th., VII), I, sc. II, p. 272. Voir plus haut, p. 167, n. 3.
3. *L'École des maris*, *l'École des Femmes*, *le Misanthrope*, *les Femmes savantes*, *Don Juan* et *passim*.
4. Édition des Comédiens. Plaquette I. Note A du *Fils naturel*, p. IX.

sentement, pour dialectiques et dogmatiques qu'elles soient, elles n'en sont pas moins romantiques, par Shakespeare et Dumas.

Dès *Diane de Lys*, Dumas fils prend une forte position entre la loi et le préjugé, la vérité morale et absolue et la vérité relative et conventionnelle. Qu'est-ce à dire, sinon que la lutte d'Antony le tente, et que ni la scène des « enfants trouvés » ni celle des « préjugés » ne lui sont étrangères ? Au fond de cette âpre et fière raison, qui s'attache à réformer le monde, n'apercevez-vous pas la vaillance d'opinion, la foi en soi-même, l'invincible besoin d'être à part, et encore le muscle, le muscle de famille qui brandit passions et raisonnements ? Cette logique même, qui supplée à l'imagination, est impétueuse et pousse volontiers jusqu'aux défis. Elle considère et traite l'humanité de haut en bas. Elle raisonne, analyse, déduit, aussi impérieuse (mais plus maîtresse de soi) dans ses syllogismes que l'autre dans ses blasphèmes. Surtout elle dénote une vigueur admirable dans le dessin de la pièce et des caractères.

Au reste, tous ces héros positifs sont fils d'Antony par leurs aspirations et quelques-unes de leurs illusions, qui appartiennent décidément en propre à notre société renouvelée. Aucun d'eux ne dédaigne ni les titres ni la particule ni les savonnettes à vilains. Antony, Buridan, Paul Aubry, Jacques Vignot sont tous nés grands d'Espagne : ils convoitent grandement. L'un est un grand artiste, amoureux d'une grande dame, d'une très grande dame. L'autre, M. Jacques Vignot, aspire à la main de la nièce d'une marquise, récente, il est vrai, mais qui tient ferme au parchemin — et lui aussi. Nous retrouvons notre Dumas, le fougueux artilleur républicain, ami de tous les princes, ducs, comtes et marquis ; et, si je ne reconnaissais là les saines traditions de Figaro et de M. Kean, je n'affirmerais pas que la valeur démonstrative du théâtre de Dumas fils n'en fût un peu diminuée [1]. Le faubourg Saint-Germain vit dans l'isolement et le silence; ailleurs gronde et s'agite le monde moderne; en d'autres faubourgs fermente la société de demain. Antony a marqué sur ces types nouveaux d'autres empreintes. Du génie, ils en ont par droit de naissance, comme Figaro a de l'esprit. Jacques Vignot sait tout, a tout vu, tout lu, tout appris; et il fait un excellent secrétaire de ministre vers l'âge de vingt-trois ans [2]. M. René de Charzay, gentilhomme sans fortune, M. de Cayolles, gentilhomme théoricien, ne sont pas moins heureusement doués [3]. Les livres ne leur coûtent aucune peine à écrire. C'est pure modestie si, dès leur majorité, ils n'entrent pas à l'Institut. Pour Olivier de Jalin et de Ryons, ils possèdent en propre le plus rare mérite, et le plus précieux. Quelle maxime leur est inconnue de la subtile science d'aimer? Et tout cela est observé : car l'observation a succédé à l'imagination, le positivisme à la légende.

A l'importance que prend l'adultère sur ce théâtre, à la façon dont l'amour y est représenté, on reconnaît encore l'influence d'*Antony*. Ni Olivier ni de Ryons ne s'écrient plus : « Honte au lien de sang!.. » Grattez ce vernis d'ironie désabusée (« .... Désabusés!... Suzon, Suzon, Suzon! Que tu *leur* donnes de tourments [4]! »),

---

1. Voir notre *Théâtre d'hier*, p. 208.
2. *Ibid.*, p. 209. Voir *le Fils naturel* (Th., III), II, sc. III, p. 103. D'ailleurs, Jacques (tels les héros de Dumas père, tel surtout Alfred d'Alvimar), au moment où lui fut révélé ce qu'il pouvait apprendre de plus désagréable, au moment de refaire par lui-même sa vie et son existence, a « douté de la vie », s'est « abandonné à la colère, à la haine » (*le Fils naturel* (Th., II), III, sc. v, p. 146).
3. *La Question d'argent*, III, sc. I, p. 310.
4. *Antony*, IV, sc. vi, p. 212; et *Monologue* de Figaro.

leur sourire trahit la suprématie musculaire; leur expérience pessimiste dénote un tempérament vigoureux qui s'exerça de bonne heure, avec moins de fracas qu'au III° acte d'*Antony*, mais avec moins de détours que dans *le Demi-Monde* et *l'Ami des femmes*. Il n'est pas jusqu'à leur science préventive qui ne révèle des cœurs sensibles, avides et déçus. Ils ont tous le foie un peu gros et le cœur trop tendre; tous de Montègre, tous un peu taureaux en leur tréfonds. La voix du sang les émeut vivement, non pas celle de *Zaïre*. Si vous vous en tenez à leurs propos, raisons et analyses, qui ont remplacé le byronisme et le satanisme, il n'est sorte de dédain que ces jeunes hommes ne professent pour les folies amoureuses. Mais observez-les dans le drame et l'action. Si la jalousie les mord, ils sont pâles [1]; ils tordent les poignets de la femme aimée sans plus de façons que le duc de Guise ou Richard Darlington; Armand Duval, le correct de Nanjac lui-même se laissent aller à ces violences [2]: il leur arrive même de bousculer l'enfant [3], plus emportés qu'Antony même, qui l'adoptait pour jouir de la mère. Ils donnent l'assaut sans répit : c'est le scandale secret du ménage de Simerose. Cet air de supériorité que les plus forts affectent à l'égard de l'autre sexe, s'humanise alors qu'ils ont les sens en émoi ou le cœur pris.

Après avoir beaucoup discouru, Olivier épouse la jeune fille qu'il brusquait tout à l'heure [4]. Quant à de Ryons, lorsqu'il aura bien étonné les légères cervelles

---

1. *La Princesse Georges* (Th., V), III, sc. v, p. 157 : « Le voilà qui rugit et qui écume, comme une bête sauvage... etc. »

2. *Le Demi-Monde*, IV, sc. xii, p. 180.

3. *La Princesse de Bagdad* (Th., VII), III, sc. iv, p. 82. Cf. *Don Carlos*, IV, sc. ix, p. 128, scène déjà citée, qui a servi de modèle à Dumas père pour *Richard Darlington*, III, tabl. iv, sc. iii, p. 91. Cf. *les Idées de Madame Aubray*, III, sc. v, p. 316.

4. *Le Demi-Monde*, V, sc. v, p. 205.

de ces dames par ses sortilèges, qu'on croirait issus de l'imagination de Dumas père, et développé les résultats de ses observations, qui sont de Dumas fils, — il épousera mademoiselle Hackendorf ou s'assiéra, lui, troisième, au foyer de madame Leverdet [1]. Ces raisonneurs, qui ne sont plus des titans, sont des volcans à leurs heures, et quand ils suivent « ces raisons que la raison ne connaît pas ». Ce mot profond de Pascal, ils en ont fait une périphrase honnête, pour exprimer ce qu'on ne dit point. N'est-ce pas un adoucissement notable, et un singulier tempérament de la doctrine : « Tue-la » [2]?

Dumas fils ne l'a tuée qu'une fois [3], parce qu'au fond il l'adore, quoi qu'on en dise et quoi qu'il en ait. Pendant qu'il écrit *la Femme de Claude*, l'idée lui vient que la thèse contraire serait aussi dramatique [4]; il compose *la Princesse Georges*, où le pauvre de Fondette paye pour Sylvanie. Il hait la mauvaise femme de toutes les forces du drame et du mélodrame paternels. Mais il aime l'autre, même déchue, de toute la sensibilité et de toute la sensualité que son père étalait, et qu'il cache. Son indulgence est passionnée, il pardonne avec exaltation : c'est le fonds de nature. Son imagination, plus pédestre et positive, ne s'émeut que pour la femme. Sa plume se met en frais; sa prose rectiligne s'assouplit et s'insinue. Il a des digressions qui sont comme des caresses attendries : la vie de Marcelle, le voyage de Strasbourg [5]. Il en a d'autres qui sont des désirs voilés [6]. Pour sauver Jane de

---

1. *L'Ami des femmes* (Th., IV).
2. Conclusion de la brochure *l'Homme-Femme*.
3. *La Femme de Claude*.
4. Édition des comédiens. Plaquette II. Note A de *la Princesse Georges*, p. 1.
5. *Le Demi-Monde*, II, sc. IX, p. 107. *L'Ami des femmes*, II, sc. III, pp. 118 sqq.
6. *Les Idées de Madame Aubray* (Th., IV), I, sc. I, p. 227.

Simerose il métamorphose l'ami des femmes en Joseph Balsamo[1]. Mais quand il découvre en elles l'héroïsme résigné, alors la logique hautaine s'attendrit jusqu'aux larmes : c'est Jenny, c'est Angèle — c'est Marguerite Gautier, Clara Vignot, Élisa de Roncourt.

Ajouterai-je que ces douces créatures sont vraiment des femmes, de chair faible, et nullement immatérielles ? Nous sommes plus proches d'Adèle que de Théodore, vierge et martyre. Jane de Simerose est d'origine grecque; « le sang d'Epaminondas » tourmente ses veines[2]. Au surplus, superstitieuses presque toutes, en bonnes filles du vieux Dumas. Dans le premier manuscrit du *Demi-Monde*, madame de Lornan remettait à Olivier, au moment du duel, une médaille, souvenir de sa mère[3] : presque le talisman de Saint-Mégrin. Et à peu près toutes, même les pires, sont entêtées, enivrées de l'amour idéal, de l'amour de l'âme, éthéré, extatique, que Victor Hugo célébrait et dont Dumas parfumait la scène avant de lâcher l'autre à travers le drame.

> Je n'oserais toucher le bout de votre doigt [4]...

Cependant elles donnent dans un de Montègre. Jeunes filles et femmes, elles sont comme leurs mères Catherine de Clèves, Jenny, Angèle, sous le charme de la voix des hommes et d'une certaine harmonie, qui leur chatouille l'âme et le corps. L'histoire de Jane est leur histoire, au mariage près. « ... Un jour, elle rencontre

---

1. Dans *Diane de Lys*, Paul est chiromancien, II, sc. IX, p. 276. Voir plus haut, p. 318, note 1, et p. 167, note 5. La Femme de Claude croit à l'avenir dévoilé par les cartes, I, sc, I, p. 226.
2. *L'Ami des femmes*, I, sc. VII, p. 83.
3. Voir notre *Génie et Métier*, p. 274.
4. *Ruy Blas*, III, sc. III, p. 164. Cf. *l'Ami des femmes*, III, sc. II, p. 134 : « Tenez, je vous aime au-dessus de tout, et je ne toucherais pas à un pli de votre robe... »

un jeune homme qui s'occupe d'elle plus que des autres jeunes filles, qui lui révèle ainsi qu'elle est une femme en âge d'être aimée... La nature, la poésie, la musique deviennent leurs intermédiaires [1]... » Ainsi Angèle devint mère, à Cauterets, au pied des grands monts, vers le déclin de sa quinzième année [2].

III

DUMAS FILS IDÉALISTE A PARTIR DES « IDÉES DE MADAME AUBRAY ».

« ... A travers la campagne, sur les plateaux des falaises, tout seul, je jette dans le bourdonnement des insectes, dans le murmure lointain des flots, dans ces mille bruits qui composent le silence de la nature, je jette au hasard les vers des poètes... Je m'écoute, je m'excite, je m'enivre, jusqu'à ce que, le visage baigné de larmes, je ne puisse plus faire un pas, ni articuler un mot [3]... » Qu'on ne cherche pas ces lignes dans le rôle d'Antony : elles n'y sont point. L'auteur les a mises sur les lèvres d'un jeune médecin, très pieux, qui a nom Camille Aubray. On trouverait malaisément dans le théâtre du père un personnage plus rudement secoué par la passion. Il n'y a pas, dans l'œuvre du fils, de drame dont les intentions soient plus idéalistes ni l'idéal plus haut placé. *Les Idées de Madame Aubray* forment un drame sacré.

---

1. *L'Ami des femmes*, IV, sc. IX, pp. 176-177. Cf., à l'origine, *l'Intrigue et l'Amour*, traduction de Schiller par Dumas père (Th., X), I, sc. v, pp. 197-198 : « Quand je le vis pour la première fois,... le sang me monta au visage, mon cœur bondit de joie... » Cf. (parodie) *la Petite Marquise*, II, sc. VIII, p. 47.
2. *Angèle*, acte I.
3. *Les Idées de Madame Aubray*, III, sc. I, p. 293.

On raconte que Victor Hugo, vers la fin de sa vie, s'étonnait, comme d'une invraisemblance, d'être demeuré romantique. Par une invraisemblance plus singulière, à laquelle il faut pourtant se rendre, la logique intrépide, la dialectique cinglante de Dumas devaient aboutir à réveiller en lui le romantisme paternel, qu'il s'était plutôt efforcé d'éteindre. A compter des *Idées de Madame Aubray*, qui furent représentées le 16 mars 1867, l'année même où il commençait à publier ses préfaces, le fond du tempérament remonte à la surface, la chaleur et la fougue héréditaires, trop longtemps contenues, bouillonnent et font éclater la dialectique. Il fait des emprunts non voilés à *Antony*; il s'inspire de *Monte-Cristo*; il incline vers les pièces symboliques, où l'imagination paternelle se reprenait après 1840; il voisine avec *le Comte Hermann*, *Conscience*, et *Madame Chamblay*. A mesure que ses desseins sont plus élevés, les passions qu'il met en œuvre sont plus fortes et les moyens plus violents. Le théâtre de son père revit dans ses pièces et y prend un autre tour. Le drame et le mélodrame se renouvellent et s'ennoblissent.

Il n'a jamais possédé cette fécondité créatrice des événements et péripéties. Son esprit raisonneur s'en serait difficilement accommodé. Mais sa fantaisie se repaît d'idées générales, qu'elle se plaît à faire vivre sur la scène. Il les pousse à bout, comme son père les situations, avec l'audace d'un Dumas qui ne recula jamais devant les dénoûments. Par un suprême effort, il s'élève jusqu'à une métaphysique théâtrale. Idéalisme et sensibilité, logique et moyens sont extrêmes. Les blasphèmes d'Antony revivent en ces abstraites effervescences. Ce n'est plus la même imagination; mais tout de même c'est la même joie fougueuse d'imaginer. Jusqu'ici Dumas fils s'était contenté d'incarner en ses personnages, à la façon de Corneille, des notions très simples, que des passions et des sentiments d'ordre commun et des hommes à peu près semblables aux autres hommes, suffisaient à représenter aux yeux. Son idéal, à cette heure, est épuré.

La fantaisie y a plus de part. Il fait ses « excursions », quelquefois périlleuses au théâtre, « dans le royaume du rêve [1] ». Il met en scène la grâce de Dieu dans *les Idées de Madame Aubray*, la main de Dieu dans *la Femme de Claude*, la providence dans *l'Étrangère*, l'hérédité dans *la Princesse de Bagdad*. Sa métaphysique se complique de théories scientifiques. Il réconcilie sur la scène la religion et la science. Il « voudrait prendre l'immensité dans *ses* bras [2] ». Il ne s'arrête à mi-chemin d'aucune conception humaine. Dans cette seconde partie de son œuvre (si j'excepte *une Visite de noces* et *Francillon*), il est de plus en plus le fils de son père. Même il est plus hardi, sinon plus impétueux. Il essaye de réaliser les conceptions les plus déliées. Il lui en coûte presque de prostituer par la bouche de personnages grimés et maquillés la quintessence de ses pensées. Le père, même quand il donnait dans le symbole ou les monologues chimico-physiologiques, mettait au-dessus de tout le reste la vie et l'émotion. Jamais il n'eût écrit ces lignes : « ... L'auteur dramatique... se sent pris entre son idéal et son impuissance. Il comprend que ce n'est pas à la forme dont il s'est servi jusqu'à présent que l'humanité demandera jamais la solution des grands problèmes qui l'agitent, bien qu'il croie l'avoir trouvée pour lui-même [3]. » Ce n'est pas lui qui eût été enclin

---

1. A. Dumas père, *Causeries*, t. I, p. 51.
2. *Les Idées de Madame Aubray*, III, sc. 1, p. 293.
3. Préface de *l'Étrangère* (Th., VI), p. 211.

à « tomber dans ces abstractions colorées qu'on reproche à la vieillesse de Gœthe, et dans ces obscurités énigmatiques que l'on prétend trouver dans les derniers quatuors de Beethowen [1] ». Dirai-je qu'il était plus dramaturge, ou plus timide?

Peut-être était-il seulement plus riche d'invention. Pour objectiver ces idées, Dumas fils a recours à lui. Il revient au mouvement de la passion d'Antony et aux nobles angoisses du Comte Hermann [2]. J'ajoute qu'il y met partout sa marque d'observateur pénétrant et vrai, et qu'aux audaces paternelles il ajoute des créations inoubliables. Ce qui nous intéresse ici, c'est la part d'influence de Dumas père sur ces drames idéalistes et sociaux, et la poussée soudaine d'imagination sur un théâtre dont jusqu'ici l'imagination n'était pas le mérite souverain. Et voici derechef le grand, le noble, le violent, le brutal des transports d'Adèle et de son amant, et le cynisme scélérat des Richard, des Alfred et des Fritz Sturler, aux prises avec une fatalité rajeunie, — providentielle ou physiologique, — souvent les deux ensemble. Et voici les passions en lutte avec le monde, bravant les préjugés, et défiant les lois. L'un dit : « Parce que les hommes ont tout prévu dans leur morale cruelle, qui n'a pas cru devoir rechercher les causes et qui n'a tenu compte que des effets... » — A quoi l'autre, la femme, répond : « ... Eh bien, je ne serai pas votre femme. Vivez, c'est l'important. Quant aux lois qu'ont établies les hommes, elles m'ont déjà fait assez souffrir pour que je ne me soucie plus d'elles [3]. » Avec *les Idées de Madame Aubray* commence l'idéaliste branle-bas.

Ce n'est pas le lieu de discuter les *Idées* de cette

---

1. Préface de *l'Étrangère*, p. 211.
2. Cf. *la Femme de Claude*. Rapprocher Claude et Hermann
3. *L'Étrangère*, V, sc. IV, p. 349.

femme excellente [1]. A peine puis-je rappeler que Dumas fils a vu l'idéal chrétien à travers une complexion qu'il tient de famille, peu passive, et peut-être plus exempte d'humilité que de courage. Ce qui nous importe, en cette affaire, ce sont les moyens et les personnages, dont il s'est servi pour arriver à ses fins. Or les moyens sont violents, qui aboutissent à une conclusion « raide [2] », comme dit Barantin. Aussi bien, les personnages ne sont pas des caractères médiocres. En madame Aubray les mères verront une martyre, et les hommes instruits une héroïne d'un drame religieux, qui accomplit le sacrifice d'Abraham, avec le zèle dont Polyeucte aspire aux joies du ciel. Cet idéalisme est dévorant et impérieux, autant qu'une passion plus humaine. Camille Aubray, avec ses transports, n'est pas plus atténué. Il est un Antony, non plus révolté, mais pieux, non pas homme de génie, mais docteur en médecine, que son diplôme et le genre d'études qu'il a faites pour l'obtenir semblaient propres à prémunir contre les tentations de Satan qui se plaît à guetter les jeunes hommes de vingt à vingt-cinq ans et glisse en leur âme les coupables curiosités à l'égard des jeunes femmes du même âge et au-dessous — ou plus souvent même au-dessus. S'il n'est pas phtisique, comme feu son confrère Müller, du moins il relève de maladie. Et il aime sa mère, meilleur fils que chrétien. Il est flatté de ce qu'elle soit encore jolie ; les charmantes frivolités du visage féminin ne lui déplaisent pas : « Oh ! l'adorable maman [3] ! » dit-il pendant qu'il chiffonne d'un doigt léger le front de la sainte femme : autre Saint-Mégrin, mais plus près de nous. Cet homme jeune, dévot, qui a disséqué

---

1. Voir notre *Théâtre d'hier*, pp. 216 sqq.
2. *Les Idées de Madame Aubray*, IV, sc. vi, p. 341.
3. *Les Idées de Madame Aubray*, I, sc. iv, p. 239.

le corps humain, s'éprend, sur la plage, d'une inconnue, avec enfant, sans mari, et qui n'a pas dit son nom : elle a la ligne. Il l'aime follement, depuis une année, pour l'avoir vue passer, pendant que déferlait la vague et que le rossignol chantait. Et il chante, et il arpente la falaise, il lit Musset, il exhale en mélodies ardentes sa flamme intérieure. Si cette passion n'est pas celle d'Antony, qu'est-elle? Plus raisonneuse et froide, il est vrai, avec une certaine logique formelle, qui est la marque de Dumas fils; mais plus résolue aussi. Camille apprend la vérité sur Jeanne, il ne bronche pas, il pardonne; et non seulement il pardonne, mais il veut réparer, épouser, adopter. Il ne dédaigne point les sentiers frayés : il est poète. Il sait le peu qu'est la guenille et le trop d'importance que nous attachons à je ne sais quelles prémices de la chair : il est chrétien et médecin. Cet Antony nourri du pur suc de l'Évangile, prenez garde que malgré le calme du visage, qui a remplacé le rictus athée, prenez garde qu'il est autrement frénétique et forcené : il épouse, dis-je, il épouse. « Je sais, affirme-t-il, plus de choses que n'en savent d'ordinaire les hommes de mon âge [1]. » Antony avait aussi beaucoup appris; et le savoir est à l'un et à l'autre pareillement vain. Mais, chez Camille Aubray, la passion éclate si forte que rien, non pas même la foi qu'Antony n'avait point, ne le saurait garantir, et que science, poésie, musique, religion, tout plie au gré de cette ardeur irrésistible [2]. C'est l'apologie, la païenne et

1. *Les Idées de Madame Aubray*, III, sc. 1, p. 297.
2. *Ibid.* : « C'est le travail, c'est l'industrie, c'est la science, c'est le génie qui donnent une vie aux sociétés, *mais c'est l'amour qui leur donne une âme* ». La différence, c'est que pour Antony le génie et l'amour ne faisaient qu'un. Mais Dumas fils croyait fermement aux grandes passions dévorantes.

romantique apologie de l'amour dans une œuvre toute chrétienne. A partir des *Idées de Madame Aubray*, Dumas fils rejoint son père et le dépasse.

La Femme de Claude est un drame symbolique. Malgré tout, il me plairait qu'il le fût moins. Mais il l'est. De cette conception dramatique on sait les origines. Tout le théâtre de 1830 en fut entiché ou du moins en afficha la prétention. A proportion que les symboles étaient plus ambitieux, le drame, ou même le mélodrame était plus violent. Il paraît que *Charles VII* en est tout rempli; Yaqoub incarne l'Orient; Bérengère l'Occident : on se souvient du reste[1]. Le reste, ce sont les passions *rugissantes*. *Le Comte Hermann* aussi est une œuvre symbolique; et nous avons vu que, si les personnages y sont plus chastes, leurs sentiments n'en sont pas moins exaspérées. *La Femme de Claude* se rapproche singulièrement du *Comte Hermann*, sans dédaigner la poétique d'*Antony*, d'*Angèle* ou de *Catherine Howard*. Comme dans *le Comte Hermann*, le symbolisme se réduit à l'opposition des deux principes du bien et du mal. Et elle se marque énergiquement par les moyens ordinaires du Dumas de 1830. L'homme de bien, le sauveur, le patriote, le savant, c'est Claude, substitut de Dieu sur la terre[2]. A inventer canons et fusils, il a tué en lui l'amour qu'il ressentait pour une femme indigne. Il est grand, il est juste, il est bon, il est supérieur, il sera un jour le premier de son pays. Thane de Glamis, tu seras roi[3]. Fiesque, tu seras doge et libérateur par le fusil et le canon. On le lui dit : il le croit[4].

---

1. Voir Préface de *Charles VII chez ses grands vassaux*, p. 229.
2. *La Femme de Claude* (Th., V), III, sc. 1, p. 292.
3. *Macbeth*, I, sc. III, p. 408.
4. *La Femme de Claude*, II, sc. 1, p. 277 : « Je vous aime, parce que vous êtes juste... Et vous serez un jour le premier de votre pays. »

Il est « dans sa fonction totale », il « se met dans la loi éternelle[1] ». Quand les Dumas se mêlent de faire un grand homme, ils n'économisent pas sur la taille. L'avantage du Dumas fils, plus positif et pratique, est de le concevoir plus utile et de le faire servir à de plus beaux desseins.

Claude absout, damne, tue, comme Dieu même avec qui il « cause »[2], et qui lui répond. Qu'on se rappelle la prière du IV° acte. C'est encore le monologue de Fiesque, où Dumas père a si souvent puisé. « Quelle belle soirée, claire et calme! Quel silence! Quelle grandeur! Quelle harmonie! Comment se fait-il, nature éternelle, confidente discrète, conseillère inépuisable, intermédiaire toujours prête entre Dieu et nous, *comment se fait-il que tu n'apportes pas plus d'apaisement aux passions et aux misères des hommes*[3]?... » Nous retrouvons là, prise à sa source première, l'exaltation héroïque de Richard, du Comte Hermann et de toutes les volontés triomphantes des Dumas. Mais la différence avec Schiller, c'est que cette méditation de Claude n'est pas exclusivement un symbole ou une élévation. Elle nous élève en nous préparant, et, alors même qu'elle semble s'évaporer dans les nues bleues de l'idéalisme, elle va droit au dénoûment. Qu'ils se tuent, le tuent, ou la tuent, le lyrisme est un moyen de théâtre, un acheminement à la conclusion; et les deux Dumas y sont d'accord. A Claude, à Daniel, à Rébecca, au patriote, au croisé d'Israël, à l'immatérielle fiancée de l'âme, s'opposent Cantagnac et la femme de Claude, l'un et l'autre types de drame et

---

1. Préface de *la Femme de Claude*, p. 210.
2. *La Femme de Claude*, III, sc. II, p. 296.
3. *La Femme de Claude*, III, sc. I, p. 292. Cf. *la Conjuration de Fiesque à Gênes*, III, sc. II, p. 273 : « Que vois-je?... La lune est couchée.... etc. »

un peu aussi, malgré la rigueur de l'observation, de mélodrame. Où est le mal que le mélodrame s'anoblisse en servant les idées? Ces rôles-là sont chez le vieux Dumas; qu'ils s'appellent Tompson, ou Catherine Howard, Alfred d'Alvimar ou Fritz Sturler, j'ai dit qu'ils procèdent en partie de *Fiesque* et des *Brigands*. Le sexe ne fait rien à l'affaire. Cantagnac, espion anonyme et sceptique, est un vrai traître énigmatique et ténébreux, et dramatique à souhait. Cantagnac apparaissant à la fenêtre du jardin pour recevoir les papiers de Claude enlevés de force par une femme scélérate, Dumas père n'avait pas trouvé mieux. Et quelle femme! La Bête de l'Apocalypse[1]! Entendez une « créature d'enfer »[2], un Richard, un Alfred, un Sturler femelle, avec même résolution, même sang-froid, même adresse dans l'art de séduire, même rapidité dans l'exécution, même charme de la voix et pareille fascination des yeux. « Tout ce que vous voudrez avec cette voix-là »[3], dit à Césarine le pauvre Antonin sur qui le charme opère. « Étrange phénomène dramatique[4]! » écrivait J. Janin de *Catherine Howard*. Césarine aussi tient de l'étrange et du phénomène; nous sommes dans le vrai de la fatalité du drame moderne. Et certes, il faut reconnaître que ces personnages ne s'en tiennent plus guère aux limites de l'humaine médiocrité recommandée par Aristote. Corneille les eût loués.

A propos de *Monsieur Alphonse*, dont nous avons noté les rapports avec *Angèle*, il ne serait pas malaisé de relever ce contraste dramatique de l'idéalisme, qui est le but, et de la passion sensuelle ou brutale, qui

---

1. Préface de *la Femme de Claude*, p. 189.
2. *La Femme de Claude*, II, sc. II, p. 287.
3. *La Femme de Claude*, II, sc. I, p. 272.
4. *Journal des Débats*, 5 juin 1834.

sert de moyen. Mais *l'Étrangère* nous attire, en qui l'âme du vieux Dumas revit avec ses prouesses d'autrefois. Son imagination énorme [1], — non pas uniquement celle qui créa les situations et le dénoûment de *Madame de Chamblay* ou rencontra l'épilogue *philosophico-toxicologique* du *Comte Hermann*, mais aussi celle des premiers jours, de *Richard Darlington*, d'*Angèle*, de *Paul Jones* même, et encore de *Monte-Cristo*, celle qui se plaisait à l'anxiété des émotions accablantes ou aux luxuriantes sensations des *Contes des mille et une nuits*, — anime ce drame chimique et passionnel. Cela fait un mélange de lyrisme dialectique, d'invention romanesque et de froide observation, d'amour et de cornues, de théories de laboratoire et de chapitres de Fenimore Cooper. Le mélodrame semblait ressusciter pour des destinées plus hautes.

Si Dumas fils a écrit des pièces plus fortes, nulle part il n'a tendu le pathétique davantage. Même je commence à croire que Dumas père ne fut jamais romantique à ce point. Mais ces deux dramaturges sont également étonnants de lucidité dans l'invention. Pour animer ses formules scientifiques, il fallait à Dumas fils des passions véhémentes; des acides violents pour « dégager » ses « combinaisons [2] ». Il savait où trouver son affaire. Quand l'auteur distribua ses rôles, il choisit à dessein les deux interprètes modernes du drame de 1830 : madame Sarah Bernhardt et M. Mounet-Sully, — Dorval et Bocage. Et périssent les préjugés! Et malheur à la société mal faite! Et vive l'amour éternel, l'amour

---

1. Dans la conversation, Dumas fils avait souvent de ces échappées de fantaisie, par bonds. Un jour, à propos d'une mesure politique qui faisait quelque bruit : « Qu'importe tout cela, me dit-il, si dans cent ans on va de Paris au Pôle Nord en un quart d'heure? »

2. *L'Étrangère* (Th., VI), II, sc. 1, p. 252 et *passim*.

intangible des âmes! Voilà ce qu'il leur fit dire, avec des récits d'Amérique, de Quakers, de Gauchos, de nègres nés dans l'esclavage des plantations! Et nulle part il n'eut une vue plus juste des contresens des classes dirigeantes.

Au beau milieu de cette vaste pièce chimico-sociale, l'autobiographie de Mrs Noémy Clarkson fait une bosse[1]. Avec son expérience dramatique, Dumas fils s'en était assurément aperçu. Il a tenu à la bosse, malgré son talent, malgré sa science du théâtre; il a voulu l'américaine, l'étrangère, la case de l'*Oncle Tom*. Même les passions effrénées ne lui ont point suffi; il lui faut de plus en plus de l'étrange, du merveilleux. Les monstres s'opposent aux vibrions. C'est l'imagination paternelle lâchée à travers le monde et les laboratoires : Antony, Monte-Cristo, Balsamo. Il avait ses raisons.

A cette heure, il prend les abstractions d'assaut comme, plus jeune, il avait fait la réalité. Il en veut à la fatalité, comme son père, mais à une fatalité quasi scientifique. Le problème de l'hérédité le hantait dans *l'Étrangère*; il l'attaque de front dans *la Princesse de Bagdad*. De cette loi obscure il fait une nécessité nouvelle qu'il dramatise. De là naît une pièce extraordinaire, algébrique et forcenée. Lionnette est née d'un roi et d'une prostituée, tout de même que Richard Darlington a reçu le jour d'une grande dame et d'un bourreau. En elle bouillonne le sang royal, qui se reconnaît au goût du luxe, aux aspirations généreuses, au courage viril. Elle envisage la mort sans trembler. Issue de noble souche, elle monte au faîte de la société, épouse un honnête homme, riche et de belle naissance, qui l'aime passionnément, qu'elle aime modérément. C'est l'autre race, celle de sa mère et de sa grand'mère, qui agit sur elle; l'autre influence héréditaire qui l'incline

---

1. *L'Étrangère*, III, sc. vii, pp. 305-310.

de tout son poids. Après de farouches révoltes, où la princesse paraît, la fille va sombrer dans l'irrémédiable. La mère sauve en elle la femme ; la voix du sang la préserve : Antony bouscule l'enfant d'Adèle. Dumas père n'a pas écrit de dernier acte plus émouvant.

Pour mettre en lumière ces influences balancées et obscures, l'auteur appelle à soi le paroxysme de la passion. Il ne triche point. Il met en tiers un « Antony millionnaire » et « ténébreux »[1], qui a, lui aussi, sa tare (une épaule plus basse que l'autre), et qui veut vigoureusement ce qu'il désire. Nourvady est un « personnage à part », un « homme bizarre »[2]. Il offre à Lionnette un hôtel somptueux et un million d'or vierge ; il possède le trésor de l'abbé Fariat. Lionnette rejette la clef, la petite clef d'or symbolique, du même geste que Catherine Howard lançait la clef du tombeau dans la Tamise. Au reste, le millionnaire paye les dettes de la princesse, malgré elle, selon le procédé usité dans *Madame de Chamblay*[3]. Je doute que Dumas fils ait pleinement réussi à objectiver sur la scène l'idée abstraite de l'atavisme ; mais il est aisé de voir, et lui-même l'a indiqué, l'origine des amours qu'il met en jeu. Le mari et l'amant aiment avec même fièvre : « Comme je t'aime ! dit Jean. Tu es ce qu'il y a de plus *beau* et de plus *étrange* au monde. Tu as sur moi un pouvoir surhumain. Je ne pense qu'à toi, je ne cherche que toi, je ne rêve qu'à toi... *Quand je pense à l'avenir, j'ai le vertige*[4]. » Il ne rêve pas de grève ni d'échafaud, mais c'est tout comme. Il est un peu fou ; il l'a

---

1. *La Princesse de Bagdad* (Th., VII), I, sc. II, p. 19, et I, sc. III, p. 39.
2. *La Princesse de Bagdad*, I, sc. III, p. 32, et I, sc. III, p. 22 et p. 25.
3. Voir plus haut, p. 146, n. 2 ; et p. 384, n. 3.
4. *La Princesse de Bagdad*, I, sc. II, p. 27.

toujours été; assez au moins pour épouser sa femme : elle-même en convient[1]. Il n'a pas de génie, il est même un peu sot (l'observation ne perd pas ses droits); mais il y supplée par tout ce qui peut y suppléer en ces affaires : l'ardeur et la vigueur. L'autre, le nabab, l'amant magnifique est encore plus frénétique en dedans. C'est Antony et Dantès fondus ensemble. Antony casse les vitres; Nourvady les remet à neuf. Il a une manière à lui de sauver la vie à une femme et de la déshonorer, que sa fortune lui permet, et dont la fantaisie a quelque chose de l'héroïsme. Il est plus positif, sachant attendre son heure. Il règle les créanciers, comme il arrêterait l'attelage emporté. Il le dit, et il y faut souscrire. « Si je vous avais vue, emportée par votre cheval, vous aurais-je demandé la permission de vous porter secours? Je me serais jeté à la tête de votre cheval et je vous aurais sauvée, ou il m'aurait passé sur le corps. Si je vous avais sauvé la vie et que j'eusse survécu, vous m'auriez peut-être aimé pour cet acte héroïque[2]. » Il a encore de bonnes paroles, sous lesquelles frémissent les désirs dont pâtit Adèle : « Est-ce bien une femme de votre supériorité qui parle des convenances du monde? Les femmes comme vous ne sont-elles pas au-dessus de tout cela? Non, vous le savez bien, les convenances et la dignité ne sont plus rien, quand la passion ou la nécessité commande[3]. » Et puis, comme Antony, cet amant est animé d'une passion tenace jusqu'après la mort. Pour s'assurer l'amour de sa maîtresse dans l'éternité, l'un la poignarde, l'autre lui lègue sa fortune[4]. Ici Dumas fils se retrouve, logique et sensible. Nourvady baise les bras nus de Lionnette,

---

1. *La Princesse de Bagdad*, I, sc. II, p. 25.
2. *Ibid.*, II, sc. II, p. 47.
3. *Ibid.*, p. 49.
4. *Ibid.*, p. 55.

et semble heureux : Antony énigmatique et riche, mais de la fin du siècle [1].

A vrai dire, ni Nourvady n'est Antony, ni Lionnette Adèle, ni le génie du fils ne s'absorbe en celui du père.

---

[1]. *La Route de Thèbes*, ou plutôt *La Troublante* (Dumas fils s'était à la fin arrêté à ce titre), était un ouvrage du genre de *la Femme de Claude*, de *l'Étrangère* ; ce que l'auteur m'en avait dit et lu, la manière aussi dont il en parlait, vient à l'appui de ce chapitre. La pièce n'a pas été publiée, conformément à ses dispositions testamentaires. Mais peut-être n'est-ce pas outrepasser sa volonté que de donner, au point de vue qui nous occupe, quelques renseignements précis sur une œuvre à propos de laquelle ont été imprimées beaucoup d'erreurs ou de suppositions erronées.

Didier, médecin, est un savant et un homme de génie, un homme supérieur (voir Antony). Il s'est marié trop tôt à une brave femme incapable de le comprendre, mais qui lui a donné une bonne fille, Geneviève. Didier a un élève de prédilection, Mathias, matérialiste décidé comme son maître, qui ne croit pas à « l'âme », et dont je me rappelle ces mots : « J'ai déjà vu, disait-il à Geneviève, des cerveaux sans pensée, mais jamais de pensée sans cerveau », et, dans la même scène de l'acte I : « Si je te donnais un violent coup de bâton sur le cerveau, que dirait ton âme ? » — « Elle te pardonnerait », répond Geneviève.

Dans cette famille ainsi composée d'hommes supérieurs et de femmes de cœur simple arrive La Troublante, Miliane, qui y reçoit l'hospitalité avec sa mère. Autrefois riche, le père était mort laissant sa femme et sa fille dans la gêne. Et Miliane a conservé un amer souvenir des leçons de piano, des omnibus avec la correspondance. Elle a vingt-deux ans, l'âge où la femme est « toute-puissante ». Elle répand autour d'elle je ne sais quel charme irrésistible. Elle aime le luxe, elle est à la recherche du bonheur ; elle a des idées à elle, nullement routinières, et beaucoup plus que le commun des hommes. Elle va à son but par des moyens qui étonnent. C'est la beauté et l'intelligence réunies. *Et c'est la femme*. On voit les ravages que peut faire autour d'elle cette superbe créature de libre esprit. On voit le drame, c'est-à-dire les êtres supérieurs, affranchis des préjugés sur le mariage et autres, aux prises avec des âmes tout unies. Et l'on devine la portée symbolique de la pièce : matérialisme et nature, esprits forts et cœurs croyants, la chair et la foi. Dumas fils avait mis en cette œuvre le meilleur de lui-même, ses idées sur la science, la religion, sur le mariage, la société, la femme,

Il y aurait place ici pour un parallèle en forme que je laisse aux La Harpe de demain. Dumas fils fut de son propre fonds assez original pour qu'on puisse marquer, sans nuire à sa gloire, ce qu'il doit à son père. Il lui est redevable de son tempérament audacieux, de

la jeune fille bourgeoise et la société contemporaine. Ce que j'en ai pu entendre était d'une imagination et d'une beauté audacieuses.

Il va sans dire que la passion, pour mettre ces hautes conceptions en valeur, faisait rage. Je me souviens d'une scène, où La Troublante, recherchée par un M. Dominique, qu'elle avait refusé pauvre et qui était devenu riche, et ne voulant pas se « vendre » en mariage (car, disait-elle ou à peu près, lorsqu'une femme se vend, elle ne doit vendre d'elle que ce qu'elle peut reprendre), venait d'essuyer une décharge de revolver dans la rue. Elle disait que le juge d'instruction l'avait interrogée comme une voleuse, et puis lui avait fait des propositions comme à une fille. Puis elle demandait à Mathias du poison. Et le savant médecin, Didier, l'aimait; et elle offrait à Mathias d'être son camarade dans la vie; et Geneviève, la douce jeune fille, aimait Mathias...

C'en est assez de ces souvenirs, pour faire voir que *La Troublante*, qui semblait un effort admirable de raison pure, mettait en œuvre la passion et l'invention des Dumas. Et je vois encore le bon dramaturge, en son cabinet de Marly, le coude appuyé sur sa table, sa tête blanche, si énergique et expressive, baignée d'une pâle lumière, lisant avec bonhomie et fermeté la scène du matérialiste Mathias avec Miliane, et coupant les théories savantes de remarques personnelles, où la fantaisie s'envolait par delà le connu et le visible. Je songeais à Fritz Sturler, à l'épilogue du *Comte Hermann*, à *Antony*, cependant que de chaque côté du foyer souriaient les visages épanouis de Balzac et de Dumas père, formant avec l'auteur de *La Troublante* une vigoureuse trinité.

La Troublante sera-t-elle jamais représentée? — Mais *Francillon*, la dernière pièce jouée de Dumas fils, dont il a conté les origines (Th., t. VII, *Notes sur Francillon*, pp. 395 sqq.), doit peut-être son principal *moyen scénique* à une nouvelle du père, *un Bal masqué* (*Souvenirs d'Antony*, pp. 171 sqq.). Il connaissait à fond les moindres ouvrages paternels; on ne lira pas sans intérêt ces quelques pages, où *Francillon* semble ébauchée, où la loi du talion est appliquée jusqu'au bout.

ses moyens dramatiques exempts de timidité, et d'une conception de la passion scénique qui dévore le cœur et le cerveau. Qu'il ait marqué tout cela de sa pénétrante griffe, il va sans dire. Mais quand, après avoir étudié les origines du drame moderne en 1829, on se place à l'autre extrémité de ce XIX° siècle, la tradition se développe à nos yeux dans son unité. Dumas père a renoué avec Beaumarchais et légué à son fils le soin de se rattacher à la même solide chaîne. Ce que l'un a souvent peint d'intuition, l'autre l'a renouvelé d'observation. L'imagination de l'un fut plus féconde, celle de l'autre à la fois plus idéologique et positive; mais il faut enfin proclamer que leur sensibilité fut pareille et leur réalisme de semblable qualité. Ceux qui tiennent l'auteur de *la Femme de Claude* pour un dramaturge sec et impersonnel commettent la même erreur que ceux qui prennent l'écrivain d'*Antony* pour un lyrique imaginatif. Ce sont les mêmes qui voient en Racine un doux et tendre génie. Que pensera la postérité des idées d'Alexandre Dumas fils? J'en suis moins sûr que je ne fus jadis; du moins, je n'ai plus à m'en expliquer [1]. Mais s'il existe une façon de sentir commune aux Français depuis la Révolution, si le rôle moral de la femme s'est développé à contresens de l'une à l'autre extrémité de notre époque, si, par suite, la passion a été renouvelée, sinon en son fond même qui est physiologique, du moins en ses démarches qui sont matière de théâtre, si l'adultère enfin est devenu le principal ressort et peut-être le nécessaire préjugé du drame historique, moderne, social, légal ou scientifique, c'est dans l'œuvre des Dumas qu'il en faudra chercher la fiction réaliste et la raison démonstrative.

---

1. Voir notre *Théâtre d'hier*. Alexandre Dumas fils, § VII et VIII. pp. 200-233.

Les grands emportements de 1830 ont conduit l'un à des pièces idéalistes par leurs tendances, qu'il écrivit après 1840 ; l'idéalisme positif, où l'autre visa dès avant 1870, le ramena aux grands emportements de 1830. A cette heure, apparaît manifeste, avec le rayonnement d'*Antony*, l'évolution lumineuse du drame : Corneille, Beaumarchais, Dumas, Dumas fils. Rattacher l'auteur du *Demi-Monde* et de *la Femme de Claude* à La Chaussée, c'est fausser l'histoire d'un genre, où il ne suffit pas d'avoir « une idée [1] ».

---

1. G. Lanson, *Nivelle de la Chaussée et la comédie larmoyante*, p. 295. L'ouvrage est remarquable d'ailleurs, mais de pure critique littéraire, et en dehors de la critique dramatique.

CHAPITRE XII

L'ÉCRIVAIN. — CONCLUSION.

I

LE STYLE DRAMATIQUE DE DUMAS.

J. Janin définit Dumas : « une vive intelligence servie par une plume toujours taillée [1]. » La périphrase est rare pour désigner un improvisateur.

Improvisateur, il le fut assidûment. Il fut même improvisé, n'ayant guère fait d'humanités. Pendant quarante ans il pratiqua le métier d'écrire; il en a plus connu les joies que les angoisses. Il lui est arrivé couramment de négliger ponctuation, orthographe, correction, mesure et goût, de donner dans la brutalité (jamais obscène), l'emphase, le bavardage, et même le gribouillis, et de grossoyer, et de n'avoir point de style, — sauf dans le drame. Rénovateur du genre, il renouvela la forme.

Le théâtre était seul capable de discipliner cette verve peu minutieuse. Ce n'est pas qu'il y acquière, par

---

1. J. Janin, *Histoire de la littérature dramatique*, t. VI, p. 318.

une grâce d'état et en toute propriété, ce qui lui manque trop souvent ailleurs. Les philologues et les délicats s'exposent à des mécomptes en *lisant* ses drames, qui veulent être *vus*. Manque d'études premières, c'est lui qui n'évite pas toujours le jargon. Il ne le distingue point du reste. Parmi certaines scènes, barbarismes et solécismes prennent leurs naïfs ébats. Même dans les pièces en vers, où sa plume s'appliquait, pensant faire œuvre d'art, il est sujet à des accidents. Je laisse de côté *Christine*, œuvre de début. Mais plus tard il ne devient guère plus prudent. J'ai signalé dans *Charles VII* un barbarisme immodeste par enjambement [1]. Les conjugaisons lui sont épineuses. Il en est moins sûr que de lui-même. Il dit : « Pourquoi me *senté*-je ? [2] » ou « Peut-être *cédai*-je en ce moment [3]. » Or les deux fautes sont bien compliquées pour être imputables au typographe. Quand il joue de l'élégance, il se heurte à des imparfaits d'une grâce inquiétante. « Mais je voudrais bien, dit-il avec un sourire, qu'ils ne *fuyassent* point de notre côté, mademoiselle [4]. » Il a des solécismes d'habitude, et d'autres qui ne manquent pas de recherche. Il écrit hardiment : « Penche-toi vers celui qui *t'aspire* de toute sa puissance [5] », et couramment : « Si vous n'êtes pas de service ce soir, ce qui est probable, puisque vous l'êtes ce matin [6] », ou : « Est-ce que vous ne voyez pas que madame du Maine est en correspondance suivie avec la reine d'Espagne ? » — « Ma mère *l'est* bien avec toutes les reines de ce monde [7]. »

---

1. Voir plus haut, p. 199, et *Charles VII*, V, sc. IV, p. 312.
2. *Don Juan de Marana*, I, tabl. I, sc. V, p. 13.
3. *Le Vampire*, II, sc. II, p. 174.
4. *La Chasse au Chastre* (Th., XVII), III, tabl. VI, sc. V, p. 244.
5. *Le Chevalier de Maison-Rouge*, III, tabl. VIII, sc. V, p. 124.
6. *La Jeunesse de Louis XIV* (Th., XIX), I, sc. XIV, p. 90.
7. *Le Chevalier d'Harmental* (Th., XV), II, tabl. II, sc. II, p. 225.

Joignez qu'il emploie à tout coup voici pour voilà, qu'il abuse de : « et puis ensuite », qu'il ose : « tous ses délices¹ », et que « dans un seul but² » lui échappe. Quelles minuties!

Il procède d'instinct, de verve et de métier. Il a un goût empirique, c'est-à-dire hasardeux, mais qui sait toucher à propos le public. Je ne parle plus de ce formidable arsenal d'exclamations qu'il emprunte de Shakespeare et de Schiller, ni des jurons historiques qu'il glane dans Scott : mode du langage, violent et à poings tendus en 1830, subtil et cotonneux en 189***. Cela n'a guère plus d'importance que la mode des chapeaux. Et, certes, faute de goût, Dumas est capable d'engoûment. De l'horrifique galimatias il ne s'est jamais guéri, par la raison que certaines métaphores d'*Hamlet* ou de *Fiesque* firent d'abord impression sur son cerveau. Il passera sa vie et ressentira une grosse joie robuste à en ressasser la brutalité devenue banale. Entre ses mains elles ne seront plus qu'un arsenal à tintamarre, un tonnerre de quincaille qui ne fait que du bruit. Les poisons brisent les vases; il ne faut pas moins de vingt poignards pour fouiller un cœur. Si l'orage gronde, on sait que c'est un étrange concert, où Dieu et Satan... etc., etc. Le sang du vieillard retombe « pendant l'éternité, goutte à goutte » sur notre cœur, « dévorant comme du plomb fondu³ ». Il ne saurait se tenir en deçà du style qu'il imite. Il balance d'effroyables antithèses. « Je disais donc, messeigneurs, qu'avant de renvoyer à Dieu, sa tête à la main, celle qu'il nous avait envoyée, une couronne sur la tête⁴... » Il a de suffocantes ellipses. « Des nuits pleines de spectres,

---

1. *Don Juan de Marana*, IV, tabl. vi, sc. i, p. 75.
2. *Kean*, V, tabl. vi, sc. v, p. 195.
3. *Teresa*, V, sc. iv, p. 229.
4. *Catherine Howard*, IV, tabl. vii, sc. i, p. 291.

si elles ne l'étaient de volupté[1]. » Ce fracas ne va pas sans fanfaronnade. Parmi tous les noms, prénoms, surnoms, agnoms, que les Romains avaient à leur disposition, Catilina fait un étrange choix : « Je m'appelle *poignard*; tu t'appelles *flambeau*[2]. » Quand il plaît à Dumas d'être terrible et de semer l'épouvante, alors « ce n'est plus une parole, c'est un rugissement de tigre[3] ». Il ne ménage rien, pas même les effets de lumière. « L'ombre est plus noire qu'autre part; la lumière est plus blafarde qu'ailleurs; n'importe, à cause de cela même, continuons. » Et, puisqu'il l'a dit, il continue : « Paris est un Pandémonium, un enfer[4]!... » Je cueille ces citations au hasard, dans ses pièces pires ou meilleures; car un peu partout il s'amuse à ces billevisées. Mais je songe que, si ce vocabulaire épileptique n'est pas pour rehausser la qualité littéraire de son œuvre, encore convient-il de ne le pas trop admirer chez les étrangers, qui lui ont servi de modèles. Or, je lis dans un drame bourgeois de Schiller que Dumas connaissait bien : ... « Non, non, cette vengeance serait trop satanique... Du poison! Du poison! Seigneur, mon Dieu! Je le crains. Ta limonade a été assaisonnée dans l'enfer. C'est un toast que tu as porté à la mort[5] », et en une seule page je trouve la quintessence de ce faux tragique que Dumas se plaît à agiter.

Ce n'est pas qu'il soit incapable de donner de lui-même dans le galimatias, en dehors des beautés exotiques à la mode. Dans la fièvre de l'improvisation, il lui arrive d'écrire : « Ce que je vois de plus clair

---

1. *La Tour de Nesle*, V, tabl. IX, sc. III, p. 94.
2. *Catilina*, V, tabl. VI, sc. VI, p. 165.
3. *Le Chevalier d'Harmental*, V, tabl. IX, sc. II, p. 322.
4. *Les Mohicans de Paris* (Th., XXIV), IV, tabl. VII, sc. I, p. 127.
5. *L'Intrigue et l'Amour*, V, sc. VIII, p. 483.

dans tout cela, c'est que voilà un homme avec lequel je me brûlerai certainement la cervelle [1]. » Ailleurs le jargon est analytique : « Je te surveille dans tes oscillations ; je te poursuis dans les ténèbres ; et, à la moindre obscurité, au moindre doute, j'étends la main sur toi, chétif, et je te jette pantelant à la hache du bourreau [2]. »

A la fin de ces vagues développements d'une image à peine ébauchée, le bourreau rend de signalés services pour clore la phrase. Cela ne saurait finir que sur une atrocité. Quant à la psychologie, trop souvent elle se traduit par gestes et vocables intenses :

Une haine, sais-tu ce que c'est ? C'est l'enfer ;
C'est notre cœur qu'on broie avec des dents de fer [3].

Ou en prose, plus longuement : « Une injustice me révolte, mon sang bout, la parole monte menaçante à mes lèvres, j'ouvre la bouche, je vais parler... Oui, mais le sentiment de ma honte me prend aux cheveux, ma conscience me crie... [4] etc. » Lorsque la psychologie n'est ni gesticulante ni violente et ne recherche pas l'expression pathologique, elle tombe parfois dans la fadeur et l'amphigouri. C'est trop souvent la romance de Dupuis et Cotonet [5] : étoiles, azur, fleurs, petits oiseaux y font un agréable flonflon.

Et il est poète. Parmi ces enfantillages, au moment qu'Arthur a « embrassé » [6] une carrière, il rencontre le mot qui peint. « Mon golfe de Naples, où le soir les

---

1. *Paul Jones* (Th., VI), I, sc. v, p. 140.
2. *La Dame de Monsoreau* (Th., XXIII), V, tabl. ix, sc. viii, p. 282.
3. *Charles VII chez ses grands vassaux*, II, sc. v, p. 259.
4. *La Conscience* (Th., XX), V, sc. i, p. 80. Lire *tout* le couplet.
5. *Lettres de Dupuis et Cotonet*. Première lettre, pp. 208 et 209.
6. *Teresa*, II, sc. v, p. 166.

étoiles tombent comme des perles ¹. » Malgré les incorrections, la léthargie du goût, et le galimatias facile où l'improvisation glisse, en dépit des brutalités voulues et de l'analyse par trop rudimentaire, il est poète. Son style jaillit de la source populaire. Si le drame est la passion en acte, la langue de Dumas est proprement celle du drame.

Je ne reviens pas à ses vers. Toutes les qualités qu'il y montre, il les possède dans la prose, où plus en contact avec son public, sa force apparaît décuplée. Il y est lui-même. Et lui-même se compose de deux hommes distincts, mais non contraires.

L'un, vulgarisateur médiocre et superbe, est médiocre par la pensée, et superbe et gargantuesque par la forme. Celui-là est romantique, mais plus délirant que lyrique, et surtout occupé à projeter dans la foule un état d'âme complexe et emprunté, dont il se croit le plus fidèle interprète, étant le plus forcené. Oh! que celui-là écrit mal, et qu'il a des attitudes de style réjouissantes! C'est lui, dont le byronisme, le satanisme, le titanisme et autres barbarismes, font aujourd'hui sur la scène un bruit de vieille ferraille. C'est lui qui à tout coup défie le ciel, brave l'enfer, évoque les cadavres, ou s'écrie : « Tu es à moi comme l'homme est au malheur ² ». Il est littéraire et voué à la caricature.

Ses déclamations sont comme des épées ³,

---

1. *Teresa*, III, sc. v, p. 184. Cf. *ibid.*, p. 186. « Alors, du rocher de Capri ou de la pointe de Misène, tu me diras en me montrant la ville *qui surgit au milieu de son golfe comme une corbeille de fleurs* : « Là-bas, vois-tu, c'est Naples... » Cf. *Charles VII*, I, sc. iv, p. 241, et V, sc. ii, p. 304. Cf. *Caligula*, I, sc. i, p. 35 et *passim*.
2. *Antony*, V, sc. iii, p. 224.
3. A. de Musset, *la Nuit de mai*.

qui tracent dans l'air un moulinet de parade. Même apaisé, le Dumas qui a lu, aura de la peine à se désaccoutumer des grands mots d'Antony, qui firent explosion sur le public de 1830.

Reste l'autre Dumas, doué du tempérament et du style même du drame. Il crée, il donne la vie : mystère à peu près autant inexplicable en matière de langage que de physiologie. Il la répand à profusion, à travers le dialogue, à un point qui ne s'exprime ni ne s'analyse. Cette faculté se reconnaît premièrement à la couleur locale, si l'on veut, pittoresque peut-être, descriptive jamais, dramatique assurément et continuellement, juste dans l'exacte proportion et perspective de la scène. Il ne *pignoche* point; il brosse à larges touches. Il accuse des reliefs, il appuie sur les contours. C'est du toc! — Examiné de près et à la loupe, c'est du toc. Et voilà pourquoi c'est du théâtre : peinture à la grosse, et pour être vue à distance, aux chandelles. Prenez garde qu'il faut un instinct très clairvoyant et un talent au-dessus de la distinction, j'allais dire : au-dessus du talent littéraire, pour y réussir. J. Janin, styliste élégant et prolixe, ayant écrit la tirade des grandes dames de *la Tour de Nesle*, se reposa. Ne méprisons donc pas trop ce talent; mais plutôt souvenons-nous que de ces tons flamboyants est né le réalisme démonstratif du drame moderne et qu'à la cour d'Henri III a succédé le salon de la vicomtesse, c'est-à-dire la mise en scène des *milieux* [1].

Ce style est vraiment une force, « une force qui va [2] ». Ce mot, que Hernani s'applique à faux, définit exactement les qualités et limites de Dumas écrivain dramatique. Il est riche de mouvements variés et expressifs,

---

1. Voir plus haut, p. 284.
2. *Hernani*, III, sc. IV, p. 77.

qu'il presse le dialogue coupé ou balance les tirades. Lisez à cet égard *Antony*. Vous serez toujours frappé de l'exacte adaptation des *mouvements* à l'émotion qui en doit résulter. Le monologue du III° acte, les divagations apparentes sur la mort, le suicide, le « linceul des morts » ne sont pas ce qui doit nous plaire davantage [1]. Il faut pourtant se rendre compte de la variété, de la rapidité, de la précision scénique que l'auteur y a mises, des angoisses qu'il y a semées et qui ne nous laissent pas un seul instant de répit. Nous sommes entraînés malgré nous, par des théories furibondes, mais par un progrès continu et qui ne nous fait point grâce, à la violence extrême de cet acte, à la cruauté meurtrière de la fin. (Comparez la *méditation* de Chatterton sur le suicide [2].) Narrations [3], scènes d'exposition, ou même de déclamation, tout est animé des mouvements nécessaires et tout y est en scène : dialogue rapide, progression haletante, esprit en dehors et en haleine. J. Janin, quand il affirmait qu'Antony est trop long, répétait la même erreur que l'acteur Firmin [4]. Du comédien elle étonne plus que du critique. Même quand Antony déclame, il agit. Supprimez la scène du hasard ou des préjugés [5], on sait, à cette heure, le germe fécond qui manquerait au drame. Démontez-les; elles sont solidement ajustées; et, en dépit des exclamations terribles, tout y tend fiévreusement à l'action. On ferait la même étude de la scène

---

1. *Antony*, III, sc. III, pp. 196-197.
2. *Chatterton*, III, sc. I, pp. 54-58.
3. Voir le récit de Buridan : « ... En 1293, il y a vingt ans de cela, la Bourgogne était heureuse... » (*La Tour de Nesle*, III, tabl. VI, sc. V, pp. 60 sqq.) C'est tout simplement un chef-d'œuvre d'*action dramatique*. On n'a pas fait mieux.
4. *Histoire de la littérature dramatique*, t. VI, pp. 265 et 267. Cf. *Mes mémoires*, t. VII, ch. CLXXV, p. 180.
5. *Antony*, II, sc. III et sc. V.

du « feuilleton [1] » pour arriver à pareille conclusion sur la vitalité du style et de l'expression. A plus forte raison, quand l'écrivain approche d'une péripétie ou du dénoûment. Non seulement il jette à propos le mot de théâtre ou la formule d'une situation; mais le mécanisme du dialogue se serre à fond; cela devient une angoisse. Et alors, péripéties et dénoûment sont abordés les poings serrés, comme d'assaut. Ce style dramatique est de la force en acte.

Il exprime la passion comme une énergie. Considérez de près « les scènes de feu » [2]. Le style n'y a rien de « magique » [3], l'émotion jaillit de la vigueur de la volonté et de la sensibilité. Les femmes, les faibles femmes dépensent en leurs défaillances une fougue éperdue. Elles livrent le pont de Clausen avec de violentes effusions. Rien n'est perdu, fors l'honneur. Dumas ne s'égare jamais longtemps dans le lyrisme passif. Il ne s'attarde guère à chanter :

> . . . . J'ai des rêves sans nombre;
> Je vous aime de loin, d'en bas, du fond de l'ombre [4].

Sa langue n'est pas analytique; elle n'éclaire point le secret des âmes. Il est incapable d'écrire :

> Même aux pieds des autels que je faisais fumer,
> J'offrais tout à ce dieu que je n'osais nommer [5].

Je ne suis même pas assuré qu'il se doute que cela est universellement beau. Mais pour ce qui est du corps « transi et brûlant », des yeux qui ne voient plus, de la bouche muette, des symptômes extérieurs de

---

1. *Antony*, IV, sc. VI.
2. *Antony*, IV, sc. I, p. 203.
3. *La Tour de Nesle*, V, tabl. VIII, p. 85.
4. *Ruy Blas*, III, sc. III, p. 164.
5. *Phèdre*, I, sc. III.

la passion, il excelle d'abord à les rendre. Et comme ils sont, lui et son style, dans la pleine joie de vivre, c'est par les sensations que l'amour s'exprime d'emblée. Et comme il est sensible, un peu moins que son style, et sensuel peut-être davantage, le dialogue n'est jamais immoral de parti pris, mais quelquefois scabreux à cause du jeu des muscles. Cette sensibilité, qui lui est une douceur, est aussi un moyen dramatique. Au moment où le sang s'échauffe, et parmi les préliminaires de l'action, il a des romances exquises et caressantes en prose, et courtes. Certaines complexions de femmes en sont tout alanguies; la voix tremble; les yeux se noient. « Qu'as-tu? » — « Rien... rien. Je meurs [1] », soupire Angèle. Bientôt la passion éclate, le style se ramasse et bondit. C'est le triomphe de la bête humaine, oui, sans doute, et aussi du superbe animal humain, énergique, vigoureux, audacieux, et vainqueur. Le style de Dumas, aux bons moments, ce style, qui n'a rien de littéraire, est tout cela ensemble. Il s'élance, nerveux, à la façon des héros légendaires et modernes, à travers les dangers, par brusques saillies et tirades dévorantes; il frappe ses coups par formules irrésistibles. Peu de larmes, peu de lamentations; de l'action, toujours de l'action, qui décidément y domine, plus que la sensibilité, plus que l'imagination. Et cela n'est pas peu, puisque c'est le drame même.

Certes, Dumas est homme à pervertir son talent par l'abus [2]. Mais les écrivains de théâtre sauront puiser

---

1. *Angèle*, I, sc. II, p. 127.
2. Il y a, même au théâtre, des moments où il grossoie, où il use ses procédés et formules, où il s'imite lui-même. Alors il tempête ou caresse à froid. « Il tient, comme dit de Musset, magasin de flammes et d'ardeurs, d'ivresses et de délires.... » (*Carmosine* (Th., IV), II, sc. II, p. 350.)

à la source vive. C'est que, par ses origines et par définition, le drame exprime le mouvement, la sensibilité, l'action : sinon, il ne serait qu'une tragédie bâtarde. Aussi, quand la comédie moderne aura besoin d'y recourir, c'est nécessairement ce style de Dumas qu'elle prendra pour modèle. Elle sera réaliste avec même intensité et pareille force de projection. Dumas fils ne s'y est pas mépris. Dès qu'il remue le fond de la passion, il revient à cette forme dramatique. Il écrit au milieu de *Monsieur Alphonse* : « Je ne sais si je n'aimerais pas mieux ta colère. Tu vas *douter* de tout ce que je t'ai dit et de tout ce que je te dirai maintenant... Ah! *le maudit! le lâche!* [1]... etc. » Je cite cette scène entre vingt autres, où la logique du fils ressent toute la fièvre du père, cette fièvre des tempéraments robustes, qui ont de la chaleur vitale en excédent.

Dumas dispose d'une autre force, qui est l'esprit. Son dialogue n'en est pas pétillant, mais pétulant. Combien il a la verve saine, drue, confiante, joviale, pantagruélique, et avisée et scénique, je l'ai dit. Son esprit de comédie n'est pas tout à fait celui qu'il met dans le drame. L'un rappelle Marivaux, avec une grâce parfois laborieuse ou étudiée. L'autre est proprement de la santé en liesse. De subtilité, point; mais des mots sans amertume et qui expriment l'aise et la plénitude de tous les organes. En ses mélodrames les plus hâtivement expédiés, cette qualité se retrouve, naturelle et habile. On lit dans je ne sais quelle *Tour Saint-Jacques* : « Gardez votre argent, maître Flamel. Je vole et ne mendie pas [2]. » Et encore : « Il paraît que madame Pernelle a un caractère..... » — « Épineux. » —

---

1. *Monsieur Alphonse* (Th., VI), II, sc. ix, p. 129.
2. *La Tour Saint-Jacques* (Th., XX), IV, tabl. vi, sc. vi, p. 291.

« Je cherchais le mot; vous l'avez trouvé. » — « C'est qu'il y a plus longtemps que vous que je cherche [1] », repart le mari. Puis, comme corollaire : « Embrassez madame Pernelle pour moi. » — « Il faut bien que ce soit pour vous [2]. » Quand Dumas s'égaye, quand il entame une scène ou un récit comique, tenez-vous bien : il prépare quelque chose. C'est une tactique, dont son fils n'a pas compromis le secret. Jamais le père n'a plus d'esprit qu'au dénoûment; et l'on sait combien ses dénoûments sont dramatiques. Jamais le fils n'est plus souriant que lorsque l'émotion est extrême, et la logique à bout. Chez l'un et chez l'autre, le mot final est un dernier coup de force, en même temps qu'une suprême saillie de la verve. Le vers qui termine *Christine* fait songer à la réplique qui achève *l'Étrangère* [3]. C'est le sourire de l'athlète qui a réussi [4].

II

CONCLUSION. — DUMAS ET LE DRAME DU XIXe SIÈCLE.

Le style est l'homme; et Dumas est une force populaire. Aussi a-t-il trouvé, lui premier, ce drame de vie

---

1. *La Tour Saint-Jacques*, IV, tabl. vii, sc. vi, p. 302.
2. *Ibid.*, p. 304.
3. Eh bien, j'en ai pitié, mon père... Qu'on l'achève!
(*Christine*, V, sc. vii, p. 292.)
« Vous êtes docteur, monsieur. » — « Oui, monsieur le commissaire. » — « Voulez-vous bien venir constater le décès? » — « Avec plaisir. » (*L'Étrangère*, V, sc. x, p. 373.)
4. A ceux pour qui d'avance il est entendu que Dumas n'a point de style, je rappelle le sentiment de Nisard : « Observateur moins profond (que Balzac), Alexandre Dumas conte avec plus de vivacité, *dialogue avec plus de verve et de naturel, écrit dans une meilleure langue.* » (*Histoire de la litt. franç.*, t. IV, p. 547.)

et d'action, que cherchait la littérature, — s'il l'a écrit un peu en dehors d'elle.

On conçoit l'étonnement d'un Casimir Delavigne, plus instruit, plus humaniste et curieux d'art [1]. On comprend surtout la sévérité des classiques et l'embarras d'un J. Janin [2]. Jamais exemple plus magnifique n'accusa plus évidemment l'insuffisance de la critique littéraire au regard du théâtre. Depuis cinquante ans et davantage, le drame est comparé à la tragédie et jugé sur les préfaces et les pièces de Victor Hugo. Et cet exercice d'École continue. Longtemps, longtemps encore, on disputera des conventions de la tragédie et du drame, et l'on démontrera victorieusement la supériorité de *Bérénice* sur *Hernani*. Du changement des conditions scéniques, des mœurs sociales et des nécessités dramatiques, à peine est-il question. Sous l'influence de la philosophie positive, quelques théoriciens ont accompli ce progrès d'employer à l'usage de leur idéal de plus en plus absolu des classifications plus rigoureuses et des principes plus universels. On disserte par abstraction des genres les moins abstraits. On fait de la critique, comme on ferait de la géométrie, dans l'espace. C'est le cas, lorsqu'il s'agit de Dumas, de modifier légèrement le mot de *Chatterton* : « Jamais *ils ne purent* enchaîner dans des canaux étroits et réguliers les débordements tumultueux de *son* esprit [3] ». Aussi l'auteur d'*Antony*, d'abord pris au tragique, n'est-il plus pris au sérieux.

---

1. *Mes mémoires*, t. IX, ch. ccxxiii, p. 62. « C'est mauvais, ce que fait ce diable de Dumas ; mais cela empêche de trouver bon ce que je fais. »

2. *Histoire de la littérature dramatique*, t. VI, pp. 238 sqq. Cette étude m'a paru un fouillis. Cf. article du *Journal des Débats* cité plus haut, à propos d'*Angèle*, du même J. Janin, et qui trahit la même indécision.

3. *Chatterton*, I, sc. v, p. 31.

Il nous a paru qu'il était temps de réparer sa renommée et de lui restituer dans l'histoire du drame sa vraie place, qui est la première. Pour y réussir (si tant est que nous y ayons réussi), l'obligation s'imposait de déplacer ensemble et d'élargir l'horizon de notre étude; d'envisager son œuvre du point où nous sommes, du tournant du XIXe siècle, et non des hauteurs du XVIIe; de renoncer à des dissertations théoriques, qui sont matière de dissertation, et non de théâtre; de rebuter ces antiques et inutiles disputes de couleur locale, d'unités, de sublime et de grotesque, de mélange des genres; d'élaguer, en un mot, de notre dessein toute la partie scolastique, et de faire, autant qu'il était en nous, la part à peu près égale à l'intérêt dramatique, social et littéraire. Nous devons à des lectures classiques chaque jour poursuivies, assez de goût et peut-être de raison pour reconnaître ce point de maturité et de perfection que fut la tragédie. Mais enfin les temps ont changé. La société de 1789 et le drame de 1829 ont suivi leur carrière. La scène a eu d'autres choses à exprimer, peut-être moins grandes et moins considérables, pour lesquelles une technique nouvelle était pourtant nécessaire. Il en est du théâtre comme de la peinture où la réforme des moyens matériels est la condition première de tout progrès. Celui qui d'abord mit le drame au point de la scène et du public est le novateur, non pas celui qui en édicta les oracles préliminaires. Dumas fut celui-là; la critique dramatique ne s'y peut méprendre. D'autre part, un drame qui serait plein d'idées, ou seulement de vers admirables, s'il n'est au point ni du public ni de la scène, est mort-né. Victor Hugo a commencé par *Cromwell* et fini par *les Burgrâves*. Dumas n'eût écrit ni l'un ni l'autre, faute du même style, et parce qu'il avait plus de talent et ne se détachait point de l'âme qui fait vivre le théâtre, celle de la foule et de la société. C'est pourquoi, lorsqu'il s'agit d'art dramatique et surtout de celui du XIX° siècle, l'étude sociale devient une nécessité. L'esthétique littéraire, la critique technique même ne suffisent plus. Les mœurs et les milieux ont envahi la scène avec l'individu, souvent même aux dépens des caractères. Le drame est né de cette évolution, et le génie de Dumas de cette intuition. Il n'a jamais perdu le contact du grand public populaire. Ce n'est pas le moindre mérite d'*Antony* et de *la Tour de Nesle*. Sur ce pied, et pour sa part, la critique littéraire entre en compte, qui détermine la qualité des œuvres et des genres. Ici est manifestement l'infériorité du drame et de Dumas. Il ne nous a point coûté de le constater d'abord.

Cet homme de théâtre fut un tempérament au service d'une imagination, à une époque où le peuple et l'individualisme venaient de rompre les barrières. De là ses fautes de goût dans ses œuvres et dans sa vie. De là vient qu'il fut un gâcheur de son génie, et qu'il a souvent offensé, au profit de ses convoitises de toute sorte, la grammaire et la morale. L'influence française de Rousseau [1], il l'a recueillie d'un génie allemand, Schiller, dont les rêves tumultueux l'avaient singulièrement adultérée. Il n'a guère vu Shakespeare qu'à travers les violences du langage et du geste. Du byronisme il s'est fait un masque. En Walter Scott il a trouvé un décorateur. Lorsqu'il vise à la littérature et traduit sur la scène son âme acquise, celle de ses lectures, il s'exalte, il fait rabâcher Antony, il est plus badaud que bizarre, et plus vulgaire que singulier.

1. *Théâtre de Schiller*, t. I, p. 357. « Fiesque, que je ne puis mieux recommander préliminairement qu'en disant que J.-J. Rousseau le portait dans son cœur. » (*Avertissement de l'auteur au public.*)

Mais quand il suit sa complexion il crée le drame sous toutes ses formes.

Dans *Henri III et sa Cour* l'effort littéraire n'est pas le meilleur. L'auteur y subit l'influence persistante de la tragédie, et notamment celle de Corneille, qui lui enseigna le progrès logique des péripéties, la fécondité des sujets et des situations, la rigueur des caractères tout d'une pièce, mais qui l'égara aussi en des drames tragiques, œuvres hybrides, dont je persiste à croire qu'elles ne sont pas son fait, malgré le succès relatif et tardif de *Charles VII chez ses grands vassaux* et malgré le prologue de *Caligula*. Mais *Henri III* est une œuvre considérable, étant la première où le drame national, et surtout populaire, trouva sa formule et son inspiration. Après avoir étudié, disséqué, traduit les maîtres étrangers, pour rattraper la technique et l'esprit français, c'est à Beaumarchais qu'il s'adresse. Sans doute, cette conception de l'histoire à la mode de Figaro est peu scientifique, et peut-être le théâtre est-il réfractaire à la science de l'histoire. Mais ce que le peuple de France demandait au passé, une image agrandie de lui-même et toutes les puissances ravalées à son niveau, *Henri III et sa Cour* le réalisait sous ses yeux, par vives couleurs, mouvement, passion, et avec verve. Le drame est né, le genre créé. *La Reine Margot, la Dame de Monsoreau, le Chevalier de Maison-Rouge*, toutes les époques, mais surtout les époques d'*action*, le XVIe siècle et la Révolution y pourront revivre, au moins sur la scène, et pour un public qui appelait ce spectacle de tous ses vœux. M. Victorien Sardou ne s'est pas mépris sur la portée véritable du drame historique. Il a suivi les progrès de l'archéologie : il a dépensé plus d'érudition plus sûre dans le costume, mais engrené dans le mécanisme de Dumas même passion et inspiration, réussissant presque toujours au gré des galeries, et jamais au goût des historiens.

A la vérité, dès *Henri III et sa Cour*, notre dramatiste penchait du côté de *la Tour de Nesle*, vers le drame de cape et d'épée, qui mit dans le plein de la légende, du napoléonisme, des fringales imaginatives, et qui fut une manière de *Cid*, dans sa sphère, en son temps, pour son public. Mélodrame, dit-on. Pourquoi pervertir les termes? « *Melos*, musique, et *drama*, drame [1] », observe judicieusement Cotonet. Un mélodrame est supérieur à une méchante tragédie, quand il va au cœur des masses profondes, quand il exalte copieusement l'énergie alerte d'une race, et s'il est une œuvre de théâtre telle qu'un demi-siècle de drames et mélodrames s'en nourrit. Parce que Dumas a écrit *la Tour Saint-Jacques*, et que des *Tour de Londres* se sont dressées à la suite, ne méconnaissons pas *la Tour de Nesle*.

Le même souffle apporta *Antony*. Le drame social est la contre-partie du drame historique, *Antony* d'*Henri III*. L'un et l'autre furent trempés à la source populaire. Dans l'un, trois éléments entrent en jeu : l'abus des mémoires et chroniques, qui est excès d'école; la mise en scène et en action de la cour et de l'époque; et le drame passionnel, dont l'adultère est le ressort. En l'autre, on peut faire de l'intérêt trois parts : la rhétorique romantique d'Antony, affaire de mode, vulgaire transposition de Byron et de Gœthe; une peinture des mœurs et de la société modernes; et un drame passionnel, dont l'adultère aiguise l'émotion. *Antony* est une œuvre romantique, certes, par sa date et sa *littérature*; mais il n'est pas sensiblement plus lyrique ni autrement qu'*Henri III*, l'un et l'autre étant

---

1. *Première lettre de Dupuis et Cotonet*, p. 207.

dramatiques par-dessus tout. « Les foyers brûlants [1] » où ils ont puisé la flamme, c'est le même monologue de Figaro. Celui d'*Hamlet* n'y est qu'en seconde place, relégué dans les *feuilletons* ou parabases, en attendant qu'il devienne la *thèse*. Faites sauter le masque byronien, que Dumas s'est imposé pour quatre ou cinq ans encore, reste le drame moral et social, reste la passion d'Adèle et d'Antony, prototypes du théâtre réaliste, légal, moderne. Grâce aux *Lettres à Mélanie* nous avons pu mettre en lumière que ce qu'il y a de personnel y est réduit à un point de départ, comme pour *la Dame aux Camélias* ou *Diane de Lys*. A l'aide du manuscrit primitif, et par une étude critique du travail de correction et de remaniement, nous avons pu établir que dans l'œuvre définitive le lyrisme est allé se resserrant, la passion se dramatisant, la peinture des mœurs et du milieu se développant et se précisant, et que la pièce a pris enfin son plus ferme appui sur l'antagonisme de l'*individu* et de l'*opinion*, de l'*amour indépendant* et du *monde*, de l'*adultère* et de la *société*. Adèle en meurt.

Le drame en vit depuis lors. *Antony* est une de ces productions typiques que toute une époque incessamment refait. Dumas d'abord, et pour dégager entièrement les voies. L'idée était si féconde que jusqu'à la fin son théâtre en sera comme alimenté. Mais les *Suites d'Antony* sont premièrement *Richard Darlington*, *Angèle*, *Kean*. Antony était le type synthétique et complet, étant l'*individualisme* d'hier qui se dresse et regimbe au début de la carrière. Il réunissait et contenait en soi tous ces types. Orienté vers la politique, il donne l'assaut au pouvoir ; vers la fortune, il escalade l'éternel

---

1. *Théâtre*, t. I, p. 1. Épigraphe citée de l'article préliminaire *Comment je devins auteur dramatique*.

féminin ; vers le théâtre ou les arts, il est tout génie, tout désordre, prodigalité d'intelligence et de cœur.

> Tout le bien du monde est à nous,
> Tous les honneurs, toutes les femmes [1].

Tous ces héros battent la campagne avec volupté ; ils ont ce grain de folie qui plaît au peuple et le console de n'être qu'une individualité sans génie et sans nom.

Ils personnifient à ses regards autre chose : c'est à savoir les mœurs sociales qui s'affirment et font leur trouée sur la scène avec la passion des temps nouveaux, laquelle prend sa forme et son mouvement dramatiques, invente, traverse des situations imprévues, et soulève, dans sa course furibonde, mais réglée, les émotions neuves du drame. Balzac n'a pas encore agi sur ces personnages ; la fantaisie est la plus forte, mais éclairée par d'heureuses intuitions. Aussi, lorsque dans la seconde partie de sa carrière, Dumas sera plus calme, et lorsqu'il ira aux sujets moins violents, alors il aura mis en scène tant de passion, et combiné pour elle, en des milieux si divers, tant de scènes et péripéties, que sa maîtrise se reconnaîtra clairement dans la partie dramatique des œuvres de ses successeurs, que ni la force comique d'Émile Augier ni l'ironie sentimentale de MM. Meilhac et Halévy n'y seront réfractaires, et qu'enfin, quelque vingt ans après *Antony*, apparaîtra glorieuse la part d'hérédité chez le plus proche et le plus original de ses confrères, qui fut son fils. Tant il est vrai que la même main qui construisit *la Tour de Nesle* sur le sable doré de la légende, avait établi sur de fortes assises le drame moderne.

Parce qu'il fut l'homme de son époque, doué d'une imagination insatiable et d'un tempérament dévorant, il

---

1. La Fontaine, *la Laitière et le Pot au lait*, liv. VII, fable x.

n'a point créé de caractères, et sa psychologie n'est pas subtile. Mais il a mis au jour le type même du drame; il en a pétri et manipulé la substance pour un long temps. Je n'ai pas à décider si son fils fut « son meilleur ouvrage[1] »; mais j'ai dû marquer à quel point il est son ouvrage, et non celui d'un La Chaussée. Et, au moment de conclure, embrassant d'ensemble son théâtre et son influence, je ne regrette décidément pas trop que Dumas n'ait pas été plus littéraire; au contraire, je regretterais peut-être qu'il y eût quelquefois tâché. Car il fut le génie populaire, la force créatrice, la sève nourricière et vitale de notre scène moderne.

Le XIXᵉ siècle touche à sa fin. A cette heure du crépuscule, lorsqu'on suit la trace féconde et profonde de cette œuvre qui reflète l'aurore, et si l'on songe quel audacieux et ferme génie en reçut l'impulsion et en rajeunit la vigueur, il semble désormais que les deux soirées du 11 février 1829 et du 2 février 1852 se complètent, que le nom du père et celui du fils s'unissent et se fondent, et qu'à l'horizon de l'art dramatique de ce siècle domine haut *le drame d'Alexandre Dumas*.

1. *Causeries*, t. I, p. 8.

FIN.

TABLE

PREMIÈRE PARTIE

L'AUTEUR D'*HENRI III ET SA COUR*

Chapitre I. — L'époque; l'homme; premiers essais. — I. L'homme et son époque. — II. L'éducation de son esprit. — III. Manuscrit inédit de « Fiesque de Lavagna » 1

Chapitre II. — Influences anglaises. — I. Shakespeare. — II. Walter Scott. — III. Byron 40

Chapitre III. — Influences allemandes. — I. Gœthe. — II. Schiller 81

Chapitre IV. — Le drame national et « Henri III ». — I. Avant « Henri III ». — II. Victor Hugo et le drame national. — III. « Henri III et sa Cour. » 114

DEUXIÈME PARTIE

DRAMES TRAGIQUES ET HISTORIQUES; LE DRAME POPULAIRE

CHAPITRE V. — L'ŒUVRE DRAMATIQUE D'ALEXANDRE DUMAS. — I. L'homme du drame. — II. Développement de son œuvre dramatique. 161

CHAPITRE VI. — DRAMES TRAGIQUES. — I. « Christine » (manuscrit original de l'acte V). — II. « Charles VII chez ses grands vassaux » (manuscrit original). — III. Autres drames tragiques; « Caligula ». 186

CHAPITRE VII. — DRAMES HISTORIQUES. — I. Les origines. — II. L'histoire dans « Catilina ». — III. Le roman dans les drames historiques; « Le chevalier de Maison-Rouge ». 217

CHAPITRE VIII. — LE DRAME POPULAIRE DE CAPE ET D'ÉPÉE. — I. Le génie du drame populaire. — II. Le drame de « la Tour de Nesle ». — III. Les types de « la Tour de Nesle ». 252

TROISIÈME PARTIE

LE DRAME MODERNE

CHAPITRE IX. — « ANTONY. » — I. Les origines. — II. Lettres inédites à Mélanie. — III. Manuscrit original d'« Antony »; la genèse du drame. — IV. Adèle et Antony. 283

CHAPITRE X. — LES SUITES D'« ANTONY ». — I. « Richard Darlington. » — II. « Kean ou Désordre et Génie » (Chatterton et Kean). — III. « Angèle » (Une chaîne; Monsieur Alphonse; La morale dramatique des Dumas). 344

Chapitre XI. — DUMAS PÈRE ET DUMAS FILS. — I. Vingt ans après. — II. Dumas fils réaliste avant « les Idées de madame Aubray ». — III. Dumas fils idéaliste à partir des « Idées de madame Aubray » 376

Chapitre XII. — L'ÉCRIVAIN; CONCLUSION. — I. Le style dramatique de Dumas. — II. Conclusion. Dumas et le drame du xix° siècle. 414

DEUXIÈME PARTIE

DRAMES TRAGIQUES ET HISTORIQUES; LE DRAME POPULAIRE

CHAPITRE V. — L'ŒUVRE DRAMATIQUE D'ALEXANDRE DUMAS. — I. L'homme du drame. — II. Développement de son œuvre dramatique. 161

CHAPITRE VI. — DRAMES TRAGIQUES. — I. « Christine » (manuscrit original de l'acte V). — II. « Charles VII chez ses grands vassaux » (manuscrit original). — III. Autres drames tragiques; « Caligula ». 186

CHAPITRE VII. — DRAMES HISTORIQUES. — I. Les origines. — II. L'histoire dans « Catilina ». — III. Le roman dans les drames historiques; « Le chevalier de Maison-Rouge ». 217

CHAPITRE VIII. — LE DRAME POPULAIRE DE CAPE ET D'ÉPÉE. — I. Le génie du drame populaire. — II. Le drame de « la Tour de Nesle ». — III. Les types de « la Tour de Nesle ». 252

TROISIÈME PARTIE

LE DRAME MODERNE

CHAPITRE IX. — « ANTONY. » — I. Les origines. — II. Lettres inédites à Mélanie. — III. Manuscrit original d'« Antony »; la genèse du drame. — IV. Adèle et Antony. 283

CHAPITRE X. — LES SUITES D' « ANTONY ». — I. « Richard Darlington. » — II. « Kean ou Désordre et Génie » (Chatterton et Kean). — III. « Angèle » (Une chaîne; Monsieur Alphonse; La morale dramatique des Dumas). 344

CHAPITRE XI. — DUMAS PÈRE ET DUMAS FILS. — I. Vingt ans après. — II. Dumas fils réaliste avant « les Idées de madame Aubray ». — III. Dumas fils idéaliste à partir des « Idées de madame Aubray »........ 376

CHAPITRE XII. — L'ÉCRIVAIN; CONCLUSION. — I. Le style dramatique de Dumas. — II. Conclusion. Dumas et le drame du xixe siècle............ 414

Coulommiers. — Imp. P. BRODARD. — 448-98.

www.ingramcontent.com/pod-product-compliance
Lightning Source LLC
Chambersburg PA
CBHW051824230426
43671CB00008B/823